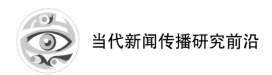

当代新闻传播研究前沿

政策反馈视角下的
县级融媒体历史演进与未来

石婧 著

武汉大学出版社

图书在版编目（CIP）数据

政策反馈视角下的县级融媒体历史演进与未来／石婧著. -- 武汉 ：
武汉大学出版社，2024. 12. -- 当代新闻传播研究前沿. -- ISBN 978-7-
307-24613-3

Ⅰ. G206.2
中国国家版本馆 CIP 数据核字第 2024HY7416 号

责任编辑:韩秋婷　　　　责任校对:汪欣怡　　　　版式设计:马　佳

出版发行:**武汉大学出版社**　　（430072　武昌　珞珈山）
（电子邮箱：cbs22@ whu.edu.cn　网址：www.wdp.com.cn）
印刷:湖北云景数字印刷有限公司
开本:720×1000　　1/16　　印张:19.25　　字数:346 千字　　插页:3
版次:2024 年 12 月第 1 版　　2024 年 12 月第 1 次印刷
ISBN 978-7-307-24613-3　　　定价:86.00 元

目　录

导　论

一、研究背景与研究意义

1. 研究背景

(1)新兴媒体崛起的媒介生态环境的改变

数字技术是媒体发展的助力器,它创造了用户接触媒介信息的新拟态环境。在这个"人人皆媒"的"众媒时代",传统主流媒体面临"传播最后一公里失灵"的困境,而县级融媒体中心的"下沉"建设正好弥补了这一缺憾,将重构网络社会形态下的传播关系。县级融媒体中心在建设中不仅要继续履行传统媒体的新闻宣传任务,更要扮演县域社会沟通桥梁的角色,在基层社会治理中,与政府、社会组织和公众共同合作,协力维护社会的有效互动与秩序稳定。

(2)国家治理体系的县级媒体角色转型

在县域治理的背景下,县级融媒体中心的建设定位在国家治理体系和治理能力现代化建设"最后一公里"的坐标中,以"移动优先"的全媒体传播为基础,以网格系统嵌套为技术方向,最终实现新型主流媒体的治理建设目标。

从媒体可供性视角来看,县级融媒体中心作为嵌入县域的"新媒体",它既是引导公众舆论、维护社会稳定的"压舱石",参与县域实现治理现代化的"奠基石",也可以是帮助用户走入媒介化社会、参与智慧城乡生活的"铺路石"。在以"四全媒体"建设为目标,用好县级融媒体的过程中,研究县级融媒体政策的可供性及反馈效应,成为县级融媒体的媒介化治理过程的重要内容。

(3)国家传媒政策的顶层设计引导推动

2018年8月,习近平总书记在全国宣传思想工作会上首次明确提出,要扎实抓好县级融媒体中心建设,更好引导群众、服务群众。① 这一重要讲话为

---

① 扎实抓好县级融媒体中心建设[EB/OL].[2018-09-07]. http://www.xinhuanet.com/zgjx/2018-09/07/c_137451278.htm.

县级融媒体中心建设提供了根本遵循和发展方向。同年 11 月，中央全面深化改革委员会第五次会议审议通过的《关于加强县级融媒体中心建设的意见》指出，组建县级融媒体中心，有利于整合县级媒体资源、巩固壮大主流思想舆论。要推进融合发展，不断提高县级媒体传播力、引导力、影响力。

2. 研究意义

(1)有利于提高公共传媒政策反馈效应

政策反馈理论认为，政策一旦颁布，会通过解释、资源、演化和学习四种主要的效应影响未来政策制定。本书将通过对县级媒体发展历史阶段的梳理，反思历史视野中政策观念、资源等效应对后续政策过程的作用，探索一条传媒政策研究的新路径。尤其是针对当前基层社会治理中公共事务协商、群众参与有限等问题，县级融媒体中心在公共决策的议题设置、互动商议、政策解释、政策执行等方面将发挥促进作用。研究县级融媒体中心如何参与基层社会治理、推动利益表达机制、整合资源供给等，对提升县级融媒体中心政策宣传、公共服务水平，更好参与基层社会治理发挥促进作用。

县级融媒体是公众与政府和市场之间的"黏合者"，是实现智能乡村治理的首选工具，县级融媒体战略的执行在塑造公民的政治行为和政治态度，影响公民的政治参与，提升公众对政府工作满意度和信任感上将发挥重要作用。同时，县级融媒体可以作为市场与政府之间的"边界跨越者"，寻找两者之间的默契，并基于政策反馈理论框架，研究县级融媒体与数字乡村建设的耦合与协同效应，探寻县级融媒体参与建设数字乡村的机制。

(2)有利于完善我国四级全媒体传播体系建构

2019 年 1 月 25 日，习近平总书记在主持中共中央政治局第十二次集体学习时强调，推动媒体融合，建设全媒体成为我们面临的一项紧迫课题。从"四级办"广电到"四级建"融媒体，特别是近年来，党和国家针对县级融媒体中心建设密集发文，标志着县级融媒体中心建设已成为国家媒体融合战略中的重要一环。同时表明，以往长期被忽视和处于边缘最底层的县级媒体得到空前关注和重视。对于现代传播体系建构重要组成部分的县级融媒体中心建设及其研究，将有效助力夯实我国媒体融合战略的支撑点和四级传媒现代化转型的着力点。

如何建构县级融媒体系统，找准其功能定位，从根本上解决传播体系"最后一公里"问题，是媒体融合的一项战略性任务、系统性工程，也是打造县级新型主流媒体的一项重要任务。研究媒体融合绝不仅是为了体制上的融合而进行一般形式上的描述，而要立足于提高县级融媒体中心的传播力和引导力，巩固壮大基层主流舆论阵地，更好地为民众服务，探索出县级融媒体中心将执政党的意志、理念、政策下沉到基层的新路径。当前县级融媒体中心可有效地整合县域内外各种媒体资源，实现上通下达，角色与功能发生了巨大变化。建设县级融媒体中心，推进县级媒体融合发展，对于巩固基层政权，凝聚百姓人心，服务千家万户，引导思想共识，夯实基层政权，加速数字乡村建设，促进乡村精神脱贫等，有着不可替代的重要意义。

（3）有利于促进县级融媒体中心功能拓展开发

国家标准的《县级融媒体中心建设规范》明确了县级融媒体中心的新功能定位：整合县级广播电视、报刊、新媒体等资源，开展媒体服务、党建服务、政务服务、公共服务、增值服务等业务的融合媒体平台。目前县级融媒体中心对政策的认知与执行显然存在差距，因此，需要对县级融媒体传播功能进行再认识。

中央决定扎实推进县级融媒体中心建设，实际上是将意识形态工作重心下移到基层的千村万家，深入到乡村的广大群众中间。但目前的状态是，县级融媒体还处在"新闻宣传"主线思维上，忽略了对政务、公共服务及增值服务等融合媒体业务的认知和实践。本书将强化对县级融媒体中心政用、民用和商用功能开发的调研，拟总结出具有推广性的经验和路径，促进县级融媒体中心的可持续发展。特别是研究县级融媒体中心下沉，如何将传媒触角延伸至县乡千家万户，发挥信息传播功能，突出舆论引导，汇聚思想共识，不断提高县级媒体的传播力、引导力和影响力，满足基层群众服务需求，加速县乡高质量发展进程。

二、学术史梳理与研究动态

传播业的政策制定者通过政策的制定间接影响社会政治态度、信仰、认知和价值观的塑造，也就是说，传媒政策不仅影响传媒领域自身的结构和功能，而且会潜在地影响观念的生产和流通。

事实上，传播政策的发布反映了政府在某一特定时间所做出的决断，以及政府与传媒业之间的权与利的关系平衡。同时，还折射出传播技术的不断进步，及在信息社会中传播日益凸显的重要性。

1. 传媒政策的起源及主要发展阶段

传媒政策的产生源于政府的国家利益诉求和传媒业运作之间的互动，双方都期望通过特权、规定以及约束来实现互利。传媒领域的政策制定通常以"公众利益"为指导原则，并与为达到某些目标而进行的有意识公共计划有关，同时伴有为完成这些目标所制定的建议性方法与时间表。传媒政策的主要元素，包括追求的目标、界定目标的标准或价值观念、政策所适用的不同内容和传播服务，以及不同的传输服务、实施的法规与自律手段。

传媒政策制定的历史阶段。从世界传媒进程看，传媒政策的制定历史大致包括三个阶段。第一阶段，传媒产业政策的萌生阶段（19世纪中叶至第二次世界大战），主要特点是基于公众利益的管控。第二阶段，公共服务型媒体政策阶段（1945年至20世纪八九十年代），出现了两种对立的政策取向：一是遵循美国式路线，以解除管制为号召，尽可能地打破垄断，或以欧洲方式实现市场和谐；二是在规范理论精神的指导下，通过公共投资和保护主义的方式发展新媒体，即将公共服务的模式应用于新的领域。第三阶段，新传媒政策模式阶段（20世纪90年代末至今），这一阶段美、欧在探讨传播政策的新方法时，将媒体融合列为重要议题。

传媒政策制定的基本原则。政策的制定一般都是以一定价值准则的确立为前提的。之后，这些价值准则又表现为另一种形式，成为"一套有限的经典原则"。这些原则涉及以下方面：①公共利益原则；②地方主义原则，即传媒服务应尽量满足地方的需求，照顾到地方的利益；③自由观点的市场原则；④普遍服务原则，指所有的公众都可以享受媒体提供的视听服务；⑤多样性原则；⑥竞争性原则。①

2. 融合时代的媒体政策研究

（1）媒体融合的概念界定

"媒体融合"（Media Convergence）这个概念最早由美国麻省理工学院的伊契尔·索勒·普尔教授提出。1983年他在《自由的科技》（*The Technologies of Freedom*）一书中最先提出了"传播形态融合"即"媒体融合"，并使用这一概念来泛指各种媒体呈现出多功能一体化的发展趋势。美国西北大学教授李奇·高登在2003年归纳了美国存在的五种"媒体融合"类型，即所有权融合、策略性融合、结构性融合、信息采集融合、新闻叙事或表达融合。②

从广义上看，媒体融合描述的是媒体形态的演化过程。具体是指在数字技

---

①　金冠军，郑涵，孙绍谊. 国际传媒政策新视野[M]. 上海：上海三联书店，2005：47.

②　Stephen Quinn. Convergent journalism：the fundamentals of multimedia reporting[M]. New York：Peter Lang，2005：9-12.

术和网络技术的背景下，以信息消费的需求为指向，由网络融合、媒体融合和内容融合所构成的媒体形态的演化过程。

从狭义上看，媒体融合描述的是近年来国际传媒业的一种新作业模式，它是相对于过去各类媒介产业分立而言的。具体来说就是将各类媒体的采编业务结合起来，在实现资源共享的前提下，实行集中处理，并将衍生出的不同形态的信息产品，通过不同渠道和终端传播给各类受众的新型媒体作业模式。这种作业模式是传媒业的一种质变，也是媒体融合发展的最高阶段，其将会推动新的媒体形态的出现，而融合新闻就是其衍生出的产物。

媒体融合是当前传媒业领域里最活跃的发展策略，但其走势受到政策法规、媒介市场、媒体人才、组织文化以及社会文化等多方面的制约。政策法规则成为推动新闻媒体发展的外部动因，同时也是制约新闻媒体运行模式的重要因素。总体来看，世界各国政府对媒介产业的监管已经实现从严管制到放松管制的转变。在我国，推动传媒纵深融合，已成为现代传播体系建构的必然趋势。从 2014 年开始，中央密集部署媒体融合建设工作，已从省级以上媒体延伸到县级基层融媒体中心，正催发一场前所未有的传媒变革。

（2）媒体融合的政策引领

随着互联网的出现与数字媒体技术的不断发展，新兴媒体迅速崛起，彻底颠覆了传媒格局，也改变了整个媒体行业的竞争状态和传播媒介的形态。从 20 世纪中后期开始，世界范围内跨媒体、跨行业的大型媒体集团开始出现并购与重组浪潮，这可以看作是媒体融合的发端。到 80 年代末，西方媒体出现报纸与网络、电视与网络之间的联动，标志着媒体融合迈出了实质性的步伐。而 21 世纪初以美国"坦帕新闻中心"为代表成功进行的媒体融合试验，真正实现了多媒体功能一体化，让不同类型的媒体共同实现资源互享。这一媒体融合现象被称为"全媒体"或"融媒体"。在世界媒体融合的大潮中，中国传统媒体也开始出现了媒体融合的浅层次尝试。而真正实现传统主流媒体的全面战略转型，则是以党中央一系列媒体融合政策文件的发布为标志，这大大推动了我国现代传媒体系的建构。

2013 年 8 月 19 日，习近平总书记在全国宣传思想工作会议上首次强调："要适应社会信息化持续推进的新情况，加快传统媒体和新兴媒体融合发展，充分运用新技术新应用创新媒体传播方式，占领信息传播制高点。"①这一重要

---

① 中共中央文献研究室. 习近平关于全面建成小康社会论述摘编［M］. 北京：中央文献出版社，2016：106.

指示，成为我国媒体融合引领性的战略设计，为传统媒体指明了转型的发展方向。

同年 11 月 15 日出台的《中共中央关于全面深化改革若干重大问题的决定》首次提出"要整合新闻媒体资源，推动传统媒体和新兴媒体融合发展"，为推动媒体融合明确了发展的基本路径。

从 2014 年开始，党中央连续发布了关于媒体融合的三个具有里程碑意义的文件，包括 2014 年 8 月 18 日中共中央全面深化改革领导小组第四次会议审议通过的《关于推动传统媒体和新兴媒体融合发展的指导意见》，2018 年 11 月 14 日中央全面深化改革委员会第五次会议专门审议通过的《关于加强县级融媒体中心建设的意见》，以及 2020 年 9 月中共中央办公厅、国务院办公厅印发的《关于加快推进媒体深度融合发展的意见》。其中，关于县级融媒体中心建设的文件，是继 1983 年党中央关于"四级办"的 37 号文件发布之后，第二个有关县级媒体发展最重要的政策性文件。此外，2019 年 1 月 15 日，中共中央宣传部和国家广播电视总局联合发布了《县级融媒体中心建设规范》《县级融媒体中心省级技术平台规范要求》。4 月 11 日，《县级融媒体中心网络安全规范》《县级融媒体中心运行维护规范》《县级融媒体中心监测监管规范》发布。这一系列规范文件的出台为县级融媒体中心及相关省级技术平台规定了操作指南和建设规范。同时，呼吁各级广电部门行动起来，切实推进县级融媒体中心建设，贯彻落实规范标准。

媒体融合的战略意义。2014 年《关于推动传统媒体和新兴媒体融合发展的指导意见》指出："整合新闻媒体资源，推动传统媒体和新兴媒体融合发展，是落实中央全面深化改革部署、推进宣传文化领域改革创新的一项重要任务，是适应媒体格局深刻变化、提升主流媒体传播力公信力影响力和舆论引导能力的重要举措。"由此，媒体融合正式上升为国家战略，在顶层设计的推动下，全国各级各类主流媒体都开始积极行动起来，从机构整合开始，拉开了我国媒体融合的序幕，推动传统媒体和新兴媒体融合发展成为主流媒体的主要任务。该意见强调，组建县级融媒体中心，有利于整合县级媒体资源、巩固壮大主流思想舆论。

党的二十大报告提出："加强全媒体传播体系建设，塑造主流舆论新格局。"①

---

① 习近平. 高举中国特色社会主义伟大旗帜 为全面建设社会主义现代化国家而团结奋斗——在中国共产党第二十次全国代表大会上的报告//党的二十大报告辅导读本[M]. 北京：人民出版社，2022：39.

这是基于时代发展趋势和国家战略要求，建设具有强大凝聚力和引领力的社会主义意识形态，服务中国式现代化进程的重要文化建设方向和目标，也是新闻事业中国式现代化的重要特征。

媒体融合的目标任务。中央全面深化改革委员会第十四次会议强调："推动媒体融合向纵深发展，要深化体制机制改革，加大全媒体人才培养力度，打造一批具有强大影响力和竞争力的新型主流媒体，加快构建网上网下一体、内宣外宣联动的主流舆论格局，建立以内容建设为根本、先进技术为支撑、创新管理为保障的全媒体传播体系，牢牢占据舆论引导、思想引领、文化传承、服务人民的传播制高点。"①这一重要论述，高度提炼了媒体融合的目标和任务，即两个建构：建构新型主流媒体，建构全媒体传播体系。

媒体融合的总体要求。2019年1月，习近平总书记在主持中央政治局第十二次集体学习时强调，全媒体不断发展，出现了全程媒体、全息媒体、全员媒体、全效媒体。这是对全媒体四个层次的精辟概括与阐释，也是对我国媒体纵深融合的基本要求。原来人们谈到"全媒体"，更多是指"全介质"——报、刊、网、端、微、屏等。而习近平总书记提出的"四全媒体"，实际上是面向移动互联网的"全媒体"。

《关于加快推进媒体深度融合发展的意见》从工作原则等方面进一步明确指出，坚持正能量是总要求、管得住是硬道理、用得好是真本事，要坚持正确方向，坚持一体发展，坚持移动优先，坚持科学布局，坚持改革创新，推动传统媒体和新兴媒体在体制机制、政策措施、流程管理、人才技术等方面加快融合步伐。

媒体融合的传播机制。面对传播方式的急剧变化，我国新型主流媒体融合因势而谋、应势而动、顺势而为，引导受众向新型主流媒体融合平台走，往主流媒体线上走，朝主流媒体移动手机客户端走，形成新的"四全"传播机制。

《关于加快推进媒体深度融合发展的意见》要求，要推动主力军全面挺进主战场，以互联网思维优化资源配置，把更多优质内容、先进技术、专业人才、项目资金向互联网主阵地汇集，向移动端倾斜，让分散在网下的力量尽快进军网上、深入网上，做大做强网络平台，占领新兴传播阵地。要强化媒体与受众的连接，以开放平台吸引广大用户参与信息生产传播，生产群众更喜爱的

---

① 习近平主持召开中央全面深化改革委员会第十四次会议[EB/OL].[2020-06-30].http://www.xinhuanet.com/politics/leaders/2020-06/30/c_1126179095.htm.

内容，建构群众离不开的渠道。要以先进技术引领驱动融合发展，推进内容生产供给侧结构性改革，更加注重网络内容建设，并建立适应全媒体生产传播的一体化组织架构，构建新型采编流程，形成集约高效的内容生产体系和传播链条。要探索建立"新闻+政务服务商务"的运营模式，创新媒体投融资政策，增强自我造血机能。要完善中央媒体、省级媒体、市级媒体和县级融媒体中心四级融合发展布局，努力讲好中国故事。要大力培养全媒体人才，实行更加积极、开放、有效的人才引进政策，释放人才活力。① 该意见为媒体深度融合工作提出了明确的发展方向，同时也表明，媒体融合已进入攻坚期，并从渠道、平台、经营、管理等方面的融合，向全产业链、全数字化、全运营化的方向转型，建设全媒体传播体系成为重中之重。

3. 县级融媒体发展研究

《关于加强县级融媒体中心建设的意见》(2018)发布，开启了县级融媒体里程碑式的建设，意味着媒体融合工作重点已从省以上媒体推进到县级基层媒体，全盘激活了国家全媒体传播体系。县级融媒体中心建设是习近平总书记关于治国理政的思想落实到基层的重大举措。建设县级融媒体中心，推进县级媒体融合发展，对于巩固基层政权，凝聚百姓人心，服务千家万户，汇集思想共识，夯实政权基础，加速乡村振兴战略进程，加快提升城镇化率，促使广大乡村精神脱贫、文明脱贫，推动全面建成小康社会的早日实现有着不可替代的重大意义。② 自中宣部2018年9月在浙江省长兴县召开县级融媒体中心建设现场推进会上，对全国范围推进县级融媒体中心建设作出部署安排后，当年便先行启动了600个县级融合媒体中心建设。2022年8月，中共中央办公厅、国务院办公厅印发的《"十四五"文化发展规划》，也明确了县级融媒体中心的建设目标：在基本实现全覆盖的基础上进一步建强用好，实现可持续发展，推动县级融媒体中心深化"新闻+政务+服务"，更好地引导群众、服务群众。

图1展示了CSSCI来源期刊中关于"县级融媒体"的研究论文发表趋势，其研究内容大致可分为以下几类。

---

① 中共中央办公厅 国务院办公厅印发《关于加快推进媒体深度融合发展的意见》[EB/OL].［2020-09-26］. https://www.gov.cn/zhengce/2020-09/26/content_5547310.htm.
② 方提，尹韵公. 论县级融媒体中心建设的重大意义与实现路径[J]. 现代传播(中国传媒大学学报)，2019(4).

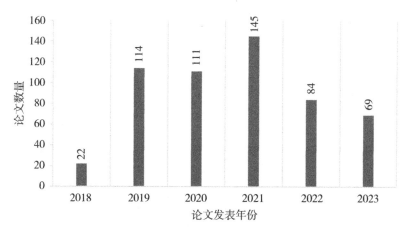

图1　CSSCI来源期刊关于县级融媒体论文检索结果①

县级融媒体中心建设的功能转向。作为中国政治传播基座的县级融媒体中心建设，是兼有政治和传媒双重属性的跨界问题。从政治传播学视角考量，因新媒体技术的深广影响，县级融媒体中心建设成为国家治理的"托底工程"，也是中国基层治理结构的承重工程。② 全面改造县级媒体系统，须找准其功能定位，从根本上解决执政党政治传播体系"最后一公里"问题，让县级融媒体中心能将执政党的意志、理念、政策下沉到基层。县级融媒体中心建设具备这些功能，包括政治沟通功能、社会整合功能、民生服务功能、风险感知和危机化解功能、文化黏合功能。③

要准确把握和理解当前县级媒体融合建设政策的历史脉络和现实考量，就离不开对县级广播电视台在中国媒体整体版图中的位置和功能，及其发展演变过程的把握。要理解中国县级融媒体中心建设的政治学和传播学逻辑，必须在历史中探寻历次县级媒体制度设计和建设中国家政策和基层实施的逻辑脉络，只有从中国县乡的基层治理和中央之间的关系角度出发，从行动者在技术(电视、广播，以及以互联网为依托的融媒体)扩散过程中的角色、动机、观念的

---

① 根据2024年3月21日中国知网搜索所得的数据自制而成。
② 王智丽，张涛甫.超越媒体视域：县级融媒体中心建设的政治传播学考察[J].现代传播(中国传媒大学学报)，2020(7).
③ 张诚，朱天.从"集成媒体的新机构"到"治国理政的新平台"——县级融媒体中心的方位坐标及其功能逻辑再思考[J].四川大学学报(哲学社会科学版)，2020(2).

形塑的角度，我们才可能更准确地把握当前县级融媒体建设现象的实质。①

县级融媒体中心，即整合县级广播电视、报刊、新媒体等资源，开展媒体、党建、政务、公共以及增值服务等业务的融合媒体平台（2019 年发布实施的国家标准《县级融媒体中心建设规范》）。②随着媒体逻辑的动态演进，媒体融合的重心正在从技术维度的渐进式融合转向功能维度的拓展式融合，其实践呈现出"治理媒介化"这一全新融合表征。③ 只有将以"治理媒介化"推进媒体融合的功能转向和以机制体制变革释放功能融合的创新力两大路径作为着力点，县级融媒体中心建设才有可能实现其核心功能定位，即"舆论引导"和"公共服务"，这符合国家顶层设计要求和地方实践经验。④

县级融媒体中心的理想方位坐标是"治国理政的新平台"，而并非只是一个集成县域内媒体资源和相应业务的新机构。⑤ 其服务功能的具体实现逻辑，就是提供承载公共价值的产品（服务）。服务类型进一步划分为两类：一类是以政务服务为代表的"基础性服务"，另一类则是以公共服务、增值服务为代表的可营利的"扩展性服务"。县级融媒体中心将极大可能引发一场宣传思想工作的"底层革命"，应以"创造公共价值"为优化县域治理的理论接口与行动框架，在相当长的一个阶段内，呈现出动态发展的态势，以一种"在路上"的姿态前行。⑥

县级融媒体中心建设的基本路径。县级融媒体中心建设是重构基层政治传播体系、推进政治治理媒介化的国家战略。在媒介逻辑上，县级融媒体应基于制度安排重塑自身专业体系，以专业能力获得县域受众的认同。在文化逻辑上，县级融媒体要充分发挥在地性优势，理解县域文化传统，融通县域文化共感，统合县域文化社群，以文化凝聚民心。在政治逻辑上，县级融媒体须在治

---

① 周逵，黄典林. 从大喇叭、四级办台到县级融媒体中心——中国基层媒体制度建构的历史分析[J]. 新闻记者，2020(6).

② 中共中央宣传部、国家广播电视总局. 县级融媒体中心建设规范[EB/OL]. [2019-01-15]. https://www.nrta.gov.cn/module/download/downfile.jsp? classid = 0&filename = e961041c73e44644a757b3effe57b050.pdf.

③ 丁和根. 媒体介入基层社会治理的现状、角色与维度[J]. 新闻与写作，2021(5).

④ 朱亚希，肖尧中. 功能维度的拓展式融合——"治理媒介化"视野下县级融媒体中心建设研究[J]. 西南民族大学学报(人文社科版)，2020(9).

⑤ 张诚，朱天. 从"集成媒体的新机构"到"治国理政的新平台"——县级融媒体中心的方位坐标及其功能逻辑再思考[J]. 四川大学学报(哲学社会科学版)，2020(2).

⑥ 李文冰，吴莎琪. 社会治理视阈下县级融媒体中心建设：功能定位与实践逻辑[J]. 现代传播(中国传媒大学学报)，2021(5).

国理政的框架下优化基层政治传播，化解社会风险，服务县域治理，强化政治认同。只有将媒介逻辑、文化逻辑、政治逻辑三位一体地融入县级融媒体中心的建设，才能最大限度地释放媒体融合作为国家战略的制度驱动力，实现"引导群众、服务群众"的顶层设计目标，形成助力国家治理体系和治理能力现代化的新型媒体平台。①

移动互联网环境下，县级融媒体中心需要突破媒体机构与组织平台融合的既有路径，在三个层面上谋求转型：在导向上从以专业生产者为核心转向以用户为核心；在功能上从"新闻+"转向"服务+"；在定位上从宣传发布工具转向社会治理与沟通枢纽。对接国家治理现代化要求与满足人民群众沟通需求，与中国基层社会全面融合，是县级融媒体中心未来发展的必由之路。②

县级融媒体中心建设主要有以下几种方式：一是整合报纸、广播、电视、网站等各类媒体资源；二是强调县级融媒体中心的职责，上接省市级媒体，下接街道村社，承担着上情下达、下情上传的枢纽作用；三是尝试企业经营化管理，实现县级媒体业务统一化、集中化、企业化管理。③ 朱春阳等认为，县级融媒体中心建设基本上形成了"单兵扩散"与"云端共联"两种基本路径。前者是以县级广电为基础的自我整合，后者主要为融入上级平台的嵌套建设。并从三个方面探讨了路径创新经验的坐标系："引导群众"，移动传播优先，抵达本地社会变动的第一现场；"服务群众"，创新始于用户，而非生产者；成长方式，嵌入大平台，形成广泛联结。④ 陈国权在探究县级融媒体中心建设的可操作路径中，提出了四条具体措施：体制机制变革是第一要务；内容质量的提升路径，包括项目制、分层发布、摆脱同质化；技术的支撑路径；对县级媒体的扶持路径。⑤

若仅从政治逻辑出发将县级融媒体中心视为政治治理的工具，忽视其作为媒介的内在客观规律，难以解释各地融媒体服务基层治理的效能差异。基于上

①　陈守湖. 媒介·文化·政治——县级融媒体运行机制的三重逻辑[J]. 陕西师范大学学报(哲学社会科学版)，2021(1).

②　张昱辰. 从机构融合迈向社会融合：县级融媒体中心发展路径再思考[J]. 中国出版，2019(16).

③　黄楚新，刘美忆.2019 年中国县级媒体融合发展状况及趋势[J]. 新闻与写作，2019(12).

④　朱春阳，曾培伦. "单兵扩散"与"云端共联"：县级融媒体中心建设的基本路径比较分析[J]. 新闻与写作，2018(12).

⑤　陈国权.2017 中国报业发展报告[J]. 编辑之友，2018(2).

海市青浦区、松江区融媒体中心的案例研究，尝试回归"媒介逻辑"，探索中国基层治理中的县级融媒体中心如何凭借其基于地方性的文化、关系与行动，成为基层治理强节点的路径，形成在全球流动的超域协调能力，从而推动实现媒介再现地方、建构地方，更融合地方、再造地方的愿景。期冀从中观层面为分析县级融媒体中心服务基层治理提供具有参考意义的理论思路与实践框架。①

县级融媒体中心建设的模式分析。县级融媒体中心建设的代表性模式有三种。邳州模式：扎根本土，实施"融媒+"战略，即"融媒+政务""融媒+服务""融媒+商务"体系，保证地方性的政治效益、社会效益和经济效益的平衡。② 长兴模式：推进移动先行战略，创新"媒体+"产业链。③ 项城模式：建设"一中心八平台"矩阵，实施"广电+"运营模式。④ 县级融媒体中心建设要达到顶层设计的战略预期，深刻理解中国语境下县级融媒体中心运行机制的深层逻辑尤其重要。

县级融媒体中心建设的主要挑战及发展趋向。在党和国家战略规划推动下，县级融媒体中心通过引导主流舆论、提供综合服务和传播县域新闻，不断探索自我"造血"的可持续发展模式，在"质"和"量"上取得一定成果。⑤ 然而，体制机制、人才短缺、内容建设乏力、技术资金和地区发展不平衡限制了县级融媒体中心长期发展。因此，急需统筹协调各部门并转变经营管理模式，制定薪酬绩效等制度，培养优秀人才，同时通过区域合作实现平衡发展和共享共赢。⑥

作为基层触角的县级融媒体中心是乡村公共性的重要载体，发挥着凝聚共识、联结关系和整合结构的作用。通过"媒介赋权—公共性再造—治理重构"框架分析认为，县级融媒体中心可通过重塑价值表征、重构乡村社会关联、整

① 郑雯，施畅，万旭琪. 回归"媒介逻辑"：县级融媒体中心"融合地方"的路径探索[J]. 现代出版，2023(5).

② 胡正荣，张英培. 5G与人工智能时代县级融媒体中心建设的关键点——以江苏邳州为例[J]. 电视研究，2019(5).

③ 谢新洲，朱垚颖，宋琢谢. 县级媒体融合的现状、路径与问题研究——基于全国问卷调查和四县融媒体中心实地调研[J]. 新闻记者，2019(3).

④ 黄楚新，刘美忆. 2020年县级融媒体中心建设现状、问题及趋势[J]. 新闻与写作，2021(1).

⑤ 郭全中. 县级融媒体中心建设的进展、难点与对策[J]. 新闻爱好者，2019(7).

⑥ 张宏邦，刘威，王佳倩，等. 整合与协同：县级融媒体的现实困境及本土化推进路径[J]. 西安交通大学学报(社会科学版)，2020(3).

合乡村社会结构三重维度参与乡村治理，并建构起文化共享、利益联结、调适性组织三位一体运行机制，切实推进乡村有效治理。①

从县级融媒体中心地方性物质空间、地方性表征空间与地方性社会空间三个层面的分析看，当前县级融媒体中心在地方性空间生产中存在一些问题。只有从传播物质性视角将县级融媒体中心再语境化，即在地方性社会空间结构中，审视其如何勾连不同形式的空间生产并重建地方感，最终才能提升舆论引导效能，促进认同达成。②

县级融媒体中心基本实现全国全覆盖后，未来县级融媒体中心建设将进入2.0阶段，其建设效果评价涉及四个方面：一是县级融媒体中心2.0平台建设，能否实现省市县三级打通与物联网化；二是融媒体中心的定位提升，是否有利于国家治理体系与治理能力现代化；三是县级融媒体中心的功能聚合，能否拓展多元产品服务策略；四是数字化县域建设，如何成为县级融媒体中心核心竞争力和可持续发展动力。研究认为，地方融媒体中心可以将地方资源转化成数据，通过对社会服务的多元化介入，形成社会服务的数据入口，从而积累大量的优质数据，再通过画像对用户进行跟踪分析、消费行为预判，实现用户数据向用户资源的转化，完成用户—数据—资源—媒介产品的非线性生产，为融媒体中心的内容生产与服务提供支撑。③县级融媒体中心建设要取得好成效，还需要协调处理好以下几个关系：平台拓展与内容建设的关系；特色发展与多方联动的关系；舆论引导与社会服务的关系。④

三、研究评述与研究创新

县级融媒体中心建设是由中央负责顶层设计和统一协调推动下的国家工程，是在国家体制和统一改革格局下再造县级传播单元和基层社会治理的平台。因此，县级融媒体中心肩负着巩固基层舆论阵地和推进国家治理体系现代化的历史使命。上述文献综述表明，学术研究主要集中于县级融媒体中心建设的功能定位、发展模式、关键环节与路径选择等方面。而在县级融媒体中心建

① 宋超，陈瑶. 公共性再造：县级融媒体参与乡村治理的内在逻辑与机制建构[J]. 电视研究，2023(9).
② 郭旭魁. 重建地方感：作为传播物质性的县级融媒体与地方性空间生产[J]. 编辑之友，2023(6).
③ 胡正荣. 打造2.0版的县级融媒体中心[J]. 新闻界，2020(1).
④ 郑保卫，张喆喆. 县级融媒体中心建设：成效·问题·对策[J]. 中国出版，2019(16).

设的实践上，主要通过调研报告、案例分析等方式，围绕县级融媒体的理念指导、内容改革、平台建构、流程再造、传媒运营等开展了较为广泛的探讨，对落实中央关于县级融媒体中心建设的政策，指导县级融媒体占领县域思想文化阵地，服务县乡经济建设起到了一定作用。但从整体研究趋势看，作为促进县级融媒体诞生的政策本身及推动县融发展的激励政策动因似乎被淡化了。

　　本书研究视角独特，跳出了一般传播学或组织理论，从政府政策的视角入手。根据政策反馈理论，公共政策不仅改变着国家治理能力和治理理念，也塑造了公民的政治行为和政治态度。政策反馈理论认为现有政策的制定和执行不仅受到当前社会环境的约束，也是既有政策对公民主观认知、政策态度和利益结构等一系列影响的结果。随着理论的发展，政策反馈研究逐渐关注到资源效应和解释效应等内在机制、政策反馈效应与制度环境的相互作用以及政策反馈效应中公民和政策的互动等。本书以政策反馈理论视角分析县级融媒体中心对县域两个文明建设的辐射效应，并以县域社会治理为中介，探讨传媒公共政策与县域社会治理协同共振的进程及现实收益，进而重塑县级融媒体政策激活县(市)乡村内生动力的模式，有效促进县(市)乡村社会高质量发展。

第一章 县级传媒政策的范式转型

2019年《县级融媒体中心建设规范》明确指出，县级融媒体中心性质，即整合县级广播电视、报刊、新媒体等资源，开展媒体服务、党建服务、政务服务、公共服务、增值服务等业务的融合媒体平台。该规范清晰地界定了县级融媒体中心的主要任务及机构组成来源，涵盖广播、电视、县报和新兴媒体。为此，研究县级传媒政策的变迁与发展，必须从包含县级各类媒体发展的历史脉络进行梳理，方能更深刻地理解当今县级融媒体新政策范式转型的意蕴与价值。

观照当今中国县级融媒体中心的建立，基本是以广播、电视台为主体整合的模式，因此，从媒介制度史角度看，"四级办"媒体政策中涉及的第四级媒体作为主要研究对象，侧重点落在县（市）广播电视媒体上。从1950年国家《关于建立广播收音网的决定》到2018年《关于加强县级融媒体中心建设的意见》等三个里程碑式的政策文件，较为清晰地勾勒出县级媒体发展的三个阶段。本章将在分析县级媒体发展历史脉络的基础上，重点阐释县级传媒政策的范式变迁及县级融媒体政策的反馈效应。

第一节 县级媒体发展的历史脉络

2018年8月21日全国宣传思想工作会议明确提出"要扎实抓好县级融媒体中心建设，更好引导群众、服务群众"。自此，全国各地迅速启动县级融媒体中心建设工程。同时，有关县级融媒体发展状况的研究，从国家社会科学基金项目课题的设立到全国各级相关主题论坛的举办，再到对县级融媒体典型案例的模式化研究等，初步形成了一个学术研究热潮。然而，对县级融媒体中心建设的研究，大多还停留在以传统视角观察县级媒体机构整合、县域治理中的传媒角色和传媒流程管理等方面，鲜有涉及传媒政策如何推动县级媒体发展的历史演进逻辑。

从县级媒体发展的逻辑看，每一次的建设高潮基本是在党和国家相关政策推动下步入的一个新台阶，因此，只有准确把握县级媒体建设政策的历史脉络和现实考量，才能理解县级媒体在我国传媒体系中的地位和功能，及其演变发展的政策推动力。本章从1950年建立县乡级有线广播网开始，到改革开放后的四级办广播、电视，再到县级融媒体中心建设的重构，探寻县级媒体在各个阶段建设的国家传媒政策动因，以加深对县级融媒体中心发展的逻辑起点和历史价值的理解。通过分析加深对县级传媒在中国县乡基层治理中的角色，终极目标和即时目标的达成与县级传媒政策反馈效应之间的逻辑关联的理解。

一、"四级建"：县级广播收音网的建立(1950—1982)

从县级媒体历史演进阶段看，随着我国社会进程发展和媒体技术的进步，在"四级办"媒体的阶段性转型过程中，县级媒体传播也从新中国成立初期的"四级建"广播到"四级办"广播、电视，再到"四级融"全媒体，经历了三个阶段的转变。与之相伴，我国县级媒体发展模式先后经历了新中国成立初期广播网的结构化布局、改革开放初期的县级广播台和电视台的分立、广播电视业治理的三台合并和新时代县级融媒体中心建制的变革性创新。

1. "喇叭"进村入户：让亿万农民听到、听好广播

中国新闻传播史研究表明，中国最早出现的新闻信息媒介——报纸出现于唐代，后随着中国近代新闻事业的诞生，一种仿自西方的中文近代报刊《察世俗每月统记传》产生。1922年9月，中共中央第一个机关报《向导》创刊，标志着中国共产党新闻事业的开端。此后，从大革命时期到人民解放战争时期，在中国共产党报刊网络的形成与重建中，主办者基本上以中央机关报和各地省委机关报为主体，主办地以城市为中心，其间虽有一些县、区办有油印小报，但不能成为严格意义上的县级媒体。

1949年3月，中国共产党在河北平山西柏坡召开的七届二中全会上，毛泽东代表党中央作报告，指出："从我们接管城市的第一天起，我们的眼睛就要向着这个城市的生产事业的恢复和发展"，城市中的各项工作，包括报纸、通讯社、广播电台的工作，"都是围绕着生产建设这一个中心工作并为这个中心工作服务的"。① 毛泽东的这一报告，为党的城市办报和农村有线广播网的建设方针提供了理论依据。

鉴于新中国成立初期全国交通不便，文盲众多，且当时我国无线电工业还

---

① 毛泽东选集(第4卷)[M].北京：人民出版社，1991：1427-1428.

是空白，不能制造收音机，而报纸种类和发行量又很少的情况，党和政府从人民立场出发，为满足亿万农民信息接收权的需要，采取建立广播收音网，发展集体收音的措施，以初步解决广大群众收听工具不足的困难。1950 年 4 月 10 日，国家新闻总署发布了《关于建立广播收音网的决定》，要求全国各县市人民政府应普遍设置收音员，其任务是"收听和记录中央和地方人民广播电台的新闻、政令和其他重要内容，向群众介绍和预告广播节目，组织听众收听重要节目"。为此，各县市设立的广播收音站可看作是县级广播站或广播电台的雏形。对于县乡村基层群众的媒介使用而言，只有广播媒介才能成为宣传教育最有力的工具。

关于普及农村广播网的建设和发展，毛泽东在 1955 年 12 月写的《征询对农业十七条的意见》中提出："在七年内，建立有线广播网，使每个乡和每个合作社都能收听有线广播。"①同年年底，中央广播事业局专门召开第三次全国广播工作会议，讨论和研究发展农村有线广播问题，确定了发展农村广播网的方针是：依靠群众，利用现有设备，分期发展，逐步正规，先到村社，后到院户。紧接着，1956 年 1 月，中共中央在《1956 年到 1967 年全国农业发展纲要》第 32 条中又明确要求，在 7 年或 12 年内基本上普及农村广播网，对这项工作的完成提出了明确的时间要求。在各级党委和政府的重视和领导下，我国的农村有线广播健康、顺利地发展起来。据统计，从 1952 年开始建设农村有线广播站，到 1956 年年底已有有线广播站 1458 座，有线广播喇叭 50 多万只。当时的农村广播站设备虽然比较简陋，但在农业合作化运动和农业生产中发挥了积极作用，为刚刚组织起来的亿万农民的政治生活和文化生活带来了显著的变化。②

让亿万农民听好广播，始终是我国广播事业发展中的重要课题。20 世纪50 年代初期逐步发展起来的城乡收音站，初步解决了收听工具不足的困难，但其只能转播上级广播电台的节目，不能自办当地需要的广播节目，在发展上受到了限制。1952 年 4 月，吉林省九台县成功利用电话线传送广播节目后，办起了我国第一座县级农村有线广播站。当年召开的第一次全国广播工作会议肯定了九台县农村有线广播的经验。不久，九台县的经验先在东北，后在全国许多省份的农村推广。随着农业合作化运动的开展，农村有线广播站犹如雨后

---

① 毛泽东文集(第 6 卷)[M]. 北京：人民出版社，1999：510.

② 方汉奇，陈业劭. 中国当代新闻事业史(1949—1988)[M]. 北京：新华出版社，1992：75.

春笋般地迅速建立起来。①

　　这一时期，初步建成了以中央人民广播电台为中心的四级广播（网）电台，形成从中央到各大行政区及省市县乡的广播宣传网络。同时大力发展基层收音站，建立推广农村有线广播站。农村有线广播网建设与发展，经历了传输渠道的改变，从借用电话线传播到独立建设有线广播网；终端接收器的改变，从田间村头的高音大喇叭到进村入户的小喇叭（舌簧喇叭）的进化。至今，乡村高音喇叭仍在发挥作用，尤其是紧急广播的使用，在新冠疫情期间的防疫宣传中起到了强传播效果。

　　2. 广播宣传动员：丰富亿万农民的政治文化生活

　　广播收音网的普遍建立，是广播工作联系实际、联系群众的重要措施之一。与其他宣传工具相比，广播的特点是用电波来传送声音，通过声音来进行宣传和鼓动。对于文化程度较低的农村群众而言，广播主要诉诸听觉感知，能更有效地进行沟通，具有传播迅速、不受空间限制的优点，因而成为新中国成立初期最重要的宣传媒介。

　　20世纪50年代最具创见、影响最大的传播制度安排正是通过建设县乡"大喇叭"，搭建起触达底层的声音宣传网络。特别是大喇叭宣传网络的建立，反映了1949年以后国家主义的政治传达在中国特色的城乡结构中的"技术下沉"实践，而收听户外大喇叭广播也帮助塑造了一种国家归属感的集体经验。

　　第三次全国广播工作会议（1955）更是首次明确提出以"有线广播+大喇叭"的方式发展农村有线广播网的规划。规划表明，1956年全国将增加有线广播站900多个，带有喇叭45万到50万个；到1962年全国农村有线广播站将达到5400多个，带有喇叭670多万个，全国所有的村庄、农业生产合作社和一部分农民家庭都可以被覆盖。②

　　由于党和政府的重视，各地采取多种积极措施，尽快改变了县乡宣传薄弱的状况，逐步建立起农村有线广播网。全国广播电台（站）分为四级，一是中央人民广播电台；二是各大行政区广播电台，包括东北人民广播电台（沈阳）、西北人民广播电台（西安）、华东人民广播电台（上海）、中南人民广播电台（武

---

　　①　方汉奇，陈业劭. 中国当代新闻事业史（1949—1988）[M]. 北京：新华出版社，1992：75.

　　②　周逵，黄典林. 从大喇叭、四级办台到县级融媒体中心——中国基层媒体制度建构的历史分析[J]. 新闻记者，2020(6).

汉)和西南人民广播电台(重庆)等;三是省(直辖市)台;四是市县台(站)。1954 年 6 月,各大行政区广播电台建制撤销。除了西藏,各省、自治区、直辖市都有了广播电台。

1950 年中央人民政府新闻总署规定,广播宣传担负三项任务:发布新闻,传达政令;社会教育;文化娱乐。并根据当时国内外的形势,明确提出广播宣传的主要内容,即宣传马克思列宁主义和毛泽东思想,解释《中国人民政治协商会议共同纲领》和政府的各项政策,报道当前政治生活和经济建设中的重大事件,传播科学知识和先进经验以及播送优秀的文艺作品。力求通过广播宣传来达到启发和培养人民的政治觉悟、提高人民的文化水平以及鼓励人民的爱国热情和劳动热情的目的,使我们的广播为大规模的经济建设服务,为实现国家的工业化服务。

二、"四级办":县级广播电视台的开办(1983—2017)

从 1983 年起,中国首次以中共中央文件的名义发布县级办媒体的通知,这可以理解为中央有关传媒政策的重大调整,表明地方广播电台、电视台占领县域思想文化领域阵地的重要性。

1. "四级办"传媒方针的开创

1983 年 3 月 31 日至 4 月 10 日,广播电视部在北京召开了全国第十一次广播电视工作会议,这是国家广播电视部成立以后召开的第一次重要会议。会议认为,当时刚刚开始在全国兴起的"新媒体"电视,"已经由城市扩展到农村,这是一件可喜的有深远意义的事情"。会议要求在三五年内,除特殊有困难的地区以外,要做到县县社社(人民公社)队队(村民小组)都通广播,户户人人能听到广播,全国大多数县能看到电视。到 20 世纪末,分几个步骤做到户户人人都能看到电视。正是这次会议制订了对后来广播电视事业发展具有深远影响的"四级办"大政方针。中共中央批转广播电视部党组《关于广播电视工作的汇报提纲》(中发〔1983〕37 号),明确提出,根据全国形势的需要,对广播电视的事业方针和技术政策作相应调整:"实行中央、省(市、自治区)、市(地、州)、县四级办广播、四级办电视、四级混合覆盖。"文件认为,过去在广播电视事业建设上,只着重强调了中央、省两级覆盖,而对市、县办电视限制很严。现根据形势发展的需要,改为四级办广播、电视,四级混合覆盖的方针,"就是市、县都可以办广播电台和电视台,主要是转播中央、省的广播电视节目,有条件的也可以在中央或省办节目中插播当地的节目,共同覆盖各市、县。省辖市、县办电视节目，只是在具备条件的地方办，不强求一律，同时要制定管理办法，规定审批手续和节目内容"。

"四级办"政策的创新，从实质上看主要还是体现在县级办电视。因为四级办广播从新中国成立初期就已经存在，而四级办电视中的中央、省、市三级也早从1959年开始陆续开办电视台。因此，从四级办广播、电视的角度看，需侧重发展县级电视媒体。再从全国第十一次广播电视工作会议名称看，与前十次全国广播工作会议相比，冠名中首次加上了"电视"二字，这实际上反映出电视媒体的崛起，对改革开放后我国电视事业的发展产生了极其深远的影响。

县级办电视政策极大地调动了地方政府的积极性，县级电视台纷纷上马，先由各省广播电视厅批复电视台（试播），待条件成熟后再报请国家广播电视部审批正式建立县级电视台。县级电视台自1983年起步，到1985年就有了61座。全国电视台发展到1991年已有543座，其增长主要来源于县级电视台。即使对"四级办"现状有不同认识进而对相关政策产生分歧意见的，特别是对县级办电视持异议的人也承认，县级电视台在电视覆盖率增长方面功不可没。在我国，随着2009年国家广电总局开展的中央广播电视节目无线覆盖工作收尾验收工作的结束，标志着"十一五"中央广播电视节目无线覆盖目标的提前完成。到2010年年底，全国广播人口综合覆盖率达96.78%，全国电视人口综合覆盖率达97.62%。[①]

事实上，广播电视覆盖工程作为广播电视事业建设的核心，在20世纪80年代初就掀起了一次高潮，当时在"中央四级办广播、四级办电视、四级混合覆盖"的方针指引下，各级政府积极支持县办广播电视，让广大人民群众"听到""看到"广播与电视成为四级政府公共服务的基本目标。

与此同时，国有大型企业、单位在政策允许范围内积极开办有线电视台，随后影响到县级地方政府在县（市）城区开启有线电视工程与服务。从最初的单位局域共用天线系统到城区有线电视网互联，在相关技术的推动下，有线电视网经过第二代、第三代共用天线系统快速迭代升级，建成一县一地有线电视网。

值得一提的是，在县级电视台建设红红火火之时国家并未忽视县级广播媒体的建设，相反，凡向省、部申办电视台的县，首先要看县级广播发展是否达标，然后再考察县办电视台的基础条件。中发〔1983〕37号文件专门针对广播

---

① 石长顺，石婧. 中国广播电视公共服务[M]. 北京：光明日报出版社，2013：44.

事业方针和技术政策作了调整，即确定大力发展调频广播技术政策，整顿、提高、发展农村有线广播网。该文件强调："农村有线广播是向八亿农民进行宣传教育的强有力工具，是县委、县政府向本县人民传达政令、指导工作、组织生产、普及农业科学知识、加强思想政治工作的有效工具。要不断整顿、提高、发展农村有线广播网。在架设专线有困难的地区，县调频广播台可以同有线广播结合起来，既照顾群众收听，又可以为乡(社)广播站传送节目。"

2."四级办"的重大政策调整

(1)自办文艺节目的限制与松动

县广播、电视台作为县级党委、政府和人民的喉舌，在促进县域物质文明和精神文明建设，满足人民群众日益增长的精神文化需要方面，发挥了积极的作用。同时，在转播好中央台的广播、电视节目工作上也履行了地方广播电台、电视台的责任和义务。然而，其在影视剧的播放上却遇到了相关政策的限制，成为县级媒体运营的一道难题。

1993年12月8日，在"四级办"政策实施十年后，中共中央宣传部、广播电影电视部联合发出《关于地方广播电台、电视台必须完整转播中央人民广播电台、中央电视台节目的通知》(广发办字〔1993〕836号)。通知指出，听广播、看电视已成为城乡人民日常生活的重要组成部分。县(市)广播电台、电视台的"首要任务是转播好中央和省级的广播电视节目"。县(市)级电视台和各教育电视台"不得自办文艺节目"，这里的"文艺节目"主要指电视剧。这是针对当时县(市)级电视台管理的一条红线，但有的县(市)级电视台往往在这条红线边缘彷徨、触碰、僭越。

3年后即1996年这一规定似有所松动，《广播电影电视部关于加强广播电台、电视台、有线电视台播出管理的通知》(广发办字〔1996〕338号)指出，"各级电视台、有线电视台要严格控制境外影视剧在播出影视剧节目总量中的比例，其中，黄金时间(18点至22点)不得超过15%"。文件所指的"各级电视台"自然包括县级电视台，虽说是对播出影视剧节目总量及在黄金时间中的比例做了适当控制，但总算是开了点口子。此后，地方广播电视厅也对此规定作出积极回应。如湖北省广播电视厅于1999年3月1日发布的《关于继续有效开展市、县广播电视宣传量化管理的通知》指出，省厅决定继续开展市、县广播电视宣传量化管理，以此"促进各地精心自办节目，下力气出力作、出精品，使广播电视更好地服从和服务于改革发展稳定的大局"。并在此基础上，省厅组织评出优胜单位。其中，关于电视文艺节目量化考核标准规定，"县级电视严格按省厅统一供片播出记8分，出现问题，上级查处一次扣2分(不保底)。在自办文艺节目(不含对别人节目的编排与组合)上，县级电视达到20分钟/月的记4分，以5分钟为1分计算，超过的记1分"。且制作电视剧，达到播出水平的，每部(集)记3.5分。这一规定将县级电视台的文艺节目和电视剧的播放量纳入考核体系，从侧面认可了对县级媒体"自办文艺节目"限制政策的松绑，是积极的、有效的管理政策措施。

(2)县报县台财源的开掘与纠偏

县级媒体风起云涌，以县级电视台为代表迅速成为地方政府得心应手的喉舌工具，在宣传导向、文化娱乐两条线上充满了活力。但部分县级电视台迫于生存的经济压力，背离不得"自办文艺节目"的有关规定，通过"滥播"电视剧等"开辟财源"，这些做法受到一些诟病。另外，县报发行大多通过党政部门发文硬性摊派到机关、企事业单位和乡村一级。从中央到省、市、县四级报纸订阅，尤其是县报到村组的付费订阅，层层加码，成为基层农民的一大负担。针对县级媒体运营中的问题，中央和国家出台了有关治理文件。①

1996年7月16日下发的《广播电影电视部关于对广播电视台(站)年检的规定》等相关通知中，开始对乱播滥放等问题进行年检整顿。自此，广电业的治散治滥工作逐步推开。同年的12月14日，《中共中央办公厅、国务院办公厅关于加强新闻出版广播电视业管理的通知》(厅字〔1996〕37号)要求采取有力措施，治理新闻出版、广播电视业中的散、滥现象。

上述通知中关于报刊业的治理，重点是转化内部报刊，压缩行业报刊。回望历史，我国县报的第一个发展高潮是20世纪50年代，大量县级报纸应社会主义改造与建设动员的需要陆续创刊，在"三年困难时期"，县报相继停刊。20世纪90年代中期，在邓小平"南方谈话"精神鼓舞下，县市级报纸掀起了"复刊""创刊"的高潮，呈现出前所未有的繁荣景象。县市报数目于1994年发展到460余家。随之，县级报纸的发行在地方党委的支持下，向乡(镇)村一级摊派订阅定额，这样每个村都要订中央、省、市、县级的四份党报，直接加重了村级集体的负担。为此，在减轻农民负担的背景下，报刊业的治散治滥被提上议事日程。

2003年7月，《中共中央办公厅、国务院办公厅关于进一步治理党政部门报刊散滥和利用职权发行，减轻基层和农民负担的通知》要求："县(市、旗)和城市区不再办报刊，已经办的要停办。"7月23日，国家新闻出版总署提出

---

① 相关文件参见湖北省广播电视局宣传管理处《广播电视行业法规选编》(1999年)。

县报刊号保留的具体标准，即："对人口在 50 万以上，国内生产总值在 100 亿元以上，社会消费品零售总额在 30 亿元以上的县(市)所办报纸，年广告收入在 400 万元以上的，经严格评估论证后，可由省级党报或地市党报进行有偿兼并，或办为地市级党报的县市版。"①经过 2003 年的报刊治理整顿基本终结了县级办党报的历史。

《中共中央办公厅、国务院办公厅关于加强新闻出版广播电视业管理的通知》中关于广播电视业的治理，重点是解决擅自建台、重复设台和乱播滥放的问题。通知中首次提出"现有县广播电台、电视台、有线电视台要合并为一个播出实体"，主要转播中央和省的广播电视节目，可自办少量当地新闻和专题节目。从县级广播台、电视台、有线电视台的分立到"三台合并"的治理，近 13 年的实践说明，县级媒体在执行政策的过程中出现了一些偏差。而治理措施中关于"三台合并"的规定则在客观上为当今县级媒体融合奠定了组织建构的基础，这是一个有远见的政策决策。

(3)县级广电离与合的波折

实行"三台合一"。县级媒体治理的深入必然会触及媒体组织机构的调整。《中共中央办公厅、国务院办公厅关于加强新闻出版广播电视业管理的通知》指出，对县广播电视业的综合治理要坚持"控制总量、调整结构、提高质量、增进效益"的原则，实行"三台合一"，促进新闻出版和广播电视业从扩大规模数量为主向提高质量效益为主转变。为贯彻落实这一文件精神，国家广播电影电视部于 1997 年 8 月 6 日专门下发了《关于县(市)广播电视播出机构合并的意见》(广发社字〔1997〕458 号)。该意见第一条指出：

> 凡经广播电影电视部批准的同一县(市)设立的广播电台、电视台及有线电视台必须合并为一个播出实体。统称"××县(市)广播电视台"。合并后的县(市)广播电视播出实体应统一机构建制，统一人事管理，统一宣传规划，统一事业建设，统一经营创收。由县(市)广播电视局实行统一领导和管理。

该意见第七条还提出了"局台合一"的体制："县(市)广播电视播出机构合并后，为保证广播电视宣传、事业、管理和队伍建设的统一领导，在行政职能不变、现有的编制、职数不减的前提下，县(市)广播电视局和广播电视台可

---

① 陈国权. 中国县级融媒体中心改革发展报告[J]. 现代传播，2019(4).

以实行'局台合一'的体制，即'一套班子、两块牌子'"。"意见"给出了县（市）广播电视播出机构合并工作时间表，提出"机构合并工作应在 1997 年 12 月 31 日以前完成"。

关于县级传媒机构"三台合一"和"局台合一"政策的调整，在执行过程中因地而异。总体来看，"三台合一"的"意见"，符合世界传媒发展的趋向，有利于县级媒体传播力、影响力的提高。但关于"局台合一"的意见颇有分歧，部分认为"局"机关既不符合政策文件中所指的"播出"机构，也不符合行政机构管理规范，如文件强调，合并后的县（市）广播电视播出实体应"由县（市）广播电视局实行统一领导和管理"，而上述"广播电视播出实体"实际包含了"局台合一"中的"（科）局"，这在逻辑上是不通的。事实上，当时有些县（市）并没有在规定时间内实施"局台合一"的体制，甚至有一些如期实施了"局台合一"体制的县（市）最终又恢复到原始状态。

推广公共频道。为扩大县（市）广播电视播出机构合并效果，1999 年，国务院发布国发办〔1999〕82 号文件，要求"大力推广公共频道，在县级广播电视实行三台合一的基础上，由省级电视台制作一套公共节目供所辖各县电视台播出，从中空出一定时段供县级电视台播放自己制作的新闻和专题节目"。意图以成立公共频道为手段而逐渐撤销县级电视媒体。

2001 年，国家广播电影电视总局跟进发布了《关于市（地）、县（市）广播电视播出机构职能转变工作的实施细则（试行）》，在保留 1983 年四级办广电台总体格局不变的前提下，对全国广播电视体系和职能做出重大调整，强调县（市）广播电视台不再保留自办电视节目频道，可在公共频道中划出一定的时段，供县（市）广播电视播出机构插播自办节目，包括当地新闻、专题节目和有地方特色的文艺节目及广告等。

这一政策对县级广播电视机构的影响是可想而知的。一开始少部分县级电视台撤销自办频道，转而在公共频道中插播自办节目。两年后，县级电视台又纷纷恢复自办频道。本不该设立的公共频道实质上成为省级台的烫手山芋，及至后来全被淘汰。

三、"四级融"：县级融媒体中心的创新（2018—　）

县级媒体发展的第三个里程碑，以 2018 年中央通过的《关于加强县级融媒体中心建设的意见》为标志，开启了真正属于县级传媒大发展的元年。这也是新中国成立以来，党中央首次专门针对县级媒体建设制订的指导性政策文件。"四级建"和"四级办"政策均是针对全国从中央到县四级建广播网、办广播电视，涉及县乡建设范围或专门条款，而被媒体称为"县级融媒体中心建设顶层设计"的"四级融"阶段，则在很大程度上赋予了县级融媒体传播权和历史使命。

"四级融"源于中央有关传媒政策的强力推动，其中《关于加快推进媒体深度融合发展的指导意见》(2020)明确指出，要按照资源集约、结构合理、差异发展、协同高效的原则，完善中央媒体、省级媒体、市级媒体和县级融媒体中心四级融合发展布局。从"四级建"到"四级办"和"四级融"政策的出台，显示了我国传媒政策的连续性和强关联性。

1. 县级融媒体中心建设的顶层设计

县级融媒体中心建设作为我国媒体融合发展战略中的重要一环，是自2014年8月18日中央发布《关于推动传统媒体和新兴媒体融合发展的指导意见》之后，推进县级宣传文化领域改革创新的重要举措。自此，中央和国家对县级融媒体中心的建设进行密集部署及顶层设计，如图1-1所示。

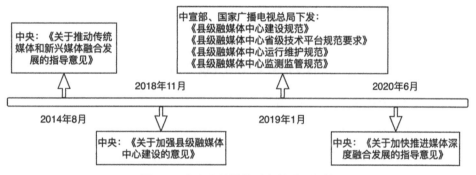

图1-1　中央有关媒体融合的重要文件

指导思想。2018年8月21日，习近平总书记在全国宣传思想工作会议上指出，要扎实抓好县级融媒体中心建设，更好引导群众、服务群众。这是中央首次针对县级媒体融合机构建设发出的最强音，也是县级融媒体中心建设的纲领性指导意见。

目标要求。2018年11月14日，中央全面深化改革委员会第五次会议审议通过《关于加强县级融媒体中心建设的意见》，意见指出，组建县级融媒体中心，有利于整合县级媒体资源、巩固壮大主流思想舆论。并要求深化机构、人事、财政、薪酬等方面改革，调整优化媒体布局，推进融合发展，不断增强县级媒体传播力、引导力、影响力。要坚持正确政治方向、舆论导向、价值取向，坚守社会责任，把社会效益放在首位。中央对推进县级融媒体中心建设进行部署，意味着推进媒体融合工作重点从省以上媒体延伸到基层媒体，从主干媒体拓展到支系媒体，而支系媒体的改革将促进国家媒体体系的全盘激活。

推进时间。2018年9月20日，中宣部在浙江省湖州市长兴县召开县级融媒体中心建设现场推进会，部署安排全国范围内推进县级融媒体中心建设，并提出了县级融媒体中心建设的时间表和路线图，要求2020年底基本实现在全国的全覆盖，2018年先行启动600个县级融媒体中心建设。①

建设规范。2019年1月15日，中共中央宣传部、国家广播电视总局组织编制的《县级融媒体中心建设规范》《县级融媒体中心省级技术平台规范要求》，作为推荐性行业标准，随县级融合媒体建设全面铺开实施。其中《县级融媒体中心建设规范》明确提出，整合县级广播电视、报刊、新媒体等资源，开展媒体服务、党建服务、政务服务、公共服务和增值服务等业务，而省级技术云平台则为包括县级融媒体中心在内的三级媒体提供技术支撑和运营维护。

同年1月25日，习近平同志在中共中央政治局第十二次集体学习会上，就全媒体时代和媒体融合发表讲话指出，要把我们掌握的政策制定权的制度优势转化为巩固壮大主流思想舆论的综合优势。② 这对县级融媒体中心建设的殷切期望，充分阐明了政策制度优势转化的终极目标。

2. 县级传统主流媒体的嬗变

县级融媒体中心是由国家顶层设计、从上而下统一推动建立的一种县级新型传媒单位，它是县级党委的一个正科级宣传机构，将县原有的广播电视台、县党报、县属网站等媒体单位通过资源整合形成县级新型主流媒体。其新在于遵循互联网思维，以服务用户为主体价值取向，以开放平台为功能转型，以产品迭代为技术支撑的新型传媒主体。围绕新媒介生态，其通过渠道、平台的融合提高综合传播力；通过"内化"反应塑造媒体公信力，通过强化主流话语的认同感，提高话语权和影响力。③

---

① 县级融媒体中心建设全面启动 2018年先行启动600个县级融媒体中心建设 2020年底基本实现全覆盖[EB/OL].［2018-09-25］. http://www.xinhuanet.com/zgjx/2018-09/25/c_137491367.htm.

② 习近平. 加快推动媒体融合发展 构建全媒体传播格局[J]. 求是，2019(3).

③ 石长顺. 传媒进化论[M]. 北京：社会科学文献出版社，2020：34.

中宣部在浙江长兴县召开的县级融媒体中心建设现场推进会上提出,要努力把县级融媒体中心建成主流舆论阵地、综合服务平台和社区信息枢纽。这是对县级融媒体中心功能职责的极大拓展,除负责全县(市)所有信息发布传播外,还增加了包括政务服务、民生服务和商务服务等新功能。

县级融媒体中心的建设,标志着媒体融合布局从中央媒体、省级媒体延伸到基层媒体,实现了媒介地理上的空间扩张,增强了新型主流媒体抵达受众用户的地域感。作为媒体融合的"最后一公里",县级融媒体中心不仅成为综合服务平台和社区服务枢纽,还成为占领县域主流舆论阵地的主力军。在各级党委政府的大力扶持下,2020年基本实现了全国县级融媒体中心全覆盖的目标。中宣部2022年8月18日举行"中国这十年"系列主题新闻发布会宣布:2585个县级融媒体中心建成运行①,基本实现全国县级融媒体全覆盖。由此表明我国织就了世界上最大的新型主流媒体体系,进一步推动媒体融合纵深发展。

回望过去,县域媒体是一块容易被忽略甚至被污名化、被挤压的传媒阵地。诚然,县级基层广播电视在强势传媒集团的打压和新媒体的蚕食下,遇到前所未有的困境,为了求生存难免出现一些问题,但就此否定或裁撤县级政府的重要舆论宣传机构实在不妥。另外,上级传媒机构的在地性又不强,对县级阵地的舆论导向鞭长莫及,非主流和非健康的信息传播就会乘虚而入,侵蚀广大群众。

在新的媒介生态环境下,县级新型主流媒体根据国家战略重新定位,顺应移动化、视频化、智能化发展趋势,在体制改革、流程再造、舆论引导、服务拓展等方面取得良好效果,传播力也得到很大提升,坚守住了舆论阵地,牢牢掌握了舆论场的主动权和主导权,新闻舆论传播力、引导力、影响力、公信力大大提升。

从空间感看,县级融媒体中心建设处在我国传媒体系的一线阵地,是最接地气的地方媒体。在新兴媒体迅速发展的背景下,越来越多的用户通过移动终端获取信息,特别是青年一代更是将互联网作为获取信息的主要途径。融媒体中心建设面对舆论生态的深刻变化,能在新型传媒机构运营上,实现现代主流传播体系的前伸延展。同时,在引导群众、服务群众,拓展政务服务、智慧城市建设和智能传播的基础上,加强传播手段和话语方式创新,把政务服务和商

①　中国这十年·系列主题新闻发布会——中共中央宣传部举行新时代宣传文化工作举措与成效发布会[EB/OL].[2022-08-18].http://www.scio.gov.cn/ztk/dtzt/47678/48355/index.htm.

务服务纳入传媒第一资源，吸引用户关注主流传媒内容，让党的创新理论"飞入寻常百姓家"。

3. 县级融媒体中心平台的搭建

全媒体平台是新型主流媒体构建的前提。纵观网络世界的重量级网站：Facebook 是社交平台，Google 是搜索平台，Wikipedia 是百科互动平台……它们无一例外地选择将自身平台化，用开放的思维，让信息类、交友类、娱乐类等多种应用程序在这个平台上运行、流通。今天，在信息因子具有互动性和"内爆性"的情况下，开放平台是主流媒体实现信息传播功能转型的理想路径。具体来说，新型主流媒体应在全媒体平台打造的基础上，建构扁平的组织架构和开放的传播流程。

中央《关于加强县级融媒体中心建设的意见》要求，要加速县级融媒体中心建设，实现实践效益全提高，强调要把县级融媒体中心打造成区域综合智慧平台，实现信息治理体系和信息治理能力的现代化。《关于加快推进媒体深度融合发展的意见》也指出：要推动主力军全面挺进主战场，以互联网思维优化资源配置，把更多优质内容、先进技术、专业人才、项目资金向互联网主阵地汇集、向移动端倾斜，让分散在网下的力量尽快进军网上、深入网上，做大做强网络平台，占领新兴传播阵地。

融合化的新型媒体平台理念有两种主要表现形式：一是打破内部不同媒介之间的壁垒，实现不同媒体内容及渠道的融合；二是本着互联网的开放精神，做内容和产品的集成平台，延伸产业链。①

前者强调建设自主可控新型传播平台，如客户端、户外大屏等。全国各地各新闻单位绝大部分开发了自己的新闻客户端，行业人戏称的"东澎湃，西封面，南并读，北无界，中九派"就是那个阶段的"明星产品"。目前，主流媒体运营的自主可控新型传播平台也已遍地开花，在一些县级融媒体中心甚至同时运作两三个客户端。通过整合旗下媒介终端的力量，形成舆论宣传的合力，进行全媒介形态的立体化传播，以此提高在新形势下的传播能力与竞争能力。

后者重视合作入驻其他平台。县级融媒体中心借助具有强大社会影响力的互联网平台开通账号，能够快速有效地提升内容覆盖面和传播力。开通微信公众号，或建立"微信矩阵"，成为很多县级融媒体中心建设的重要抓手。近年来，从中央到省市级媒体，纷纷为县级融媒体中心建设整合资源、提供技术、搭建平台。如新华社成立了县级融媒体专线，中央广播电视总台推出了"全国县级融

---

① 石长顺. 传媒进化论[M]. 北京：社会科学文献出版社，2020：39-40.

媒体智慧平台"。省级、市级媒体也纷纷建立融媒体云平台，吸引县级融媒体中心入驻，实现资源共享、联合联动，推动县级融媒体中心的融合进程。

于 2021 年 4 月 23 日揭牌成立的龙岗区融媒集团，将现有各类资源进行全面整合，从单一平台到融媒体矩阵，实现从"资源分散"向"优势叠加"的转变。目前龙岗融媒已建立报、台、端、微、刊、户外等一体化融媒体矩阵，共有 32 个平台，总粉丝量超 600 万，核心平台影响力稳居深圳各区首位。其中，"龙岗融媒"App 下载量超 170 万，龙岗区官微"深圳龙岗发布"粉丝量超 145 万，"掌上龙岗"微信公众号粉丝量超 80 万，"掌上龙岗"抖音号粉丝量超 48 万，短视频点击量超 8 亿。此外，龙岗融媒还入驻全国党媒平台、央视移动网、"人民号"、"学习强国"等国内主流媒体平台，拓展"融媒+"发展模式。

4. 县级融媒体中心运营模式的拓展创新

《县级融媒体中心建设规范》中明确县级融媒体中心是"整合县级广播电视、报刊、新闻新媒体等资源，开展媒体服务、党建服务、政务服务、公共服务、增值服务等业务的融合媒体平台"。2022 年 8 月，中共中央办公厅、国务院办公厅印发的《"十四五"文化发展规划》，明确了中央、省级、市级、县级媒体建设目标，如图 1-2 所示。其中，关于县级融媒体中心建设目标是：在基本实现全覆盖的基础上进一步建强用好，实现可持续发展，推动 2500 余家县级融媒体中心深化"新闻+政务+服务"，更好地引导群众、服务群众。

上述两份文件均涉及县级融媒体中心的职责、功能和建设任务。《县级融媒体中心建设规范》明确了县级融媒体中心的"增值服务"，但增值服务内容是什么？《"十四五"文化发展规划》明确县级融媒体中心建设目标是"新闻+政务+服务"，其中"服务"的对象和内容是什么？似乎并不明晰。而明确的答案在2020 年 9 月中共中央办公厅国务院办公厅印发的《关于加快推进媒体深度融合发展的意见》中，得到了具体的阐释。该意见指出，要发挥市场机制作用，增强主流媒体的市场竞争意识和能力，探索建立"新闻+政务服务商务"的运营模式，创新媒体投融资政策，增强自我造血机能。由此，可以理解县级融媒体中心建设政策有关运营模式的创新，即"新闻+"延伸到政用政务、民用服务、商用商务。以此增强县级融媒体中心的自我造血机能，防止滥播乱放现象的再度上演，进而保证县级融媒体中心健康可持续发展。

县级融媒体中心在建设与发展中充分利用国家传媒政策的支持，在"新闻+政务服务商务"方面做出积极探索。除坚守传媒新闻主业外，大力拓展政务服务和商务领域服务，多元布局，通过政务新媒体、公共服务和电商、品牌活

> **专栏 8　全媒体传播体系建设**
>
> 　　中央媒体建设：推动有条件、有实力的中央媒体建成新型主流媒体"航母"和"旗舰"。其他中央媒体围绕自身定位，打造专业优势、鲜明特色。
>
> 　　省级媒体建设：重点建设区域性传播平台，打造特色新媒体品牌，提高新闻生产力，更好服务地方经济社会发展。
>
> 　　市地级媒体建设：市地级媒体因地制宜加快探索形成适合自身的融合发展模式，可以各自建设融媒体中心和传播平台，也可以加强资源统筹和机构整合，共同打造市地级融媒体中心。
>
> 　　县级融媒体中心建设：在基本实现全覆盖的基础上进一步建强用好，实现可持续发展，推动 2500 余家县级融媒体中心深化"新闻＋政务＋服务"，更好引导群众、服务群众。
>
> 　　媒体融合技术支撑能力建设：建好全国重点实验室。建设视听融合传播基础信息平台，打造统一的视听节目传播信息大数据体系、传播效果客观评价体系、从业主体信用体系。加强智慧广电内容保护与管理、大数据共享融合应用。在各省（自治区、直辖市）和新疆生产建设兵团分别建设省级技术平台。

图 1-2　国家"十四五"文化发展规划"全媒体传播体系建设"

动等服务板块，增强了融媒体产业综合实力，形成了集多元化服务于一体的综合性服务平台，在政务、民用服务本地居民生活的"最后一公里"方面发挥了重要作用。如县级融媒体中心链接的缴费、出行、购物等生活服务功能渐趋完善。同时，在商务服务、重要活动运营、网络直播等营收方面也探索出成熟的发展模式。

第二节　县级传媒政策的范式变迁

　　传媒政策的产生源于政府的国家利益诉求和企事业单位运作之间的互动，双方都期望通过特权、政策规定的方式来实现互利。政策的制定一般与为达成某些目标而进行的有意识的计划相关，同时伴随为完成这些目标所制定的建议性方法与时间表。政府政策的具体内容反映了在某一特定时间和地点所做出的决断，以及政府与企事业单位之间权与利的平衡。就媒体政策而言，在一定程度上还反映了传播技术的不断进步及传播在信息社会中日益凸显的重要性。[1]

---

　　[1]　金冠军，郑涵，孙绍谊. 国际传媒政策新视野[M]. 上海：上海三联书店，2005：14.

　　本书对传媒政策的研究，主要以新中国成立后发布的与县级媒体有关的三份国家政策文件为主要蓝本，探索县级传媒政策的范式变迁。这三个政策文件包括：国家新闻总署发布的《关于建立广播收音网的决定》（1950年），中共中央关于批转广播电视部党组《关于广播电视工作的汇报提纲》的通知（中发〔1983〕37号），中央全面深化改革委员会审议通过的《关于加强县级融媒体中心建设的意见》（2018年）。通过对相关县级传媒政策的再学习，从原则或整体上进行阐释性的解读，力图还原传媒政策文本的范式建构与价值所在。

　　如果一个稳定的范式不能提供解决特定问题的适当方式，那么它就会变弱，进而出现范式转移。该理论最早于1962年由美国科学哲学家、科学史家托马斯·库恩在《科学革命的结构》一书中提出，他在归纳关于范式界定的各种学说时提到一个核心词汇——"科学共同体"，即"各种科学理论、实验行为、训练方法和专业组织以及出版物形式以特有的方法'集合'在一起，这些集合物就是它成为'范式'的东西。"①因此，我们可以看出"范式"的本质是一种视角、一种世界观、一种认识问题的思维方式。在讨论每一种"范式"的时候，我们都要确定这种范式所依据的背景条件和意识范围。

　　在媒介与全球化研究领域，从众多理论脉络中可基本归纳出三种理论范式：媒介技术范式、文化范式和批判政治经济学范式。这三种范式均是针对相同问题而走不同路径的理论实践。范式之间只是观察问题的路径和角度的不同，并无对错和高低之分。尽管这三种范式不能代表媒体和全球化研究的全部领域，但是能够代表这项研究的主要倾向。②

　　范式本身不是一成不变的，任何一种范式都是基于"科学共同体"对外部要素达成共识的基础上提出的。传媒政策作为一种文本，在不同的视角和时空下，其范式也会发生某种指向的转移。从文化范式的理论维度思考媒介的问题，应当充分意识到人与社会对媒介关系的影响。因为媒介是为人服务的，文化是人意识之上的价值观，显然不能脱离人文与社会来谈传媒政策范式转型。就是说，要充分思考社会关系与意识形态对传播结构及政策规范的影响。③ 目

---

①　［英］斯图亚特·霍尔. 表征：文化表象与意指实践［M］. 北京：商务印书馆，2003：81.

②　Ampuja M. Critical media research, globalisation theory and commercialisation［J］. Javnost-The Public, 2004, 11(3)：59-76.

③　张国良. e社会传播：创新、合作、与责任［M］. 上海：上海人民出版社，2010：323.

前，世界传媒发展随着互联网的崛起和数字媒体技术的飞跃呈现一个重要趋向，就是媒体融合。媒体融合改变了受众对媒介的使用习惯，其中所体现的文化倾向变化尤为引人关注。

一、"人民广播"：县级传媒政策的发轫

考察县级融媒体制度的制定和创新，必须从基层媒介制度逻辑的沿革出发，追溯"四级办"媒体制度设计的本身，再向前追溯到新中国早期媒介制度理念的确立。

1. 传媒政策的起源与内涵

严格意义上的传媒政策，是以 19 世纪中叶电报和一系列电子产品发明的管理为开端而出台的。如前所述，在西方国家，将传媒政策的制定划分为连续性的三个时期，即传媒产业政策的萌生阶段、公共服务型政策阶段、新传媒政策模式阶段。

西方传媒政策的第一阶段从 19 世纪中叶到"二战"爆发，是从"无政策"时期转变到制定大量的专门性措施，以便于规范和促进一系列革新的时期。这一阶段为日后出现的关于电影、电视、电缆传送以及其他各种相关媒体政策和法规的制定奠定了基本思路。

第二阶段是公共服务型政策阶段，时间自 1945 年到 1990 年。其特征是规范和政治上的考虑多于技术方面。传媒领域的政策制定通常以"公众利益"理念为指导原则，即国家应代表其公民追求公众利益。公众利益通常指足以影响社会整体（或社会若干部分）的事。另外，传播也要服从于国家整体利益的需要。

围绕政策终极目标——公众利益，传媒政策制定的主要元素应包括追求的即时目标，以及界定目标的标准或价值观念、政策所适用的不同内容和不同的传输服务、合适的政策措施及实施的手段（法规、自律）。在广播领域和后来的电视媒体政策制定中都遵循了同样的路径。

第三阶段则转向一种新的传播政策范式。传播新政策通常遵循市场、技术、消费者和公民意愿的逻辑。这种转向，主要基于全球化快速发展的特点，力求放松旧有管制，以此拓展并打通国际国内市场的发展空间。

在中华人民共和国成立初期，最早产生的传媒政策同样指向广播网建立的目标及其管理的价值观念。当时，新中国刚刚成立，面临着战后重建、文化教育与意识形态宣传等重要任务，但是，新闻传播技术落后，而且文盲率很高，

达到80%，且大多数分布在广大农村地区，如果仅依靠极端有限的报纸和面对面地传达政令、联系群众、传播新闻，显然无法获得理想的宣传效果。在此情况下，采用广播传播技术将分布在广大农村地区的群众与党紧密联系在一起，成为一条可行路径。

图1-3 新闻总署发布《关于建立广播收音网的决定》①

在这种背景下，新闻总署于1950年3月29日在北京召开全国第一次新闻工作会议，会议结合新时期特点，要求在三个方面改进新闻工作：联系实际、联系群众、批评和自我批评。为此，会议作出了几个重要决定：《关于建立广播收音网的决定》、《关于改进报纸工作的决定》等。如图1-3所示。

《关于建立广播收音网的决定》要求全国各县市人民政府、工厂、学校等都应设置专门的收听员，主要任务是记录广播内容，向群众进行传播。同时，收听员还应组织听众 收听重要节目，从而保证广播内容有效传播，如图1-4所示。该决定的颁布，为我国广播事业的发展提供了重要的制度支持，这在当时经济发展相对落后的中国来说具有划时代意义。

---

① 图1-3由戴莉莉提供。

图 1-4　收音员下乡途中①

2."人民广播"政策范式的确立

人民广播工作方针。人民广播理念是马克思主义人民报刊思想的继承和发展，在我国新闻传播思想体系中占有重要地位。报刊的人民性，基本含义在于"报刊只是而且应该是有声的、人民日常思想和感情的表达者"。如同生活本身一样，报刊始终生活在人民当中，它真诚地和人民同甘苦、共患难、齐爱憎。报刊和人民的血肉联系决定了报刊报道内容、立场与人民精神的一致性。也就是说，报刊的人民性所强调的主要是它与人民群众、公众的血肉联系，以及对于他们精神的公开表露。马克思、恩格斯认为，人民报刊首先应该是社会的舆论工具，是人民精神千呼万应的喉舌。②

报刊的人民性强调与人民群众的联系，这在我国新闻工作中得到进一步体现。国家新闻总署于 1950 年 3 月 29 日在北京召开全国第一次新闻工作会议，确立了新闻工作改进的三个重点是"联系实际，联系群众，以及开展批评和自我批评"，这实际上也成为中华人民共和国成立初期人民广播的基本方针。时任《人民日报》总编辑邓拓也说："这三条应该是人民报纸的方针，对于党报来说，更是唯一的方针。过去的经验证明，能按照这个方针办的，报纸就办得生

---

① 图片来源：左漠野.当代中国的广播电视(上册)[M].北京：中国社会科学出版社，1987：353.

② 马克思恩格斯全集(第 6 卷)[M].北京：人民出版社，1961：275.

气勃勃；做得不好的，或者离开这个方针的，报纸就办得奄奄一息，没有生机。"①

广播的发展历程既是一个技术发展的历程，也是一个社会政治文化变迁的历程。针对当时广播事业发展中的问题，1956 年七八月间召开了第四次全国广播会议，展开广播工作的全面改革。在会议之前的 5 月 28 日，刘少奇听取了中央广播事业局负责人的汇报，并作了长篇讲话，强调人民广播事业要加强同人民日常生活的联系，广播要跟人民思想、人民生活、人民需要有密切的联系。他说："跟人民密切联系，就要关心人民生活的事情。""特别是地方的广播电台，有关粮食、鱼、肉的问题都可以广播。"②

"1956 年的新闻改革是我国建国以来一次较为系统和全面的新闻方针调整和新闻业务改进活动，具有思想解放性质。"在新闻理论层面，复旦大学新闻系王中教授在 1956 年撰写的《新闻学原理大纲》中，对报纸的性质、任务等问题做了新的阐释。他认为报纸的职能是"为人民服务"。③

由上而知，新中国成立初期的新闻事业发展思想奠定了我国广播媒体政策的基本理念——"人民广播"，即从"人民利益"出发，建立"人民广播"。新闻工作的"人民性"与马克思主义新闻观的来源一脉相承，新闻工作的人民性与党性也是完全一致的。

基于广播工作的人民性，第一次全国新闻工作会议认为，应在全国建立广播收音网，以便人民广播事业在确实的群众基础上发挥应有的宣传教育作用。广播媒介是以音频符号诉诸听觉感官实现信息传播与交流的，与报纸相比，排除了文盲阅读的障碍，成为当时的传播工具。由于"收听范围扩大，时间地点固定，每天既能转播无线广播电台的节目，又可通过有线传递本地消息，播放群众喜欢的节目"④，为拉近中央政府与人民群众之间的距离提供了可能性，也为建构群众对新中国的认同提供了重要的技术保障。

党的百年新闻业发展史表明，党的新闻事业是党和人民的喉舌，必须坚持"全心全意为人民服务"的工作导向，解决好"我是谁、为了谁、依靠谁"的问题。习近平总书记"以人民为中心"的理念，为新时代新闻事业服务人民群众生活、满足人民群众新闻、信息和文化需求，明确了政治定位和工作方向。坚

---

① 吴廷俊. 中国新闻史新修[M]. 上海：复旦大学出版社，2008：405.
② 黄瑚. 中国新闻事业发展史[M]. 上海：复旦大学出版社，2010：294.
③ 吴廷俊. 中国新闻史新修[M]. 上海：复旦大学出版社，2008：420.
④ 赵玉明. 中国广播电视通史[M]. 北京：中国传媒大学出版社，2006：225.

持"人民至上"，传承了马克思早年形成的"人民报刊"新闻思想，也为县级融媒体中心建设提供了根本遵循。2020年党中央《关于加快推进媒体深度融合发展的意见》明确指出：要走好全媒体时代群众路线，坚持以人民为中心的工作导向，坚持贴近群众服务群众，创新实践党的群众路线，把党的优良传统和新技术新手段结合起来，强化媒体与受众的连接，以开放平台吸引广大用户参与信息生产传播，生产群众更喜爱的内容，建构群众离不开的渠道。未来，县级融媒体中心建设，仍要坚持"人民至上"理念，推进县级融媒体中心体系建设。

二、"公共服务"：县级传媒政策的调整

县级传媒政策的调整阶段以中发〔1983〕37号文件的发布为标志，转型为公共服务型政策范式。这是在党的十一届三中全会实现政治路线的拨乱反正，把党和国家的工作重心转移到经济建设上来的战略决策后，迎来的传媒改革、县级广播电视发展的新时期，该文件是具有里程碑意义的转折点。该文件于转播和插播之间、新闻改革和社会责任之间第一次真正明确了县级主流媒体的身份。

1. "公共服务"的基本理念

"公共服务"作为一种理论上的概念和实践行为，是社会发展到一定阶段后的产物，是人的需要与被满足的一种关系，在这里，广播电视作为"教育、鼓舞全党、全军和全国各族人民建设社会主义物质文明、精神文明的最强大的现代化工具，党和政府联系群众的最有效的工具"，其重要职责便是提供媒体公共服务，即"为满足社会公共需求，提供公共产品的服务"①。一项服务通过服务主体能够向服务对象提供相关活动或利益，它的结果可能与物化劳动产品有关，也可能体现为非物质形态的劳动。但不管呈现何种形态，公共服务都显现出三个特征。一是权利性。公共服务权是公民的一项基本权利，许多国家都以法律的形式做出规定，明确提出公民享有公共服务的权利。二是普遍性。每个公民都享有公共服务的权利，对公民实行普遍的公共服务，是各国公共服务立法共同奉行的一条基本原则。三是公平性。全体公民平等地享有公共服务权利，在基本公共服务待遇面前人人平等，是为防止市场机制运作的失灵而由政府干预公共服务的重要原因。

---

① 国家广电总局发展研究中心课题组. 中国农村广播影视公共服务［M］. 北京：中国广播电视出版社，2008：37.

县级广播电视公共服务作为公共部门职能的一部分，其目标和任务是通过广播电视传输网络覆盖，发布公共信息为社会公众服务，进而为公众参与社会和文化活动创造条件，实现服务型广播电视职能的转变。这里特别强调广播电视公共服务的内容是保障全体社会成员能够获得其所需的信息与知识，以更好地行使公民权利和责任。据此，县级广播电视公共服务可按公共产品的分类，分为纯公共产品性质和准公共产品性质的广播电视公共服务。前者指具有明显的非排他性和非竞争性，面向全体社会公众免费提供的、具有显著社会效益的公共服务，如无线广播电视覆盖及节目转播服务。后者指不具有完全的非排他性和非竞争性，可以通过使用者付费和特许经营等方式提供的广播电视公共服务，如数字有线电视、卫星电视等。如按服务类别划分，广播电视公共服务可分为传输覆盖服务和节目内容服务。其中，传输覆盖服务主要反映广播电视公共服务基础设施建设情况及广播电视信号覆盖程度，是"听到""看到"广播电视的最直观体现。内容类公共服务主要通过广播电视频率频道接收入户，及针对不同人群播出定位的广播电视节目等，反映广播电视公共服务节目设置、内容建设和提供情况，是"听好""看好"广播电视的最直观体现。①

传媒公共服务的一项基本原则是均等性服务，它要求媒体必须均衡地满足公众的收视需求，维护公众平等的收视权利，使公众能无差别地享受到传媒基本公共服务。但由于中国是典型的"二元社会结构"，在大众传播上也相应呈现为"二元视听群体"，即城市视听群体和农村视听群体。随着国家工作重心的转移，传媒的趋利性日益彰显，逐步向具有高消费能力的城市视听群体倾斜，弱化了广大农村视听群体的需求，县域城乡之间的广播电视传播的差距在扩大，农民日渐深陷"信息孤岛"之中，沦为社会性的信息弱势群体，这显然有违公共服务的均等性原则。如何扩大农村广播电视的综合覆盖率，为农民提供更多好听好看的广播电视节目，显然是县级广播电视公共服务工作须重点解决的问题。

2. 媒体公共服务政策范式

从 20 世纪 80 年代初到 21 世纪之交是县级政府确立媒体政策的重要时期，这一阶段的突出表现是电视媒体迅速普及，在改进传输方法和增进电视媒体数

---

① 石长顺，石婧. 中国广播电视公共服务 [M]. 北京：光明日报出版社，2013：10-15.

字化方面都取得长足的进步。比较而言，"人民广播"时期，国家百废待兴，广播媒介传播技术十分落后，从收听员收录转报到收音员身背喇叭下乡转播，从共用电话线到有线广播专线传播，其间农村传播还时时受到自然灾害和人为破坏，总在建设与修复"有线"之间做简单低效之工。因此，《关于建立广播收音网的决定》这一文件主要用于保证广播内容传播渠道的有效性和持续性。而20世纪80年代初，在中发〔1983〕37号文件政策的支持下，家用无线电视接收机快速进入百姓家庭，对电视信号的保真传送覆盖基础工程、新闻信息传播的多样化公共服务等需求大增，"迫切要求广播电视事业有更大的发展，质量有更大的提高"，相关政策范式也需要适时调整改变，"县广播电视机构需要适当加强"①。

　　这一阶段媒体政策范式的理念转变从公众利益出发，经历县级媒体发展的历史变迁和传播观念变革的多重语境，聚焦于公共服务传播的主要范式，即让全体公民平等地享有广播电视公共服务的权利。如图1-5所示。

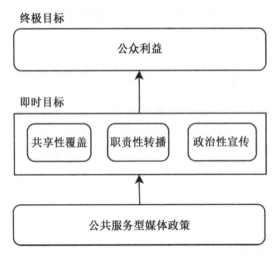

图1-5　"四级办"阶段(1983—2013)公共服务型媒体政策范式

　　县级广播电视公共服务根据服务类别划分，可分为传输覆盖服务和节目内容服务两大类。中发〔1983〕37号文件明确指出"改革事业建设方针，实行中

---

①　本节有关中发〔1983〕37号文件的引文主要来自湖北省广播电视局宣传管理处编写的《广播电视行业法规选编》(1999年)。后文不再一一标注。

央、省(市、自治区)、市(地、州)、县四级办广播、四级办电视、四级混合覆盖"。"四级混合覆盖"表明了县级广播电视媒体参与提供公共服务的基本职责,即主要通过无线传输覆盖网络、有线网络、卫星覆盖与接收网络来实现,主要指标是无线覆盖率、有线到达率和卫星入户率,是保证县域公众"听到、看到"广播电视的最直观体现。

内容类公共服务主要通过广播电视频率频道接收入户,以及针对不同人群播出定位的广播电视节目等,反映广播电视公共服务节目设置、内容建设和提供情况,是保证县域公众"听好、看好"广播电视的最直观体现。判断广播电视是否提供了公共服务,以及提供的公共服务质量如何,最直接、最重要的考察方式是从节目内容层面进行考察。基于"公众利益"终极目标的广播电视公共服务,主要通过三个支系目标展现出如下特点。

(1)基于政治性的宣传导向目标

从图 1-5 中可以看出,公共服务型媒体政策范式的主要特点,其一是关注公众的利益,其二是关注政策的规范性。

中发〔1983〕37 号文件开宗明义,指明了广播电视的根本性质和任务:"广播电视是教育、鼓舞全党、全军和全国各族人民建设社会主义物质文明、精神文明的最强大的现代化工具,也是党和政府联系群众的最有效的工具之一。"该定位表明,政策在媒体规范和政治传播上的考虑是要强化广播电视的公共服务价值,强调"应当按照中央的方针,从不同岗位,在不同业务范围内,用不同方式,为社会主义现代化建设服务"。

为了更好地体现这个根本性质,完成这个根本任务,相关政策文件要求搞好三个服务:

为中心工作服务。严格遵守宣传纪律,自觉地与中央保持政治上的一致,为各个时期的中心工作服务,努力提高服务质量,完善服务手段,成为党和政府得心应手的有力助手。

为人民服务。广播电视对国内的宣传,要以十亿人民为服务对象,根据需要与可能,举办各种不同的广播电视节目,适当满足不同职业、不同年龄、不同文化水平和不同兴趣与爱好的听众、观众的特殊要求。对国外广播要努力为全世界人民服务,做到有的放矢,实事求是地向各国听众介绍中国的情况,宣传我国的政策和主张,增进各国人民对中国的了解。

为宣传工作服务。宣传工作是各级广播电视机构的中心工作,各级广播电视机构要把整个广播电视工作进一步转到以宣传为中心的轨道上来。广播电视工作的改革,各级广播电视机构的体制改革,都要突出新闻宣传机关的特点,适应新闻宣传工作的需要。

广播电视是传播十分广泛的宣传舆论工具，对社会影响很大。因此，每一个广播电视工作者都必须树立高度的政治责任感和严肃认真、一丝不苟的工作作风，保证每一项宣传都能够完全符合党和人民的利益。

（2）基于责任性的新闻改革目标

20世纪80年代，听广播、看电视已成为城乡人民日常生活的组成部分，广播电视的影响力越来越大。政策文件对公共服务型广播的职责决定皆来源于政治性决定。广播电视机构既是新闻宣传机关，又是事业管理机关，中心工作是宣传。有关广播电视媒体所要承担的义务包括普遍性服务、公平性服务和内容的多样性服务。基于上述目标要求，中发〔1983〕37号文件强调，广播电视战线要树立高度的政治责任感，严格遵守宣传纪律，建立严格的岗位责任制，要"以新闻改革为突破口，推动整个广播电视宣传的改革"，扬独家之优势，汇天下之精华，办出广播电视自己的特色。报道时效要快，报道内容要广，报道形式要活，报道语言要生动，切实搞好新闻宣传改革，做到省、市、县广播电视机构之间的新闻报道工作同步协调，密切合作，争取更好的宣传效果。

（3）基于共享性的事业建设目标

广播电视公共服务，首先是通过"四级混合覆盖"，让公众均等化享有广电媒介接近权，公平享有新闻信息接收权。其目标和任务主要是通过发布公共信息为社会公众服务，进而为社会公众和文化活动提供所需的信息与知识，以更好地行使公民权利和责任。广播电视公共服务作为公共部门职能的一部分，正处在转型与过渡期，即从初级形态向高级形态转型、由发展期向形成期过渡的阶段。就分类而言，广播电视公共服务的初级形态是传输覆盖类；就层次而言，广播电视公共服务处在重点项目建设时期的发展阶段。因此，中发〔1983〕37号文件对广播电视规划的总目标是：到20世纪末，要在我国建成一个具有中国特色的，中央和地方、无线和有线相结合的，城市和农村、对内和对外并重的社会主义现代化广播电视宣传网。为实现这个目标，步骤安排是三五年内，除了少数人口稀少的边远地区以外，做到县县、乡乡、队队都通广播，或者有线，或者无线，让户户、人人都能够听到广播；同时把电视通到全国大多数县。为此，中央调整了我国广播电视事业方针和技术政策，做出了影响深远的改革方略："实行中央、省（市、自治区）、市（地、州）、县四级办广播、四级办电视、四级混合覆盖。"

此前，在广播电视事业建设上，过去着重强调中央、省两级覆盖，对市、县办电视限制较严。在第十一次全国广播电视工作会上，时任部长吴冷西提出，两级办电视的政策已不适应形势，凡具备条件的省辖市、县也可开办广播电视台，除转播中央和省台电视节目外，可播出自办节目。根据形势发展的需要，中发〔1983〕37号文件确立了"四级办广播、四级办电视、四级混合覆盖"的方针，其实质是为市、县办广播电台和电视台打开了口子，从早期县人民政府收音员的任务——"收听和记录中央和地方人民广播电台的新闻、政令和其他重要内容，向群众介绍和预告广播节目，组织听众收听重要节目"，转向"主要是转播中央、省的广播电视节目，有条件的也可以在中央或省办节目中插播当地的节目，共同覆盖各市、县"，即省辖市和县可办电视节目，这是对中国广播电视系统建设的完善，也是一次大的飞跃——县广播电台、电视台的成立，标志着县级传媒体制的正式建立。同时，在大力发展县级调频广播技术，整顿、提高、发展农村有线广播网政策的指引下，县级媒体配合国家广播卫星覆盖全国方针的实施和广播电视专用微波线路的建设，协同解决好了节目"四级混合覆盖"传送的问题。

农村有线广播网是向全国农民进行宣传教育的有力工具，也是县（市）委、政府向在地群众传达政令、指导工作、组织生产、普及农业科学知识、加强思想政治工作的有效工具。

从20世纪50年代开始建立，到1973年全国基本普及有线广播网，全国95%的生产大队和91.4%的生产小队开通了广播。进入20世纪90年代后，由于种种原因，全国农村有线广播网络滑坡现象严重，几近瘫痪。进入21世纪，自2006年我国"十一五"规划起步之年，构建和完善中国公共文化服务体系被提上议事日程，中央强力推进"村村通"广播电视和"西新工程"等重点工程，加快了我国广播电视公共服务覆盖面扩大的步伐，这些基础工程体系也开始上升到构建公共文化服务体系的战略高度。[1] 已初步建立了广播、电视并重，中央与地方、城市与农村、对内与对外并举，无线、有线、卫星、互联网等多种技术手段并用，模拟与数字并存的多层次、现代化的广播电视综合覆盖网，在国家"两个文明"建设，尤其是应急广播中发挥了重要作用。如"村村响"农村有线广播建设工程，在新冠疫情期间，农村有线广播（大喇叭）发挥了不可替代的防疫抗疫传播动员作用。

中发〔1983〕37号文件强调"各级党政部门要学会利用广播电视来宣传政策和开展各项工作，学会使用广播电视来宣传群众和组织群众。凡是需要动员广大群众来做的事，在运用其他各种宣传手段和方式的同时，一般都可以通过广

---

[1] 石长顺，石婧. 中国广播电视公共服务［M］. 北京：光明日报出版社，2013：48.

播电视，把党和政府的方针、政策和工作任务，一竿子插到底，直接地同群众见面，以便尽快地把人民群众动员起来"。因此，"县广播电视机构需要适当加强，不能削弱"。在中央政策的指引下，各级政府办广播电视的主动积极性被充分调动起来，让广大人民群众"听到""看到"广播与电视的目标基本完成。

3."四级办"政策的认知反馈

政策反馈主要是强调政策的塑造和反作用。基于过程论的视角认为，政策通过资源和认知重塑行动者态度与行为，进而影响后续政策结果。政策反馈中的行动者包括公众、政策精英和利益集团，而利益集团在后续的政策论战和发展过程中将会产生一定的影响，这些政策论战也可能为后续县级媒体政策重制和完善提供有益的经验。

"四级办"政策实施后，充分调动了县级政府办（广播、电视）台的意愿和积极性，全国县级广播电视网络迅速扩张，除了转播中央台、省台节目外，还自办符合县乡实际情况的节目，获得基层群众广泛欢迎，成为县级党委和政府宣传教育、指导工作和组织生产的有效工具。

然而，由于体制机制、资金资源、技术和人才等诸多因素的限制，县级媒体长期处于相对边缘的地位。特别是少数规模小、影响弱的县级媒体为了生存，利用部分相关政策还不完善的情况，打了一些"擦边球"，背离了公共服务的某些基本精神，产生了一些诟病。

（1）县报台的限制性规制与治理整顿

停办与兼并：县报的"散、滥"整顿。前文已述，20世纪50年代，为适应社会主义改造与建设动员的需要，大量县级报纸诞生，但在"三年困难时期"，县报陆续停刊。后到90年代中期，在邓小平"南方谈话"精神鼓舞下，县市报掀起了"复刊""创刊"高潮，呈现出前所未有的繁荣景象。县市报数目从200多家，发展到1994年460余家。到21世纪初，全国已涌现出1000多份县级报纸。随之，一个村委会就要订中央、省、市、县四份党报，因此，在减轻农民负担的呼吁下，报纸的治散治滥工作被提上议事日程。①

2003年7月，中共中央办公厅、国务院办公厅《关于进一步治理党政部门报刊散滥和利用职权发行，减轻基层和农民负担的通知》，对县报作出限制性规定，不再办报刊，已经办的要停办，或由省级党报或地市级党报有偿兼并，或改为地市级党报的县市版。在停办政策的限制下，2018年全国仅剩县级报

---

① 陈国权.中国县级融媒体中心改革发展报告[J].现代传播，2019（4）.

纸 19 种。①

转播与插播：广播电视业的"散、滥"治理。中发〔1983〕37 号文件对县级广电媒体节目作了两项限制性规定：县广播电台和电视台主要任务是"转播中央、省的广播电视节目，有条件的也可以在中央或省办节目中插播当地的节目"，"县办电视节目，目前只办地方新闻和发布地方政令"。关于自办节目问题，国家广播电视部于 1984 年 3 月 28 日发文（224 号文件），专门针对县电视台的"插播"作了补充性规定："市县电视台以转播或录放中央和本省的电视节目为主，有条件的可以插播本地的新闻性知识性和服务性节目，暂不自办文艺节目。"

但在执行过程中，转播与插播的问题常常不能很好地平衡，规定转播的中央电视台节目常常被地方台的节目内容所中断，且插播本台的非新闻类节目居多。当时，偷录与滥放海外影视节目录像的情况时有发生，有些观众对县电视台滥放武打暴力片感到忧虑。

指责与维护："四级办"政策的争议反馈。动员社会力量、四级办广播电视的政策从本质上说，打破了过于集中的传媒体制，表现了多层次办媒体的发展趋势。然而，从上到下对这种新事物、新趋势缺乏思想准备，特别是缺乏有效的监督管理办法，随之产生了一些问题，主要的矛盾和争议的焦点集中在"四级办电视"上。② 中央媒体中有人对此感到义愤，另外，一些市、县电视台对于必须转播的规定也有些抵触情绪，理由是，市、县电视台已设有专门频道完整地转播中央和省级台节目，如再用另外的频道仅仅转播上级台节目和插播自办新闻节目，岂不是浪费资源？且有出无进（创收）的电视台将无法维持完成起码的转播工作。究竟往前走还是往后退，两种意见相持不下。

亲历"四级办"政策制定过程的一位专家坚决不同意对"四级办电视"的指责。这位专家回顾说：当时的情况是，中央没有钱，地方没有权，中央电视网也发展不起来。如要发展电视，就必须下放点权力，调动积极性。"四级办电视"就是在改革开放背景下的产物，"四级办电视"的预期目的是达到了，（20世纪 90 年代初）电视覆盖面已接近 70%。至于说出现偏差和混乱，是因为缺乏管理，没有严格执行规定。现在有人说中央节目看不完整，但如果不允许

---

① 国家新闻出版署.2018 年全国新闻出版业基本情况［N］.中国新闻出版广电报，2019-08-29.

② 郭镇之.中国电视史［M］.中国人民大学出版社，1991：187.

"四级办电视"，不是连一点也看不到吗！现在总可以看到一部分吧！①

（2）县报县台的治理政策与措施

针对我国包括县办新闻出版、广播电视业中的散、滥现象和问题，中央和有关省部级管理机构相继发布了一系列治理整顿的政策性文件，在1993—2003年长达十年的时间内，开展重点领域的治理。

治理背景。新闻出版、广播电视业发展规模数量增长过快，甚至重复建设，结构不合理，不仅造成了资源的浪费，而且影响了精神产品质量。在出版和播出的作品及节目中，出现一些格调低下、内容不健康的问题，社会影响很大，群众反映强烈。特别是党政部门报刊散滥和利用职权摊派发行、增加基层和农民负担现象十分严重，助长不正之风，影响党同人民群众的关系。为此，中央提出采取有力措施，治理新闻出版、广播电视业中的散、滥现象。

治理目标。1996年12月14日，中共中央办公厅、国务院办公厅（厅字〔1996〕37号）《关于加强新闻出版广播电视业管理的通知》指出："按照'控制总量、调整结构、提高质量、增进效益'的原则，采取有力措施，实行综合治理，促进新闻出版和广播电视业从扩大规模数量为主向提高质量效益为主转变。"

报刊业的治理重点是转化内部报刊，压缩行业报刊，治理要求县（市）不再办报刊，已办的要停办。关于广播电视业的治理，重点解决擅自建台、重复设台和乱播滥放的问题。强调县（市）广播电台、电视台不得自办文艺节目。

治理措施：

一是控制性规定。广播电影电视部（广发办字〔1996〕338号）《关于加强广播电台、电视台、有线电视台播出管理的通知》规定，"各级电视台、有线电视台要严格控制境外影视剧在播出影视剧节目总量中的比例，其中，黄金时间18点至22点不得超过15%。"

二是合并式改革。1997年8月6日，广播电影电视部（广发社字〔1997〕458号）《关于县（市）广播电视播出机构合并的意见》提出改革方案："同一县（市）设立的广播电台、电视台及有线电视台必须合并为一个播出实体。统称'××县（市）广播电视台'"。县（市）广播电视局和广播电视台可以实行"局台合一"的体制，即"一套班子、两块牌子"。

三是公共频道统筹。1999年9月17日，国务院发布（国发办〔1999〕82

---

① 郭镇之. 中国电视史［M］. 中国人民大学出版社，1991：191-192.

号)《关于加强广播电视有线网络建设管理的意见》，指出加快广播电视行业改革步伐，大力推广公共频道。"在县级广播电视实行三台合一的基础上，由省级电视台制作一套公共节目供所辖各县电视台播出，从中空出一定时段供县级电视台播放自己制作的新闻和专题节目。"从此，要求县(市)广播电视台不再保留自办电视节目频道，以逐渐撤销县级电视媒体。

针对当时我国新闻出版、广播电视行业出现的问题，在上级关于治理县级媒体散、滥现象的政策指引下，传媒环境和传媒结构、传播质量等得到很大改善。但从政策反馈的角度看，有的政策条款是需要在未来的媒体范式及措施订正中修改、完善的。如"局台合一""公共频道"的推出，已被实践证明是不符合县域基层传媒建构规律的，也不利于县乡意识形态阵地建设。特别是作为县级政府最得心应手的县级传媒宣传工具的丧失，有违治理初衷。至于"局台合一"，显得更为草率，广播电视局属于政府机关，广播电视台属于事业单位，甚至部分业务还可以实行企业化管理，这二者怎么能合一？让广电局在管理上"既当裁判员，又当运动员"，显然不合管理逻辑，其实践效果也是失败的，实行"局台合一"的地方大多又转回到从前的状态。另外，关于公共频道体制也是县级党委政府所诟病的，县级所办的两个频道均要转播中央台和省公共频道的节目，且正常运行都需要地方财政投入，却完全没有话语权。加上公共频道在定位上，根本不适应县域传播需求，导致后来公共频道大多自动退出历史舞台。

在20世纪八九十年代的西方传媒治理中，我们可以看到占主导地位的社会政治规范模式的捍卫者与新方法的倡导者之间的矛盾日趋激烈。这种政策取向主要体现在以下两点：一是1984年的撤销管制，促进了有线电视的增长；二是产权剥离，打破垄断，引入竞争机制。如法国以国家赞助的方式支持新媒体(在某种程度上也包括传统媒体)的扩张，挖掘新媒体的潜力，将公共服务的模式应用于新的领域。

而我国县级传播的治理整顿与县级媒体突围的强烈愿望，看似利益之争，实际上归于观念的不同。只有在思想的碰撞和政策的修订完善中才能走向同一，进而在政策的进一步制订中向前发展。

三、"全媒服务"：县级传媒政策的转型

互联网技术的进步与新媒体的崛起，促使传统媒体开启了全媒体转型之路，并逐渐在传统媒体间，及传统媒体与新媒体间展开了不同形式的合作与合并，进而走向融合，重构现代传媒业。"在世界的许多地方，一种具有革命性

的新闻进化方式正日益凸显，即融合"①。为了迎接这个新纪元，全世界的新闻组织都在以不同速度朝融合迈进。

在这种传媒背景下，我国传统媒体从"两微一端"发端，到建构新兴媒体平台、"移动优先"战略的实施，大大拓展了媒体的传播渠道和传播影响力。因而，转型第三阶段的传媒政策范式理念也随之发生了变化，从"公共服务"向"全媒服务"转变。如果说传媒政策范式演变第一阶段的特点是"人民广播"，侧重"人民"群众这一服务对象，那么第二阶段则是转向"公共服务"这一服务内容，第三阶段的政策范式则转向服务平台的"全媒服务"。

2014年8月18日，中央《关于推动传统媒体和新兴媒体融合发展的指导意见》的发布，将媒体融合上升到国家战略高度，开始全面推进我国传统主流媒体与新媒体的探索性融合。特别是2018年11月，中央《关于加强县级融媒体中心建设的意见》颁布，县级融媒体中心作为国家"第四级"传媒的最后布局完成，初步实现了我国全媒体传播体系的建构。2020年9月，中共中央办公厅、国务院办公厅印发《关于加快推进媒体深度融合发展的意见》的发布，进一步推动全国媒体融合向"四全媒体"深度发展，强化媒体与受众的连接，以开放平台吸引广大用户参与信息生产传播，生产群众更喜爱的内容，推动主力军全面挺进主战场。

1. 新空间：主流媒体回应时代的挑战

我国传媒的发展从文字符号为主体的报纸，到音频符号为主体的广播，再到视听符号为主体的电视，及至当今以综合符号为特征的全媒体，传媒的每一次进步都表现得越来越人性化，越来越接近人的感官和使用方式。习近平总书记在《求是》杂志发表重要文章《加快推动媒体融合发展 构建全媒体传播格局》，指出要深刻认识全媒体时代的挑战和机遇。宣传思想工作要因势而谋、应势而动、顺势而为，加快推动媒体融合发展，使主流媒体具有强大传播力、引导力、影响力、公信力，形成网上网下同心圆，使全体人民在理想信念、价值理念、道德观念上紧紧团结在一起，让正能量更强劲、主旋律更高昂。② 同时，中央关于推动全国县级融媒体中心建设的新政策，也在客观上有力地促进了媒介地理的空间扩张，增强了新型主流媒体抵达受众用户的亲近感。

---

① Quinn S, Filak V. Convergent journalism an introduction: Writing and producing across media[M]. New York: Routledge, 2005: 3.

② 习近平. 加快推动媒体融合发展 构建全媒体传播格局[J]. 求是，2019(6).

21 世纪初，欧美发达国家的媒体集团率先探索媒体融合，与此同时，我国传媒业也开始从理论认知到初步的"传统媒体+"实践，迈开了媒体融合的第一步。而面对强势传媒集团的挤压和新媒体的挑战，全国县级媒体则遭遇前所未有的困境。另外，由于中央和省级传媒机构对县域在地性传播的弱化，对符合县情的舆论导向也是鞭长莫及。"郡县治，天下安"，中央发布《关于加强县级融媒体中心建设的意见》，加快推动县级融媒体中心建设，增加新型主流媒体下沉抵达基层受众用户的覆盖率，将有效占领我国基层县域意识形态阵地。

习近平总书记于 2015 年 12 月 25 日视察解放军报社时指出：读者在哪里，受众在哪里，宣传报道的触角就要伸向哪里，宣传思想工作的着力点和落脚点就要放在哪里。县级融媒体中心处在我国传媒体系的一线阵地，从空间看应是最接地气的地方媒体，最有利于增强"用户思维"，向纵深用户链接发展，融入到社交网络中，营造更好社群感，实现传媒的社群服务体验。

寻求一种新的传媒政策范式是我们研究的一个目标。在步入新闻事业现代化轨道的新进程中，必定要强化县级融媒体与公众的连接，以开放平台吸引其参与信息生产传播，为人民群众提供"有思想、有温度、有品质"的新闻作品和公共服务。

坚持人民至上，解决传媒基本供需矛盾，应充分利用数字媒介技术促进公众共享现代传媒的"公共产品"服务。数字网络时代，使人们重燃扭转世界信息传播中不平等状态的希望，却在一定程度又强化了这种不平等传播秩序。数字化、智能化又使县域城乡数字化建设和信息传播面临新的传媒服务不公平的情况。

为解决媒体供需矛盾，县级传媒重点从村村通—户户通—人人通，探索建构触手可及的融媒体平台；从公共传播建构—公共服务提供—驱动全媒体传播共享服务；从"四级融"的资源集聚—地方性知识建构，努力促进"地方感"的营造，确保公众对公共事务的知情权和接触权，进而影响他们的认知、判断和评价，应是县级融媒体政策目标所在。

2. 新范式：全媒体传播政策权的调控

迄今为止，"人民广播"公共服务(传播)型政策模式在中国传媒政策发展史上留下了不可磨灭的印记，但随着传媒技术的进步，媒介形态及其功能发生了很大变化。尽管推进下沉式县级融媒体中心建设，与"人民广播"的性质具有一致性，但媒介生态与背景已迥然不同。

（1）政策制定权的优势转化

2019 年 1 月 25 日，习近平总书记在中央政治局就全媒体时代和媒体融合发展举行第十二次集体学习时指出，"媒体融合发展不仅仅是新闻单位的事，要把我们掌握的社会思想文化公共资源、社会治理大数据、政策制定权的制度优势转化为巩固壮大主流思想舆论的综合优势"①。这说明政策制定权的制度优势在县级融媒体中心的建设中具有重要的引导与转化作用。在全媒体体系中，信息技术和传媒技术、网络之间的界限在技术上不再泾渭分明，电脑、智能手机和传媒融合，为信息的远距离传送创造了条件，个人电脑变得更像电视，独立的网络新媒体与传统主流媒体日益紧密相连，为公众提供全媒体语境下的同一种服务，这正是新传媒政策模式构想需要践行并做出决策的意义所在。

传媒主体与公众关系的转变。2016 年 4 月，习近平总书记在全国网络安全和信息化工作会议上强调："网信事业发展必须贯彻以人民为中心的发展思想，把增进人民福祉作为信息化发展的出发点和落脚点。"2018 年 8 月，全国宣传思想工作会议上首次明确提出"要扎实抓好县级融媒体中心建设，更好引导群众、服务群众"。县级媒体宗旨从 20 世纪 50 年代第一阶段的"联系群众"，到 80 年代第二阶段的"教育群众"，直到当今第三阶段的"服务群众"，媒体与人民群众的关系发生了转变。总体来说姿态是降低了，真正体现了党的"为人民服务"的宗旨，体现了"人民至上"的理念，让县域公众在共享全媒体成果上有更多的获得感。

人民，是中国共产党依靠的对象。在我国现代化语境中，人民性强调人民治理的主体性。而在新闻学科特殊语境下，依靠对象的内涵及地位经历了不同阶段的变化：观（听）众—受众—（公众）用户，即要以用户（公众）为中心，以公共利益为核心价值追求。县级融媒体中心处在我国传媒体系的一线阵地，从空间感看是最接地气的地方媒体。

主渠道与主阵地的转移。习近平总书记在主持第十九届中央政治局集体学习时讲话指出："人在哪儿，宣传思想工作的重点就在哪儿，网络空间已经成为人们生产生活的新空间，那也就应该成为我们党凝聚共识的新空间。移动互联网已经成为信息传播主渠道。随着 5G、大数据、云计算、物联网、人工智能等技术不断发展，移动媒体将进入加速发展新阶段。要坚持移动优先策略，建设好自己的移动传播平台，管好用好商业化、社会化的互联网平台，让主流

---

① 习近平. 加快推动媒体融合发展 构建全媒体传播格局[J]. 求是，2019(6).

媒体借助移动传播，牢牢占据舆论引导、思想引领、文化传承、服务人民的传播制高点。"①习近平总书记的重要讲话精辟概括了主流媒体的宗旨和任务，成为县级融媒体中心建设的思想指导。

在县级媒体的发展中，相关传媒政策竭力与变革保持同步，从"人民广播"有线网的建立，到"四级混合覆盖"公共服务（传播），及至如今的"全媒传播"，在"人民至上"理念的指引下，推动县级新型主流媒体现代化转型，占领县域意识形态主阵地。

县级融媒体中心建设通过基层公共服务实现公共性价值，是新闻界对自身公共性由来已久的追求。县级融媒体在服务好群众的同时也要注重引导群众，在传播中建立一种新的权力关系。

图1-6同图1-5一样，也设定了政策为"公众利益"服务的总体目标，但定义"公众利益"价值组成部分之间的平衡却发生了变化。总的来说，政治性一以贯之成为首选，为政治传播探寻出一套连续一致的原则和管理框架；社会文化方面则凸显出功能性价值及交互性；而经济目标也被重新定义，它不同于传统报纸、广播电视，更强调媒体的服务性。

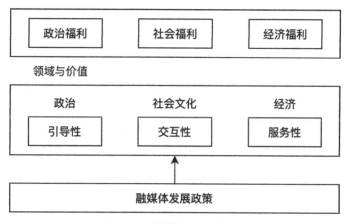

图1-6 融媒体发展政策范式

最后需要强调的是，媒体政策仍受到国家公共舆论的影响。同时，鉴于既往相关传媒政策的反馈，为使全媒体传播在法治轨道上运行，对传统媒体和新

---

① 习近平. 加快推动媒体融合发展 构建全媒体传播格局［J］. 求是，2019(6).

兴媒体的融合应实行新的传媒政策管理。

（2）传媒政策的范式创新

由于县级融媒体中心作为全国全媒体传播体系建构中的一环，其诞生与发展都受惠于中央关于媒体融合的系列政策。中央发布《关于推动传统媒体和新兴媒体融合发展的指导意见》，推动媒体融合成为国家战略；《关于加快推进媒体深度融合发展的意见》又引领媒体融合加速向纵深领域拓展，同样为县级媒体融合迈向新阶段提供了重要指引。因此，分析县级融媒体政策新范式，必然要在中央有关媒体融合政策体系中找寻本体建设的方向。

媒体融合新目标。推动传统媒体和新兴媒体融合发展，要"着力打造一批形态多样、手段先进、具有竞争力的新型主流媒体，建成几家拥有强大实力和传播力、公信力、影响力的新型媒体集团，形成立体多样、融合发展的现代传播体系"。这一政策总目标，围绕着形态多样、手段先进、具有竞争力三个具体指标，成为全国各级包括县级融媒体中心在内的新型主流媒体展开融合探索的方向。"努力把县级融媒体中心建成主流舆论阵地、综合服务平台和社区服务枢纽。"这是中央对县级融媒体中心建设功能和主要任务的精辟概括，其重要任务是"引导"与"服务"群众。县级融媒体中心的社会价值从原来主要担纲信息传播的功能转型为集公共信息传播、政务服务、民生服务与商务服务于一体的县域治国理政新平台。

在政务服务上，县级融媒体中心充分发挥自身技术与平台优势，依托同级行政体系接口，链接县域政府在线服务平台，打通县乡服务"最后一公里"，形成政务合力，为县级政府履行管理职能，提供集中统一的办事"窗口"，进而为县域群众提供服务便利，促进了基层治理体系的完善。

在公共服务上，随着移动互联网应用的普及和县级融媒体的下沉，县级融媒体中心依照移动优先原则，在全域形成渠道丰富、覆盖广泛、传播有效、可管可控的移动传播矩阵，将媒体与生活服务、商务金融等结合，垂直拓展到网络购物、在线支付、在线医疗、在线教育、网络直播、乡村旅游等领域，使县域用户成为融媒体中心最大的增量群体，为人民群众提供多样化服务，满足了群众多元化的服务需求。①

媒体融合新体系。推动媒体融合向纵深发展，就要"建立以内容建设为根

---

① 李文冰，吴莎琪. 社会治理视阈下县级融媒体中心建设：功能定位与实践逻辑［J］. 现代传播，2021（5）.

本、先进技术为支撑、创新管理为保障的全媒体传播体系"①。

融合新体系，首先是资源整合，而机构整合是关键。中央要求，县级融媒体加快资源整合，实现技术功能全应用，尤其要加大技术革新力度，加快必要的平台联动和内容整合，形成统一规划和统一领导。在实践上，分别将县委宣传部新闻中心的"两微一端"（微博、微信、客户端）、县委内部刊物剥离，再与县广播电视台、网络传输中心、县政府网新闻频道合并，重新整合成立县融媒体中心，一体化运行。

其次是采编发流程的整合。全媒体传播体系克服了报纸报道时效的局限，弥补了广播视觉传播的深度缺憾，突破了电视节目时段的限制，借助"中央厨房"新闻采编发流程的再造和融媒体中心建设指挥中枢的调度，全程追踪新闻从事件发生、发展、高潮到事件结束不断线的接力传播。真正做到在第一时间发布突发事件，掌握舆论引导主权，让每一个时间节点的信息随时都能成为一次公共传播，也让新闻事实过程更客观真实地呈现在阳光下，从而提高新型主流媒体的公信力。

媒体融合新模式。中央《关于加快推进媒体深度融合发展的意见》提出："要发挥市场机制作用，增强主流媒体的市场竞争意识和能力，探索建立'新闻+政务服务商务'的运营模式，创新媒体投融资政策，增强自我造血机能。"②从原来县报的新闻改革、"四级办"广播电视，如今转型为融信息传播与社会服务于一体的运营新模式，无疑遵循了互联网思维下的传媒市场功能，对县级融媒体单一的"舆论导向"政策有所松动，有利于锻造县级融媒体"新闻+"的可持续传播力。

目前我国县级融媒体中心出现了"机制改革主导型""内容创新主导型""服务主导型"和"复合型"四种建设模式，这有助于加速县级融媒体中心建设，实现社会效益和商务服务效益双提高。此外，《县级融媒体中心建设规范》作为推荐性行业标准，也提出要整合县级广播电视、报刊、新媒体等资源，开展媒体服务、政务服务、公共服务、增值服务等业务，其被批准在县级融媒体中心建设中全面铺开。

---

① 习近平. 加快推动媒体融合发展 构建全媒体传播格局[J]. 求是，2019(6).

② 中共中央办公厅 国务院办公厅印发《关于加快推进媒体深度融合发展的意见》[EB/OL]. [2020-09-29]. http:// www.gov.cn/zhengce/2020-09/26/content_5547310.htm.

3. 新主体：新型县级主流媒体的建构

中央于 2014 年首次提出"要打造一批具有强大影响力和竞争力的新型主流媒体"，此后便成为各级传媒改革的首要任务。主流媒体一般指具备一定规模，体现并传播社会主流意识形态与主流价值观，坚持并引导社会发展主流和前进方向的主要媒体。而在新的媒介生态环境下，传统媒体面临着全面转型，新兴媒体也面临着入主流的问题。只有传统媒体与新兴媒体融合发展，即实现"你就是我，我就是你"的一体化发展，才能形成具有强大传播力和竞争力的新型主流媒体。①

县级融媒体中心建设与"四级办"（县级）媒体政策明显不同。"四级办"中县级广播、电视台的建立设定了严格的审批条件和程序，实际申办审批过程更难，基本处于限制性审批状态。而县级融媒体中心建设，是在中央顶层设计和有关部门统一协调推动下建立的县级新型传媒单位，它将县域原有的广播电视台、县党报、县属网站等媒体单位全部纳入，整合成为县级党委政府唯一的宣传单位，负责全县(市)所有信息发布服务，包括政务服务等，实现资源集中、统一管理、信息优质、服务规范，更好地为县级党委政府服务，为当地群众服务。根据中宣部的部署，到 2020 年年底要基本实现县级融媒体中心建设的全国全覆盖，即在两年时间内，基本完成县级融媒体中心的建设。实际上，在中央政策的推动下和县级政府的支持下，2585 个县级融媒体中心这个浩大的工程已如期建成运行。这一方面反映了新媒介环境下县级融媒体中心建设的紧迫性，同时也是县级新型主流媒体占领县域城乡意识形态主阵地的迫切需要。为此，2020 年 10 月 29 日，《中共中央关于制定国民经济和社会发展第十四个五年规划和二〇三五年远景目标的建议》提出"推进媒体深度融合，实施全媒体传播工程，做强新型主流媒体，建强用好县级融媒体中心"。

全媒体的不断发展，出现了"四全媒体"，即全程媒体、全息媒体、全员媒体和全效媒体，导致舆论生态、媒体格局、传播方式发生深刻变化，主流媒体的传播力也进一步增强。作为县级社会行为主体的融媒体中心，只有与人的大脑和意义网络连接，传播权力机制才能得以确定，并通过特定网络社会传播结构、文化和技术运作，让县乡群众心灵与社会环境相互作用，实现引导群众认同，进而影响人们的行动方式。

---

① 石长顺. 传媒进化论［M］. 北京：社会科学文献出版社，2020：39.

第三节　县级媒体政策的反馈效应

数字化传播所导致的现代传播转型，以及伴随的组织机构与文化的变迁，已深刻改变了传媒权力关系运作的方式。新结构关系中的县级融媒体，将县域传播场景中被隐匿的媒介影像话语信息放大，成为强有力的符号表征意义生产，并通过传播系统多连接点交互进行精神建构，推动实现舆论引导与社会服务的双重使命。

县级融媒体中心作为县域公共传播和基本公共服务的供给主体，为何能在中央传媒决策的推动下迅速建立，并有效通过现代全媒体传播体系的建构，集聚全国四级媒体平台优质资源，惠及县域社会公众，在"地方感"的营造、地方性知识的建构与公共传播上发挥不可替代的作用？历史的追问促使我们随着传媒政策反馈的探寻，厘清历次传媒政策演变的逻辑。

一、政策反馈理论的基本理念

传统的政策过程理论将政策理解为政治系统的输出结果，探究制度结构与行动者影响政策制定或变迁的机制，却忽视了政策的反作用力，为此，有学者提出了政策反馈理论。政策反馈理论主要强调政策对政治的塑造和反作用，认为政策一旦颁布，会通过资源和认知塑造行动者的态度与行为，进而通过解释、资源、演化和学习四种效应重塑后续政治格局并影响未来政策制定。[①]

政策反馈理论是近年来公共管理学科的一个研究热点，引发了各相关领域的关联性学术探讨，然而却鲜有触及公共传播政策的反馈。信息传播本身就为公共政策触达和县域治理提供了支撑，它通过县级融媒体中心搭建公共传播平台，提供公共服务，助力提升县域治理水平，在推动数字乡村建设、农产品物流发展和农村电商品牌塑造，促进村民的网络使用技能提升等方面已经或正在发挥重要作用。本书试图借鉴政策反馈理论及其资源效应和解释效应的作用机制，着眼于县域治理，系统阐释县级媒体政策的影响机制及其异质性特征，以期进一步丰富县域治理的理论内涵，拓展政策反馈理论的运用和解释范围，分析检验县级媒体政策的反馈作用机制，探讨相关政策影响和

---

① 翟文康，邱一鸣. 政策如何塑造政治？——政策反馈理论述评[J]. 中国行政管理，2022(3).

塑造县域治理环境的路径，以期为我国县域基层治理实践提供一定的启示和参考。

有学者认为，政策反馈理论通过公共政策制定与执行，不仅能给予或剥夺公众的资源，还可以塑造规范、价值和态度，从而影响公众行为。该理论至少可以追溯到公民志愿主义模型（Civic Voluntarism Model）和社会建构与政策设计理论（Social Construction and Policy Design）。前者认为资源有助于克服公民政治参与的成本问题，提高相关技能，因此与公民参与正相关。后者认为政策影响公民的态度、认同和政治角色。外国学者 Pierson 提出政策影响行为有两种主要路径：一是资源效应（Resource Effect），即政策提供政治等活动所需的手段和激励；二是解释效应（Interpretive Effect），即政策作为信息来源影响政治学习和态度。① Mettler 进一步提出政策反馈的作用机制：解释效应影响公民倾向，进而影响公民参与；资源效应影响公民能力和公民倾向，进而影响公民参与。政策反馈理论被广泛应用于不同的政策领域，用以解释政策对行动者态度、行为的影响。②

在政策分析中，可以从历史论、动因论和过程论三个视角对政策反馈概念进行理解。基于历史论的视角，以先前制定的政策会对未来政治行为和政策选择产生影响而论，政策反馈是指在"时间节点1"制定的政策可以重塑国家和社会群体的政治目标和能力，进而影响"时间节点2"的政策制定。基于动因论的视角，政策不仅仅是政治目标，它亦是一种政治力量，不是结果而是原因。基于过程论的视角，政策通过资源和认知重塑行动者态度与行为，进而影响后续政策结果。

本书以政策反馈理论为基础构建分析框架。因此，我们可以从时间、原因和过程三个角度来深入理解传媒政策反馈的概念，回答政策为何反馈、政策反馈什么、政策如何反馈的问题。③

首先，政策为何反馈？以历史观的政策反馈研究视角，随时间的发展传媒政策会形成力量进而产生反馈作用。其次，政策反馈什么？在政策反馈中，它

---

① Pierson P. When effect becomes cause: policy feedback and political change[J]. World Politics, 1993, 45(4): 595-628.

② Mettler S. Bringing the state back in to civic engagement: policy feedback effects of the gi bill for World War Ⅱ veterans[J]. American Political Science Review, 2002, 96(2): 351-365.

③ 翟文康，邱一鸣. 政策如何塑造政治？——政策反馈理论述评[J]. 中国行政管理，2022(3).

关注的是传媒政策如何塑造政治传播及舆论导向、如何影响未来传媒政策的制定，这是一种动因论的政策反馈，明确了政策反馈的对象。最后，政策如何反馈？有观点认为，政策通过资源和认知塑造媒体行动者的态度与行为，从而影响政治。政治在本质上就是媒体政治，掌握媒体就是维护政治的一种潜在形式，它为权力生长营造了"空间"。这是一种过程论的政策反馈。媒体政治实施过程，即决定编辑方针，选择专业新闻团队，吸引受众。探索政策反馈的机制，就是政策通过解释效应、资源效应、演化效应和学习效应四种机制来塑造行动者。

二、政策反馈的主体

（1）公众

政策通过塑造公众的身份认知、政策态度、利益进而影响政治系统。政策通过特定的政策设计与执行，赋予或剥夺、界定或区分、强化或弱化公众的政治身份、参与机会、利益、认知态度与能力，塑造公民对政策系统的影响力，改变未来的政策问题或议程。

（2）政策精英

可分成作为决策者的政治精英和作为执行者的传媒精英。公共政策对于前者的反馈主要是学习和认知层面的影响（解释效应作用机制），而对于后者的反馈则是资源和能力层面的影响（资源效应作用机制）。已颁布政策的治理成效会影响政治精英们对不同政策安排的认识，从而影响他们在未来政策制定过程中的决策选择。

（3）传媒集团

公共政策会影响传媒集团的形成和动员，而这些集团在后续的政策发展和评估中会发挥巨大作用。首先，公共政策提供的资源会直接促使利益集团诞生，如县级融媒体中心。最直接的影响是，一项政策带来的资金、特权和优待会激励传媒集团的形成。

三、政策反馈的作用机制

关于政策反馈机制的研究侧重于识别和解释政策产生多种反馈效应的路径，即政策如何影响政治及后续政策制定。要明确政策的双重影响性，政策既是一种工具性行为，又是一种表达性行为，可以向不同政策对象传达有意义的信息。

政策反馈理论认为，政策不仅是一个政治目标，也是重新配置社会资源和重塑社会结构的一种政治性力量。[1] 一般而言，"政策可以设定政治议程，塑造身份和利益；可以影响与规范相关的信念；可以改变公民权与身份地位的内涵；可以引导或约束机构、定义激励、重新分配资源；可以通过暗示信息来界定、唤起或安抚选民群体"。在政策反馈理论的语境中，学者们较多从解释效应和资源效应两个路径，考察政策如何塑造行动者的社会认知和政治行为的方式。除此之外，学习效应也是不可忽视的政策反馈机制之一。

1. 政策反馈的解释效应

解释效应指公共政策塑造规范、价值观和态度的能力。政策产生的认知影响包括：对价值观的影响，对利益偏好的改变，对关于社会本质的基本信念的塑造，对公众的动员，为政府行为提供合法性。公共政策主要通过语言符号、内容设计和执行过程三个方面传达信息，这些信息会塑造行动者对其自身、他人、政府及其相互关系的认知，从而影响行动者后续的政治态度和行为。

在解释效应方面，可以分为与受益者个体直接相关的和与社会普遍相关的两种类型。[2] 基于个体经验、人际关系和大众传播等途径，公民能够获得更多的公共政策信息，进而提升其政府信任和政治效能水平，从而产生了一种基于政治态度和价值认同的解释效果。[3]

由上而知，政策的解释效应可以视为政策对目标群体进行社会建构或态度塑造，对特定人群进行价值赋予、标签粘贴和形象塑造。通过政策设计，政策传达了政府对特定人群的看法与态度，这种权威性观点会在很大程度上建构目标人群的社会形象。如此，便形成了"政策—信息—公民认知—态度—行为—政治"的完整政策反馈逻辑链。

2. 政策反馈的资源效应

资源效应，是指公共政策能够通过提供物质激励和提高公民能力的方式影响公民政治参与和社会政治结构。就资源效应而言，公共传媒政策作为对规则

---

① Moynihan D P, Soss J. Policy feedback and the politics of administration [J]. Public Administration Review, 2014, 74(3): 320-332.

② Jacobs L R, Mettler S, Zhu L. The pathways of policy feedback: how health reform influences political efficacy and participation [J]. Policy Studies Journal, 2022, 50(3): 483-506.

③ 翟文康，邱一鸣. 政策如何塑造政治? ——政策反馈理论述评 [J]. 中国行政管理，2022(3).

和秩序的安排，既直接影响着政治与经济资源的分配，也改变着替代政策的成本和收益，从而塑造着未来政策的演化路径。

公共政策可以通过资源的权威性分配来提升行动者政治参与能力。有研究表明，诸如教育、自由时间、资金和公民技能等资源与公民参与显著正相关。① 具体而言，资源中的自由时间使得参与政治活动成为可能，资金则帮助公民克服政治参与的成本问题，而教育等资源则强化了政治参与的技能和效力。

此外，政策反馈的学习效应(Learning Effect)，指决策者汲取已颁布政策的优良经验并将其应用于未来政策方案的方式。学习效应作为一种主观认知的方式区别于对行动者认知影响的解释效应。主要聚焦于已有政策的经验或教训，是政策方案内容上的反馈，以应对有限理性和不确定性问题。从国家能力角度来看，"相关政策的先前经验"十分重要，因为"国家会倾向于已有良好经验的政策，甚至政党和利益集团的需求都是基于对现存政策遗留的理解"②。

---

① Verba S, Schlozman K L, Brady H E. Voice and equality: civic voluntarism in American politics[M]. Cambridge: Harvard University Press, 1995: 50.

② Hall P A. Conclusion: the politics of Keynesian ideas. The Political Power of Economic Ideas[M]. Princeton, N J: Princeton University Press, 1989: 361.

第二章　县级融媒体的政策演进语境

从历史角度看，我国传媒政策对推动县级媒体的诞生与发展具有不可忽视的重要意义。传媒政策范式的每次转型往往标志着一个传媒新时代的来临。特别是县级融媒体中心的建设与发展，不仅受到现代传媒技术的影响，更是与国家传媒政策的出台及政策环境息息相关。

第一节　县级融媒体政策的推进阶段

县级融媒体中心建设为什么会在 2018 年上升为我国国家战略？我国县级融媒体又经历了怎样的变迁与发展？县级融媒体的未来之路何去何从？要找到这些问题的答案，我们需要从基于国家利益与战略需要的政治逻辑出发，探究媒体融合、县级融媒体、乡村振兴等国家发展战略的具体进程，厘清县级融媒体相关政策的历史关联与发展脉络。县级融媒体的发展与变革、建设目标的实现与其所处的动态外部语境密切相关，其中政策语境将县级融媒体中心建设从社会利益、国家利益层面予以规范与指导，是主导我国县级融媒体发展进程的重要语境之一。县级融媒体的政策语境是历史关联的，即前一阶段的政策引导必然影响下一个阶段的政策出台。县级融媒体中心从诞生之初，就具有极强的政治意味和国家战略意义，被赋予强化基层主流意识形态宣传的责任与使命；从启动县级融媒体政策试点到全国基本实现全覆盖，从建设"新闻+"综合服务平台到致力于服务社会治理与乡村振兴，县级融媒体中心强化基础建设与创新发展的每一步都离不开强大的政策引领与政策支持。以政策为切入点，考察县级融媒体政策语境的历史变化，才能更深刻地把握我国县级融媒体中心建设与发展的问题、挑战与战略路径。

2014—2018 年可被视为县级融媒体政策萌芽阶段。县级融媒体政策于2018 年正式推行，但县级融媒体的政策源流可追溯至 2014 年我国媒体融合政策的正式出台，现实中基层尝试开展县级融媒体政策创新实践也早于 2018 年。可以说，县级融媒体政策的正式诞生是我国媒体融合发展战略扩大主流价值影响力版图、向基层吹响媒体融合冲锋号角的必然结果，也是地方在媒体融合发展的政策背景下尝试县级融媒体政策创新的一次自下而上的政策反馈结果。

2018—2019 年可被视为县级融媒体政策扩散阶段。县级融媒体政策在2018 年首次正式提出，并启动政策试点工作，到 2019 年年底，在全国多个省市实现基本覆盖。其间，为全面推进县级融媒体中心建设，中央密集出台了多项县级融媒体政策，自上而下的政策推动和考核压力实现了县级融媒体中心政策的快速扩散，① 县级融媒体中心在各地不断落地生根，聚力"四力"建设，进而追求自主"造血"经营能力的提升。

2019 年以后县级融媒体的政策扩散并未完全结束，而是逐渐转入缓慢扩散状态，并出现了一个新特征，即县级融媒体的政策联动现象。该阶段即县级融媒体政策联动阶段。县级融媒体政策在快速扩散之后，逐渐与其他政策相联动、相协同，成为数字乡村、乡村振兴、社会治理等系列政策中的重要政策工具，体现出县级融媒体在强化中心建设之后日益成熟并进入新的功能发挥期，如表 2-1 所示。

表 2-1 我国县级融媒体政策的发展阶段

政策推进	发布时间	政策内容	政策导向
县级融媒体政策萌芽阶段	2014. 8. 18	《关于推动传统媒体和新兴媒体融合发展的指导意见》	推动媒体融合发展
	2015. 3. 31	《关于推动传统出版和新兴出版融合发展的指导意见》	
	2016. 7. 18	《关于进一步加快广播电视媒体与新兴媒体融合发展的意见》	
	2017. 1. 15	《关于促进移动互联网健康有序发展的意见》	
县级融媒体政策扩散阶段	2018. 11. 14	《关于加强县级融媒体中心建设的意见》	加强中心建设、强化自主"造血"
	2019. 1. 15	《县级融媒体中心省级技术平台规范要求》《县级融媒体中心建设规范》	
	2019. 4. 11	《县级融媒体中心网络安全规范》《县级融媒体中心运行维护规范》《县级融媒体中心监测监管规范》	
	2019. 4. 29	《总局办公厅关于建立"国家广播电视总局媒体融合发展专家库"的通知》	

① 柳少华. 政策扩散视角下县级融媒体中心政策的演化机理分析[J]. 新闻研究导刊, 2022(13).

续表

政策推进	发布时间	政策内容	政策导向
	2019.9.25	《总局关于创建广播电视媒体融合发展创新中心有关事宜的通知》	
县级融媒体政策联动阶段	2019.5	《数字乡村发展战略纲要》	服务社会治理、乡村振兴
	2020.5.11	《2020年数字乡村发展工作要点》	
	2021.9.3	《数字乡村建设指南1.0》	
	2022.1.4	《中共中央 国务院关于做好2022年全面推进乡村振兴重点工作的意见》	
	2022.1.27	《数字乡村发展行动计划(2022—2025年)》	
	2022.8.26	《"十四五"文化发展规划》	
	2023.1.2	《中共中央 国务院关于做好2023年全面推进乡村振兴重点工作的意见》	

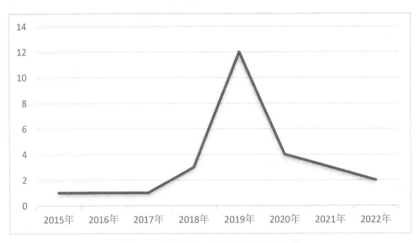

图 2-1　我国县级融媒体政策数量①

————————

①　根据从中国政府网、广播电视总局等官方网站获取的县级融媒体建设政策文本数据自制。

一、县级融媒体政策萌芽阶段：推动媒体融合发展

1. 我国媒体融合政策的产生

(1)国际信息化战略的调整

一项公共政策的出台与政策环境息息相关，既与国内环境有着必然的联系，也有可能受到国际环境的影响。一定意义上来说，媒体融合战略不仅是引导主流媒体发展的新闻领域战略，更是肩负着维护人民团结、守护社会稳定这一重要使命任务的政治性战略。因此，媒体融合战略的产生离不开对政策环境的分析，其中国际传媒政策的转型也成为我国媒体融合战略的重要推动力。

国际话语权始终是各国争夺的利益焦点，网络空间成为其中的重要决定性因素之一，2014 年以前国际信息化战略的调整以及网络外交战略都对我国媒体融合战略产生了重要影响。尤其是互联网自诞生以来，不断重塑着国际信息传播方式和舆论格局，各类网络社交媒体日益成为人们跨越空间和时间进行对话和交流的重要载体。作为最大的民间舆论场，互联网对人们的动员和引导能力随着信息化技术的深入发展而更加日新月异、难以忽视。为勇立时代潮头、抓住互联网发展的时代机遇，各个国家不约而同地选择加强信息化发展战略的制定，深入推进本国的信息化发展进程。处于世界信息化强国前列的美国不仅主导着互联网技术的更迭与进步，在推进互联网发展和信息化进程的战略制定上更与时俱进，通过制定信息高速公路计划，推动传统产业的革新，加速信息产业的成型与发展；发布《联邦云计算战略》，增加云计算领域的政府财政支出；发布"大数据研究与发展倡议"，为重要科技领域取得技术突破提供坚实的资金支持。[1] 日本始终牢牢把握互联网发展的新变化，是 21 世纪初世界上先进的信息化国家之一，先后提出了"IT 基本法"、"e-Japan"战略、"u-Japan"战略、"i-Japan"战略，[2] 以建设网络社会、信息社会带动本国经济社会的迅速发展，提升国际竞争力。

在信息化进程加快的语境下，网络安全和网络空间治理逐渐成为各国讨论

① 胡微微，周环珠，曹堂哲. 美国数字战略的演进与发展[J]. 中国电子科学研究院学报，2022(1).

② 刘京蕾. 互联网时代的全球主要国家信息化战略[J]. 互联网周刊，2015(10).

的国际性重要议题和政策窗口。美国发布《网络空间国际战略》,① 欧盟发布《安全与防务全球战略实施计划》,我国于 2014 年主办首届世界互联网大会,倡议公平互惠的互联网治理行动。② 互联网时代让信息传播变得前所未有的高效、高可达性和大众化,也让虚假和恶意信息更加难以甄别和绝对排除,对国家安全带来了威胁和隐患。对我国来说,网络空间不仅是维护国家利益、保护国家安全所必须强化管理的、不可任其被侵袭的治理领域,还是融入信息时代、巩固主流思想舆论阵地可利用的技术新利器。因此,我国主流媒体对网络新媒体的主动融合是时代发展的必然趋势,出台媒体融合政策是我国应对国际政治形势、直面时代挑战的必然举措。在世界面临前所未有的大变革之际,国际社会政治局势千变万化、云波诡谲。2014 年我国正式发布媒体融合政策之举在今天看来更有其政治维度上的社会利益和国家利益考量,深刻体现了党中央把握时代与世界变局的眼光。

(2)媒体融合政策目标的确立

2014 年是我国媒体融合发展元年,我国对主流媒体的发展提出创造性要求,确立了通过媒体融合发展占领主流舆论阵地、强化意识形态思想引领作用的政策总体目标。2014 年 8 月 18 日,中央全面深化改革领导小组第四次会议审议通过了《关于推动传统媒体和新兴媒体融合发展的指导意见》。③ 意见强调,要推动传统媒体和新兴媒体融合发展,应当"遵循新闻传播规律和新兴媒体发展规律,强化互联网思维,坚持传统媒体和新兴媒体优势互补、一体发展",由此实现"打造一批形态多样、手段先进、具有竞争力的新型主流媒体""建成几家拥有强大实力和传播力、公信力、影响力的新型媒体集团"等媒体融合发展目标。该意见将媒体融合上升为我国国家战略层面,并且明确了我国推动媒体融合发展的方式、原则与目标,是此后媒体深度融合的政策基础,为我国媒体融合指明了发展方向。该意见表明,互联网和新兴媒体的传播优势是推动我国县级融媒体中心建设的技术原因,传统主流媒体需要借助新兴媒体优势扭转自身日渐衰颓之势,重新打造具有影响力和竞争力的新型主流媒体,进

① 宫云牧. 网络空间与霸权护持——美国网络安全战略的迭代演进与驱动机制[J]. 国际展望,2024(1).

② 王石,葛宏志,郭凯. 世界主要国家网络安全战略研究及我国应对启示[J]. 网信军民融合,2021(8).

③ 习近平主持召开中央全面深化改革领导小组第四次会议[EB/OL]. [2014-08-18]. https://www.gov.cn/xinwen/2014-08/18/content_2736451.htm.

而占据主流舆论阵地。因此，媒体融合政策的目标不仅意在通过推动主流媒体的系统改革来增强其在市场中的竞争力，更包含着党中央强化主流意识形态主导权和话语权、守卫我国意识形态安全的深刻考量。

2. 促进媒体融合的具体政策举措

（1）试点先行

政策试点是我国政策执行较为常见的手段，在国家顶层设计的引导下，部分地区和头部媒体率先开启媒体融合试点实践，积累了建设经验，形成了一些基本融合模式，产生了一定的示范效应，为下一阶段大规模推行媒体融合奠定了良好基础。上海地区始终走在时代前列，是实施媒体领域改革的先行者和主力军，上海市委提出"深度融合、整体转型，脱胎换骨、腾飞发展"的媒体融合转型工作方针，上海报业集团旗下的解放日报社率先响应，在 2014 年推出"上海观察"客户端。[1] 媒体融合，中央媒体势在必行，9 家中央媒体自 2014 起启动客户端、采编平台、数据中心、播控平台四大类 15 个重点项目建设，人民日报社是其中的佼佼者，努力探索与新兴社交媒体相适应的新闻报道方式。[2] 2015 年央视市场研究股份有限公司（CTR）及其子公司索福瑞（CSM）共同成立我国首家致力于媒体融合的研究院——CTR 媒体融合研究院。[3]

（2）分业推进

传统主流媒体涉及报业、广播、电视等多个媒介行业，为引导传统主流媒体与新兴网络媒体实现有机相融，我国针对不同行业实际情况重点、有序推进媒体融合发展。2015 年国家新闻出版广电总局和财政部联合印发了《关于推动传统出版和新兴出版融合发展的指导意见》，强调要将传统出版的影响力扩展至网络空间，提高传统出版的生产能力和可持续发展能力，明确推动传统出版

---

①　上海市人民政府 10 年来全力推进媒体融合转型 强化传播能力建设 做强新型主流媒体 上报集团：生于融合 长于创新[EB/OL]. [2023-10-27]. https://www.shanghai.gov.cn/nw4411/20231027/ef2f705726e440b4911ba345d315129e.html.

②　中央媒体为龙头重点项目为抓手 媒体融合成绩可喜[EB/OL]. [2016-08-18]. https://www.baidu.com/link? url = uI6Tmn1Nq _ zDfWLuywiBR0wSYrwJ6LFtXi3GdGsfL6h2RiM3HF11DrDBxdcmLlWd1DzloV6sb8ygety4jgWa1eXdhvGDGuLuEq22KsFo86q&wd = &eqid = d0d3cafb001bc5070000000565d58b17.

③　CTR 媒体融合研究院在京成立 首批 12 个研究项目发布[EB/OL]. [2015-08-18]. http://media.people.com.cn/n/2015/0818/c120837-27481924.html.

和新兴出版融合发展的基本原则、工作目标和重点任务。① 2016 年国家新闻出版广电总局发布《关于进一步加快广播电视媒体与新兴媒体融合发展的意见》,强调要促进传统广电媒体与新兴媒体深度融合,实现由简单相加到深度相融的根本性转变。② 上述意见表明,我国传统主流媒体为落实中央关于媒体融合的重要指示精神,积极谋求在新时代网络版图中占据一席之地,努力履行自身文化职责。

（3）行政机构整合

行政机构的整合是媒体融合进程的重要部分,只有实现体制机制的融合改革,媒体融合才能实现真正的深度相融,而不仅止于简单相加。2013 年,根据《国务院机构改革和职能转变方案》和《国务院关于机构设置的通知》要求,新闻出版总署和国家广电总局合并为国家新闻出版广电总局,统筹规划新闻出版广播电影电视事业发展。③ 同年 5 月,第一个省级新闻出版广电局——湖北省新闻出版广电局正式成立,④ 此后各省级广电部门与新闻出版部门也陆续开启合并工作。行政机构整合能帮助解决媒体融合进程中部门管理条块分割、各自为政所导致的行政内耗问题,真正实现媒体跨行业相融、传媒集团做大做强。

（4）媒体集团化

各地媒体集团化如火如荼的发展趋势是媒体融合的重要发展特征,虽然明确要推进媒体集团化的国家级政策尚未发布,但各地政府有力的政策支持是媒体集团化快速发展的重要因素。2016 年 11 月南方财经全媒体集团在广州成立,该集团是经中央文化体制改革领导小组办公室和原国家新闻出版广电总局批准成立的全国首家全媒体集团,由南方报业传媒集团和广东广播电视台旗下财经媒体资源重组而成,集"媒体、智库、数据、交易"业务于一体。⑤ 早在

---

① 财政部关于推动传统出版和新兴出版融合发展的指导意见［EB/OL］.［2015-03-31］. https://www.gov.cn/gongbao/content/2015/content_2893178.htm.

② 关于进一步加快广播电视媒体与新兴媒体融合发展的意见［EB/OL］.［2016-7-20］. https://www.gov.cn/xinwen/2016-07/20/content_5093191.htm.

③ 新闻出版总署与广电总局合并 增强文化整体实力［EB/OL］.［2013-03-11］. http://cn.chinagate.cn/culture/2013-03/11/content_28204563.htm.

④ 湖北省新闻出版广电局正式成立［EB/OL］.［2013-05-13］. http://media.people.com.cn/n/2013/0513/c40733-21465330.html.

⑤ 南方财经全媒体集团成立［EB/OL］.［2016-11-18］. https://news.ifeng.com/c/7fbMROvUz8A.

2016 年，全国经有关部门批准的出版传媒集团共有 126 家。① 媒体集团化有利于其降低运营成本、提高规模效益，在引入现代企业管理制度的同时，快速提升媒体的生产和经营能力。

（5）"中央厨房"战略

"中央厨房"战略是指统筹"策、采、编、发"等新闻生产核心环节的新技术大脑，通过集中指挥、高效协调，打破过去泾渭分明、板块分割的新闻生产运作模式。"中央厨房"由人民日报社于 2016 年 2 月首次推出，该做法得到当时在人民日报社调研的习近平总书记的充分肯定。② 2017 年 1 月，时任中宣部部长的刘奇葆在座谈会上强调，推进媒体深度融合，一定要建强用好"中央厨房"。③ 同年，人民日报社与多个地方媒体开展媒体融合合作，在地方进一步建设"中央厨房"。

二、县级融媒体政策扩散阶段：推进融媒体中心建设

1. 我国县级融媒体政策的产生

（1）媒体融合战略版图的扩张与基层政策创新

县级融媒体政策的正式发布是我国媒体融合纵深发展的结果和关键一环，成为我国媒体融合发展战略向基层推进的重要举措，也是我国持续扩大主流价值影响力版图的必然选择，打通连接中央、省、市与县级传媒组织的"最后一公里"。习近平总书记曾强调，推动媒体融合纵深发展，要抓紧做好顶层设计，扩大主流价值影响力版图，让党的声音传得更开、传得更广、传得更深入。④ 在提出媒体融合战略后，中央及各省市媒体积极贯彻相关重要指示精神，迅速落实媒体融合试点先行工作，分业推进传统出版、广播电视媒体与新兴媒体的融合，整合中央、省级的媒体部门及机构，加速媒体集团化发展进

---

① 窦锋昌，傅中行，李爱生. 中国媒体融合十年历程研究［J］. 青年记者，2023 (11).

② 从"中央厨房"看媒体深度融合［EB/OL］.［2017-01-16］. http://theory.people.com. cn/n1/2017/0116/c40531-29024981.html.

③ 刘奇葆：坚定不移推进媒体深度融合 打造新型主流媒体［EB/OL］.［2017-01-06］. http://www.xinhuanet.com//zgjx/2017/01/06/c_135959325.htm

④ 媒体融合背景下红色基因传承的使命任务［EB/OL］.［2023-06-13］. http://theory. people.com.cn/n1/2023/0613/c40531-40012050.html.

程，创造性地在中央、省市媒体推广"中央厨房"战略。在政策的强势引领以及相关机构的积极努力下，中央及省市媒体逐步推进媒体融合改革，建设了一批具有传播力、引导力、影响力、公信力的新型主流媒体，在网络时代谋求自我生存和长远发展的能力显著提升。但此时媒体融合改革尚未深入到县级，不少县级媒体的生存环境不容乐观，面临技术不足、资源缺乏、人才流失等发展困境，无法在市场化竞争中占据优势，县级新闻传媒急需突破性改革和国家顶层设计的有力引导。因此，县级融媒体政策也是媒体融合战略的重要内容之一。

基层政策创新实践也是县级融媒体政策产生的重要原因之一，县级融媒体创新探索实践早于国家顶层设计的架构，因此呈现出"地方创新—中央吸纳—地方跟进"的自下而上的政策扩散图景。① 2013 年以来，我国中央、省市级媒体融合改革如火如荼，融合发展的理念、目标和要求在媒体领域愈发深入人心。人们越来越意识到，网络社交媒体对人们日常生活的渗透更加不可阻挡，各级主流媒体包括县级媒体也越来越能体会到媒体融合是一项与时俱进、极具前瞻性的改革策略。2016 年 9 月 1 日，江西分宜县深刻领悟媒体融合改革的紧迫性与重要性，率先开展县级融媒体创新建设工作，根据当地实际情况，整合分宜县级广播、电视、报纸和"两微一端"资源，成立了隶属于县委的融媒体中心。② 江西分宜县是县级媒体融合改革的先行者和突破者，其建设案例和建设经验被广泛宣传报道，吸引了多方关注，并影响了其他地区的县级融媒体改革，同省以及其他省市的多个县在分宜县的带动和示范下，也陆续建设县级融媒体中心，包括江西吉水县、袁州区、浙江省长兴县和河南项城，到 2017年年底，全国已有 37 个县级融媒体中心挂牌成立。③ 基层尝试媒体融合创新的县级融媒体实践也受到中央的关注和重视，最终被提升为国家战略，中央从顶层设计上将县级融媒体纳入媒体融合进程当中，并在全国进行推广。

（2）县级融媒体政策目标的确立

2018 年是我国县级融媒体政策元年，我国在这一年正式将县级融媒体上

---

① 柳少华. 政策扩散视角下县级融媒体中心政策的演化机理分析[J]. 新闻研究导刊，2022(22).

② 分宜县探索推进媒体深度融合改革[EB/OL]. [2021-11-40]. https://www.sohu.com/a/504427979_121106994.

③ 窦锋昌，傅中行，李爱生. 中国媒体融合十年历程研究[J]. 青年记者，2023(11).

升为国家战略,确立了通过加强县级融媒体中心建设,提高"四力"(传播力、引导力、影响力、公信力),更好地引导和服务群众的基本政策目标。2018年8月,习近平总书记在全国宣传思想工作会议上指出,"要扎实抓好县级融媒体中心建设,更好引导群众、服务群众"①。同年11月,中央全面深化改革委员会第五次会议通过了《关于加强县级融媒体中心建设的意见》,意见强调,要深化机构、人事、财政、薪酬等方面的改革,推进融合发展,不断提高县级媒体传播力等。② 该意见意味着县级融媒体作为一项国家战略正式进入全面实施阶段,并且明确了我国推动县级融媒体中心建设的方式、原则与目标,成为此后县级融媒体中心发展的根本性政策指引。县级融媒体中心的总目标是:整合县级媒体资源,巩固壮大主流思想舆论,不断提高县级媒体"四力",努力建强用好,实现可持续发展,更好地引导和服务群众。作为主流媒体,县级融媒体中心是全国思想宣传工作深入基层的重要一环,肩负着引导基层舆论、统一基层思想、团结基层力量的重要职责,具有强烈的意识形态内涵。县级融媒体中心的重点服务对象是广大基层群众,群众的需求和体验是其开展工作的风向标,能否有效团结和服务群众更事关社会稳定,这也赋予县级融媒体中心不同于普通新闻媒体的政治底色。

2. 推进县级融媒体建设的具体政策举措

(1)试点突破

政策试点是政策大范围推广之前的局部政策实践,我国引导和鼓励条件成熟的部分地区率先开启县级融媒体政策试点工作,积累了建设经验,形成了一些基本建设模式,产生了一定的示范效应,为下一阶段更大规模推行县级融媒体政策奠定了良好基础。2018年9月,中宣部对全国县级融媒体中心建设作总体部署安排,要求2018年先行启动600个县级融媒体中心建设,全国首批59个县级融媒体中心建设试点也被确定下来。③ 试点地区的先行先试和突破

---

① 扎实抓好县级融媒体中心建设[EB/OL].[2018-09-07].http://www.xinhuanet.com/zgjx/2018-09/07/c_137451278.htm.

② 习近平主持召开中央全面深化改革委员会第五次会议[EB/OL].[2018-11-14].http://www.xinhuanet.com/politics/leaders/2018-11/14/c_1123714393.htm.

③ 县级融媒体中心建设全面启动 2018年先行启动600个县级融媒体中心建设 2020年底基本实现全覆盖[EB/OL].[2018-09-25].http://www.xinhuanet.com/zgjx/2018-09/25/c_137491367.htm.

改革为县级融媒体建设的全国推广营造了良好的政策氛围，提供了不少县级融媒体中心建设优秀案例和典型榜样，引进成功的县级融媒体中心建设模式，引导其他地区向试点地区学习。

（2）明确标准

建设标准是全国范围内推行县级融媒体中心政策的重要技术保障，我国在正式确认县级融媒体中心为国家战略之后，密集出台了多项有关县级融媒体中心的建设规范和标准，基本建立了县级融媒体中心标准体系，明确回答了县级融媒体中心如何建设的技术层面的问题，加快了县级融媒体中心政策在全国范围内的扩散。2019年1月15日，中共中央宣传部和国家广播电视总局联合发布《县级融媒体中心建设规范》明确规定，县级融媒体是整合县级广播电视、报刊、新媒体等资源，开展媒体服务、党建服务、政务服务、公共服务、增值服务等业务的融合媒体平台。同日国家广播电视总局发布《县级融媒体中心省级技术平台规范要求》，明确回答了县级融媒体省级技术平台应如何建设。① 2019年4月9日，中宣部新闻局和国家广播电视总局科技司联合发布《县级融媒体中心网络安全规范》《县级融媒体中心运行维护规范》《县级融媒体中心监测监管规范》，对县级融媒体中心的网络安全、运行维护、监测监管进行了规范。② 上述出台的5项标准规范为指导全国县级融媒体中心建设，提供了关键性、基础性技术保障。

（3）行政指标约束

我国地方政府行为受到行政发包制的极大影响，中央和上级的行政指令常常以政绩考核的方式层层下达至基层，确保地方政府快速有效落实中央和上级的政策指示要求，县级融媒体中心政策在短时间内的迅速扩散与中央层面下达的行政指令和任务指标密切相关。2018年9月，中宣部在浙江省湖州市长兴县召开县级融媒体中心建设现场推进会，组织交流各地县级融媒体中心建设经验，并对在全国范围推进县级融媒体中心建设作出部署安排，要求2020年年底基本实现在全国的全覆盖。③ 截至2018年年底，我国有县级行政区2851

---

① 《县级融媒体中心省级技术平台规范要求》《县级融媒体中心建设规范》发布实施[EB/OL].[2019-01-15].https://www.nrta.gov.cn/art/2019/1/15/art_3556_43250.html.

② 县级融媒体中心建设五项标准规范全部发布实施[EB/OL].[2019-04-14].https://www.cac.gov.cn/2019-04/14/c_1124364050.htm.

③ 县级融媒体中心建设全面启动 2018年先行启动600个县级融媒体中心建设 2020年底基本实现全覆盖[EB/OL].[2018-09-25].http://www.xinhuanet.com/zgjx/2018-09/25/c_137491367.htm.

个，要实现县级融媒体全覆盖并非一夕之功，但2020年年底实现基本全覆盖的任务目标和时间约束让各地紧锣密鼓地建设起县级融媒体中心，丝毫不敢放松。此时县级融媒体中心建设试点工作进展顺利，基本完成预定目标，有些地区甚至超额完成任务。① 到2019年年底，上海、江苏、浙江、湖南、湖北、广东、广西、四川、贵州、吉林等省区市基本实现县级融媒体中心全覆盖。至此，县级融媒体全国建设的上半场基本结束，其余省区市将在2020年年底之前推出各个县级的融媒体中心，县级融媒体中心的政策扩散也将转入平缓扩散阶段，整体建设进入行政指标时间约束最后的倒计时阶段。

（4）智力支持

县级融媒体中心建设与信息化技术有着必然联系，技术不断更迭进步，县级融媒体建设也应主动适应，这离不开科技创新和强大的智力支持，我国针对推动媒体深度融合出台多项强化媒体融合人才建设、科技支撑等政策，有力保障了县级融媒体中心建设创新的智力源泉。2019年4月，国家广播电视总局发布《总局办公厅关于建立"国家广播电视总局媒体融合发展专家库"的通知》，通过建立国家广播电视总局媒体融合发展专家库，为制定媒体融合发展决策凝聚专家力量、汇集行业智慧。② 同年10月，《总局关于创建广播电视媒体融合发展创新中心有关事宜的通知》发布，决定择优创建广播电视媒体融合发展创新中心，集中力量深入探究媒体融合创新，形成应用示范。③ 同年11月，科技部发布《科技部关于批准建设媒体融合与传播等4个国家重点实验室的通知》，批准建设"媒体融合与传播国家重点实验室""传播内容认知国家重点实验室""媒体融合生产技术与系统国家重点实验室""超高清视音频制播呈现国家重点实验室"4个实验室，为推动媒体融合向纵深发展提供有力的科技与智力支撑。④

---

① 张君昌. 我国县级融媒体中心建设现状调查及路径思考［EB/OL］.［2020-01-09］. http://media.people.com.cn/n1/2020/0109/c40628-31541201.html.

② 总局办公厅关于建立"国家广播电视总局 媒体融合发展专家库"的通知［EB/OL］.［2019-04-30］. https://www.nrta.gov.cn/art/2019/4/30/art_3557_45198.html.

③ 总局关于创建广播电视媒体融合 发展创新中心有关事宜的通知［EB/OL］.［2019-09-29］. https://www.nrta.gov.cn/art/2019/9/29/art_113_47596.html.

④ 科技部关于批准建设媒体融合与传播等4个国家重点实验室的通知［EB/OL］.［2019-11-12］. https://www.most.gov.cn/xxgk/xinxifenlei/fdzdgknr/qtwj/qtwj2019/201911/t20191112_149919.html.

三、县级融媒体政策联动阶段：服务社会治理与乡村振兴

1. 我国县级融媒体政策联动的产生

(1)县级融媒体政策的迅速扩散与基本落地

中央对县级融媒体中心建设的高度关注和持续的高密度政策引领，使得我国县级融媒体政策以前所未有的惊人效率在全国快速扩散落地，是其成为一个成熟的政策工具选项进而产生政策联动效应的必要前提条件。中央对建设县级融媒体中心的重要指示和全国性建设的部署安排为全面实施县级融媒体政策保驾护航。在中央相关政策的引导和地方政府的积极响应下，县级融媒体中心试点工作进展顺利，县级融媒体中心标准体系基本完善，媒体融合科技与智力建设加速创新。

2018年下半年我国开启县级融媒体中心建设，2019年便在全国十多个省市基本完成全覆盖，骄人的成绩意味着县级融媒体政策落到实处，人们对它的期待开始不满足于仅仅建设县级融媒体中心，县级融媒体中心面临新的功能发挥期。2019年5月，我国发布《数字乡村发展战略纲要》①，强调要加强农村网络文化阵地建设，应当全面推进县级融媒体中心建设。这是县级融媒体中心首次在其他政策中被提及，作为数字乡村建设中繁荣农村网络文化的重要政策工具之一，表明县级融媒体中心建设成为国家推进数字乡村建设、繁荣发展农村网络文化的重要着力点。此后，2021至2023年的中央一号文件也不断提到要建强用好县级融媒体中心，发挥县级融媒体中心的服务功能。可见，随着我国县级融媒体中心建设的全面落地，我们希望县级融媒体中心这样一个机构建设起来之后，能在不断"建强"的基础上，进一步实现"用好"的发展愿景。

(2)县级融媒体政策联动的基本要素

自2019年开始，县级融媒体政策在不断扩散期间演化出一个新特征，即县级融媒体政策联动的产生，它指的是县级融媒体政策被其他领域政策所认可，并被吸纳为重要的政策工具和赋予新的功能任务。县级融媒体政策与其他领域的政策产生协同联动效应通常包括政策主体、政策目标、政策内容等基本要素的协同。并不是任何政策都能与县级融媒体政策产生政策联动效应。

①政策主体。政策主体的多重性是县级融媒体政策联动的重要基础。县级

---

① 中共中央办公厅 国务院办公厅印发《数字乡村发展战略纲要》[EB/OL].[2019-05-16].https://www.gov.cn/gongbao/content/2019/content_5395476.htm.

融媒体政策之所以能与其他领域的政策产生协同联动效应，多重政策主体以及彼此的关联性是重要基础和前提条件，这意味着产生联动的政策领域应当和县级融媒体政策涉及的主体一样具有多重性，需要不同的政策主体合作解决政策问题和实现政策目标。县级融媒体中心的总目标是整合县级媒体资源，巩固壮大主流思想舆论，不断提高县级媒体传播力、引导力、影响力、公信力，在基本实现全覆盖的情况下进一步建强用好，实现可持续发展，推动 2500 余家县级融媒体中心深化"新闻+政务+服务"，更好引导群众和服务群众。① 以"新闻+"为服务形式的政策总目标就注定了县级融媒体政策的政策主体绝不仅限于宣传部门，利用媒体资源的整合实现县级融媒体的建强用好也留下了充分的发展空间，要"用好"，就需要多个政府部门的联动和协同。县级融媒体政策的政策目标不是单一的，而是关注多元目标综合效应的一套十分复杂的政策目标体系，由总目标和服务于总目标的各项任务部署所构成。县级融媒体政策总目标的实现，与各子系统的协调配合程度直接相关，每个子目标的实现也都需要多个行政部门、不同的治理主体参与其中，需要多个政策系统的协同。

②政策目标。政策目标的一致性是县级融媒体政策联动的关键条件。俗话说，道不同不相为谋，县级融媒体政策联动的关键成因和必要条件一定是两者政策目标的一致性和共生性。引导和服务群众是县级融媒体政策最核心的目标，具体来说，服务县域基层民众与社会发展是县级融媒体中心建设的本质要求和初心使命，与这一核心目标相吻合的政策领域才可能产生县级融媒体政策联动效应。县级融媒体的政策对象是基层社会，致力于通过凝聚共识、团结人心来加强社会整合、促进基层社会稳定。更微观而言，县级融媒体的目标群体是基层群众，致力于通过"新闻+"模式服务好基层群众，使建设成果由人民共享，发展成果更好惠及基层。

③政策内容。政策内容的多层级协同性是县级融媒体政策联动的重要内容。政策内容的多层级协同性包括宏观、中观和微观三个层次，是县级融媒体政策联动的重要特征和内容。从宏观层面来说，县级融媒体政策联动关注的是国家的宏观战略，而不是某几个具体政策。例如，县级融媒体政策与乡村振兴战略产生政策联动，致力于让县级融媒体中心更好地服务于乡村振兴，而其中乡村振兴战略是破解我国"三农"问题的有力抓手，对于全面建设社会主义现

---

① 《县级融媒体中心省级技术平台规范要求》《县级融媒体中心建设规范》发布实施[EB/OL]. [2019-01-15]. https://www.nrta.gov.cn/art/2019/1/15/art_3556_43250.html.

代化强国、实现第二个百年奋斗目标具有全局性和历史性意义。从中观层面来说，县级融媒体政策联动主要关注的是跨部门政策，县级融媒体中心从提供新闻宣传服务，向公共服务领域拓展，开展"媒体+政务""媒体+服务""媒体+商务"等业务，成为一个综合性新闻、信息、服务和舆情性功能平台，因此县级融媒体政策联动通常也需要面临上述多个服务领域的对接与协同。从微观层面来说，县级融媒体政策联动关注的是部门政策，县级融媒体中心建设内容涵盖媒体服务、党建服务、政务服务、公共服务、增值服务等业务的融合媒体平台，因此县级融媒体政策联动内容通常包括将县级融媒体中心作为一项政策工具发挥其某项具体功能，例如开展农村对象化分众化宣传教育。

2. 县级融媒体政策联动的政策可及领域

（1）数字乡村

数字乡村是第一个产生县级融媒体政策联动的政策领域，与县级融媒体中心有着千丝万缕的联系，体现出县级融媒体中心助力数字乡村建设的巨大潜力。2019 年 5 月，我国发布《数字乡村发展战略纲要》，要求"全面推进县级融媒体中心建设"，以加强农村网络文化阵地建设。2020 年 5 月，《2020 年数字乡村发展工作要点》再次提出要打造乡村网络文化阵地、全面推进县级融媒体中心建设，激发乡村振兴内生动力。① 2021 年 9 月，《数字乡村建设指南 1.0》将县级融媒体中心建设作为重点任务，并从省级、县级层面对县级融媒体中心建设提出要求和部署。② 2022 年 1 月，《数字乡村发展行动计划（2022—2025年）》指出，要"完善县级融媒体中心功能，拓展党建服务、政务服务、公共服务、增值服务等服务，要求持续开展县级融媒体中心东西部协作交流"，进一步推动乡村网络文化振兴。③

（2）乡村振兴

与乡村振兴相关的中央政策自 2021 年起不断提及县级融媒体中心，将县级融媒体中心建设置于乡村振兴和乡村治理现代化进程中的重要一环。2021

---

① 中央网信办等四部门联合印发《2020 年数字乡村发展工作要点》[EB/OL]. [2020-05-19]. http://www.cac.gov.cn/2020-05/08/c_1590485983517518.htm.

② 关于印发《数字乡村建设指南 1.0》的通知[EB/OL]. [2021-09-03]. http://www.cac.gov.cn/2021-09/03/c_1632256398009723.htm.

③ 数字乡村发展行动计划（2022-2025 年）[EB/OL]. [2022-01-26]. http://www.cac.gov.cn/2022-01/25/c_1644713315749608.htm.

年 2 月，中央一号文件《中共中央 国务院关于全面推进乡村振兴加快农业农村现代化的意见》明确提出，要"建强用好县级融媒体中心"，加强新时代精神文明建设。① 2022 年 1 月，中央一号文件《中共中央 国务院关于做好 2022 年全面推进乡村振兴重点工作的意见》指出，要创新农村精神文明建设有效平台载体，依托县级融媒体中心开展对象化分众化宣传教育，弘扬和践行社会主义核心价值观。② 2023 年 1 月，中央一号文件《中共中央 国务院关于做好 2023 年全面推进乡村振兴重点工作的意见》明确要求，"深化农村群众性精神文明创建，拓展县级融媒体中心建设，支持乡村自办群众性文化活动"③。

（3）文化发展

文化发展是县级融媒体中心发挥新闻舆论主导力的必然政策联动领域，是县级融媒体中心之"媒体"要义的政策"舒适区"。2022 年 8 月，中央发布《"十四五"文化发展规划》，强调壮大主流舆论的全媒体传播体系建设，在建设中央、省级、地市媒体的基础上，进一步要求县级融媒体中心建设在实现基本全覆盖之后建强用好，实现可持续发展，推动 2500 余家县级融媒体中心深化"新闻+政务+服务"，更好引导和服务群众。④ 2023 年 10 月，全国宣传思想文化工作会议召开，首次提出习近平文化思想，明确提出着力加强党对宣传思想文化工作的领导，着力提升新闻舆论传播力、引导力、影响力、公信力等工作要求，强调推动新时代宣传思想文化工作高质量发展是应对国内外发展新形势新任务、稳固中华民族伟大复兴的精神根基的必然趋势与必要之举。⑤ 在宣传思想文化工作地位作用愈发突出的背景之下，作为党向基层传播的主阵地，县级融媒体中心的角色定位与作用发挥事关政治稳定，事关意识形态风险防控，事

---

① 中共中央 国务院关于全面推进乡村振兴加快农业农村现代化的意见［EB/OL］.［2021-02-21］. https：//www.gov.cn/zhengce/2021-02/21/content_5588098.htm.

② 中共中央 国务院关于做好 2022 年全面推进乡村振兴重点工作的意见［EB/OL］.［2022-02-22］. https：//www.gov.cn/zhengce/2022-02/22/content_5675035.htm？eqid=83e864fc0012ee880000000664858917.

③ 中共中央 国务院关于做好 2023 年全面推进乡村振兴重点工作的意见［EB/OL］.［2023-02-13］. https：//www.gov.cn/zhengce/2023-02/13/content_5741370.htm？dzb=true&wd=&eqid=895cb5f600075354000000364649e17.

④ 中共中央办公厅 国务院办公厅印发《"十四五"文化发展规划》［EB/OL］.［2022-08-16］. https：//www.gov.cn/xinwen/2022-08/16/content_5705612.htm？eqid=bb24d16000043e100000000664672f21.

⑤ 习近平对宣传思想文化工作作出重要指示［EB/OL］.［2023-10-08］. https：//www.gov.cn/yaowen/liebiao/202310/content_6907766.htm.

关基层凝聚力与向心力，县级融媒体中心必须肩负起统一基层思想、凝聚人民力量的重要文化职责。

第二节　组织与管理语境

县级传媒建设相关政策确定之后，组织与领导就成为决定因素。传媒组织作为实现既定目标的主体和机制，对社会的重大影响就是媒介作用，这一作用甚至超过任何特定的沟通媒介。组织是我们自身的延伸，组织能够实现的目标远远超出任何个人的能力——从建造摩天大厦到超级水坝，更不用说将人送到月球上去。但是，只关注组织所做到的事情会掩盖它作为一种实现目标的机制，即媒介所产生的更为根本和深远的作用。借用一句麦克卢汉的名言："媒介即信息"。这句话被视为 20 世纪的格言，提醒人们关注大众媒介乃至当今融媒体自身的特点，而不是仅限于它们所传递的内容。麦克卢汉进一步解释说："媒介带给人类事务范围、空间和模式的改变就是它的讯息"①。非常明显，这种改变的关键因素就是我们研究的对象——媒体组织。②

在最初的融媒体中心建设进程中，媒体融合并未直接体现为不同媒体组织的融合，而是被定义为"传统媒体与新兴媒体融合发展"。习近平在 2013 年全国宣传思想工作会议上的讲话中指出："我国网民有近六亿人，手机网民有四亿六千多万人，其中微博用户达到三亿多人。很多人特别是年轻人基本不看主流媒体，大部分信息都从网上获取。必须正视这个事实，加大力量投入，尽快掌握这个舆论战场上的主动权，不能被边缘化了。要解决好'本领恐慌'问题，真正成为运用现代传媒新手段新方法的行家里手。"③2016 年党的新闻舆论工作座谈会后，推动传统媒体与新兴媒体从"相加"到"相融"，成为新的政策焦点。例如，同年 7 月国家新闻出版广电总局就发布了《关于进一步加快广播电视媒体与新兴媒体融合发展的意见》，要求大力推动传统广电媒体与新兴媒体深度融合、一体共生，实现广播电视媒体与互联网从简单相加迈向深度相融的

---

① McLuhan M. Understanding media：the extensions of man[M]. Cambridge：MIT Press，1994：23-24.

② ［美］W. 理查德·斯科特（W. Richard Scott），杰拉尔德·F. 戴维斯（Gerald F. Davis）. 组织理论——理性、自然与开放系统的视角[M]. 高俊山，译. 北京：中国人民大学出版社，2011：6.

③ 习近平. 在全国宣传思想工作会议上的讲话[EB/OL]．[2023-10-05]. http://jhsjk. people.cn/ article/25428563.

根本性转变。

一、县级融媒体中心的组织要素

组织"是一种人与人之间有意识、经过协商和有目的的协作"①，是一种组织内部具有高度专门化和高度协作的结构。② 该定义强调了组织的两个结构特征。第一，组织是拥有相对具体目标追求的集体。在参与者及其活动之间的协调都是为了达到特定目标。而组织目标要能够明确表述、清晰界定，能够为不同行动的选择提供明确的准则。第二，组织是一种高度正式化的集体。参与者之间的协作是"有意识的"和"经过协商的"，且关系结构能被"直言表述"。结构的正式化程度需要达到能够精确定义和明确表述约束行为的规则，使得角色之间关系的规定不因具体占据这些位置的人的不同而不同。在这里，目标具体化和结构正式化都是变量，即组织可以沿着这两个维度变化。由此，我们得到从理性视角出发的定义：组织是意在寻求特定目标且具有高度正式化社会结构的集体。③

既然组织是一种具有高度专门化和高度协作的结构，那么，影响组织建构的基本原则和主要因素有哪些？

1. 组织建构的基本原则

组织即管理与服务。这里强调的是管理功能，即组织建设中采取何种工作关系结构来行使管理权。一种是提倡自下而上的理性化组织，通过改变各项任务的完成方式来影响工作关系结构；与此相反的是另一种采取自上而下的策略对组织进行理性化建构，其组织管理主要涉及协调和专业化这两种活动。

关于协调的原则有多种。首先，等级原则，这里不是贬义的，而是强调组织的层级结构，要求组织的每一个人都在金字塔形的关系控制结构中有明确的位置。传统媒体中基本采用等级原则。从宏观传媒结构看，我国媒体分为"四级制"，从上到下依次为：第一层级，主要指中央级媒体，如《人民日报》、新

① Barnard, C. I. The functions of the executive[M]. Cambridge, MA: Harvard University Press, 1938: 4.

② March J G, Simon H A. Organizations (2nd ed.) [M]. Cambridge, MA: Harvard University Press, 1993: 5.

③ [美] W. 理查德·斯科特(W. Richard Scott)，杰拉尔德·F. 戴维斯(Gerald F. Davis). 组织理论——理性、自然与开放系统的视角[M]. 高俊山，译. 北京：中国人民大学出版社，2011: 32.

华社、中央三台(中央电视台、中央人民广播电台、中国国际广播电台);第二层级,指省级媒体,如省报、省电视台、省电台等;第三层级,指地市级媒体,如地市报、地市电视台、地市电台等;第四层级,指最基层的县(市)级媒体,包括电视台、广播电台等。从微观结构看,县级融媒体中心的内设机构与组成(详见后续组织框架)也存在层级制。其次,统一命令原则,它要求任何组织成员都不应该接受超过一个上级的指令。再次,控制幅度原则,认为每位主管的直接下属数量都不应超过某个有效监控管理的界限。最后,特例原则,建议放手下属处理所有日常例行事务,上级留出时间处理那些现有规则不适用的特殊情况。

关于专业化的原则主要涉及两方面:如何向组织的各个职位分派活动? 如何最有效地将各种职位组合成工作单元和部门? 在实践中主要指向部门设置原则,即如何将相同属性或相关联活动的成员放在同一组织单元里(如新闻中心)。这里的相同属性包括相同的目的(为了同一个子目标)、相同的过程(需要同样的操作)、相同的对象(结果提供给同一个对象)、相近地点(向同一地理区域提供服务,如县级融媒体中心协作体组织)。这些原则对传媒工作活动的细分以及对细分后任务的分派和协调成为组织结构正式化的重要标志。①

2. 组织建构的影响因素

从传统县级广播、电视台等媒体资源的整合转型为县级融媒体中心,其建设受到社会、媒介等各种因素的影响,但其基本构成要素则主要涉及环境与资源、战略与目标、任务与技术、岗位与组织结构。

(1)环境与资源

环境指的是所有影响组织生存和实现其目标的能力的重要因素。任何组织都存在于自然环境、社会环境和媒介环境之中。县级融媒体中心的史前媒介环境主要经历了报纸的印刷术时代和广播电视的电子媒介时代,至今又进入数字媒体时代,以全媒体和融媒体传播为主要特征,区别于史前媒介时代。在数字媒介时代人们有了一种认识世界和感知世界的全新方式,它们在时间、空间、符号和物质上的结构转型造就了全程媒体、全息媒体、全员媒体和全效媒体。信息无处不在、无所不及、无人不用,导致舆论生态、媒体格局、传播方式,

---

① [美]W. 理查德·斯科特(W. Richard Scott),杰拉尔德·F. 戴维斯(Gerald F. Davis). 组织理论——理性、自然与开放系统的视角[M]. 高俊山,译. 北京:中国人民大学出版社,2011:49-50.

乃至传媒组织环境与媒介资源结构发生深刻变化。

全程媒体，即无时不在的传播，意味着县级融媒体中心的工作时长将会变成全天候，为此，其组织建构就应当与其工作环境改变的需求相适应。在现代传媒体系建构中，主要表现为"坚持一体化发展方向，通过流程优化、平台再造，实现各种媒介资源、生产要素有效整合，实现信息内容、技术应用、平台终端、管理手段共融互通，催化融合质变"①。县级融媒体中心要建成结构合理、协同高效的全媒体传播体系，就必须克服传统纸媒报道时间的局限，弥补广播视觉传播的短板，突破电视节目时段的限制，借助"中央厨房"式新闻采编发流程的再造和融媒体中心指挥中枢的调度，实现全程追踪新闻，保障不断线地接力传播。这样才能真正做到面对突发事件在第一时间发布，掌握舆论引导主权，让每一个时间节点的信息随时都能成为一次公共传播。"中央厨房"式的采编发流程再造成为媒体融合发展的重要一环，运用这一传播模式，县级融媒体中心可构建一个全新的空间平台和组织架构，即打破媒体板块分割、地域垄断传播，建立中央和省市县系统模块贯通的采编发联动平台，实现一次采集、多元生成、多渠道传播，提高传播力。

全息媒体，即无处不在的传播，意味着县级融媒体中心可运用多种媒介符号传播，形成更为立体的新闻呈现。尤其是在"移动优先"的原则下，县级融媒体中心如要转变传播流程，将首发新闻信息优先用于智能手机终端，抢占传播制高点，就需要设置新兴媒体职能部门，作为新型主流媒体的"尖刀班"尽快进入主阵地。如今，全息时代的全符号传播已经到来，图文、视音频、游戏、AR 等给用户带来新的阅读体验。同时，移动互联网的发展也正在推动短视频成为用户获取信息的重要方式，短视频的发布也更符合当前视觉化的阅读场景和人们高效获取信息的习惯，更加符合新生代的媒介使用偏好。因此，随移动化发展而增强的视频化新变革，将推动我国县级新型主流媒体因势而动，开启全息传播时代。特别是当今许多主流媒体如人民日报社、新华社等早已布局专门机构开办人民电视和中国新华新闻电视网（CNC），打通 PC 端、移动端和客户端，同步推送，实时共享，实现新闻内容发布的全渠道、全时化传播，县级融媒体中心也不能置身于全媒体变革之外。

全员媒体，即无人不用的传播。在网络时代，尤其是移动互联网语境下，人人都有"麦克风"，人人都可以利用智能手机发布信息、交流传播。这一时

---

① 习近平. 推动媒体融合向纵深发展 巩固全党全国人民共同思想基础［N］. 人民日报，2019-01-26.

代特征将会带来两个方面的变化，一是信息内爆时代的到来，由于全员媒体的强大制造和流动能力，整个社会被庞杂的信息所笼罩；二是传媒生产方式的改变，使得智能信息采集和编发程序的图存对传统传媒流程再造变得更为迫切。前者的改变，会带来信息的多元需求，后者的变化则要求传媒机制进行根本的改革，把记者编辑从原有的传统媒体生产线上解放出来，打造一支业务精湛的全媒型人才队伍，构建媒体融合情境下的独有生产或管理部门。

全效媒体，即无所不及的传播。传统媒体对于传播效果的评价主要依靠专业公司进行市场抽样调查而来，通过有偿的收听收视率数据来了解媒体自身的市场地位。然而对谁是真正的用户，谁对你的报道反响怎样，以及传播对用户态度和行为改变的影响全无知晓。如今，在融合媒体时代，县级融媒体中心可以通过互联网、移动网、社交网等全媒体进行无缝对接、有效传播，对媒体内的部门或个人业绩考核等，均可通过中心的专门岗位人员利用融合平台大数据分析评估，及时地清晰地描绘出用户画像，促进传媒更有针对性、更精准和更有效率地全效传播。[①]

媒体环境的改变，影响了媒体的运作方式，带动了媒体运作机制的变革。同时，媒体环境也可以成为媒体相关资源的汇集、机会与约束、需求与挑战的来源。县级融媒体中心的体制变革，集聚、整合了县域全媒体资源，强化了互联网跨界思维，以平台化转型为抓手，打通了不同行业、领域、组织间的隔阂与壁垒。接入政务服务信息平台接口，汇集社会资源展开公共服务，拓展商务服务进行市场化运营等，都是全新的业务环境资源，需要全新的运作机制提供对应性服务。

（2）战略与目标

战略是组织的一系列选择，包括打算服务的市场和客户、在选定领域参与竞争的途径(即提供产出的独特方式)、实现目标的具体措施以及产出目标本身。组织可以决定在给定的约束下完成使命的具体方式，表现为各种类型的战略目标。其中，开拓型战略目标，以开发创新性产品和服务为中心，以期获得所在经营领域的主导地位，如县级融媒体中心传媒集团的建立及主要业务的框定。防御型战略目标，则更多关注提高内部流程的效率，如融媒体"中央厨房"式的工作流程制定。分析型战略目标，介于前两种途径之间，即注重保持现有产品或服务组织的优势，还可定期推出和提供新的产品和服

---

① 石婧，石长顺. 全息时代媒体融合纵深发展的三个维度[J]. 中国新闻传播研究，2019(1).

务，如融媒体中心为实现某种创新任务而专门组建的各种类型的"工作室"等。在总体战略目标下，组织还要选择实施它们的战术，这些选择构成组织的中间层目标和措施。为此，县级融媒体中心必须在不同的发展阶段，采用不同的发展策略，并要求组织结构做出相应的分工和调整，这是保证战略实施的必要手段。

（3）任务与技术

为了实现特定的战略，将目标转变为现实，组织必须有效地完成一系列关键任务。技术角度的组织可以看作是将投入转变为产出的机制。这里强调每一个组织的任务，一定有相应的技术与之适配。有些组织"加工处理"的是物质，如制造新设备，提供硬件产出；有一些组织"加工处理"的是人，其"产品"可能是拥有更多知识的人（如学校系统），也可能是卫生健康领域的人（如医疗系统）；还有的组织"加工处理"的是符号（如新闻信息系统）。通常，组织的技术部分体现在参与者的知识和技能上。广义的技术概念，包括员工的技能、知识和工作对象，是"与智力或知识过程相结合的物理过程，通过这个过程某种形式的物质转换成组织的产出"①。

帕森斯提出了对组织的三层次②划分，首先是技术层，主要执行将输入转变为输出的生产功能（如生产部门、实验室、教室等）。其次是管理层，负责设计和控制生产系统、采购及产出销售、招募和向生产职能单位分派人员（如工程部、市场部或人事部）。最后是制度层，决定运营领域、确定组织边界和确保组织合法性。③

其中，技术层具有鲜明的互依性特征，它表现出工作对象或要素之间或工作过程之间相互关联的程度。汤姆森针对这种互依性关系提出了几个实用的分类：汇集型依赖，指工作之间的关系仅仅体现在所有要素或过程都为同一个目标服务（如新闻部工作之间的关系）；序贯型依赖，指某些活动必须在其他活

---

① Roznowski M, Hulin C L. Influences of functional specialty and job technology on employees' perceptual and affective responses to their jobs[J]. Organizational Behavior and Human Decision Processes, 1985, 36(2): 186-208.

② Parsons T. Pattern variables revisited: a response to Robert Dubin [J]. American Sociological Review, 1960: 467-483.

③ [美] W. 理查德·斯科特（W. Richard Scott），杰拉尔德·F. 戴维斯（Gerald F. Davis）. 组织理论——理性、自然与开放系统的视角[M]. 高俊山，译. 北京：中国人民大学出版社，2011：143-145.

动之后进行的情况(如前期的记者工作与后期的编辑部工作);倒易型依赖,指要素或活动互为输入、输出的情形(如大型活动的现场直播)。① 三种类型的依赖关系互有交叉,技术的互依性越高,用于协调的资源越多。协调机制形成了部门规则,确定谁与谁一起工作,以及层级系统,确定谁向谁报告。

(4)岗位与组织结构

工作岗位设计确定一项工作中应该包含的任务。在实践中,高度分工的优越性能大大提高了工作效率。然而,分工的细化也带来一些不利的负面效应,如高度分化的任务简单重复、单调乏味。因此,20世纪六七十年代有的组织心理学家主张一定程度的工作扩大化和丰富化,以获得内在意义和生产效率的双丰收,② 如今全媒体时代的融媒体工作室制大体表现出这一"扩大化"。

为此,有人提出一些对活动与员工进行分组的指导原则。塔什曼和奈德勒指出有四种部门设置的基本准则:③

①按活动分组(室)。将执行同样功能、来自同一专业或运用类似工作过程的人员安排在一起。

②按产出分组(室)。将提供同样服务或为同一产品作贡献的人员安排在一起。

③按用户(产品)分组(室)。将为同一市场服务的人员安排在一起。

④按多焦点分组(室)。同时运用两种或更多上述准则。

每种划分组织部门的方法都具有各自的优点和不足。按活动分组(室)有利于资源的利用和相关技能的共用,但不利于子单位之间的协调。按产出或用户(产品)分组(室)有利于改善协调性,但会导致资源的重复配置和规模经济的损失。按多焦点分组(室)同时关注不同目标,会增加冲突和协调成本。④

---

① Thompson, J. D. Organizations in action: social science bases of administrative theory (1st ed.)[M]. New York: Routledge, 2003: 51.

② Hackman J R. Work redesign and motivation[J]. Professional Psychology, 1980, 11 (3): 445.

③ Tushman, M. L., Newman, W. H., Nadler, D. A. Executive leadership and organizational evolution: Managing incremental and discontinuous change[M]//R. H. Kilmann, T. J. Covin. Corporate transformation: Revitalizing organizations for a competitive world Jossey-Bass, 1988: 102-130.

④ 部分观点来源于[美] W. 理查德·斯科特(W. Richard Scott), 杰拉尔德·F. 戴维斯(Gerald F. Davis). 组织理论——理性、自然与开放系统的视角[M]. 高俊山, 译. 北京: 中国人民大学出版社, 2011: 156-160.

二、县级融媒体中心的组织性质

县级融媒体中心的单位性质，各县（市）定性有所不同，有的定位于公益一类事业单位，有的定位于公益二类事业单位。所谓公益类事业单位，即从事公益类事业的不以营利为目的的机构，其实质就是提供公共服务。公益类事业单位又分为公益一类和公益二类事业单位。

公益一类事业单位指承担义务教育、公共文化等基本公益服务，不能或不宜由市场配置资源的单位和机构。大部分的公益一类事业单位经费来源于国家财政和地方政府的全额拨款。公益二类事业单位是面向社会提供公益服务，一般由财政差额拨款，同时可按照公益服务价格收取费用，在一定程度上可以实现资源的市场配置。简言之，公益一类是全额拨款，通常是执行基本的公益服务，但不能进行经营活动。公益二类是差额拨款，可以开展经营性活动，且服务范围更广。

在目前的县级融媒体中心中，部分定位于县（市）委直属正科级公益一类事业单位，如福建省尤溪县、湖南省浏阳市、江西省共青城市、江西省分宜县等地的融媒体中心。也有部分县（市）融媒体中心定位于公益二类事业单位，如浙江省安吉县融媒体中心，实行事业单位企业化管理，同时组建了安吉新闻集团，与融媒体中心组织"两块牌子，一套班子"。全国县级融媒体中心建设由于机构涉及的县级区域比较复杂，因此定位级别和性质往往可能因地而异，如重庆市渝中区融媒体中心定位于"区委直属正处级财政全额拨款公益二类事业单位，没有建立经营性部门和公司，但可以根据市区级情况开展创收工作，用于弥补财政经费不足"①。这是一个特例，虽是财政全额拨款但定位为公益二类事业单位，虽未建立经营性部门和公司，但可以开展创收工作，这种支持与包容，是非常有利于融媒体中心发展的，实属难得。

三、县级融媒体中心的组织结构

1. 县级融媒体中心的基本组织形式

全媒体时代的融媒体中心随着目标任务的复杂性和相互依赖程度的增大，组织形式也会更加多样化，并展现出一定的灵活性。根据实际运营状况，一些

---

① 陈一，石力月. 全国县级融媒体中心发展调研报告（2021—2022）[M]. 北京：中国社会科学出版社，2022：78.

组织理论研究者分析总结出了如下的基本组织形式，这些结构安排基本能适应不断发展的信息处理需求。

简单结构。常见于小型组织，最低程度的劳动分工，管理上以直接指挥为主，工作流程指令可从部门主任(经理)直达员工。

科层结构。以高度例行程式化、高度正式化和高度集权化为突出特点。这种结构一般在传统媒体较为常见，呈金字塔式的科层结构。以省市电视台为例，从上至下，依次为台长、(分管)副台长、(新闻、社教等)中心主任、部门主任(如专题部主任)、科长、制片人(或责编)、记者编辑共7个层级。反过来，一条新闻的生产(采制)到播出也要依次经过层层把关审查签字才能与观众见面。结构如下：记者采访素材—编辑制作—制片人审签—部门主任审签—分管副台长审批—总编室汇编—值班台长最后审看把关—终端播出。像这样一套管理机制显然不能适应新媒体尤其是移动互联网时代的传播节奏，可能会失去传播市场，更不用谈传播力和影响力了。

职能(一体化)结构。围绕实现总体目标所需的各种专门活动而设立部门，包括直接从事产品制造和提供服务活动的垂直部门和提供人事、财务、综合办公室等支持服务的职能部门。职能(一体化)结构较为充分地体现了"专业化分工的集中协调"这一核心组织逻辑。① 随着工作任务复杂性的提高，理性原则指导下的组织会自然地从小型组织的简单结构转向职能分化的多模式结构，从而提高对生产、营销等分目标的完成度。

分部结构。在职能结构基础上按产品或市场建立分部。不同分部的运作相对独立，分部通常以职能结构方式组织。一个超级"公司"层机构负责监控各分部的运行和为它们分配相应的资源。

归纳起来，这些组织形式或结构模式可以分成两大阵营：统一模式和多重模式。前三种形式(简单结构、科层结构和职能结构)强调目标的单一性和指挥的一致性，而分部结构则适应多重目标和分散运行的管理需要。

2. 县级融媒体中心的组织架构类型

县级融媒体中心从传统的单一媒介组织转化而来，其战略目标、媒体结构、运行方式及传播对象等都发生了根本性的改变，因循守旧走老路是行不通了。唯有适应互联网新媒体时代的用户市场需求，建立县域新型主流媒体，重

---

① Miles R E, Snow C C. Causes of failure in network organizations [J]. California Management Review, 1992, 34(4): 53-72.

构媒体生产流程及运行组织，才能带领县级媒体主力军占领新型主阵地。

（1）管理层组织结构

根据融媒体的运行要求和各县级融媒体中心组织规模等具体情况，在融媒体中心机构的组建方案、组织实施及调整后的实施过程中，一般采用二级或三级管理层组织结构，实行融媒体体制下的扁平化组织管理。

二级管理层组织结构如图 2-2 所示。县级融媒体中心实行"一竿子插到底"，与专业工作部门无缝对接，进行扁平化管理，能大大提高传播效率。

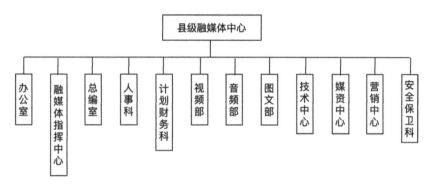

图 2-2　两级管理层组织结构图

三级管理层组织结构如图 2-3 所示，是在二级管理层结构中增加一层生产同一终端产品的员工组成部门，如编辑部和按媒介划分的广播部、电视部、报刊部、新媒体运营部等，这些部门汇集在一个大的委员会下，便于相互依赖的部门间联系、协调。尤其在大型活动中，更需要各工种配合，统一行动。

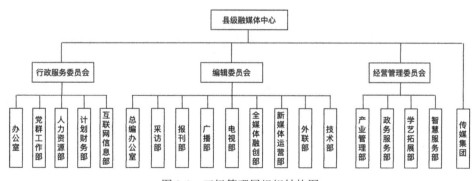

图 2-3　三级管理层组织结构图

（2）技术层部门结构

以上按管理层级划分组织结构，是观照了县级融媒体中心全组织架构，涵盖采编系统、经营系统和行管系统。而作为县级融媒体中心建设核心部门的采编系统，则依据采编专业技术职责的细化标准不同，又划分为若干业务部（室），如图2-4所示，报刊、电视、新媒体编辑部，便是按各类媒介编辑组建的部门。具体实施办法有以下三种。

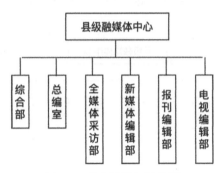

图 2-4 技术层部门结构图

按融媒产出部门划分。如图2-3所示，在编辑委员会下设9个部（室），包括报刊部、广播部、电视部、新媒体运营部、全媒体融创部等，每个部（室）将提供同样媒介属性工作或为同一终端产品作贡献的人员安排在一起，设置相应的工作部。

按融媒工作流程划分。如图2-5所示，（鄂尔多斯市东胜区）融媒体中心按照"中央厨房"式工作流程划分专业工作部门，从新闻信息资源采集的融联部、采访部，到融媒体中心平台编辑部的分派制作推送（电视新闻、微信公众号等），最后通过数据媒资服务部的自建App和借力平台"抖音号""澎湃号""网易号"等用户分析、数据研判，以及技术部门的保障等，完成融媒体全链生产。

按融媒兼容模式划分。如图2-6所示，浙江省安吉县融媒体中心同时运用两种或多种准则来设计组织架构。从管理层组织结构看，它属于三级组织架构。其中第一级，安吉新闻集团。第二级，由三个专门工作委员会组成，分别是编委会，这是县级融媒体中心的核心业务部门；经管会，作为经营性机构，是融媒体体制下特设的企业化管理部门；行管会，是组织常设的内部服务部门。第三级，则是各专门工作委员会辖管的分部门，如编委会所辖管的分部

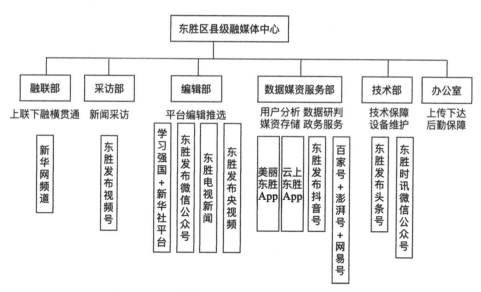

图 2-5 按融媒工作流程划分的部门(以鄂尔多斯市东胜区融媒中心为例)

门，既有按产出部门划分的广播视听中心和新媒体发展中心等部门，也有按工作流程顺序划分的全媒体采编中心和视频制作中心等部门。

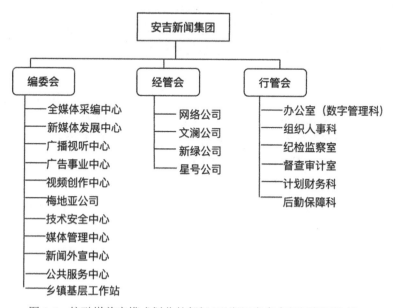

图 2-6 按融媒兼容模式划分的部门(以浙江省安吉新闻集团为例)

县级融媒体中心组织架构根据各县（市）情况有所不同，但在相同或相似部门的工作目标或常规工作任务上应该是相通的。如新闻采访部，主要运用全媒体手段，负责日常新闻信息的采集，及时向融媒体中心编辑部提供文字、图片、音视频、同期声等新闻素材，并按照新闻"五个 W"要素撰写新闻初稿，或在新闻现场做出镜记者报道，或利用智能手机向县级融媒体中心自办平台即时推送首发新闻信息。

四、县级融媒体中心的规制机制

县级媒体的组织管理形式主要是由县（市）委宣传部门纵向管理县级融媒体中心——压力型体制的体现。纵向规制的结果：县级政府要求县级融媒体中心承担对上级媒体平台宣传本县的工作，即业界的"外宣"工作（与学术界定义的国家主体对外宣传有所不同）。面对自上而下的考核压力，基层管理人员既有借助"对上通联"争取项目、显示政绩的热衷，也有自收自支模式下媒体面临的经济压力。在资源有限状况下，可能导致为保证时政宣传而降低社会新闻比重。①

纵向规制的手段与工具：财政拨款与人员编制管理。在我国，政治的中心在中央，但基层行政的中心在县，在不同行政层级中，县乡政治运作压力型体制表现最为突出。压力型体制指的是一级政治组织为了完成经济赶超和上级下达的各项指标，而采取的数量化任务分解的管理方式和物质化的评价体系。②

压力型体制的构成要素有三：一是数量化的任务分解机制，实践中表现为干部目标管理考核责任制，上级将任务下派到下级组织和个人，要求其在规定时间内完成；二是各部门共同参与的问题解决机制；三是物质化的多层级评价体系，一方面对完成指标任务的个人给予物质和精神激励，另一方面在惩罚上，对一些重要任务实行"一票否决制"，即一旦某项任务没有达标，就视其全年工作成绩为零，不能获得任何先进称号和奖励。③

压力型体制通过自上而下、层层加压的形式推动上级意志在基层执行，透过对特定目标任务的确定、派发、完成和考核评价的观察，可以了解地方政府

①　袁鸣徽. 大宣传战略下的县级融媒体中心实践研究［J］. 新闻与传播研究，2023（7）.

②　荣敬本，崔之元，等. 从压力型体制向民主合作制的转变——县乡两级政治体制改革［M］. 北京：中央编译出版社，1998：28.

③　杨雪冬. 压力型体制：一个概念的简明史［J］. 社会科学，2012（11）.

的任务完成过程。

党的十八大以来，压力型体制下的县域新闻宣传工作具有何种特征？围绕新闻宣传，地方政府和主流媒体产生了怎样的利益需求？县级融媒体中心在上述压力环境下采取了何种应对策略？这些都是需要认真研究与探讨的问题。

从改革开放到党的十八大以前，新闻宣传在县域各项工作中曾长期处于"一般工作"的地位。在正式的制度设计中，新闻宣传工作是县级党务工作的组成之一，具体由县委宣传部领导，享有相对较高的政治地位，县域各级党委应承担新闻报送、报刊征订、上级媒体采访配合等任务。但是，由于新闻宣传相对于经济建设等中心工作而言是辅助性工作，尽管宣传作为党建工作的一部分必须被纳入县域综合考核体系中，属于干部目标责任制考核中必须完成的"硬任务"，但实际上并未形成对县域党政部门构成强力约束的"硬指标"，宣传工作分值权重较低（百分制中一般占 2~3 分），宣传项目的得分对乡镇、部门的考核总分影响小，故而部分基层对宣传工作的心态往往是"达标即可"。

县级融媒体中心尽管在信息质和量上总体不如上级主流媒体，贴近用户上不如社交媒体和商业媒体，但在具有地方公共服务属性的内容和服务上具有显著比较优势的定位。[①] 但因为压力型体制的存在，这种优势定位不能得到充分的发挥，地方公共服务属性的发展被有关规制所压抑，导致县级融媒体中心仍有较大一部分的工作是为上级而不是基层公众来服务的。

五、县级融媒体中心的运行机制

融媒体中心和内设机构的建立，标志着组织结构的完成，每个员工按照相同或相似业务属性集聚在不同部（室）之中。当融媒体中心战略目标确定，组织机构健全完善之后，组织的运行机制就成为中心发展成功与否的关键。

1. 二元机制

从目前县级融媒体中心的机构性质看，部分县（市）融媒体中心定位于公益二类事业单位，就是说按照事业单位类型定位可以开展部分经营性活动，以弥补地方财政拨款的不足，保障县级融媒体中心可持续发展。中央有关媒体深度融合发展的指导意见也指出，融媒体中心的任务之一是开展新闻+政务服务商务活动，"商务"意味着媒体可以开展产业经营活动。县级融媒体中心为了开展传播、经营两不误，遂单独成立专门经营性集团（公司），将传播与经营

① 易旭明. 嵌入治理体系的县级融媒体中心运营定位研究[J]. 东岳论丛，2023(4).

分离。经营性公司走市场路线，实行市场化机制，这样县级融媒体中心就成为二元机制。二元机制有多种开展形式，主要包含以下三类。

（1）成立传媒集团或国企——两块牌子一套班子

浙江省长兴县融媒体中心成立了全国第一家县级传媒集团——长兴传媒集团，在融合运行策略上以移动端为优先战略，推出了短视频、掌心传媒、掌心音频、微直播、微游戏、VR 等多种类型的融媒体产品。在产品创新上，长兴融媒体基于"长兴帮"频道和"长兴帮"App 推出了"电视看单，手机下单"的"电视+电商"模式，同时"长兴帮"App 还提供了吃、喝、玩、乐、购等 O2O（Online To Offline，线上到线下的商业模式）服务。在经营模式上，探索多元经营模式，开展以活动和视频为主的媒体类服务，如承接社会上纪录片、宣传片等视频制作工作。

2019 年 2 月，江阴市成立由市主要领导任组长的融媒体中心建设工作领导小组，出台《江阴市融媒体中心（传媒集团）组建工作实施意见》，整合江阴日报社、江阴广电集团及其下属多家企事业单位，推动内容、渠道、平台、经营、管理深度融合。该意见明确，江阴市融媒体中心为市委直属全额拨款事业单位，列入市委直管部门序列，相当于正科级建制，归口市委宣传部领导。江阴传媒集团为一级国资企业，成为江阴四大国资公司之一，与市融媒体中心实行"两块牌子、一套班子"管理。① 这种在全国县级融媒体中心首创的"党媒+国企"双重身份属性的运营模式彻底改变了江阴媒体生态，一方面极大提高了江阴融媒体中心的政治地位和政治影响，另一方面又为江阴融媒体中心的经营留足了空间。

（2）成立传媒公司——解决编制、业务范围问题

在政策允许的前提下，成立文化传媒公司，破除人才和经营壁垒，探索发展进路。如：内蒙古红山通过成立文化传媒公司解决了人员招聘、员工编制、业务范围等问题，围绕全区机关及企事业单位外宣需要，开展代理、运行官方网站、微信公众号、微博等业务，并根据业务规模增长持续引入人才，破解了可持续发展与人才匮乏的困局；新疆全区 85 个县级融媒体中心有 30 家已成立传媒公司，以此拓展业务范围实现机构创收，融媒体中心通过承接红色剧目编排、宣传片、广告代理、翻译、展厅策划等多类型项目实现自主营收，其中莎车县 2021 年营收额已达 580.96 万元。

---

① 刘志刚. 县级融媒体"江阴模式"的实践路径与价值创新[J]. 传媒观察，2023（S1）.

(3)成立内容工作室——内容生产联盟融通与协作

成立内容工作室、内容生产联盟融通内容协作体制，实现融媒队伍能力的优势互补、多元聚合。如：内蒙古满洲里统合报、台、网等外宣媒体成立草原新丝路工作室，并集中打造"阿科诺"融合媒体平台，为丰富内容生产和拓展媒体运营空间带来机遇，工作室创制的"萨沙带你看中国"等中俄双语节目有效拉近了中俄边境民众的文化距离。①

2. 经营机制

在县级融媒体中心建设的调研中发现，许多县（市）中心的经营"造血"功能不强，年创收资金基本在 200 万~400 万元徘徊，与 2022 年全国 10 县市融媒营收亿元"俱乐部"相比，差距太大，如表2-2所示。其中，除了县域经济环境因素外，主要原因恐怕还是思想不够解放，停留在传统媒体"守摊子"的状态上，缺乏改革进取之心，更谈不上经营机制变革。

表 2-2　县级融媒体中心年营收过亿元的县市统计表

营收亿元段位	县级融媒体中心	实际营收金额
营收 3 亿~5 亿元	浙江 安吉县	4.87 亿元
	浙江 诸暨市	4.65 亿元
	浙江 长兴县	3.21 亿元
营收 2 亿元以上	广东 番禺区	2.51 亿元
	浙江 温岭市	2.36 亿元
营收 1 亿元及以上	湖南 浏阳市	1.8 亿元
	广东 龙岗区	1.6 亿元
	浙江 海宁市	1.35 亿元
	浙江 瑞安市	1.3 亿元
	江苏 江阴市	1 亿元

浙江省安吉县新闻集团（与安吉县融媒体中心一套班子、两块牌子）按照

---

① 吴锋. 超越与重塑：国家治理视阈下西部县级融媒体建设的路径再造[J]. 西南民族大学学报（人文社会科学版），2023(5).

"一集团四公司"的架构运营,四个公司分别为安吉县广播电视网络有限公司,主营有线网络业务;浙江文澜信息发展有限公司,主营智慧城市项目;安吉星号电子商务有限公司,主营电子商务;浙江新绿传媒科技有限公司,主营县市广电联盟"游视界"平台和"游视界"本地圈。据介绍,在自主营收方面,集团经营收入早在 2020 年度已达 2.9 亿元,其中文化创意产业 0.8 亿元,智慧信息产业 1.9 亿元,其他收入 0.2 亿元。而到 2022 年度营收已达 4.87 亿元。另据中国记协微信公众号报道,2023 年度浙江省安吉县融媒体中心总营收已高达 6.67 亿元。① 其典型做法有:

(1)产业业务:嵌入当地产业链、打造品牌 IP

破除传统媒体思维,借助直播、短视频等新媒体服务,嵌入当地产业链,以融媒体之力助推区域经济社会发展。如:南宁横州上线全国首个茉莉花全产业链服务平台,推进信息下乡、服务下乡与金融下乡,有效整合茉莉花产业链各参与方数据资源,进一步延伸产业链、提升价值链、融通供应链;陕西岚皋打造毛绒玩具、魔芋等特色文化资源"直播宣传链条",对促进贫困地区农产品销售、提升基层县域的知名度和影响力、打造独特品牌 IP、提高群众收入和推动产业扶贫起到了积极作用。

(2)政府业务:财政扶持项目与政务合作作为主要收入来源

政府扶持的文化创意和信息产业在上级考核和地方政府利益都对"通联"提出更高需求的环境下,媒体与县域党政部门间政务宣传合作的空间不断扩大。县级融媒体中心一般与县内的乡镇、街道和职能部门开展合作,合作形态包括新闻宣传、政府公益广告、政务活动、政务专题片等。在政务合作上建构出媒体和基层政府部门之间"半义务半市场"的宣传关系:对重大时政新闻等义务报道,对一般新闻考虑客户关系灵活报道。

(2)基层业务:进入基层的"毛细血管",成为便民"服务商"

"爱安吉"App 中内嵌了借车扫码、智慧医疗、掌上公交、美食推荐、家政服务等多个贴近民生需求的生活服务应用,基本覆盖民众的日常出行、娱乐、美食等生活需求。如:"安吉美食"频道内聚集了全县各地 400 余家小吃、

---

① 祝青. 营收 6.67 亿! 这个县融是怎样留住人才的? [EB/OL]. [2024-01-15]. https://mp.weixin.qq.com/s? __biz = MzA5MzAxNjE5NA = = &mid = 2707592200&idx = 1&sn = 1f0bd2e737e03b6b71a5693f15ad3eb0&chksm = b53e4a9f90d63871c9b76d3c46d380f872f12286f6d e6cd8caaee5a8e5c491aa20aaaf6bf787&mpshare = 1&scene = 23&srcid = 1010ayxenHnGTJUjQC4wF Vjp&sharer_shareinfo = e75593f64161413ff2ee345d59bbe07e&sharer_shareinfo_first = e75593f641 61413ff2ee345d59bbe07e#rd.

火锅店、炒菜、蛋糕、土特产等店铺，直接线上购买；"5189000 民生热线服务"可一键呼叫钟点工、家电维修、管道疏通、搬运安装、上门理发、甲醛检测等各类家政生活服务。

（4）智慧业务：培养"互联网+"平台思维，研发智慧信息产品

安吉新闻集团凭借技术团队，自主研发了许多智慧平台型产品。目前集团已获 78 个专利及 100 多项许可。2021 年 5 月 10 日，安吉新闻集团正式上线了全省广电行业首家社区生活综合服务平台——"广电指惠家"，包含了本地生活圈和数字电视个性化服务两大功能，下设"指惠家"和"广电营业厅"两大板块，服务涵盖本地老百姓本地生活、严选特供食品酒水、家居清洁、美妆个护、家用电器、数字电视线上开户、缴费订购、报修咨询等。

安吉新闻集团以"把指尖实惠带回家"为理念，与全国优质网易严选、杭州联汇等多家供应商合作，并在模式中增加物流配送社区直购体系、将有线网络业务与互联网业务的相关资源进行整合，打造了广电有线业态大众服务新模式。此外，安吉新闻集团也打造了"游视界"小程序平台，由安吉新闻集团下属的新绿公司聘用的网红提供直播带货服务，平均每周直播 3 场左右。目前"游视界"本地圈已逐步向省内外推广，将"新闻+商务"的潜能充分发挥。①

3. 激励机制

正确的传媒政策制定以后，组织建构和干部就成为决定性因素，而思想的解放和以用户为中心的运营机制又成为决定因素中的关键。安吉新闻集团近几年每年创收递增都在 10% 及以上，除了经营机制活以外，重视绩效分配改革也成为重要的影响因素。集团内所有员工的身份关系均被打通，实行全员绩效考核，中心各科室及公司根据各自业务特性，随岗制定符合实际的考核标准，根据考核标准，编内编外员工同工同酬，旨在通过激励机制，如星级员工制、项目领衔制、导师帮带制等，打破身份限制，最大限度地调动起员工的工作积极性。福建省尤溪县融媒体中心在绩效分配改革方面，制定了《尤溪县融媒体中心绩效考核奖励办法》，打破身份、职位、职称限制，实行同岗同责同工同酬、优劳优酬制度管理，在编员工与外聘员工待遇仅与工作量和贡献相关。据介绍，中心员工平均年收入可达 16 万元左右。

总的来说，传媒行业的产出结果可以笼统地分为经济效益和社会效益两个

---

① 陈一，石力月. 全国县级融媒体中心发展调研报告（2021—2022）[M]. 北京：中国社会科学出版社，2022：119-129.

方面，其次还要考虑县级融媒体中心的发展目标。此次全国县级融媒体中心建设的目标是重建主流媒体的基层舆论阵地，打通信息传播的"最后一公里"，实现"新闻+政务服务商务"的新型发展路线。这一目标更强调社会效益，但同时也要求兼顾经济效益。从本质上看，无论哪种效益，都是媒体通过生产和传播新闻来影响受众而实现的，即通过传播影响力来实现的。① 因此，衡量县级融媒体中心的创新绩效本质上是衡量其传播影响力。②

第三节　技 术 语 境

县级融媒体政策的提出，从一个侧面反映了数字传媒先进技术对县级主流媒体重塑的推动作用。回顾中国传媒的发展，都无不打上新媒介巨大传播力、影响力的烙印。报纸的文字储存与远距离传播，使信息的扩散跨越了人际口耳相传的原始状态，让"大众传播"得以产生。无线广播的诞生，以其前所未有的时效性和空间飞跃，改变了数千年信息传播的广度和"文盲"群体的信息不平等接收问题，当时甚至有人发出"报纸消亡论"的警示。而电视的发明与应用，使其形象化地即时传播，打破了电影的神话，并以综合性符号的优势迅速吸引了广大受众的眼球，成为那个时代当仁不让的"第一媒体"。然而，互联网尤其是移动互联网的崛起，又颠覆了传统媒体的格局，使传统主流媒体逐渐式微，20世纪90年代，有人曾预言"广播电视将化为泡沫"，虽有点耸人听闻，但也说明了新媒体带来的挑战与冲击力。归根结底，先进传媒技术包括人工智能传播引发的新兴媒体影响力不可小觑，这些构成了当今县级融媒体变革的主要技术语境。

一、互联网技术与新媒体融合

1. 互联网的发展规模状况

我国于1994年4月正式接入互联网，成为世界上第77个接入全功能互联

---

① 强月新，夏忠敏. 当前我国主流媒体影响力的调研与分析[J]. 新闻记者，2016（11）.

② 李喆，朱鸿军. 技术、资金、组织镜像：县级融媒体中心技术创新活动对传播力的影响——基于我国县级融媒体中心建设发展调查数据（2018—2020）的分析[J]. 新闻界，2023（8）.

网的国家。同年 5 月 15 日，中国科学院高能物理研究所设立了国内第一个 Web 服务器，推出中国第一套网页，在介绍中国高科技发展的同时，设立了"Tour in China"栏目，提供包括新闻、经济、文化、商贸等多种新闻信息。此后，中国互联网发展进入"快车道"。

根据中国互联网络信息中心（CNNIC）第 52 次《中国互联网络发展状况统计报告》，截至 2023 年 6 月，我国网民规模达 10.79 亿人，较 2022 年 12 月增长 1109 万人，互联网普及率达 76.4%，较 2022 年 12 月提升 0.8 个百分点。我国手机网民规模达 10.76 亿人，较 2022 年 12 月增长 1109 万人，网民使用手机上网的比例为 99.8%，这表明，网民使用手机仍是上网中的最主要设备。在媒体相关应用方面，我国网络视频用户规模为 10.44 亿人，较 2022 年 12 月增长 1380 万人，占网民整体的 96.8%。其中，短视频用户规模为 10.26 亿人，较 2022 年 12 月增长 1454 万人，占网民整体的 95.2%。截至 2023 年 6 月，我国网络直播用户规模达 7.65 亿人，较 2022 年 12 月增长 1474 万人，占网民整体的 71.0%。我国在线旅行预订用户规模达 4.54 亿人，较 2022 年 12 月增长 3091 万人，占网民整体的 42.1%。此外，我国人均每周上网时长已超过 28 小时。

以上数据显示，互联网的覆盖率及使用率占有市场很大份额，无疑对传统主流媒体形成了分流，更加彰显重构新型主流媒体，占领"主阵地"的必要性和紧迫性。另外，新媒体的广域覆盖也为融媒体"四全媒体"（全程媒体、全息媒体、全员媒体和全效媒体）打造奠定了坚实的技术基础与广泛的应用空间，为主流媒体提供了较大的发展机遇。

2. 网络新媒体的基本特点

随着数字技术、网络技术及通信技术等现代技术的发展与融合，在传播领域，形成了具有互动性、融合性的媒介形态与平台，统称为网络新媒体，主要包括网络媒体、手机媒体及其他具有互动性的数字媒体形式。

超时空信息传播。互联网传播信息不受时间和空间的限制，任何人都可以在任何时候、任何地点接收或发送信息。除了阅读实时新闻，用户还可以随时通过搜索引擎查阅历史新闻信息。这种技术的变化，将会或已经刺激多种新兴媒体系统的出现。这种新技术迫使广播电视与电信、电脑、智能手机、网络信息服务等融合成一个新的融合互动式信息产业。信息的指尖复制和超时空的全球移动传播，按"根型方式"在任何一个非中心化地点繁殖，对于民族、国家的命运及网络社群的发展具有很强的政治意蕴，因此，可能引起政府对此的不安，这也可能是重塑县级融媒体中心，建设县级新型主流媒体的出发点。

新媒体集成融合。由上而知，信息传播速度快是互联网的一大特点，这使得网络新媒体能够在第一时间发布和传播最新的新闻、事件和资讯，用户可以通过即时更新的方式获取最新的信息。这也表明新闻内容逐渐向"碎片化"转变，"快讯"逐步成为网络新媒体的重要聚合板块。在蒂姆·伯纳斯·李创建了万维网后，门户网站迅速兴起，成为互联网信息传播初期的重要渠道。门户网站起源于互联网商业模式中的网络内容提供商 ICP（Internet Content Provider），一类在互联网上通过向用户提供整合、加工过的信息来运营的公司。门户网站最初的功能是提供网络接入服务和网上搜索服务，是内容与搜索引擎的集合。典型的门户网站有雅虎、新浪、网易和搜狐。此时的传播模式与传统媒体相似，网站通过人工编辑和分类整理新闻内容，之后在网络平台中发布以供用户浏览，网站成为内容的提供者。随着技术的发展，媒介环境的变化，市场模式的引入，门户网站开始拓展新的业务来留住用户，包括新闻信息、网络视频等内容。新闻聚合平台的建设指通过技术手段将多个新闻源的内容进行整合和汇总，为用户提供一个集中获取新闻信息的平台。新闻聚合平台本身不进行新闻生产与采编，而是通过技术手段获取其他媒体的新闻产品，将其整合于自身客户端向用户提供使用。用户可以在该平台上浏览、搜索和阅读来自不同新闻源的新闻文章、视频、图片等多种形式的新闻内容。新闻聚合平台具有智能化新闻抓取、即时化新闻聚合、精准化新闻分发、社交化新闻传播等优势，其一站式的新闻阅读服务，打破了各个媒体间的障碍，方便了公众获取新闻资讯，从而更好地满足了公众对新闻的需求。而上述集成融合过程是通过两种革命性技术的推动完成的，一是媒体的数字化，使信息传播和数据传播实现了完全的融合；二是有线和无线的宽带传输技术，对大众传播和个性化应用的融合，起到了有效的推动作用。

互动性信息交换。互动是新媒体的一个重要结构特征，它通常指行动的结果和行动的再发生。一些学者将互动定义为四个不同的层次，即空间指向的传播双方或多种角度共存的可能性；时间指向的共时性；信息交换的控制性；精神指向的理解性。[①] 从传播主体来看，互联网上人人都是信息的传播者，新闻不再仅仅是媒体机构、新闻从业人员的职业行为，任何个人、组织都可以通过

---

① ［荷］简·梵·迪克. 网络社会——新媒体的社会层面（第二版）［M］. 蔡静，译. 北京：清华大学出版社，2014：8.

互联网平台发布和传播自己的内容。从传播过程来看，报纸、广播、电视等传统大众传播媒介从根本上说是单向的，传播内容主要由媒体机构、新闻从业人员决定，用户新闻内容选择的自主性低，对新闻内容、体验的反馈具有迟缓性、模糊性。而网络新媒体为用户提供了平台，用户可以根据自身的需要和爱好对信息进行筛选。同时，在互联网技术发展成熟后，互联网平台的双向传播、互动沟通、及时反馈等特点，使用户的需求逐渐成为新闻提供者重要的选择。互动性的特征在融媒体的"新闻+政务服务商务"功能中将发挥独特的作用。

3. 融媒体的互联网应用

互联网的最初建立主要采用了分布式结构，与传统网络结构相比，分布式网络去掉了网络结构中的中心交换点，形成了一种由许多节点连接而成的网络，每一个节点都有多条途径通往其他节点，这使得网络中某一个节点的破坏并不会影响到其他节点之间的通信。这一网络结构具有很高的安全性与可靠性，为互联网成为一种"去中心化"的、分权的新兴媒体奠定了基础。随着研究的不断深入，人们看到了互联网在计算、储存、数据传输等方面的巨大潜力，互联网逐渐从科研领域延伸到商业等领域，最后融入到人们生活的各个方面。

县乡广域接入。随着通信技术的发展、手机等智能终端的普及和 App 的应用，互联网的终端也不再局限于计算机，移动互联网作为新的互联网形态出现，实现了在任何时间、地点都可以接入信息系统，为网络新媒体带来了传播速度、服务内容等方面的变化，开启了以移动互联网为基础的网络传播。

第 52 次《中国互联网络发展状况统计报告》显示，互联网持续助力新农村建设，推动农村数字基础设施建设取得新成效、数字经济实现新突破、数字惠民服务满足了农民新期待。一是农村网络基础设施基本实现全覆盖。5G 网络覆盖所有县城城区，实现"县县通 5G"。同时，面向农村脱贫户持续给予 5 折及以下基础通信服务资费优惠，已惠及农村脱贫户超过 2800 万户，累计让利超过 88 亿元。二是农村数字经济新业态新模式持续壮大。农村数字普惠金融服务可得性、便利性不断提升，农村电商继续保持农村数字经济"领头羊"地位。2023 年上半年全国农村网络零售额达 1.12 万亿元，同比增长 12.5%。三是数字惠民服务扎实推进。"互联网+教育""互联网+医疗健康"等服务不断向农村地区覆盖，农村数字惠民服务水平不断提升。截至 2023 年 6 月，我国农村网民规模达 3.01 亿人，占网民整体的 27.9%。我国农村在线教育用户规模达 6787 万人，普及率为 22.5%。农村在线医疗用户规模达 6875 万人，普及率为 22.8%。县级融媒体作为最接地气的传媒，拥有天然的县乡地域性、村民接近性，了解基层用户的实际需求，能够充分占有农村的"广阔天地"，发挥在地性媒体桥梁沟通作用，推动乡村振兴及数字乡村建设。

融媒平台建构。全媒体平台是新型主流媒体构建的前提。如前文所述，纵观网络世界知名的网站，如 Facebook、Google、Wikipedia 等，它们将自身平台化，让基于人们使用兴趣而开发出来的应用软件为千万人服务。在当今时代，开放平台是主流媒体实现信息传播功能转型的理想路径。

媒体融合中最关键的基础建设是融合平台建设。县级融媒体中心的发展，从本质上看，是基于互联网思维对传统媒体的改造。并在与互联网基因的碰撞裂变、深度融合过程中，实现体制机制、生产流程、产品形态、传播方式等系统创新和整体转型，形成三大平台的战略融合，包括建构全媒体信息处理平台、用户行为数据处理平台和全媒体运营平台。

媒体融合平台的本质，是服务性平台而非播出渠道平台，它呈现出显著的跨界特征。跨界合作的目的是聚合资源，将不同的社会要素、产业要素聚合，为新功能的形成提供基础和动力。因此，这种聚合多发生在不同媒介之间，可以促进媒体产业形成上下游全覆盖的产业链。这种开放、聚合、社交、跨界平台的所有应用都通过提供贴身的信息服务打造传媒的功能，形成内容入口、关系入口、服务入口"三位一体"的媒体融合平台。①

河南省项城市融媒体中心，作为中宣部重点推动的县级融媒体中心 5 个试点样本之一，在平台建设方面探索了一些可行的路径。该中心整合了项城网、"掌上项城"微信公众号、"项城市融媒体中心"微博、"项城云"App、"云上项城"App 等宣传资源，并在央视新闻、新华社、河南卫视等主流媒体移动客户端，以及抖音、快手等商业平台中均有账号入驻，形成了全媒体传播矩阵。

此外，项城市融媒体中心还整合了地方各委办局在"项城云"App、抖音、快手、微信视频号等移动端上的账号，打造了一个以小屏为主的政务媒体矩阵。具体操作上由账号主体单位进行选稿，再由融媒体中心编辑审核。如果市委、市政府有重大工作需要配合发稿，中心会统一供稿、统一推送。其中，部

---

① 石长顺. 传媒进化论[M]. 北京：社会科学文献出版社，2020：39、48、50.

分委办局的账号交由融媒体中心进行有偿代运营，对另一部分自运营账号，融媒体中心也会对其发布的内容审核把关。①

在运营上，项城市融媒体中心针对移动政务媒体矩阵运营的问题统一进行管理。如政务微信公众号普遍存在更新不及时、发文不规范、舆情引导不专业等问题，造成推文不受欢迎、关注数惨淡，随之出现不少"僵尸号"。并且，各单位的微信公众号各行其是，眼光只聚焦在本单位工作上，各自为政，服务碎片化，就像是一个个散兵游勇打游击，缺乏统一管理，不利于全局性、协同性的工作开展。在此情况下，项城市融媒体中心为各委办局微信公众号提供托管服务，通过研究其粉丝群体特征，有选择地对稿件进行分类推送，增强了粉丝的黏性和平台的服务性，使推送频率、发文数量有了明显提升。②

二、人工智能技术与 AIGC 应用

2024 年我国政府工作报告中提出，要深化大数据、人工智能等研发应用，开展"人工智能+"行动，打造具有国际竞争力的数字产业集群。

人工智能(Artificial Intelligence)，即研究开发用于模拟、延伸和扩展人的智能的理论、方法、技术及应用系统的一门新技术科学。作为计算机科学的重要研究方向，在计算机发明之初，学者们就产生了让机器拥有人的智能的设想。艾伦·图灵(Alan Turing)率先提出了通过对话判断机器是否拥有智能的"图灵测试"。1956 年达特茅斯会议首次提出了"人工智能"概念。随着研究的不断深入，人工神经网络、大数据、深度学习、语音识别、智能机器人等技术的发展，人工智能技术逐渐展现出其作为人的智能延伸的强大力量，为众多行业的发展赋能。

1. 人工智能在传媒领域的发展

智媒体是人工智能与新闻传播领域融合发展后产生的新的媒体发展模式，其主要特征是万物皆媒体、人机共生、自我进化。人工智能技术对新闻传播领域的重构主要体现在新闻内容生产、传播过程与用户体验三个方面。

在新闻生产方面，人工智能优化了新闻信息的来源途径、新闻的发现过程

---

① 陈一，石力月. 全国县级融媒体中心发展调研报告(2021—2022)[M]. 北京：中国社会科学出版社，2022：49-50.

② 刘杰. 统一管理共同发声形成强大舆论合力——项城市融媒体中心微信矩阵建设探究[J]. 中国记者，2020(2).

以及新闻写作方式，增强了新闻的时效性与真实性。在新闻信息与数据采集阶段，人工智能依托传感器、物联网等技术，能够及时获取现场信息，缩短了从信息收集到新闻制作的时空距离，增强了新闻的时效性，同时客观地记录事件过程，提高了新闻的真实性。在新闻发现阶段，人工智能通过对采集到的信息进行分析、比对后，运用算法对新闻价值进行评估，预测用户行为，从而判断将要发生的新闻热点。在新闻写作方面，新闻写作机器人能够在极短的时间内完成新闻内容的撰写，实现了新闻生产的自动化，使得新闻资讯的实时性进一步增强，更新速度进一步提高，新闻发布数量进一步增多。

在新闻传播过程方面，人工智能通过算法实现了新闻传播的个性化推送。新闻分发平台利用算法对收集来的个性偏好、社交习惯、文化场景等用户信息进行分析，将符合用户兴趣的新闻推送到用户面前。算法沟通了平台用户与新闻内容，成为二者之间对话的媒介，实现了读者与新闻之间的互动，使得新闻分发平台能够更好地满足用户新闻需求。

在新闻体验方面，人工智能使新闻媒介向更加场景化、沉浸式、人性化的方向发展。VR、AR、生物传感器等技术手段带来了用户体验的立体升维，新闻体验不再局限于单一的视觉、听觉，而是可以同时调用多个感官。如在2019年全国两会上，央视网推出的《全景沉浸看报告》运用了"VR+AR"技术，在 VR 实景视频的基础上，糅合三维动画，辅以李克强总理同期声，对政府工作报告进行了可视化展现。① 除了感官上的改变，人工智能也改变了用户在新闻传播中的地位，各类新闻平台逐渐在开发、设计中将用户体验作为重要的标准。用户新闻体验的好坏决定了文章、平台的浏览量与用户关注、点赞等行为，新闻生产者以此为依据调节新闻生产的内容与形式，新闻分发系统则以此为依据分析用户信息。因此，新闻体验通过影响新闻生产与新闻传播两个环节，实现了新闻全过程的整合，促使媒介系统良性运转。

2. AI 文生视频模型与视听传媒应用

2024 年 2 月 16 日，OpenAI 发布首个视频生成模型 Sora，带给人们的感受是炸裂级的：根据输入的文字提示，能生成效果逼真的 60 秒视频，其具有多个角色、包含特定运动复杂场景，令人叹为观止。这意味着，继文本、图像之后，OpenAI 将其先进的 AI 技术拓展到了视频领域，有人形容这一晚"像经历

① 沉浸式新闻探索：颠覆传统报道模式，VR 开启体验式新闻新时代［EB/OL］.［2021-02-01］. https://www.sohu.com/a/448061625_120823336.

了过山车般的疯狂一晚"。

Sora 模型是由 OpenAI 开发的一种先进的文本转视频生成模型，及综合运用视频、图像、声音、文字等多种媒体元素，以视觉和心理体验为目标，通过创造性和创新性的方式来传达信息的跨媒体艺术形式。Sora 代表了人工智能在视频内容创作领域的一次重大突破，成为人工智能发展的一个重要里程碑。其模型的核心能力在于，能够根据用户输入的文本描述，生成长达一分钟的高质量视频。这些视频不仅视觉质量高，而且与用户的文本提示高度一致。①

世界模型是人工智能的下一个重大突破点，也是通用人工智能的重要支撑，Sora"世界模型"将广泛赋能千行百业，展示世界模型在更广泛领域中应用的巨大潜能，加速通用人工智能的发展，将极大地释放大模型的产业价值。同时，预示着泛视听市场格局迎来颠覆性的变革与重构，继而带动广电和网络视听生产方式发生根本性的变革。

国务院政府工作报告明确提出开展"人工智能+"行动，理应成为新型主流融媒体行业发力的重点，激励提升新质生产力实现融媒体高质量发展。2024年 2 月 23 日，中央广播电视总台人工智能工作室正式揭牌。

总台人工智能工作室整合总台广播电视和新媒体媒资平台资源，按照节目制作需求对"央视听媒体大模型"进行训练，使之快速形成具备针对特定业务的能力，打造视听节目创新创作的大平台。在揭牌仪式上，首部以我国自主AIGC 技术支撑制作的系列动画片《千秋诗颂》同步开播。

同天，成都市广播电视台"AIGC 创新应用工作室"也正式挂牌。2 月 25日，上海广播电视台正式挂牌成立"生成式人工智能媒体融合创新工作室"。工作室将重点布局文化传媒领域人工智能重大应用场景建设，加快推进人工智能大视听垂类模型的研发应用，推动基于 AIGC 的沉浸式、交互式视音频内容生成的示范应用。工作室确立了财经媒体专属 AI 大模型、新闻资讯类大模型应用、智能语音和大语言模型应用、智能手语数字人、生成式智能与多媒体通信、人工智能应用下的传媒伦理研究六大重点攻坚方向。

2024 年 3 月 7 日，河南大象融媒体集团有限公司（简称"大象融媒"）正式

---

① 朱新梅. 从文生视频到世界模型，广电的机遇与选择［EB/OL］.［2024-03-14］. http://mp.weixin.qq.com/s?__biz＝MjM5MjEwOTc3Nw＝＝&mid＝2649985187&idx＝2&sn＝50e 8887c6e3f4075071e815d9d063434&chksm＝bf3bfe2293c98cbe0947a4b7edc1b3deb6568519e42480 cb28f297cce58e8bfa1c4c123f585d&mpshare＝1&scene＝23&srcid＝1010PQaruAaQmzFJZUgv4EN j&sharer_shareinfo＝a1ab5d759d5593eee3cbf5715aefaba3&sharer_shareinfo_first＝a1ab5d759d55 93eee3cbf5715aefaba3#rd.

启用广电体系 AIGC 应用研究室暨产业孵化中心。3 月 8 日，"中山广播电视台生成式人工智能(AIGC)实验室"揭牌成立。在 OpenAI 发布首个视频生成模型 Sora 仅仅一个星期，以中央广播电视总台为代表的新型主流媒体快速反应，于短短的半个月时间里，先后就有五家媒体相继挂牌成立人工智能工作室(研究室、实验室)。由此判断，Sora 所展现出的文生视频大模型超强能力，标志着人工智能生成内容即 AIGC 的时代已然到来。

三、大数据、区块链技术与数字媒体应用

当今世界，信息技术创新日新月异，数字化、网络化、智能化深入发展。在数字经济新发展格局下，新型主流媒体应注重新技术引领新发展，主动进行转型升级，拓展数字化、网络化、融合化、智慧化服务，让数智化激活媒体融合新效能，并利用大数据、人工智能等技术，不断推进全媒产品创新。

1. 大数据技术

数据是构成信息的基本单位，是信息数字化的记录。在计算机、互联网的使用过程中，不可避免地产生大量的数据，使得人类社会迅速步入"大数据时代"。有学者将世界信息化历程划分为三个阶段：1980 年前后个人计算机的普及解决了信息处理的问题，带来了信息化的第一次浪潮；1995 年前后互联网时代的到来是信息化的第二次浪潮，解决了数据传输的问题；2010 年前后物联网、云计算和大数据技术将开启信息化的第三次浪潮，解决信息化带来的信息爆炸，促进信息的有效利用。

麦肯锡全球研究院指出大数据是"规模超出了典型数据库软件工具的捕获、存储、管理和分析能力的数据集"①。并且指出数据集的体量不是一个固定的概念。维基百科将大数据称为"巨量资料"，是指所涉及的资料量规模巨大到无法通过目前主流软件工具，在合理时间内进行撷取、管理、处理，并整理成为帮助企业经营决策的资讯。虽然各机构、学者对大数据有不同的定义，但都围绕两个特点，一是由海量的数据组成数据库，二是通过技术分析挖掘出庞大数据库独有的价值。

数据驱动的新闻代表着未来。数据分析可以为我们呈现"故事的轮廓"，

---

① Manyika J, Chui M, Brown B, et al. Big data: the next frontier for innovation, competition, and productivity [EB/OL]. [2024-08-11]. http://dln.jaipuria.ac.in:8080/jspui/bitstream/123456789/14265/1/mgi_big_data_full_report.pdf.

或提供"新的视角"，如数据的可视化。对数据的使用使得记者的工作核心由追求新闻时效向讲述某一事态变化发展背后的含义而转变。话题的范围也扩散得十分宽泛，如从"正在孕育中的下一个金融危机"到"我们消费的商品背后的经济规律"，以及"基金滥用"或"政治失误"，这些问题通过强大的数据图表清晰展现出来且极具说服力。事实上，每个广播电视台积累的视频、音频等媒体资料，其实都是一个宝库，任何人工智能或者生成式的人工智能相关的内容，都需要有这些数据去支撑它。因此，融媒体工作者需要精通数据，学会获取数据、理解数据、可视化地传达数据。

同时，大数据技术赋能，能实现价值导向、内容品质和用户喜好高度耦合。目前，各县级融媒体中心的云视听 App 就可以用户为中心，以大数据推荐算法为手段，持续优化客户端、智能终端产品的用户体验，改进内容的呈现方式，提升跨屏、跨终端场景的内容分发能力和内容运营能力，提升内容消费的流畅度。

2. 区块链技术

区块链(Blockchain)是以比特币为代表的数字加密货币体系的核心技术，是一个去中心化的数据库。从狭义上讲，区块链是按照时间顺序将数据区块相连的方式组合成一种链式数据结构，并以密码学方式保证数据的不可篡改和不可伪造。从广义上讲，区块链技术是一种全新的分布式基础架构与计算范式，它可以利用块链式数据结构来存储验证数据，利用分布式节点共识算法来生成和更新数据，利用密码学的方式保证数据传输和访问的安全，利用由自动化脚本代码组成的智能合约来编程和操作数据。总的来说，区块链技术具有去中心化、公开透明、不可更改逆转的特点。

2019 年 10 月 24 日，习近平总书记在中共中央政治局第十八次集体学习时发表了关于加快推动区块链技术和产业创新发展的讲话，明确了区块链技术的战略地位，为区块链技术的产业发展营造了良好的政治环境。作为一种新兴的技术范式，区块链技术为有效解决新闻业面临的危机提供了一种技术性解决方案。基于分布式记账技术、非对称加密技术、智能合约和共识机制的区块链技术具有去中心化、不可篡改、永久记录和可追溯的特征，能够实现信源认证、打击虚假新闻、提升新闻质量、助力版权保护、增强新闻透明性、有效解决用户隐私泄露和信任机制薄弱等问题。[1] 具体如下。

---

① 石婧，李婷婷. 基于联盟区块链的新闻生产模式构建[J]. 电视研究，2021(11).

新闻出处溯源。区块链技术数据无法篡改的特点为新闻源头的追溯提供了可能性。在区块链中，数据以区块单位产生和存储，并按照时间顺序连成链式数据结构。在这个过程中，每一个分布节点都要参与区块链系统的数据验证、存储和维护，每个节点都有所有记录的完整备份，每次记录都含有唯一的时间戳。只有所有的节点达成共识，账本才会被更新。这使得区块链上所有的信息都可以被追根溯源，同时区块链技术提高了伪造、篡改数据的成本，减少了虚假新闻的产生与传播。

版权与收益保护。区块链技术基于不可篡改的数字签名、可信时间戳等技术特点，能够为新闻作品版权跨平台流转、交易提供准确的记录，为新闻作品的版权提供保护。同时，区块链技术也为新闻生产提供了数据增值服务。区块链技术的"去中心化"特点使得信息能够通过"点对点"的方式进行传播，用户可以不再经过平台等中介直接对内容生产者付费。内容生产者的收益与新闻质量密切相关，促进新闻内容质量的提高。

新闻审核去把关人。区块链技术通过构建一个公开的分布式新闻数据库为新闻内容生产以及事后审核提供便利。区块链去中心化的特点省去了传统新闻机构把关人的审核环节，区块链条上任何节点的用户都可以利用分布式账本和可信时间戳，对新闻的生产、发布进行查看审核。有助于建立公民新闻审核机制，解决传统媒体审稿过程中存在的主观性强、编辑权滥用等问题，提高评审质量，创造一个值得信赖的公民新闻平台。①

大数据、人工智能和区块链技术的利用有助于提升传媒的创新性与时效性，但对传媒的冲击也不可忽视。

在新闻生产方面，大数据、区块链和人工智能等技术冲击了传统媒介技术时代的新闻生产过程，在一定程度上改变了新闻生产主体。传统的新闻生产，主要由新闻工作者进行新闻采编供稿，新闻选择与新闻呈现均依靠专业新闻工作者，这种以人为主体的新闻生产模式难免会受到人的影响。而在大数据、人工智能时代，新闻生产则是通过对海量数据进行分析来判断选择新闻内容，减少了传统新闻生产中人的主观判断，使新闻更具客观性与可信度。高效、精准和客观等特点使得采用人工智能、新闻机器人完成新闻生产成为大数据时代的趋势。与此同时，新闻生产主体由人向人、物联合转变。新闻生产主体不再局限于专业的新闻从业者，在新技术的推动下，越来越多的技术人才逐渐加入新闻生产团队，新闻机器人、用户也参与到新闻的生产过程中。

①　李鹏飞. 基于区块链技术的媒体融合路径探索[J]. 新闻战线，2017(8).

在新闻传播方面，大数据、区块链和人工智能等技术改变了传统的新闻传播方式。随着物联网、区块链等技术的发展与运用，每个人在互联网中留下的痕迹都可能成为新闻传播的线索。通过大数据、算法等技术，根据浏览痕迹，将用户的行为偏好刻画出来，成为新闻生产、推送的精准参考，进而根据偏好为用户定制新闻，增加了用户的黏性。

在新闻观念方面，智能化的媒体技术不仅改变了传统新闻生产方式和组织形态，也重塑了新闻理念和媒体文化。人工智能能够在极短的时间内完成新闻稿件的写作，使得新闻从业者得以依靠技术的抽象还原、定量计算和标准化的逻辑，将现实世界的信息传播规律转换成可量化、可计算的传播公式，在传播实践中追求最佳方案、最佳手段、最佳效率。大数据将新闻精准推送给感兴趣的受众，这使得新闻传播开始重数据、重流量，人们对于权威媒体的倚重和信赖可能让位于更加精准、全面、可靠和结构化的智能算法。这些都要求融媒体记者编辑和管理人员尽快转变思维方式，注重新技术运用，改变生产流程，为用户送去优质传媒信息和作品。

第四节　传媒产业与市场语境

21 世纪的第一个 20 年，对于传媒产业而言是激荡的 20 年。随着互联网的崛起，曾创造了灿烂与辉煌业绩的报刊与广播电视经历了断崖式的下跌，曾风靡一时的门户网站也已风光不再。对于传媒业来说，信息传播是核心使命，从报纸、期刊到广播电视，再到数字化与新媒体，既是技术进步对传媒业形态的推动，也是在市场逻辑主导下媒体业自身发展的内生需求。

一、传媒产业格局的改变

1. 世界传统媒体垄断市场的突破

在世界范围内新兴媒体崛起的背景下，传统媒体受到很大冲击。以美国为例，在广播电视方面，虽然通过资本运作垄断内容与渠道，但还是需要面对市场激烈的竞争。近年来，美国广播电视产业也面临退订潮，随着移动设备、无线网络与其他数字媒体平台的激增，民众对流媒体的消费成为主流。就在 2017 年，视频流媒体行业可谓真正跨越了鸿沟——55% 的美国家庭订阅了付费视频流媒体服务，这是流媒体首次跨越 50% 的门槛。不到 10 年的时间，订阅付费视频流媒体服务的美国家庭比例增长了 45%——从 2009 年的 10% 增长到 2017 年的 55%。其中，Netflix(会员订阅制的流媒体播放平台)是美国流媒体行业崛起的代表。

在纸媒方面，美国《读者文摘》于 2009 年 8 月 24 日向法院申请破产，美国《新闻周刊》印刷版也于 2012 年 12 月 31 日停止出刊。至此，美国三大新闻周刊印刷版仅剩《时代周刊》。从 2008—2010 年，美国就有超过 200 家报纸被迫关闭。2010 年，美国网络读者的数量与广告收入首次超过传统印刷媒体，传媒产业生态格局巨变，昭示着传统媒体的衰落，也凸显出市场的狂潮远比人们预期的猛烈。

2. 我国传统媒体生存空间的压缩

在 21 世纪前十年，是我国传统媒体的"黄金时代"，而从 2013 年开始，我国传媒产业的市场版图发生了剧烈变动。

首先，传统媒体广告收入断崖式下跌。在 2012 年，我国报业经营收入断崖式下滑，报纸媒体广告呈现出 7.5% 的负增长，电视广告收入几乎被互联网广告收入追平。至 2014 年，互联网广告收入首次超过电视广告收入，至今已是传媒广告产业版图中的中坚力量。随后这一跌幅逐年扩大，至 2016 年报业广告收入五年内累计跌幅高达 72.4%。

其次，传统媒体的用户数量急剧下降。2012 年报纸的日到达率首次跌破六成，各地都市报结束了 15 年的发展黄金期，发行量折戟，"纸媒将死""报业寒冬"成为报业发展标签。到 2017 年报纸日到达率仅剩 30.4%。[①] 2012 年，在广播电视方面，随着移动互联网的崛起与迅速渗透，受众的收听、收视行为更加移动化与碎片化，电视受众收视时长减少。[②] 而在同一时段内，中国互联网络信息中心公布的数据显示，截至 2012 年 12 月底，我国网民规模达 5.64 亿，其中手机网民用户为 4.2 亿，这意味着有超过七成的网民在用手机上网。用智能手机浏览新闻已经成为主流，微博、微信、新闻客户端在一步步填满我们生活中的碎片空间，传统 PC 互联网媒体的份额也面临智能终端的强势瓜分。[③]

最后，传统媒体市场份额被反超。《中国传媒产业发展报告(2014)》显示，

---

① 陈国权. 2017 中国报业发展报告[J]. 编辑之友，2018(2).
② 中国传媒产业十年发展的成就与生态之变[EB/OL]. [2024-02-27]. https://mp.weixin.qq.com/s/PKcQ8tv6eVmiPadeD8dFmw.
③ 新媒体崛起后，传统媒体的走势及应对[EB/OL]. [2024-02-27]. https://www.wenmi.com/article/pyyq1t0279a8.html.

2013年互联网及移动媒体行业收入的增幅领先，市场份额超越传统媒体，这昭示着中国传媒产业结构出现重大变化。①

这种力量对比表明，在市场变化驱动下，我国传媒产业经历了巨大转型。十年来，我国传媒产业版图不断扩张，但是其中的代价却是传统媒体的生存空间不断被挤压。中国传统主流媒体在本地市场的垄断性优势消失，中国媒体产业从区域行业垄断转向了无边界的开放竞争。②

二、主流媒体与商业媒体的同台竞争

我国的媒体产业基本上可以分为主流媒体与商业媒体两类，过去以纸媒、广播电视为主要媒介形式的主流媒体，在这场市场洪流中受到强烈冲击，在影响力与经济效益方面双双下降。在互联网与新兴媒体发展初期，中国传统主流媒体掌握着权威新闻资源的绝对优势。但是移动互联网出现后，丰富的媒介形式打破了政府对媒体与新闻资源的控制，尤其在海量的市场资本运作与雄厚的技术支撑下，我国媒体的格局裂变成"官媒+私媒"共存的格局，以市场为导向的商业媒体极大地冲击了传统主流媒体的地位，信息源也不再受时间与空间的限制，裂变为"官方渠道+民间渠道"两种。

1. 传媒市场的结构性变化

特别要关注的是，随着我国"十三五"规划收官，居民文化、娱乐消费支出不断增加，我国传媒产业稳步发展，总产值年均复合增长率达到8%。市场需求的变化也催生了传媒产业的新业态，引发媒体业态和传媒市场的结构性变化。

传统主流媒体的产业规模与拥有创新产品、技术优势及多元化业务的新兴互联网媒体无法竞争，经营效益呈现出下滑趋势。《2018中国互联网广告发展报告》显示，随着以今日头条、抖音、快手为代表的新生网媒崛起，整个互联网行业的广告收入大幅增长，2018年互联网广告收入已接近3700亿元。③ 与之相应，以商业媒体为主力军的网络视听收入达4419.80亿元，同比增长

① 2013年中国互联网和移动媒体市场份额超传统媒体［EB/OL］.［2024-02-27］.https://www.chinanews.com/gn/2014/04-19/6082851.shtml.

② 曾培伦，朱春阳.融媒十年考：中国媒体融合发展的逻辑转换与汇流［J］.新闻界，2023(11).

③ 2018互联网广告总收入3694亿元 创新驱动发展［EB/OL］.［2024-02-27］.https://www.163.com/dy/article/E5GU088R0518ENFQ.html.

22.95%。用户付费、节目版权等服务收入达 1209.38 亿元，同比增长 24.16%；短视频、电商直播等其他收入达 3210.42 亿元，同比增长 22.51%，增长迅速。①

而从官方主流媒体的产业结构来看，在过去，我国官方主流媒体的产业总体规模增长缓慢，经营规模也不敌新兴媒体产业，同时其发展方式还存在低水平、重复建设的问题。根据 2019 年全国广播电视行业统计公报，传统广播电视广告收入 998.85 亿元，同比下降 9.13%。与此同时，广播电视与网络视听机构通过互联网取得的新媒体广告收入为 828.76 亿元，同比增长 68.49%。广播电视机构新媒体广告收入 194.31 亿元，同比增长 25.11%。广播电视和网络视听机构通过楼宇广告、户外广告等取得的其他广告收入 247.66 亿元，同比下降 9.41%。② 根据相关数据，县级媒体通过广播电视所能获得的收益也出现萎缩，而与之相对应的则是通过新兴媒体平台的业务收益大大上涨。因此，县级媒体通过增加新媒体业务来挽救低迷的经营状况，就成了适应市场发展的必然选择。

2. 主流媒体的影响力式微

传统媒体资源的稀缺性消失。过去在县级广播电视台成立之初，凭借着媒体资源的稀缺性，能迅速在县域媒体市场占据一席之地。县域内行政单位与企事业单位都十分依赖县域市场内唯一的主流宣传渠道为之进行宣传。而随着新兴技术在媒体领域的广泛应用，越来越多的新兴媒体资源进入县域市场，受众接收信息的渠道也更加广泛、多元，广告主与品牌商不再依赖县级广播电视这一传播渠道，县级官方媒体的"霸主地位"丧失，营收状况也日益下滑。

在互联网媒体时代，传播渠道、接收终端更加多元化，受众的信息获取行为也更加碎片化、移动化，这导致受众的注意力被大大分散，过去以纸媒与广播电视为主要媒介的官方主流媒体对受众的影响力被削弱。据 QuestMobile 统计，截至 2022 年 6 月，微信、抖音、快手等平台已经成为全域流量的核心入口，2022 年仅微信月活跃账户数就已达到 8 亿，同比增长 54%。在用户规模层面，截至 2022 年 12 月，中国网络视听用户规模达到 10.40 亿人，网络视听

---

① 2023 年中国传媒产业发展报告[EB/OL]. [2024-02-27]. https://mp.weixin.qq.com/s/0WJHlyfXzNiDH6GRw2SNJQ.

② 2019 年全国广播电视行业统计公报[EB/OL]. [2024-07-08]. http://www.nrta.gov.cn/2020/7/8/art.113526.html.

成为第一大互联网应用。短视频用户规模达到 10.12 亿人，占整体网民的 94.8%。

有线电视用户的断崖式下滑也带来受众规模的减少。20 世纪 90 年代，我国有线电视网络建设起步，经过 20 余年发展，我国建成了世界上规模最大的有线电视网络。在传统媒体阶段，有线电视为县级媒体带来了可观的收入。根据国家广电总局数据，2012 年有线电视产业总收入 660.98 亿元，相较于 2011 年同比增长 17.24%。但随着交互式网络电视（IPTV）与互联网电视（OTT）在县域的应用与普及，有线电视的用户急剧下滑。2019 年全国广播电视行业统计公报，全国有线广播电视实际用户数 2.07 亿户，同比下降 5.05%，而有线电视智能终端用户则同比增长 26.59%。① 这反映出在新媒体以及 IPTV、OTT 等影响下，县域媒体传统运营模式受到剧烈冲击，② 暴露出其运营服务体系不够完善的问题。

三、市场导向下的媒体融合重构

新型主流媒体同样是市场主体，同样受到市场逻辑的支配。市场环境变化带来的新的新闻传播特征与生产模式，以及受众对于媒体服务的新要求，都驱使着传统主流媒体做出调整，相对应地改变内容与服务的供给方式和逻辑，以顺应市场变化的需要，在市场竞争中获得生存和发展。

1. 产业链条重构

从产业发展的角度看，产业融合孕育在产业的发展中，而融合也推动产业不断变革发展，两者密切联系。当下由产业融合引发的产业结构体系的调整正在全球范围内广泛展开，它将带来传统产业边界的模糊，提升复合经济效应，建立新型的竞争协同关系。③ 自 20 世纪 90 年代开始，融合的变革首先在传媒业、电信业和互联网业之间展开，以美国《1996 年电信法案》为起点，全球竞相放松对传媒和电信业的规制，探索融合时代的产业发展模式，新一轮的兼并重组浪潮风起云涌、至今不息。技术催生新的市场形态，报纸、期刊、广播电视在网络媒体的冲击下，被迫在技术、终端、内容和应用等方面实现融合。在

---

①　2019 年全国广播电视行业统计公报［EB/OL］.［2024-07-08］. http://www.nrta.gov.cn/2020/7/8/art.113526.html.

②　朱丽娜. 有线电视迎来 5G 新时代［N］. 中国新闻出版广电报，2019-03-27.

③　周振华. 信息化与产业融合［M］. 上海：上海三联书店，2003：207-212.

整个世界范围内，数字化技术引发的产业革命几乎瓦解了传媒产业的原有市场秩序，传媒产业的供求关系也随之发生巨大变化。

在全球传媒产业融合发展的趋势之下，我国"媒体融合"战略应运而生，并经历了近十年的探索与实践。目前，我国各级、各类传统主流媒体都已展开各式各样的市场化转型探索，并取得了较好成效。

随着信息技术的发展，产业融合已经成为经济领域的普遍现象。媒体产业兼具信息传播与经济利益双重属性，随着媒体产业边界的不断扩大，各级各类主流媒体除了需要做好内容供给服务，还需要在其他服务、经营模式、创收方式等方面实现拓展，实现媒体与互联网、媒体与其他产业的有机融合。商业媒体的成功模式为传统主流媒体的转型提供了参考，在国家媒体融合战略下，各主流媒体从互联网与产业入手，实现了媒体融合。

在媒体与互联网的融合中，传统媒体纷纷开设微信、微博账号，之后又在抖音、快手、今日头条等第三方平台上积极推进小屏端创新发展。中央广播电视总台、湖南广播电视台、浙江广播电视集团等广电机构也通过创新节目形式、大小屏联动，促使网络传播力得到提升，赢得互联网媒体时代受众的支持，以"央视频""芒果 TV"等为代表的新媒体品牌广受好评。[1]

在媒体与其他产业的融合中，主流媒体积极探索"媒体+"的运营模式，在实践中探索出"媒体+电商""媒体+旅游""媒体+文化产业"等创新模式，与各类社会资源对接，实现了自身转型。[2] 其中成效较为突出的是"媒体+电商"模式，从央视新闻、央视频、新华社等中央级主流媒体，到各类地方主流媒体，都已先后携手各网络平台展开直播带货，帮助自身重新取得受众注意力，提升经营收入。

技术推动市场出现新的发展模式，新的市场形态要求媒体产业不断与外界环境发生联系和作用，与外部世界进行资源、数据、人才等方面的交流和循环。只有要素之间的相互依赖性和相互影响性不断增强，才有可能实现自身发展目标。新型主流媒体为适应这一变化，从单一的部门式生产转变为链条式生产，组织方式也转变为扁平的网络组织系统，这提升了资源配置效率，使得传媒产业的效率大幅度提升。链条式生产模式也带来了产业垂直化深耕，以"媒体+电商"为例，主流媒体可以发挥自身专业优势，为电商主播提供相关培训

---

① 崔保国. 中国传媒产业十年发展的成就与生态之变[J]. 传媒，2022(11).

② 李黎丹. 中国主流媒体融合发展逻辑探析[J]. 廊坊师范学院学报(社会科学版)，2023(39).

服务，例如湖南广电的"芒果工匠学院"，就是针对直播产业链上急需主播职业培训的业务需求而设立的。这种业务为主流媒体积极融入市场提供了思路，使其拥有了属于自己的独特市场定位。

2. 主流媒体下沉

在传统主流媒体受到市场冲击后，上级媒体纷纷深入县域媒体市场，以拓展自身生存空间。省、市级媒体希望挖掘县域资源，而县级宣传部门则承担着外宣行政考核压力，因此，省、市级媒体与县域媒体市场的联系变得密切，其在区、县设立记者站，搜集各区县的新闻报道资源，同时与县级政府寻求更多的合作项目。省市级媒体的下沉与对县域媒体市场的开拓，占据了县域媒体市场的大量盈利空间，使得县级媒体的生存空间进一步萎缩，县级融媒体中心的建设，是帮助县级媒体"夺回"部分市场资源、提高自身影响力的重要举措。

县级融媒体中心在我国目前中央、省、市、县的"四级媒体"布局中处于最基础的一层，是我国媒体融合战略中的重要环节与"硬骨头"。我国县域市场广阔，县级融媒体中心的发展壮大离不开与县域媒体市场的互动，而随着媒体市场的进步与受众选择的改变，传统广电主导下的县域媒体市场逐步瓦解，多元传播、多方参与的全新县域媒体市场正逐步形成。建设"下沉式"县级融媒体中心，既是基层对中央顶层设计的回应，亦是县级媒体在新的市场环境下的一次"自救行动"。

3. 媒体市场化生存

在传统媒体市场竞争日趋激烈的情况下，越来越多的商业媒体开始另辟蹊径，对县域媒体市场进行开拓。我国县域拥有庞大的人口基数，县域媒体市场的人口红利为商业媒体的进入与壮大提供了丰富的受众基础。这些商业化媒体虽然不具备权威性，但是却深谙市场技巧，同时拥有互联网思维，能够瞄准受众需求，提供符合当地用户喜好的内容。因此，其虽然不是主流媒体，却成了县域民众使用量最大的媒体途径。与之形成鲜明对比的则是某些长期落后于市场需求变化，没能与县域用户及时建立起新联系的县级主流媒体，这些媒体由于缺乏用户需求导向，在与商业化媒体的竞争中表现出落后的情况。

在县级媒体营收状况下滑、上级媒体下沉的县域媒体市场，商业化媒体积极参与县域媒体市场竞争。县级融媒体中心绝不能自我放弃县域主阵地，应以基层新型主流媒体的姿态，按照全媒体平台传播的模式重新进入县域媒体市场之中。县级融媒体与其他综合性媒体站在同一起跑线，只有积极参与市场竞争，寻求商务生机，瞄准受众需求，深耕本地媒体市场，充分利用自身综合优势，形成自身独特的影响力，方能完成县域主流媒体的"自救行动"，在竞争激烈的市场中实现全新发展。

第三章 政策反馈理论与县级融媒体发展

如前文所述，政策反馈理论的基本含义是强调政策的塑造和反作用，认为政策一旦颁布，会通过资源和认知塑造行动者(公众)的态度与行为，进而通过反馈效应重塑后续政治格局并影响未来政策制定。然而，在实际研判中往往偏向对后续政策制定的影响，忽视了对行动者的态度与行为"塑造"影响的研究，即"如何反馈"的问题。县级融媒体中心的发展作为国家文化战略的重要部分受到特别政策的关注与重视，它不仅关涉基层传媒的发展，更重要的是在县域经济和社会发展中具有不可替代的宣传动员、协同参与、平台提供、智能链接等作用。那么，县级融媒体政策的实施究竟产生何种效应？影响因素是什么？对未来基层社会治理的政治格局及未来传媒政策的制定能否产生政策反馈？这些都需要通过深入研究予以回答。

第一节 政策反馈理论发展与概述

在当代政治生活中，公共政策不仅是政府部门组织决策的产物，也是其决策产生的原因，即既定的公共政策能够通过影响下一阶段的政治过程继而影响未来的政策制定，所以将这一过程总结为政策反馈效应。政策反馈的概念最初由外国学者韦尔(Weir)于20世纪80年代末期提出，其定义为："社会政策一旦制定，就会反过来重塑国家组织本身，并影响社会群体的目标和有关联盟参与政治斗争的持续性。"[①]传统观点一般认为政策是政治作用的结果，但是政策反馈理论强调过去已有的政策会影响到未来的政治行为和政策选择。换言之，政策与政治之间不再是简单的由因到果的关系，而是互为因果，政策不仅反映政治目标，也会重塑政治行动者身份、利益和偏好的政治力量与基本条件，进

---

① Weir, M., Orloff, A. S., Skocpol, T. Introduction: understanding American social politics [M]//The Politics of Social Policy in the United States. Princeton, NJ: Princeton University Press, 1988: 4.

而影响新政策的形成与发展。

一、政策反馈理论缘起：历史制度主义

尽管政策反馈的概念在 20 世纪 80 年代末才被界定，但是政策能够影响政治的核心观点在政治学中由来已久。譬如，美国政治学家 Schattschneider 提出"新政策创造新政治"①的观点，洛维（Lowi）也将"政策特征决定政治过程"②作为其政策类型理论的基础假设。直至 20 世纪 90 年代，部分历史制度主义学者基于"政策影响政治"的一般性思想，将研究注意力转向了政策反馈效应。

20 世纪 90 年代初期，历史制度主义成为一种独立的制度分析流派，以制度为核心的研究作为基本内容，意在通过追寻历史进程的方式进行制度分析，探求过去的、历史的事件如何对现在或将来的事件产生影响，主要关注制度在社会变迁中何以形成，制度如何约束个体行为，制度如何与个体互动等问题。它尤其强调在制度变迁的过程中制度的内生性作用，即制度本身与时间过程，主张制度不仅仅是政治权力分配带来的偏好结果，同时会随着时间的推移对偏好以及政治过程形成潜在影响。

被广泛接受的"制度"的定义是由彼得·霍尔（Peter Hall）提出的，指"在政治和经济各领域形塑个人之间关系的正式或非正式规则、顺从程序和标准化的惯例"。制度作为"社会中的游戏规则"，包括以下三大基础要素——以法律制裁为基础的正式规制性要素，比如宪法和其他法律；以道德支配为基础的非正式规范性要素，比如道德准则和惯例；可理解、能认可的文化支持，多表现为共同信念与共同行动逻辑。而政策可被视作具有结构性约束的正式制度在运行过程中的具体体现，是针对具体事项的行动准则。在历史制度主义的视角下，当公共政策持续运行较长时间时，是具有正式制度属性的，包括社会有限资源的分配、强制性规则的制定以及各类信息的传达。③ 因此，历史制度主义学者关注公共政策的内生作用是其研究取向的必然结果。

① Schattschneider, E. E. Politics, pressure, and the tariff [M]. New York：Prentice-Hall, 1935.

② 翟文康，邱一鸣. 政策如何塑造政治？——政策反馈理论述评 [J]. 中国行政管理，2022(3).

③ Pierson P. When effect becomes cause：policy feedback and political change [J]. World Politics, 1993, 45(4)：595-628.

历史制度主义为公共政策分析提供了一种新视角，强调从"路径依赖"的概念来审视政策的制定与执行过程，并探讨以往的政策是如何对当前及未来的政策产生影响的，政策反馈理论的诞生正是基于这样的观点。路径依赖意味着一旦某种制度模式被确立并稳定下来，为了维持该制度所带来的利益，这一路径往往会持续自我加强，沿着既定的轨迹发展，使得变革愈发困难。① 类似地，政策反馈理论着重关注政策实施后所产生的自我强化反应，一旦某项政策被采纳并开始运行，它往往会通过一系列机制增强自身的存在，导致政策沿着其初始设定的方向发展并持续下去。然而，除了这种强化原有政策的趋势外，政策反馈理论也提出了政策可能经历的自我削弱过程，这一过程涉及政策效果的逐渐减弱，从而为政策变迁和调整提供了理论基础。

二、政策反馈理论内涵

深厚的历史制度主义传统为政策反馈理论中政策的本体论地位奠定了基础。政策反馈这一概念中的"反馈"强调了政策作为一种制度性力量所发挥的反向影响力和塑造能力。简而言之，政策反馈可以被看作是政策对政治环境的回应和影响，是政策在政治领域内的反馈机制。这与传统的政策过程理论有显著的区别，后者通常将政策看作是政治决策的结果，重点考察政治如何影响政策的制定和变化。② 而政策反馈理论则突破了这一框架，提出尽管政治参与者和制度架构对政策的形成和发展起着引导作用，但是政策本身也具有影响政治体系以及后续政策制定的能力。③

随着对政策反馈理论研究的不断深入，学术界对政策反馈概念的理解逐渐从探讨政策影响的对象、原因，转向研究政策产生影响的具体机制。最初，政策反馈的概念由历史制度主义学派的学者提出，譬如 1992 年斯考切波将政策反馈描述为在某时间点制定的政策可能改变国家能力和社会团体的结构及其政

---

① Pierson P. Increasing returns, path dependence, and the study of politics[J]. American Political Science Review, 2000, 94(2): 251-267.

② Easton D. An approach to the analysis of political systems[J]. World Politics, 1957, 9 (3): 383-400.

③ Daniel Béland, Schlager E . Varieties of policy feedback research: looking backward, moving forward[J]. Policy Studies Journal, 2019, 47(2): 184-205.

治目标与能力，进而对后续时间点制定的政策产生影响。① 这表明，早期的政策反馈研究主要将国家能力和利益集团作为政策反馈的作用主体。② 在探讨政策反馈的具体机制方面，不仅体现了过去的政策如何跨越时间界限对将来的政策和政治产生影响，而且揭示了政策本身作为政治力量在未来政策的变化或制定中的作用。对于政策反馈的具体路径，早期研究侧重于政策如何通过锁定效应产生正面影响。皮尔森进一步扩展了这一研究视角，强调除了国家能力和利益集团，公众作为重要的政治参与者也应被纳入政策反馈的考量范围。在此基础上创造性地提出了资源效应和解释效应这两种政策反馈机制，认为政策会通过这些机制影响政治参与者的态度和行为。③

三、政策反馈理论内容：反馈对象与路径

政策反馈研究始于"政策能够影响政治"这一观点，如前所述，"向谁反馈"以及"如何反馈"是政策反馈理论研究的核心问题，即政策反馈作用对象和政策反馈作用机制。

1. 政策反馈作用对象

探究政策如何影响政治过程中的行动者，这一视角肯定了政治行动者在政策发展中的自主性。皮尔森认为早期政策反馈研究对行政组织和利益集团的强调忽视了政策对于公民政治产生的影响，呼吁学者们将政策反馈与个人的政治行为联系起来，以全面理解政策对不同政治行动者的影响以及这三大类别的行动者是如何影响政策变迁的。④ 对于政策精英而言，他们未来的决策受到现行政策成效的显著影响，倾向于持续采纳已经取得良好效果的政策。⑤ 同时，政策精英能够从现行政策中获得利益和资源，这也是驱使他们维护政策稳定性的

---

① Skocpol T. Protecting soldiers and mothers: the political origins of social policy in the United States[M]. Cambridge: Harvard University Press, 1995: 30.

② Steinmo S., Thelen K., Longstreth F. Structuring politics: historical institutionalism in comparative analysis[M]. Cambridge: Cambridge University Press, 1992: 5.

③ Pierson P. When effect becomes cause: policy feedback and political change[J]. World Politics, 1993, 45(4): 595-628.

④ Easton D. An approach to the analysis of political systems[J]. World Politics, 1957, 9(3): 383-400.

⑤ Pierson P. Ahead of its time: on Martha Derthick's policymaking for social security[J]. PS: Political Science & Politics, 2004, 37(3): 441-442.

极大动力。① 此外，既有政策在执行过程中会不断塑造官僚体系的行政能力，而行政能力的重点开掘方向与水准在评估未来政策是否可行时至关重要，相当于界定了新政策的选择范围。利益集团作为政策反馈的另一重要对象，会根据政策内容调整自己的政治目标，并采取行动，这些行动包括对于自身有益的政策议程，② 从而在公共政策的制定过程中发挥作用，达成集团成员利益最大化的根本目标。对于公众来说，公共政策最本质的利益分配功能激发了他们对某项政策的支持或反对行为。政策还通过传播特定的信息和价值观影响个体的认知进而塑造社会规范，这些规范进一步指导公民的政治行为，间接地影响到政策的未来走向。

2. 政策反馈作用机制

可以看到，政策反馈是指政策对政治与行政各个方面的影响，一种从行动者的微观视角来解释制度③如何影响政策变迁的分析工具，这种"反馈"既包含正反馈(或被定义为放大效应、路径依赖)，也包括负反馈(或被定义为抑制效应)。根据皮尔森的理论，政策反馈主要通过资源效应和解释效应两种机制来塑造政治行动者的认知和行为。这两种效应不仅决定了政策如何影响政治环境，还决定了政策变迁的路径。

资源效应关注的是政策如何通过分配资源(如金钱、时间、技能等)来增强目标群体的政治参与能力，这些资源为公民参与政治活动提供了必要的条件，使得政治参与成为可能。例如，教育政策可能会通过提供知识和技能来增强公民的政治意识和参与度。此外，政策所创造的既得利益群体，如特定政策的受益者，往往会因为维护自身利益而积极参与政治活动，④ 从而形成政策的自我强化效应。也就是说，政策通过有限资源再分配来激励行动者支持或者反对它自身的推进，为政党、有组织的利益集团或者大众的政策行动创造动力。

---

① Béland D. Reconsidering policy feedback: how policies affect politics[J]. Administration & Society, 2010, 42(5): 568-590.

② Hacker J S. The divided welfare state: the battle over public and private social benefits in the United States[M]. Cambridge: Cambridge University Press, 2002: 10.

③ 这里的公共政策就是一种正式制度，塑造行动者的政治行为和互动方式。

④ Mettler S. Soldiers to citizens: the GI Bill and the making of the greatest generation[M]. Oxford: Oxford University Press, 2005: 6.

解释效应则侧重于政策如何通过传播信息和价值观来塑造行动者的认知和态度。政策通过其设计和执行过程传递的信息，可以影响个体和群体对政策及其背后价值的理解。① 换言之，政策通过影响正式规则、程序和非正式的价值理念，从而影响政治观念和行动。这里将政策作为一种新的信息来源，指向政策制定者和目标群体如何认知、理解和建构政策问题及其意义。公共政策会对行动者施加规则和程序，而政策设计和实施的特征都有可能是解释效应的来源。例如，政策通过赋予某些群体特定的标签或身份，可以改变该群体成员的社会地位和自我认同，同时也会影响其他社会成员对这些群体的认知和态度。此外，解释效应还包括政策如何影响个体对自己公民权利的理解，即个体如何感知政府对其权利和利益的尊重与保护。② 在规范层面，解释效应则体现在政策通过设定参与政治活动的规则框架，明确规则和程序来形成公众参与政治活动的行为规范并引导目标群体的政治行为。③

上述两种类型的政策反馈效应可以对个人或者组织的政策行动起到强大的激励或抑制作用。资源效应为行动者提供了重要的能力、动力和倾向，而解释效应则进一步巩固或强化了这种行为倾向。如果说解释效应和资源效应代表政策对政治过程中各个行动者的塑造，那么自我强化效应和自我削弱效应则代表政策塑造行动者之后所发生的政策变迁。这意味着，从公共政策中获益的行动者会根据不同的利益和价值分配情况进行积极的政策反馈，从而稳定或扩大政策支持，实现政策可持续性，即政策的自我强化效应；而受挫的行动者有可能利用消极的反馈来破坏政策的政治可行性，进而削弱或阻滞政策，即政策的自我削弱效应。

在政策反馈理论的学术探讨中，自我强化效应与自我削弱效应构成了一对辩证的反馈机制，分别对应了政策持续性的正向与负向动态。自我强化效应揭示了这样一种现象，现行政策通过不断巩固其支持基础，形成了路径依赖性，从而在未来的政策制定中延续其既定轨迹。这一效应通常表现为政策产出的累积性正面结果，如政策所赋予的利益集团的政治资本增强，或是政策执行机构

---

① Mettler S, Soss J. The consequences of public policy for democratic citizenship: bridging policy studies and mass politics[J]. Perspectives on Politics, 2004, 2(1): 55-73.

② Schneider A, Ingram H. Social construction of target populations: implications for politics and policy[J]. American Political Science Review, 1993, 87(2): 334-347.

③ 郑石明, 薛雨浓. 政策反馈理论: 政策如何重塑政治过程与政策发展?[J]. 经济社会体制比较, 2023(1).

的能力提升，这些因素共同作用于政策的持续性和稳定性。① 相对应地，自我削弱效应则展现了政策实施过程中可能出现的逆向动态，即政策的某些负面后果逐渐侵蚀其支持基础，促使政策制定者寻求替代方案。例如，政策未能实现预期目标或产生非预期的负面效应，可能引发公众的不满和政策制定者的反思，从而触发对现行政策的修正或根本性变革。② 在实证研究中，资源效应和解释效应作为政策反馈的关键机制，被广泛地应用于分析大众政治行为及其他政治过程；自我强化效应与自我削弱效应则更多地被应用于阐释政策制定与变迁的逻辑。当然，在许多案例中，自我强化反馈和自我削弱反馈可能是同时存在的，它们构成了政策变迁过程中相互作用的力量。

当然，政策反馈理论也在不断发展中逐渐细致起来，例如有学者提出"碎片化"政策反馈的概念，认为一项政策对行动者的利益影响是不同的，只有利益受到显著负向影响的行动者才最有可能采取行动，对政策进行消极反馈，其中包括正式的制度途径，也包括分散化非正式的制度途径。此时，政策的解释效应也呈现碎片化形态，即政府内部不同层级不同职能部门的利益点不同，导致对政策的解释和意见不同，形成混合政策反馈效应的意见整合和行动统一。从某种意义而言，"碎片化"政策反馈只是构成政策变迁过程中的一种"弱修正"机制。③

第二节　融媒体政策过程与反馈机制

政策反馈的基础是政策的制定、政策的执行、政策的效果及政策的评估，整个过程贯穿着政策内容的分析与理解。而传媒政策在本质上是由政治过程的"输出"构成，它反映了政府对传媒的影响力，为此，传媒政策分析，主要是探讨政策如何提出、制定和贯彻，以及怎样改进政策过程等问题。况且，政策分析不仅关心效率和效能以及决策方式问题，它还涉及决策的实体内容，也就是政府"输出"的性质及其对传媒发展造成的结果。从政策反馈角度看，这些

---

① Pierson P. When effect becomes cause：policy feedback and political change[J]. World Politics，1993，45(4)：595-628.

② Jacobs A M，Weaver R K. When policies undo themselves：self-undermining feedback as a source of policy change[J]. Governance，2015，28(4)：441-457.

③ 吴文强，岳经纶. 分散化的行动者如何推动政策变迁？——广东省医疗控费过程中的"碎片化"政策反馈[J]. 经济社会体制比较，2022(6).

涉及政策实施的结果是否符合政策意图，政策内容以及决策过程是否能在县级融媒体建设中起到推动作用，以及通过实践发现的问题能否在未来得到改进，将在政策反馈机制分析中进一步深化。

一、融媒体政策过程

由于我国传媒政策主要是由中央决策并颁布实施，所以本节分析主要从理论层面及县级融媒体中心如何落实、执行政策情况加深理解政策过程，涉及政策议题、政策制定、政策实施和政策评估等。

1. 政策议题阶段

一般而言，政策是政府、团体或企业采取的行动计划，而公共政策仅为政府机构颁布的正式或明确的决定，可以理解为政府意图、行动和结果的联结。在意图层次，政策表现为政府的立场（政府所说要做的事情）；在行动层次，政策体现为政府的行为；在结果层次，政策体现为政府行动的后果（社会影响）。

政策过程涉及公共政策制定的机制，往往在决策过程之初，由一系列相关行动或事件最初的想法和建议的提出，继而通过分析和评估形成正式决定，这就是政策制定的方式（过程），即政府准备制定什么政策，而非政策自身的实质内容及其后果（结果）。

政策可以自上而下地提出，也可以自下而上地提出。如有关县级融媒体中心建设的政策即为自上而下地提出的。2018 年 8 月 21—22 日，习近平总书记在全国宣传思想工作会议发表重要讲话，首次提出"要扎实抓好县级融媒体中心建设，更好引导群众、服务群众"。为学习贯彻习近平总书记重要讲话精神，2018 年 11 月 14 日，中央全面深化改革委员会第五次会议审议通过了《关于加强县级融媒体中心建设的意见》。会议指出，组建县级融媒体中心，有利于整合县级媒体资源、巩固壮大主流思想舆论。要深化机构、人事、财政、薪酬等方面改革，调整优化媒体布局，推进融合发展，不断提高县级媒体传播力、引导力、影响力。要坚持管建同步、管建并举，坚持正确政治方向、舆论导向、价值取向，坚守社会责任，把社会效益放在首位。县级融媒体中心建设由中央有关部门负责顶层设计和统一协调推动，是一种在国家体制和统一改革格局下建立县级新型传媒单位的政策，它是在县一级成立的一个宣传机构，将县原有的广播电视台、县党报、县属网站等媒体单位全部纳入，整合成为县级党委政府唯一的宣传单位，负责全县所有信息发布服务，实现资源集中、统一管理、信息优质、服务规范，更好为党委政府服务，为当地群众服务。这种政治领导形式的政策动议源于领导人的高瞻远瞩，或执政党意识形态中的优先项。

在当今时代，政策的核心价值是由现实世界发展而来的，这种自下而上的政策创始也具有很强的现实意义。如数字新技术的发展促进传媒重大改革政策的创新，这些价值和理论往往通过公共舆论、大众传媒、利益团体和思想库等类似机制传递，随后成为党和国家的具体政策建议。但过多过杂的政策"输入"也会破坏政策过程，造成政府政策"过载"问题，从而超出政府的回应能力。

2. 政策制定阶段

某个议题一旦列入了政治议程，就要进入一个深入细致的讨论和分析过程，以形成系统科学的政策方案。政策制定一般被看作政策过程中最关键的阶段，不仅需要将粗略的方案转化为具体和详细的建议，而且要对各种方案进行筛选，甚至还要根本改变考虑中的议题。霍格伍德和冈恩在政策周期的分析中，指出了从政策议题到"做决定的决定"的政策制定过程。首先是决定如何决策，即决定哪些机制或程序以及政治行为者应参与到政策分析和讨论中来。其次是政策议题界定和预测，让制定政策者与政策议题提出者对问题的看法尽可能保持一致。再次是设定政策目标和优先性，同样需要保障政策制定者在政策优先性方面与政策议题者完全一致。最后是做好政策选项的分析与审核，以便最后做出权威性决定。①

政策制定阶段的核心是"政策目标和优先性"的确定。如关于县级融媒体中心建设工作重点，中央两办印发的《"十四五"文化发展规划》中是这样阐述的："县级融媒体中心建设：在基本实现全覆盖的基础上进一步建强用好，实现可持续发展，推动 2500 余家县级融媒体中心深化'新闻+政务+服务'，更好引导群众、服务群众。"从该规划中可以看出，县级融媒体中心建设的目标定位是"引导群众、服务群众"，具体要求是"建强用好"，而优先项（功能）是"新闻+政务+服务"，"新闻"功能排在优先项的首位，这是新型主流媒体的本质和核心任务，其余依次为政务服务和民生、商务服务等。

① ［英］安德鲁·海伍德. 政治学（第二版）［M］. 北京：中国人民大学出版社，2006：474.

3. 政策实施阶段

政策实施，理想的状态是确保政策的实现完全符合设想目标。完美实施的条件包括：具有权威领导关系的统一行政体系，能够确保集中控制；贯穿整个体系的统一规范和规则；绝对的服从或控制；完全的信息、完美的沟通与健全的合作；充分的调配行政资源的时间等。①

但要达到上述全部条件事实上很困难。因县域地区资源、融媒体中心条件、运营机制等存在不同，这种考量催生了政策实施者自由裁量权的灵活性和价值取舍的自主性掌握，导致政策行动程度和效果差异较大。如有县（市）政府通过为县融媒体中心提供外包公共服务项目的途径，支持县级融媒体中心增强"造血"能力。目前，这种对政策的灵活性实施成为开创性探索的关注点。

福建省尤溪县融媒体中心在尤溪县委、县政府的高度重视和大力推动下，在转型发展的改革方面作出了许多有益探索，通过"一类保障，二类管理"的创新机制，尝试"事业+企业"的经营模式，为县级融媒体中心建设提供了一个"机制体制灵活、人才队伍优化、绩效分配科学、经营能力凸显"的"尤溪模式"。在政策扶持方面，县委、县政府领导携相关部门多次召开现场办公会，研究解决改革中出现的相关问题，明确了体制机制、经费保障、人员管理、绩效考核等相关政策，为媒体融合改革发展提供了强有力的保障。

早在2016年，中共尤溪县委以会议纪要的形式明确，成立福建省朱子文化传媒有限公司，注册资本金5000万元，公司属国有独资，实行企业化运作，交由县主流媒体广播电视台全权管理。会议纪要指出"凡涉及公司经营范围内的业务，全县各部委办局等机关企事业单位应予支持，统一由公司来运营"。2019年，尤溪县人民政府在［2019］27号会议纪要"关于增加县广播电视台人均绩效总量考核奖励事宜"中决定，"逐步追加在编在岗工作人员奖励性绩效工资总量，人均追加奖励性绩效工资总额不超过3.6万元。2020年，县委县政府主要领导又带领相关部门负责人召开尤溪县融媒体中心现场办公会，会议纪要明确提出"要整合各部门的资源，包括广告资源等，全力支持县融媒体中心建设。同时要进一步做强做大福建省朱子文化传媒有限公司"。并明确了关于尤溪新型智慧城市项目建设有关事宜，关于各乡镇、县直机关单位专题片宣

① ［英］安德鲁·海伍德. 政治学（第二版）［M］. 北京：中国人民大学出版社，2006：478.

传片统一由福建省朱子文化传媒有限公司负责实施，同时将县域公共媒体和国有广告资源，以及全县相关文旅产业等项目，统一划拨给该公司管理经营。①尤溪县委、县政府在坚定不移地贯彻国家关于"建强用好"县级融媒体中心的政策前提下，又多次以县委、县政府现场会议纪要的"灵活性"政策方式发布决定，在整个县级层面对县融媒体中心实现政策支持与资源整合，大大促进了县融媒体中心的跨越式发展，形成了可推广的"尤溪模式"。

4. 政策评估阶段

政策评估是政策过程的最后阶段，它至少在理论上就所讨论政策的维持、改进或终止做出了决定，同时，在一定程度上为政策反馈奠定了坚实的基础。此阶段结束，即政策周期完成。就县级融媒体中心建设政策的目标、功能、任务等完成情况所作的评估信息，可以反馈到政策创始和实施阶段，这个过程中也能够产生新的政策建议，有助于细化和改进现有政策。

需要明确的是，不同地区县级融媒体中心在具体落实执行国家相关政策制定的任务时可能有所不同，特别是在地方辅助支持政策制定方面会有较大差距，呈现出不同地区的"政策风格"，不同的政策制定过程。如在地方政府政策制定中，是采取以广泛一致的政策目标和优先性为方向的团体咨商制度，还是采取强制的方式；是做长期计划，还是采取一种反应性的"消防队"式的政策风格，都有其合理性。

媒体融合的根源来自于技术变革引发的社会信息传播机制的范式转变，这就决定了我国媒体融合政策是在极其复杂的技术变革、政治经济转型以及传媒体制改革中涌现的，多方力量主体卷入其中。② 而县级融媒体中心的建设又是一项错综复杂、任务量巨大又耗时很长的系统性工程，也就决定了我国县级融媒体政策出台具有政策密度高、出台部门多、推动力度大、持续时间久等特点。③

二、融媒体发展的反馈机制

我国的媒体融合相较其他国家与其他产业间的融合而言更为复杂，它既涉

①　王海清. 公益一类县级融媒体中心改革的尤溪探索[J]. 中国记者，2024(2).
②　殷琦. 创新的转向：中国媒体融合演进的路径与机制[J]. 新闻大学，2021(1).
③　朱瑞. 从占领阵地、提升"四力"到扩大主流版图 ——中国媒体融合政策的演进、挑战及新调试框架[J]. 新闻战线，2019(6).

及技术与经济，也关乎文化与意识形态；不仅呈现为宏观层面的传媒政策与产业结构变迁，也体现出微观层面政府、传统媒体与新媒体等行动主体对媒体融合政策的认知与实践的差异。由此，公共政策对于主体行动者的价值观产生影响，进而激发多样化的反馈效应，并影响未来的决策。政策反馈机制贯穿于我国县级媒体建设政策过程，通过政策反馈理论中的资源效应、解释效应与学习效应等，分析我国县级媒体融合建设的内在逻辑，有利于进一步揭示我国媒体融合政策的推动力量，为预测政策走势、优化调整方向奠定基础，同时为县级融媒体的进一步建设提供理论支撑。

1. 融媒体发展的资源效应

政策反馈理论中的资源效应认为，政策所提供的资源和激励对特定群体的形成或扩大具有重要的促进与制约作用。① 换言之，政策通过成本和收益分配为行动者提供不同方向的激励，并为政党、有组织的利益集团或者大众的政策行动创造动力。②

根据政策反馈理论，公共政策不仅改变着国家治理能力和治理理念，也塑造了公民的政治行为和政治态度，特别是影响着公民的政治参与。不同于政策过程理论，政策反馈理论将政策作为输入，认为现有政策的制定和执行不仅受到当前环境的约束，也是过去既有政策对公民主观认知、政策态度和利益结构等一系列影响的结果。随着理论的发展，政策反馈研究逐渐关注到资源效应和解释效应等内在机制、政策反馈效应与制度环境的相互作用以及政策反馈效应中公民和政策的互动等方面，研究领域也从西方国家的社会福利保障政策向国家气候变化、农业政策和医疗保障政策等领域扩展。

基于资源效应视角，县级融媒体中心作为信息基础设施和乡村信息枢纽，能通过媒体服务向村民传达各类政务信息及政策咨询，提供公共参政渠道和互动交流的虚拟公共空间，增强村民的数字素养以及对数字治理的接受度，还能为农业农村发展带来市场力量。县级融媒体中心作为一个拥有丰富信息基础设施的实体单位，能够承担基层的媒体服务，支持基层党建服务、政务服务、公

---

① Pierson P. When effect becomes cause: policy feedback and political change[J]. World politics, 1993, 45(4): 595-628, 599.

② Patashnik EM, Zelizer JE. The struggle to remake politics: liberal reform and the limits of policy feedback in the contemporary American State[J]. Perspectives on Politics, 2013, 11 (4): 1071-1087.

共服务。同时，县级融媒体中心还能整合各类服务和提供海量数据，发挥包括县级融媒体的直播带货、民生服务、商务服务的资源融合效应，为数字乡村建设提供信息库，增强基层政府和自治组织决策能力和信息素养。

另外，县级融媒体中心作为媒体融合建设主体，成为当今新传媒政策的关注点。在这个阶段，融媒政策主要围绕县级融媒体中心的全媒体传播体系建设和技术标准建设等议题形成政策资源重点，地方政府直接参与融合发展的建设，以资金投入、技术支持、人才培养、公共服务和基础设施建设等方式，推动县域融媒体的网络化转型，同时为县级融媒体中心的建设提供价值导向、颁布政策实施细则、统筹规划整体改革走向等政策支持，① 以资源投入与激励的方式促进了各县级融媒体中心建设的政策行动。

2. 融媒体发展的解释效应

政策反馈中的解释效应是指公共政策传达的信息和价值通过塑造目标群体对自身、他人及政府的认知，树立政治参与规范进而影响其政治态度和行为。换言之，政策通过影响正式规则、程序和非正式的价值理念，从而影响目标群体的政治观念和行动。县级融媒体中心作为公众与政府和市场之间的"黏合者"，是实现基层治理的首选工具，县级融媒体政策的解释效应塑造了公众的政治行为和政治态度，特别是在宣传政府政策与提升公众对政府工作满意度和信任感上发挥了重要渠道作用。

2013 年 8 月，习近平总书记在全国宣传思想工作会议上指出："加快传统媒体和新兴媒体融合发展，充分运用新技术新应用创新媒体传播方式，占领信息传播制高点。"②自此，"占领信息传播制高点"成为媒体融合的基本目标。这种信息传达为县级融媒体中心建设的议题带来了新一轮密集政策窗口期，大力建设县级融媒体中心也成为各地区工作的重点。

在主流舆论引导方面，县级融媒体中心对公众在思想文化层面的引导力、影响力怎样？在增强公众对数字乡村建设的接受度，为乡村治理营造良好的舆论环境方面，县级融媒体中心是否为社会公众提供了一个虚拟公共空间和参政渠道，真正以广大人民群众为本位，让民众有途径表达诉求和看法，促进不同

---

① 王泽坤. 走向均衡：对中国媒体融合政策工具运用的考察[J]. 中国社会科学院研究生院学报，2020(6).

② 习近平谈媒体融合发展：关键在融为一体、合而为一［EB/OL］.［2024-02-27］. http://media.people.com.cn/n1/2018/0822/c40606-30244361.html.

主体之间的交流互动，营造良好社会参与氛围等，这都是检验政策解释效应需要回应的重要问题。

　　同时，现代农业发展离不开数字技术的普及应用，融媒体可以作为科技企业市场与乡村生态系统监督者的政府之间的"边界跨越者"，寻找两者之间的默契，探索县级融媒体中心与现代农业建设的耦合与协同效应机制，进而影响公众对参与数字乡村建设和乡村治理的动机与效能。基于解释效应的认知与实践证明，县级融媒体中心通过各种宣传手段和方式，能唤醒数字乡村建设中不同主体对自我身份的认识和认同，增强群众对乡村的归属感和集体感，提升人们参与乡村建设的执行力。

　　3. 融媒体发展的学习效应

　　政策反馈的学习效应是指决策者将从过去政策中汲取到的经验和教训应用于新的政策方案设计的作用机制，具体包括纵向时间上的政策学习与横向空间上的政策学习。①

　　从纵向的时间维度来看，决策者可以通过不同政策阶段之间的学习与类比，吸取过去政策的经验与教训，从而优化未来的政策。从县级融媒体政策的推出过程来看，其作为我国媒体融合战略中的重要环节，也是我国传统媒体与新兴媒体深度融合的重要路径选择。从政策的关注重点来看，虽然十年间的政策所呈现出来的关注点有所不同，但整体而言对技术层面的关注度越来越高，政策调控的精准度越来越高。在媒体融合的初期阶段（2014—2018），政策导向强调了"互联网+"的服务模式；在其后的 2018—2020 年，政策文本更强调技术应用的细节，以此更好服务县级融媒体中心的发展；到了第三阶段，2020年至今，政策强调用数据与接口赋能县级、市级、省级融媒体中心三级联动，并利用新技术重建媒介社会的沟通能力。由此可见，政策在演化过程中逐渐规范，可操作性也越来越强。

　　从横向的空间维度来看，我国不同地区在落实政策的过程中存在着学习效应。一方面，县级融媒体政策存在邻近效应，即当某一个地区优先建立县级融媒体中心以后，往往会对邻近区域产生一定的示范作用和竞争压力，从而促使县级融媒体政策进一步扩散。另一方面，地方县级融媒体政策的学习还受到行

---

　　① 杜孝珍，郑一鸣. 反馈机制如何影响政策变迁——农村养老保障政策变迁过程的政策反馈解释[J]. 中共福建省委党校（福建行政学院）学报，2023(3).

政力量的推动。中央通过在全国范围内设立县级融媒体中心建设试点区和示范融媒体中心，营造出良好的政策宣传氛围，树立政策实践的榜样和典型，如"安吉模式""尤溪模式"等①，引导其他地区县级融媒体中心向建设先导单位学习先进经验，形成各具特色的融媒体中心。

① 柳少华. 政策扩散视角下县级融媒体中心政策的演化机理分析［J］. 新闻研究导刊，2022（22）.

第四章 县级融媒体的政策行动者

传媒政策自议题设定开始，历经决策、执行、评估、反馈等过程，其间涉及政策制定者、政策执行者、政策目标群体等多元主体，我们将其统一概括为"行动者"。这些行动者根据其角色定位和资源发挥各自的作用，共同推动政策完成从构想到实施，再到评估的循环过程。政策行动者的能力素质、政策感知、行为偏好以及行动者之间的关系等要素，均会影响到政策实施效果与后续发展态势，因此，以行动者为中心进行研究也成为政策过程研究中重要的分析视角。由于分类标准不同，行动者的类型是不同的——如果按照政策推行的顺序来看，政策行动者可以分为政策建议者、制定者、执行者、监督者和评估者等；如果按照是否具有正式的行动资格来看，政策行动者也可分为官方行动者与民间行动者；如果按照对政策过程产生影响的程度来看，政策行动者可以分为完全参与政策制定与执行等过程的政策精英，与政策精英产生合作与竞争关系的各种利益集团，以及在其中发挥导向与反馈作用的社会公众群体。

第一节 政策执行主体的行动过程

基于既有研究对多个县级融媒体中心体制机制改革的实践考察，证实县级媒体融合的体制机制改革确实是一个复杂的系统性工程，涉及的利益主体众多，需要统筹协调上下级、同级不同部门等多个行动者之间的利益关系。因此，本节将在对县级融媒体政策过程中涉及的政策精英、利益团体及社会公众这三类行动者划分的基础上，探索政策行动主体的关系架构及行动过程。

经典的公共政策过程理论将政策过程划分为问题构建、议程设置、政策制定、政策实施、政策评估、政策反馈等多个阶段，各个阶段关注的重点均会涉及不同的时间、不同的制度以及不同的行动者。第一，在问题构建阶段，政策议题的专家顾问主要通过数据分析为政策议题讨论提供坚实的事实基础，同时媒体和公众通过报道和讨论构建社会群体对相关政策制定的认知。政策倡导者则通过各种倡议活动塑造问题的定义，并推动特定议题获得政策制定者的关注。第二，进入议程设置阶段，政策行动者会主动利用其影响力和资源促进政策议程的形成，比如政治领袖会通过政治演讲和立法提案，决定哪些问题应被政府优先考虑，而利益团体则通过游说和宣传活动争取将代表其利益的问题纳入政策议程。第三，在政策制定阶段，政府部门和机构负责设计和起草具体的政策方案，立法者在立法机构中对这些提案进行讨论、修改和批准，专家顾问在此过程中提供专业知识和技术支持。第四，在政策实施阶段，需要政府行政人员恰当地将政策转化为具体行动和措施，地方政府机构在地方层面执行国家政策时可能涉及政策的适应性调整，在此过程中非政府组织和社会公众会与政府协作完成政策执行目标。第五，政策评估阶段由诸如审计机关、监察部门在内的评估机构衡量政策执行的效果及影响。第六，在随后的政策反馈阶段，公众和利益团体会通过反馈机制提供政策实施的反馈信息，政策制定者再根据评估结果和反馈进行调整或修订现有政策。

政策过程是一个动态互动的循环过程，涉及多个阶段和多类型行动者，这些行动者在不同阶段的参与和作用对政策能否成功实施产生决定性的影响。同时，其能力素质、政策感知、行为偏好以及行动者之间的关系等要素均会影响到政策实施效果与后续发展态势。这与约翰·金顿(John W. Kingdon)提出的政策企业家(Policy Entrepreneur)概念不谋而合，他认为在政策创新过程中，部分个体或者团体会积极运用自身资源和能力，发挥力量来主导政策变迁，推动政策建议或方案进入政策议程。在约翰·金顿对政策行动者的身份类型界定中，不仅包括存在于政府内部行政部门的国家行动者，如各级政府、行政机关、部门领导人等，还包括非政府组织、利益集团甚至普通公众等各种处于政府外部的社会行动者。[1] 换言之，无论政策行动者是来自私人部门、公共部门还是第三部门，他们都可以成为影响政策形成及结果的政策行动者，[2] 这些行动者会为了推动自己青睐的某项政策而坚持不懈地投入时间、金钱和声誉等大量资源。[3]

---

[1]　顾昕，赵琦. 中国政策企业家研究的理论反思：身份类型、活动功能和行动性质[J]. 经济社会体制比较，2021(4).

[2]　Cohen, Nissim. Policy entrepreneurs and the design of public policy：the case of the national health insurance law in israel[J]. Journal of Social Research and Policy, 2012, 3(1)：5-26.

[3]　Navot, Doron, Nissim Cohen. How policy entrepreneurs reduce corruption in israel[J]. Governance, 2015, 28(1)：61-76.

政策行动者的分析为我们研究县级融媒体政策行动过程提供了一种新的主体视角。县级融媒体政策源于江西省分宜县、浙江省长兴县等县域地区的融媒体创新改革试点，经各类媒体报道宣传和中央层面推广引起全国传媒及地方政府的关注与重视。中央在认真总结其成功经验之后将其吸纳为一项全国性政策，并密集出台一系列相关县级融媒体中心建设的政策举措，从顶层设计架构切入县级融媒体中心政策推广工作。在此基础上，各地县（市）级政府出于意识形态建设与县乡思想文化主阵地占领的需要相继采纳，县级融媒体中心政策在如此情况下得以急剧扩散。① 在中央《关于加强县级融媒体中心建设的意见》发布之后，2019 年 1 月 25 日，《县级融媒体中心建设规范》与《县级融媒体中心省级技术平台规范要求》相继发布，这些政策性文件基于县级融媒体中心建设的业务类型，规定了其总体架构、功能要求、基础设施配套要求，及关键技术指标和验收要求等内容。在县级融媒体政策执行过程中，来自于政府部门、研究机构、媒体公司或其他利益相关的行动主体，根据自身情况制定促进媒体更好融合的新策略、技术平台、内容创新、人才培养等诸多方面的行动措施。上级政府据此对县级融媒体政策进行合理指导，以回应来自下级政府、互联网媒体、社会公众等多元主体的信息反馈。县级融媒体政策在上述多元行动者塑造的政策过程中得到不断的完善补充，这也说明基于行动者视角来理解县级融媒体政策过程是很有必要的。由于种种原因，本章研究不涉及中央政府政策制定的实际过程，接下来的内容将主要围绕政策执行过程中的政策精英、公众以及利益集团这三类行动者的行为策略。

第二节　政策精英

政策精英是指在政府部门中那些有能力主导或影响政策议程、制定决策、执行政策以及监督反馈执行效果的个体或团体。对于一项政策而言，各级政府及其内部工作人员显然是关键的行动者主体。首先，他们作为政策执行的第一责任人，负有对政策做出文本解读和意义阐释的责任和义务；其次，政府工作人员在执行公共政策时拥有一定的自由裁量权空间；最后，作为政策主体，与社会公众等各方行动者都有着较强的联结关系。毋庸置疑，执行县级融媒体政策是县级单位的行政任务，县级融媒体中心的政策精英如何推行该政策是研究

---

① 柳少华. 政策扩散视角下县级融媒体中心政策的演化机理分析[J]. 新闻研究导刊，2022(22).

需要关注的重点，但在此期间不可避免地会与中央、省、市、县这四级行政单位的政策精英们产生政策互动。因此，本节将在阐述县级融媒体中心政策精英及其行为的同时，介绍各级政策精英是如何选择恰当的行动策略来应对上述互动，从而使县级融媒体政策更加顺利地被执行。

一、县级融媒体中心内部行动者管理

1. 行动环境

政策执行环境的优劣与否在很大程度上影响到该项政策的执行效果。县级融媒体政策作为一项创新性政策会要求新部门、新人员的加入，县级融媒体中心作为一个横向整合而生的新型县级媒体机构，成为实现县域报纸、广播、电视台和网络技术平台之间资源共享的新平台，开展媒体服务、党建服务、政务服务、公共服务、增值服务等业务的融合媒体机构。① 一般而言，县级融媒体中心归属于公益一类或二类事业正科级单位，归口县委宣传部领导，大多数县级融媒体中心会选择参照"中央厨房"模式进行机构设置。职能部门的设立包括但不限于办公室、人力资源和财务室、全媒体指挥中心、新闻采访部、编辑制作部、新媒体管理部、市场营销部，以及内容审核与技术保障部门，等等。但是就目前县级融媒体中心的发展状况来看，部分县（区）级的融媒体中心的牌子挂起来了，但是在办公时"换汤不换药"，只是在组织形式上简单地将宣传部下属的电视台、网信办、外宣办等多个相关部门进行联合办公，在实际工作时仍然按照原有的部门运作方式，新闻内容生产仍然存在明显的各自为政现象。各个部门平台之间缺乏应有的统一固化管理与指挥，经常导致部门重复建设、资源浪费的现象。② 随之而来的是主体责任承担问题，由于主管部门的不清晰导致缺少具有正式权威的领导班子来管理分配工作，据统计，有些地区的县级融媒体中心是由县委宣传部进行管理，有些地区是由县级广播电视台进行管理，甚至有些地方的县级融媒体中心在名义上还处于暂无直属管辖部门的状态。在这样的政策行动环境下，县级融媒体中心的政策精英们如何行动，对于

① 中共中央宣传部、国家广播电视总局. 县级融媒体中心建设规范［EB/OL］.［2024-01-05］. https://www.nrta.gov.cn/module/download/downfile.jsp？classid = 0&filename = e961041c73e44 644a757b3effe57b050.pdf.

② 张宏邦，刘威，王佳倩，等. 整合与协同：县级融媒体的现实困境及本土化推进路径［J］. 西安交通大学学报（社会科学版），2020（3）.

政策执行效果有着决定性影响。

2. 行为策略

县级融媒体中心作为一个行动者组织，为了奠定自身综合性融媒体平台的地位，首先需要完成的就是自身最基础的新闻宣传和舆论引导职能，同时关注"媒体融合"，整合当地传统媒体、政务自媒体和商业自媒体等县域内的多种媒介生态系统，积极促进各类媒体之间的协调与合作，以打破因恶性竞争导致的市场秩序混乱等困境，并形成具备"统一管理、一个声音、多个出口"专业优势。① 不过也有少数学者提出较为新颖的观点，认为县级融媒体中心在工作过程中存在着隐形的信息筛选机制，即其在日常实践中更倾向于将自身定位为"政治宣传机关"而非"新闻报道机构"，这种强调宣传属性的思想意识贯穿于新闻生产传播的各个环节。县级融媒体中心作为县域内有限的宣传平台资源，会选择性地优先报道县委、县政府的相关信息，社会相关新闻则被后置，之所以选择这样的行动策略，很大一部分原因是县级融媒体中心的资金来源于政府财政支持与政策补助。

除了作为媒体应当提供的新闻资讯服务外，基层群众对政务、生活服务的需求也在不断增长，政务信息查询、税务查询、证件补办查询、水电费查询等基本服务成为群众生活的日常基础需求，而这恰好是地方政府部门应当提供的基层公共服务内容。县级融媒体中心作为县级政府的下属机构，应当主动争取整合本地政务服务资源，为县域内群众积极打通当地政府服务部门，集合搭建起统一的政务服务窗口，与政府部门无缝对接，承担起政务宣传、政务服务的工作，使群众足不出县就能一站式解决相应问题，真正做到为民谋利，实现县级融媒体政策的根本目标。

3. 行动者能力

政策执行者的行政能力是取得较好政策效果的前提，对于县级融媒体中心政策精英的管理就是我们通常所说的基层官僚管理，他们能力素质的高低对县级融媒体中心发挥组织活力与组织竞争力有着决定性影响。周盈和邹波将江西省县级融媒体中心的用人模式概括为三种，分别是"事业编制+合同制用工"模式，"事业编制+临时聘用人员"模式，"事业编制+聘用人员+退休人员"模式，

---

① 羊莹莹. 基层治理视角下县级融媒体中心的职能定位与发展路径研究——以琼海市融媒体中心为例[J]. 新媒体研究，2023(11).

以及"事业编制+国有企业编制+第三方劳务派遣"模式。① 事实上，县级融媒体中心的每一个员工都是融媒体政策的行动者，他们的行为能力直接影响到政策效果。而在融媒体中心人才队伍结构方面，大多数县级融媒体中心的工作人员都是传统媒体从业人员改编而来，或者是通过遴选和公开招聘等形式整合引进的，现有人才队伍普遍存在着年龄层分布紧密且年龄较大，学历水平不高（多为本科及以下，涉及的专业有新闻学、广播电视编导、汉语言文学、播音主持等），知识结构单一，新媒体技术能力较差等问题，很难满足县级融媒体中心发展需要。同时，多数县级融媒体中心会根据工作内容和形式设置行政管理人员、专业技术人员、工勤人员等工种类别，但是通常由于人手紧缺，在采编、制作和经营方面常常人员混岗使用。

因此，在原有人才队伍紧缺且综合素质水平较低的情况下，从外部引进人才就成为县级融媒体中心的较优选择之一。但是现实中招揽高质量人才的困境就是，与省市级别的工作岗位相比，县一级的机构单位对优秀人才的吸引力本来就低，又没有制定相关的人才引进机制作为就业的附属价值，出现留不住人也吸引不到人的窘况也就不足为奇了。在目前没有上级政策支持的实际情况下，在短期内要实现引进高质量人才的目标更加困难。因此大多数融媒体中心会选择对既有人才队伍进行人才转型，只依靠工作人员通过自学的方式完成转型容易导致其出现"不想融合、不敢融合、不会融合"的畏难情绪。②

县级融媒体中心可以尝试与一些综合实力较强的企业达成合作共识，比如"阿里云"这样一些具有技术优势的公司，县级融媒体中心通过与这些公司展开的沟通与合作来为自身队伍建设提供高效率的培训服务，以提升队伍整体素质。③ 针对队伍里已经容纳的员工要采取合理的物质层面与精神层面的双重激励措施。物质层面主要是制定合理的薪酬管理制度，绩效考评指标体系的科学性要得到员工群体自身的认可，还可以借鉴现代化企业内部的等级薪酬管理制度，给予一线采编人员额外的补贴，鼓励特色创新报道方式等，适当拉开组织内部工资差距能够充分激发员工的工作积极性，提升业务能力。精神层面更需要赏罚分明，比如对于年度与月度表现良好的员工、在日常工作中存在立功表

---

① 周盈，邹波. 县级融媒体中心全媒体人才队伍建设探究——以江西省创新实践为例[J]. 传媒，2022(19).

② 崔漂恒. 区域协同与纵向整合：市县级媒体深度融合的发展路径探究[J]. 传播与版权，2023(2).

③ 隗建华. 推进县级融媒体中心建设政策与路径研究[J]. 新闻研究导刊，2021(5).

现的员工及时给予荣誉奖励。① 以江苏邳州市融媒体中心的实践为例，该中心对其员工设置了三种绩效考核方式，分别为岗位绩效考核、双特考核机制②、项目制绩效考核。③ 总而言之，借助正向激励与负向激励的双重力量来提高县级融媒体中心组织内部的政策精英素质是推行县级融媒体政策的正确策略选择。

二、层级互动中的行动者策略选择

在信息赋权的新媒体时代，县级融媒体中心作为中国主流媒体架构的底层组织，首要职责是在分众传播体系中扮演好"政策执行者"的行动者角色，在此过程中需要其不断争取与上级组织和同级部门互动的机会。因此，在纵向上形成了中央、省、市、县四级媒体融合发展格局。但因为处在媒体传播体系底层的县级融媒体中心发展基础较为薄弱，在这样的互动情境之中县级融媒体中心如何与相关部门进行良性互动成为现阶段急需研究的议题。

1. 政治逻辑主导下的数据建构策略

为积极响应和落实国家政策，县级融媒体中心作为一级媒体单位，在建设过程中必须遵循政治逻辑的主导，即由上级行政力量对县级融媒体政策的执行进行直接或者间接的推动，实现国家权力对媒体界域的力量管控与资源分配。④ 因此，在这种自上而下的强制性行政手段推动下，县级融媒体中心的发展趋势与价值导向很大程度上会受到较多来自政治性力量的作用力。关于上下级政治任务的研究实践观，有人提出"行政发包制"。那么对于县级融媒体中心管理者而言，需要首先识别上级政府向下发包的县级融媒体政策性任务，而确定任务的相关量化指标是官方账号的用户订阅量、内容浏览量等数据。县级融媒体中心要想在激烈竞争中赢得影响力，就要据此制定符合自身实际的行动计划，其中包括人员、物资、财务、信息等多种关键要素的合理安排，并执行

---

① 刘永坚，王子欣. 县级融媒体中心技术平台建设的模式及发展建议[J]. 传媒，2022(11).

② 对特殊的人才提出特殊的要求，给予特殊的待遇，比如创收一线关键岗位、关键部门。

③ 刘蓓蓓. 广电系统县级融媒体中心建设三种主要模式探析[N]. 中国新闻出版广电报，2019-04-10.

④ 谢新洲，黄杨. 我国县级融媒体建设的现状与问题[J]. 中国记者，2018(10).

直至达到预期目的为终点，以此完成发包任务。短期清晰可见的数量指标政绩比长期发展才能看到成效的影响力指标更有吸引力，这种注意力倾向就容易导致县级融媒体中心对自身发展进行评估时本末倒置，过分看中账号的用户评论量等可视化数据，而忽略掉内容供给的实际用户需求。

2. 上级资源供给下的积极联动策略

如前所述，县级融媒体中心是四级媒体格局中的底层角色，而主流舆论引导需要系统化的合作，防止不同层级之间连接通道的中断和"数字鸿沟"的拉大。① 这要求上级主流媒体在多元发展中应该主动下沉与赋权增能，关注基层突出的行业问题，承担好信息传播者和专业引导者的双重角色，② 县级融媒体中心则应采取主动与上级组织联动的行动策略来最大程度地加快自身发展。

中央媒体组织作为主流媒体体系的第一梯队，能够在政策、资金、技术和人才四方面为下级组织提供强大保障，③ 包括县级融媒体中心的发展所需的技术培训、内容配置、渠道供给等内容。比如对基层人员进行先进理念的培训和硬件技术的输出上进行多元创新，防止县级融媒体中心出现失灵现象。中央级媒体组织擅长利用资金优势与技术强项成为媒体融合创新的"排头兵"，在移动互联网技术、云技术、大数据技术飞速发展的背景下，尝试性地以 5G 和人工智能创新技术应用，以"中央厨房"作为媒体融合工作的战略支撑。作为媒体传播链条的顶端，中央媒体需要先统筹全局，利用相关资源依法合规支持县级融媒体中心的建设。并将可以开放的信息、数据、服务优先向县级融媒体中心开放，扶持保障县级融媒体中心的政策行动力力。

在中央顶层设计政策指导的环境下，广州市南沙区融媒体中心于 2019 年 7 月 19 日正式成立，努力建成主流舆论阵地和因地制宜的综合服务平台。2022 年 6 月 29 日，央视需要结合《广州南沙深化面向世界的粤港澳全面合作总体方案》与香港回归祖国 25 周年庆祝主题活动，制作《海上看湾区》直播节目，在策划方案中需要广州市南沙区融媒体中心全力配合协助，最终取得了较

---

① 黄楚新，薄晓静. 深度融合下主流媒体助力社会治理的创新路径[J]. 南方传媒研究，2022(5).

② 杨帆. 连接下沉与赋权增能：县级融媒体中心发展进路研究[J]. 传媒论坛，2022(5).

③ 卢剑锋."四级媒体"融合发展的现状和特点[J]. 传媒，2023(20).

好的直播效果。有关学者对该成功案例进行剖析时，总结出南沙区县级融媒体中心与上级媒体进行联动的成功做法。① 首先，南沙区融媒体中心在直播活动策划前期就争取主动介入，从而在与周边其他县区媒体的"较量"中赢得了参与的主动权。其次，南沙区融媒体中心注意发挥"区情熟悉、协调顺畅、保障有力"的优势，借助自身在地优势挖掘自身特色亮点，使传统的妈祖文化、现代的创享粤港澳青创基地、绿色的湿地生态环境等南沙特点元素在节目策划中脱颖而出。可见，上级主流媒体的垂直指导和技术平台的援助等推动县级融媒体中心提高政策执行力，有助于实现县级融媒体中心的持续发展，优化主流媒体整体传播格局。

而省级媒体在县级融媒体中心建设项目中承担着"承上启下"的行动者角色。一方面需要理解并执行上级政策方针，另一方面需要对县级融媒体中心进行任务协同、资源分配等，实现全省统一部署模式，即由省级媒体主导，通过全省融媒体集群带动县级融媒体中心发展。② 这种省级组织与县级组织之间进行的纵向联动，有利于打破县级融媒体中心的地域边界，扩大媒体融合效果。③ 江西日报社的媒体融合技术平台"赣鄱云"在发展历程中就始终坚持全省"一张网"的理念，力图打破省市县三级平台限制。在 2018 年 8 月中央提出建设县级融媒体中心这一国家战略后，江西省委宣传部迅速作出部署，在统筹兼顾全省媒体融合发展的总要求下，将"赣鄱云"定位为本省县市区融媒体中心提供共享服务的聚合型"中央厨房"。也正是在省级的统一领导下，各党委高度重视融媒体中心建设和发展，主要领导挂帅，高位推动，强化人财物等各类资源向县级融媒体中心的建设倾斜，在很大程度上增强了省级融媒体对县级融媒体的渗透力度。④

县级融媒体中心在获得省级媒体组织提供的技术支撑和信息资源拓展的

---

① 王剑麟，黄增才，莫道庆. 县级融媒体中心与上级媒体联动中促进自身发展路径探析——以广州市南沙区融媒体中心参与央视《海上看湾区》直播节目为例[J]. 新闻研究导刊，2023(17).

② 田丽，石林，朱垚颖. 县级融媒体中心"全省部署"和"县级探索"建设模式对比——以 A 省 Q 县和 B 省 Y 县为例[J]. 出版发行研究，2018(12).

③ 李晓君，王登科. 发挥省级平台作用赋能县域经济发展——以甘肃省县级融媒体中心建设为例[J]. 传媒，2022(8).

④ 叶明睿，吴昊. 重生之困：县级融媒体中心发展的逻辑断点、行动壁垒与再路径化[J]. 现代传播（中国传媒大学学报），2021(4).

情况下，县级融媒体中心对大数据、人工智能等新兴技术的应用能够更加得心应手。① "赣鄱云"是先将各市县融媒体中心的数据与信息收集在"云"端，再统一向市县融媒体中心提供所需内容与技术支持，免去县级媒体自主搭建系统平台的投入成本和维护成本，这在一定程度上解决了县级媒体融合经费不足、缺乏技术、人员匮乏等紧要问题。依托赣鄱云建设的县级融媒体中心传播平台包括客户端、手机网、PC 端等多种类型，并配有效果评估等大数据支撑服务，配合微博、微信这种大众平台，打造出县级多媒体矩阵。② 截至 2023 年 6 月底，江西省已建成 105 个县级融媒体中心，初步形成全省"一盘棋、一张网"的媒体融合发展新格局。③ 面对重大事件时各个县级融媒体中心能够"并肩作战"，产出的新闻与信息产品不但能在本县域范围内部平台传播，还能借助"赣鄱云"平台实现省市县三级媒体信息共通，将传播范围与传播效果最大化。类似地，甘肃省大部分县（区）融媒体都入驻"新甘肃云"这一省级党媒平台，"省带县"的行动模式很大程度上拉动了县级融媒体中心的发展。

3. 市级媒体牵头下的复制嫁接策略

随着媒体融合的深度发展，应将市级媒体与县级媒体紧密联系起来才能真正实现四个层级的传播链条，自上而下的媒体传播才能取得合力效果。如果说县级融媒体中心建设解决的是"最后一公里"的问题，那么市级融媒体中心则担负媒体融合"最后十公里"的任务。④ 尤其对于中西部地区缺乏经济、技术能力的县级融媒体中心而言，最简单最直接的方式就是"复制"省级融媒体的建设经验，利用上级媒体云平台的技术支持，将县域内媒体与省市媒体优质内容嫁接相连，完成融媒体中心系统化建设。⑤

关于为什么要以市级媒体牵头来带动县级融媒体中心建设，学者们认为，首先在行政等级上县级融媒体中心与中央级组织和省级组织之间存在着隐性壁

① 周立，戴佳毅. 省级媒体与县级融媒体中心协作协同机制研究[J]. 新闻研究导刊，2023(2).

② 陈国权. 江西县级融媒体中心建设的赣鄱云现象[J]. 中国记者，2019(9).

③ 江西深度调研：市县融媒体中心建设的现状、挑战和对策建议[EB/OL]. [2024-03-20]. http://www.tvoao.com.cn/a/216531.aspx.

④ 胡正荣，蒋东旭. 全媒体传播体系与四级融合新发展格局[J]. 中国编辑，2021(5).

⑤ 刘永坚，王子欣. 县级融媒体中心技术平台建设的模式及发展建议[J]. 传媒，2022(11).

垒，尽管县级融媒体中心可以直接接入省级、中央级平台来降低前期投入与运营成本，减少自身部门的财政负担，但容易出现各区县分散发声、市县两级脱节的现象，不利于提高整体宣传的影响力、传播力。① 与此相比，市级媒体不论是在时间上还是在空间上都更有贴近优势，更容易产生双方的长期合作。在实际建设过程中，市级融媒体中心能够随时与县级融媒体中心进行正确的引导交流，② 更加了解县区级融媒体中心的切实需求，为其提供高效便捷的针对性垂直化服务。其次是集约化建设，利用市级媒体已经积累的技术能力和网络资源，能够减少各县区融媒体中心单打独斗带来的人力、物力浪费。再次是通过市县媒体形成的传播合力，能进一步增强市县两级媒体在互联网平台上的话语权。③

成都市广播电视台作为全国范围内为数不多的具备自主技术研发能力的平台，尤其是子公司成都橙视传媒科技股份公司拥有上百项自主知识产权、软件著作权和高新技术成果等，在媒体融合技术平台和工作经验方面均较为成熟。成都市在此基础上首次提出以市县"机制融合、技术融合、内容融合、人才融合"等多层次"垂直融合"的模式带动县级融媒体中心建设，构建"信息畅达、数据开放、内容共享、管理互通"的全市融媒生态圈，广泛聚合和有效运营各类本土资源，构建全媒体融合传播体系。④ 橙视传媒科技股份公司作为具体的行动者将融合项目付诸实际，并且在公司内部专门组建了小型"融媒服务中心"和专业技术建设团队，完成了市级融媒技术平台的搭建工作，涵盖生产调度、任务管理、内容生产、全网分发、数据统计等功能。并积极与市辖县区融媒体中心进行纵向双向互动，为其提供信息数据共享、专业人员培训、公共业务咨询等服务。金牛区融媒体中心依照上述统一部署与成都市广播电视台联手，借助"成都市市县媒体融合服务中心"和市级媒体丰富的运营经验，破除了区县级媒体技术和开发资金制约这两大根本问题。⑤

① 曾艳. 市县联动共融共享——县级融媒体中心建设的福州探索[J]. 中国报业，2019(23).

② 史小飞. 县级融媒体中心建设之市县共建模式[J]. 西部广播电视，2019(11).

③ 赖晓莉. 市县垂直融合：市级广电媒体与县级融媒体中心协同发展的成都实践[J]. 西部广播电视，2021(6).

④ 朱天，唐婵. 市县"垂直融合"的基本理念、实践策略与发展路径——基于管理者、实践者、研究者共同关注视角的对话[J]. 西部广播电视，2021(6).

⑤ 费抹筲. 县级融媒体中心建设方法论综述与发展对策[J]. 新媒体研究，2019(17).

虽然县级融媒体中心与市级媒体组织之间的行为互动能够产生良好的化学反应，但是在实际运作中还是会存在一些问题。首先，市级与县级之间的行政隶属关系一定程度上带来了市级行政命令与县域治理的自主权之间的冲突，这种冲突在县域治理水平的不断提高中愈加凸显，也直接导致了各地融媒体中心建设出现"一个模式"与"百家争鸣"的取向矛盾。其次，在基础设施和资源分配等方面，市县之间明显呈现出更为复杂的关系，县域治理所需要的资源分配常常受到市级政府的制约，甚至成为竞争关系。这是由于我国行政体制划分的缘故导致，越是贴近基层的地方政府，越是容易面临资源缺乏的困境，媒体的竞争力和影响力也会逐级递减。与县级融媒体中心相比，市级主流媒体能够凭借其强大的竞争力和影响力轻易地挤占县级融媒体中心有限的受众资源，比如当前市级主流媒体会设置镇域版，在此前提下很多乡镇为了更大范围宣传工作显然更倾向于与更具影响力的市级媒体组织合作，这使得县级媒体面临很大的经营困境。

4. 不同县级融媒体中心间的"对标"策略

同一个市级行政区域范围内会存在多个县级融媒体中心行动者，受"一城多媒"现状的影响，这些行动者信息资源相似度较高，县级融媒体中心在进行内容生产时，产品类型的制定选择很大程度上会受到在同一省级云平台传播体系下的其他县区融媒体的辐射影响。很明显的就是在平台设置上会参照先一步完成县级融媒体中心建设的"同行"的设定，比如选择哪些主流商业平台进行合作，县级融媒体中心的官方账号应该有哪些标准化配置。在可利用资源有限的情况下，不同县级融媒体中心在横向上通常缺乏有效的沟通与合作，也正是由于各县区平台的这种相互"对标"行为，导致实际运行过程中很容易出现内容产品高度同质化的现象①，在挖掘本地特色的服务内容这方面略显薄弱。县级融媒体中心与周边其他县级融媒体中心之间如果能够加强区域合作，优化资源配置以发挥集聚效应，打通县区间的"信息孤岛"，探索媒体融合智慧运营模式，很大程度上能够提升各区县融媒体中心的传播力和影响力。如长兴县融媒体中心先后牵头成立"长三角"县融协作平台和浙江省县融产业发展联盟，着眼国家重点战略设置议题，2022年该中心牵头《山海1+1》大型新闻直播行动，带领全省38家县融单位共同为"山区26县跨越式高质量发展"营造氛围，

---

① 崔漂恒. 区域协同与纵向整合：市县级媒体深度融合的发展路径探究[J]. 传播与版权，2023(2).

实现了主题宣传的同频共振。①

5. 同级公共服务部门间的隐性竞争策略

县级同级部门是县级融媒体中心日常运作接触较频繁的行动者之一，它既可以是县级融媒体中心建设过程中的助力者，也可以是县级融媒体中心的竞争者。推动媒体融合发展涉及网信、编办、发改、人社、财政、文旅、大数据等多个职能部门、多个治理主体、多项治理任务，不仅涉及媒体机构的合并、资源的整合，还涉及公共资源的联通共享、服务功能的拓展应用，必须有相关职能部门的政策支持和协同推动。我国长期以来县级媒体一直深嵌于县级党政系统之中，是县级党委和政府最倚重的沟通平台，一方面，以县委宣传部为代表的新闻宣传领导机关掌握着县级融媒体中心的业务活动领导权等权利；另一方面，县级融媒体中心又是基层主流意识形态传播的主要阵地，承担着党和群众之间交流互动的重要任务。党委政府要切实发挥主导一体推动作用，在部门目标设定、部门利益协调、机构矛盾化解等方面发挥领导作用，保证县级政府内部的目标与行为的统一性，为实现媒体融合奠定统筹基础。

在坚持党管媒体原则、舆论导向正确的前提下，县级融媒体中心应积极开展跨部门、跨行业之间的合作，在开放包容的互联网思维指导下打通与县级党委、同级各个部门之间的联系，将政府部分服务功能"嫁接"过来，基于互联网技术提供便民利民的政务服务。同时，也要加强与本区域各类企事业单位的联系，通过各项行之有效的活动和各类便民惠民服务的聚合，为所在区域人民群众搭建一站式综合服务平台。② 但是在实际建设过程中存在一个问题，在县级融媒体中心正式建设之前，县域范围内的公共服务资源大多被县级政府的不同部门占据着，各个部门机构分担部分公共服务职能，尤其在电子政务迅速发展的近些年，公共部门更加倾向与第三方服务商协作建立新媒体端的服务路径，完成信息发布与基础服务供给等功能。而在县级融媒体中心建立之后，对其要求不仅仅局限在传统的新闻媒体功能，更要为基层群众提供政务服务、公共服务等内容。这就导致县级融媒体中心与其他部门的功能属性产生冲突，需要其他部门将已经拥有的公共服务资源让渡给县级融媒体中心，但是部门利益

---

① 2022—2023 区县融媒体发展观察报告［EB/OL］.［2024-03-21］. http://yjy.people.com.cn/n1/2023/1014/c244560-40095276.html.

② 叶阳，侯凤芝. 群众路线践行中县级融媒体协同发展路径研究［J］. 中国出版，2019(9).

很难在已经扩张的前提下进行积极主动的缩减，也就导致了部门利益互相牵制，信息服务难以有效转移的困境。此外，由于县级融媒体中心这一机构在县级政府部门内部架构中的角色定位并不是很清晰，所以县级融媒体中心在内容生产方面的杂糅混合，有可能与其他部门和机构的官方内容产品出现重叠，这种隐性竞争的存在并不利于部门之间的协同发展，县级融媒体政策的推行也必然会受阻。

此外，《县级融媒体中心建设规范》指出，对县级融媒体中心建成后的验收需要经过初验、试运行和终验这三个环节，检测是否满足国家和相关行业的标准要求。因此，县级融媒体中心的直接主管部门有必要对建设成效进行评估检验。在地方政府指导下建立起自主可控、导向明确、标准客观的考核评价体系，并通过考核相关责任主体履行各自职责情况，确保县级融媒体中心建设的顺利实施。除了政府部门内部的评估，还要委托第三方评估机构对县级融媒体中心的建设成果进行系统性的验收与实践成效的考核，在给予县级融媒体中心一定自主权限的同时，预防违规现象的出现，尤其要加强对融媒体中心资金使用情况的监管，建立专项资金使用效益评价办法，对资金使用成效进行考核，以作出更加客观科学的研判分析，为县级融媒体中心的后续协调发展提供完善的政策依据。

第三节 公 众

公众是传媒政策目标群体，在一般意义上，政策目标群体是指政策发生作用的对象，包含政策直接、间接影响所及的所有成员和对象，目标群体理解、接受、遵从政策的程度是衡量政策有效性的重要因素。就实践来看，公众是公共政策最直接作用的行动者类型，政策在执行过程中会对公众的身份、认知、机会、利益进行重新塑造，以此影响后续的政治系统和政策的完善。如政策通过赋予(或剥夺)公众的参与机会、强化(或弱化)公众的政治身份等方式来塑造公众群体的影响力，这种影响力又会作用于下一周期的政策循环。公共政策的本质是对公共利益进行分配，分配结果给公众带来的利益感知会决定其对该项政策持有正向或是负向的反馈。在县级融媒体政策施行过程中需要直接与基层群众正面接触，其成功与否很大程度上取决于政府决策和执行的角色与非政府体系中政治角色的相互配合程度，即社会公众对于政策实施作出的反馈。

一、"用户"导向：服务型传媒的建设需求

县级融媒体中心处于我国四级传媒管理格局的"神经末梢"，是联系群众的"最后一公里"，在舆论引导、价值传递、服务党委政府、服务群众生产生活方面发挥着不可替代的作用。2019 年 1 月 25 日，中共中央政治局就全媒体时代和媒体融合发展举行第十二次集体学习，习近平总书记强调，要创新理念思路、体制机制、方式方法，进一步推动媒体传播向基层拓展、向群众靠近，为人民群众提供更多更好的文化和信息服务。① 县级融媒体中心的服务对象和服务场景决定了其与基层的社会治理问题难以分割，也正是由于县级融媒体中心的用户受众与基层社会治理的服务对象两大群体的重叠度较高，二者的相互赋能推动各自发展也是情理之中。如前所述，公众既是县级融媒体中心建设的参与者，也是建设成果的受益者，县级融媒体中心不仅要承担起传统的地方新闻服务功能，提供主流媒体进行公共舆论的引导服务，还要在基层社会治理体系中为群众(用户)提供政务服务和商务服务等功能。然而，部分县级融媒体中心容易忽略对用户设置针对性的激励机制以增强用户黏合度，增加受众群体数量，这在一定程度上影响了用户使用的积极性，但是在具有地方公共服务属性的内容和服务上能够找到具有显著比较优势的定位。

为了取得更好的基层治理效果，县级融媒体中心通常会选择举办主题活动等方式拉近政府与公众、公众与公众之间的距离。在这一过程中，县级融媒体中心的行动角色复杂多变，它不仅是活动信息的传播者，更是社会活动参与的催化剂，特别是作为活动信息的发布者，可以为活动宣传造势，吸引更多公众参与其中。作为政府信息发布的多功能平台，县级融媒体中心能够为政府部门的公开活动提供强有力的技术支持，通过设立专门的板块和专栏，实现政务信息的透明化和民意反馈的系统化收集。这种互动机制的建立，不仅提升了政府工作的透明度，也为公众提供了表达意见和参与决策的渠道。在新媒体环境下，即时互动性成为其显著特征，使得公众能够随时表达观点，而媒体则能够通过这些互动及时捕捉受众的需求和反馈。县级融媒体中心应充分利用这一优势，对公众的评论和留言给予尊重且及时回应。这种双向沟通不仅增强了公众对融媒体中心的认同感，也激发了公众参与社会治理的积极性。通过维护这种"强连接"关系，融媒体中心能够建立起良好的公众形象和口碑，进一步巩固

---

① 习近平. 推动媒体融合向纵深发展 巩固全党全国人民共同思想基础［EB/OL］.［2019-01-25］. http://www.xinhuanet.com/politics/2019-01/25/c_1124044208.htm.

其在基层社会治理中的地位。从这一理论角度分析，县级融媒体中心确实具有得天独厚的优势，它们最接近基层受众，能够提供更加贴近本地生活、文化和需求的内容，理论上应该在本地传播力和影响力上具有明显优势。但现实中更多存在的现象却是融媒体中心在运营账号时缺乏用户思维，导致偏离了"群众路线"，主要表现在内容发布缺乏接近性、服务性；内容创作缺乏趣味性、原创性；内容运营缺乏互动性、即时性，等等。在中央、省级新媒体和地方自媒体的两面夹击下，增加县级融媒体的本地受众数量显得更为迫切。①

二、公众的外部参与和监督

公众广泛的政治参与既是民主社会的普遍要求，又是提升我国公共政策质量的重要途径。我国公众可以通过公众调查、公众听证会、专家咨询、关键公众接触、民主恳谈会、网络参与等多种渠道参与政策制定的过程；② 也可以出于维护个体利益的目的参与到公共政策执行过程中，这种行为同时也大幅度增加了政策目标群体的遵从概率。③

尤其在互联网信息技术飞速发展的当下，网络成为政府与公众两者进行沟通的电子渠道，公众在网络平台自由发表的言论愈发影响着政策进程。媒体（包括传统媒体和网络媒体）、公众和政府之间进行的有效互动也会影响到政策发展。早期典型案例可以追溯到发生于2003年3月的"孙志刚事件"，国内各大媒体纷纷报道，在网络上和现实中均引发强烈的社会反响④，促使该事件最终以2003年8月1日起正式施行《城市生活无着的流浪乞讨人员救助管理办法》收尾，与此同时废除了《城市流浪乞讨人员收容遣送办法》。由此可见，媒体与公众舆论参与成为政府改良公共政策进行自我纠错的一种良好模式。不难看出民众对政策的喜恶偏好影响对推动政策后续如何发展具有重要作用，公众的外部参与是完善政府进行社会治理的重要渠道，也是公共政策的本质要求，更是政府治理手段由单向管控向双向互动转变的必要方式，很大程度上能够弥

---

① 曾润喜，杨璨. 重建本地用户连接 融入基层社会治理：县级融媒体发展路径研究[J]. 新闻与写作，2021(5).

② 王建容，王建军. 公共政策制定中公民参与的形式及其选择维度[J]. 探索，2012(1).

③ 李倩，严强. 县级政府公共政策执行中公民参与的逻辑与路径[J]. 南京社会科学，2015(1).

④ 张莹. 公共政策制定的影响因素分析——以"孙志刚事件"为例[J]. 山东行政学院山东省经济管理干部学院学报，2007(1).

补政府决策的有限理性。县级融媒体中心作为政府与公众直接沟通的渠道之一，可以通过建立开放的新闻报道机制来促进公众参与政策活动，邀请公众参与新闻报道和意见征集，鼓励公众参与新闻的制作和评论。县级融媒体中心还可通过网络平台、社区论坛等渠道收集公众意见以增加报道的多样性和深度。同时，也能够借助其自身媒介平台将公众的咨政建言、对于政务的服务评价和舆论监督等进行收集与整理，并及时反馈至相关部门，通过议题设置获得关注，为公众提供畅所欲言的渠道，为政府等部门提供与公众沟通的渠道，从而为公众的外部公共参与提供可能。

公众既是县级媒体融合的推动者和参与者，也是消费者和检验者。作为被服务的对象，公众对融媒体中心提供的信息和服务有着直接的感受，有权利根据自身需求向服务供给者提出意见建议，帮助县级融媒体中心更好地发挥自身职能。在政务监督中，公众除了直接向政府部门反映问题外，还可以通过融媒体中心提供的互动平台，例如问政栏目、热线电话、在线留言板等，提出问题、建议和批评，对政府工作进行监督。例如，宁波市鄞州区融媒体中心的"局长问政公开赛"就是一个典型案例，公众可以通过这个节目直接向政府部门提问，要求解答和改进。县级融媒体中心通过对公众意愿的收集与整理，促进县级政府对有关部门作出责任监督。除了政务监督，对于群众关心的其他社会问题，县级融媒体中心可以向有关部门提问，将问题解决途径借助县级融媒体中心各个平台进行公开，切实解决社会问题。更进一步地，公众能够自觉监督县级融媒体中心是否承担起应有的社会责任，关注融媒体中心能否坚持正确的政治方向、舆论导向和价值取向，是否在传播过程中坚持社会责任，是否做到有效地引导舆论，服务群众。在这样的舆论监督体系下，县级融媒体中心的社会责任感能够得到增强，也能提高政府工作的透明度，有利于社会公正和民主进程，共同推动社会参与和舆论监督的实施。此外，县级融媒体中心应当加强与非政府组织、公民团体的合作，共同开展调查报道、公共议题讨论等活动，增强媒体内容的社会参与度和公信力，促进社会的公平正义，推动社会进步和公共利益的实现。

第四节　利益集团

经典的政策过程理论认为，政策是有组织的社会团体相互作用的产物。但事实上，政策本身也是推动社会团体形成、发展和消亡的关键因素。公共政策的出台代表着共有公共利益的被分配，社会网络中的个体或群体会出于追求共同利益的目的结合形成利益集团，它们在公共政策过程中，通过各种方式向政府机构提出要求或施加影响，从而使政策最大限度地符合集团自身的利益。① 利益集团一旦建立，就可能在政策全过程的任何阶段发挥直接或是间接的影响，如影响政策决策，干扰政策执行过程，控制政策结果等。② 在我国较为常见的利益集团影响公共政策的途径主要包括以下几种：组织社会关系网络、采取说服手段、借助大众传媒、开展寻租行为以及集体性的行动选择。③ 不同的利益集团在组织成员构成、团体利益诉求、组织影响力等方面存在着显著差异，致使各个利益集团对公共决策能够施加的影响力是有强弱之分的。这种不同利益集团间、利益集团与决策机构间的博弈反映到现实中的公共政策制定与执行过程的影响是，公共部门会更加重视强势利益集团的利益诉求，而弱势利益集团所争取的利益被忽略，社会利益结构分化因此更加严重。因此，公共部门在推行公共政策时要妥善处理利益集团之间的关系。县级融媒体中心在政策运作过程中割不断与利益集团的联系，离不开与商业平台的联盟合作，也割不断与县域内其他媒体的竞争，同时其也能为乡村经济小团体带来巨大收益。

一、县级融媒体中心的合作者：商业平台

与主流媒体相比，商业平台在资金资本、运营机制、数据分析等方面具有相对优势。在此前提下县级融媒体中心可以选择与其合作的行动策略，主动加强和商业平台的合作，在微博、抖音等商业平台开设官方账号，借助其传播优势将县级融媒体中心的主流内容以大众乐见的方式扩大传播。而上述商业平台在与县级融媒体中心的交易过程中，所遵循的均是自身经济利益最大化原则，从这个角度而言，商业平台组织扮演的就是利益集团的角色。也正是由于这种营利目的的存在，相关部门需要将县域从事具有媒体属性的信息服务和舆论动员功能的传播平台纳入数据监管范围，落实传播平台对内容管理的主体责任和管理部门的监督执法责任，确保内容真实、客观、全面、准确。

县级融媒体中心在提供新闻服务、政务服务、公共服务以及商务服务等多

---

① 赵新峰，蔡天健. 美国公共政策制定过程中利益集团的行动逻辑——以全美步枪协会（NRA）为例[J]. 行政管理改革，2019(5).

② 陈水生. 中国公共政策模式的变迁——基于利益集团的分析视角[J]. 社会科学，2012(8).

③ 王璐瑶. 利益集团对我国公共政策制定影响机制分析[J]. 合作经济与科技，2020(12).

元化功能时，之所以选择进驻微信、抖音、今日头条等网络用户活跃的社交媒体平台，一方面是为了使融媒产品更加贴近公众，将本土广播电视节目植入县级融媒体中心官方微信公众号服务模块，让更多"机不离手"的年轻人在不打开电视机、不下载官方媒体客户端的前提下接触到本地的新闻和广播电视节目，这样的操作不仅能够方便用户，还能提高本地服务质量；另一方面是在全国县级媒体转型实践中发现，包括独立自主开发型和民营企业共建型在内的两种自主建设模式，对地方行政力量和资源供给能力要求较高，而选择入驻社会化媒体平台的借船出海模式更强调平台带来的规模效应，适合大多数发展初期成本不足的县级融媒体中心。在上述媒体平台进行宣传渠道拓展时，县级融媒体中心一方面要积极借鉴各大媒体平台的优势，在合作的同时展开学习交流，根据本地的实际情况对体制机制、传播方式、传播渠道等进行创新，促进本地作品更好地传播出去，提升融媒产品的关注度和受众影响力，更好地发挥县级融媒体中心的作用。[1]　内蒙古赤峰市红山区融媒体中心于 2023 年 3 月加入新华智云"元卯"数字人家族，将 AI 数字人全面应用到新闻内容生产，通过与科技公司的高能技术合作，利用 5G、云计算、人工智能等新技术，深度赋能内容制作、媒体服务等融媒体业务全流程，打造出内容生产与传播的新模式，引起热烈反响。[2]　另一方面也要打造自己的创新特色，始终坚持"内容为王"的原则。盲目追求平台流量和粉丝数量带来的更多是短平快的效果。主流媒体不能只是简单地将过去陈旧的内容与互联网挂钩进行线上呈现，而应该在"互联网+"的思维下开拓创新服务形式，主动策划引人注目的内容，发挥作为本地主流媒体应有的政治和公共属性，在重大议题和舆情事件中体现出政府与公众之间的桥梁作用。特别是要基于历史和现实，在专业性、原创性、系统性等方面不断优化，而不是在信息浪潮中模糊定位，迷失自身的发展方向。[3]　为适应市场需求和政策导向，县级融媒体中心需实现从传统向新型主流媒体的转型，这一转变并不意味着放弃党媒的本质或改变党管媒体的原则，以及党和政府作为信息传播核心的角色。相反，它旨在摆脱过去对政府财政拨款的过度依赖，以及弥补在市场竞争中所表现出的不足。此次转型的核心在于突破以往完全以

①　董梦倩. 新媒体时代县级融媒体中心创新发展路径研究——以河北正定县融媒体中心为例[J]. 视听，2023(10).

②　2022—2023 区县融媒体发展观察报告[EB/OL]. [2024-03-21]. http://yjy.people.com.cn/n1/2023/1014/c244560-40095276.html.

③　李彪. 县级融媒体中心建设：发展模式、关键环节与路径选择[J]. 编辑之友，2019(3).

政策宣传为主导的运营模式，转而更关注民生、关注商务服务。通过这样的改革，县级融媒体中心能够更有效地履行其作为新型基层主流媒体的职责，更深入地融入地方媒体市场环境。

县级媒体融合转型在做好引导群众、服务群众工作的基础上，要将行动的重心致力于重构有生命力的营利模式。郑保卫将县级融媒体中心一般的营收来源归纳为以下三种，第一种是完全依赖地方政府财政拨款，不需要自己进行额外的创收；第二种是地方政府财政采取差额拨款的策略，但自己有一定创收能力；第三种是完全依靠自身创收供给运营经济需求，通常是在一些经济规模较大、媒体市场较为成熟的区域。① 众所周知，资本制约是目前县级融媒体中心建设过程中普遍存在的一大难题，部分县级融媒体中心正逐步从政府财政"输血"向通过商务服务、线下活动、品牌宣传等方式实现自我"造血"转型。② 虽然在机构定位上县级融媒体中心是事业单位，理应由公共财政给予相应支持，但实际上这种支持对县级融媒体中心正常运转所需要的资源而言是远远不够的。在媒体市场发生变化之前，广告几乎包揽了县级媒体的盈利来源，但是随着新兴媒体如雨后春笋般地涌现，用户产品结构的改变对县级媒体的广告市场造成了巨大冲击，县级融媒体中心所具备的传统优势越来越不突出，在一定程度上阻碍了自身的发展。以最直接的广告辐射范围来讲，县级融媒体中心放送的广告局限于本地公众，反而不及自媒体账号还能接到来自附近县域甚至全国各地的广告。③ 总而言之，随着5G、大数据、AR、VR等新兴技术不断赋予社交自媒体更多活力，逐渐抢夺了县级融媒体中心的固有市场，县级融媒体中心很难应对商业广告投放的减少与广告业务向网络新媒体端倾斜带来的双重打击。在这样的大背景下，县级融媒体中心很难做到事业与产业的双轮驱动，造成"造血"功能缺失。此外，大多数县域地区的财政并不富足，在县级融媒体中心建设所需的设备购置、更新升级、运行维护等方面存在较大资金缺口，导致运营短板突出。④ 由此看出，自主"造血"能力的高低明显影响县级融媒体

① 郑保卫，张喆喆. 县级融媒体中心建设：成效·问题·对策[J]. 中国出版，2019 (16).

② 陈雪菡. 全媒体视域下县级融媒体中心建设路径研究——以长株潭五区县为例[J]. 新媒体研究，2021(14).

③ 张泽. 县级融媒体与自媒体协作联合问题研究——基于河南省A县的田野调查[J]. 新媒体研究，2023(9).

④ 黄放. 县级融媒体中心创新发展的思考——以成武县媒体融合发展为例[J]. 现代视听，2021(10).

中心的长远发展，因而有些地区的县级融媒体中心积极探索成立传媒公司，或者与商业平台进行合作，增加机构所能得到的外部收入，解决了县级融媒体中心较为单一化的经营模式难以支撑起高质量的内容生产问题。

较为典型的就是 2011 年我国成立的第一家县域全媒体集团，即由长兴广播电视台、长兴宣传信息中心、县委报道组、"中国长兴"政府门户网站（新闻板块）整合而成的长兴传媒集团。这种坚持传媒集团事业单位的企业运作型建设模式，为县级融媒体中心自身的可持续发展提供了示范经验。该集团在内容上更加追求移动直播、短视频等新兴多元化产品，在技术上追求创新性的智慧系统以提高组织效率，将"万物生长"人才培育计划的注意力放在培养全媒体人才上，同时实行"双聘+五档薪酬"、积分制考核体系等机制，充分激发工作人员积极性。① 德州市庆云县融媒体中心采用"中心+公司"运营模式，成立庆云星云文化传媒公司后由融媒体中心代管，作为庆云国有资产管理局下属国有企业，将融媒体中心所有临时人员划转到公司，由公司签订劳动合同并进行统一管理。政府支持星云文化传媒公司优先承接广告设计发布、专题节目、文化影视、广电会展、艺术交流等业务作为创收部分，收入可以用于县级融媒体中心的多元产业发展及基本运转费用，实现融媒体中心自身"造血"。可以看到，当县级融媒体中心建设与这些企业型组织相联系时，能够增加自身发展所需要的人力、物力、财力等各类资源。有学者指出，上市融资也是县级媒体融合发展打开新局面的有效举措。但在探索多元化经营模式的过程中一定要注意公共性和商业性二者的平衡。我国的媒体实行的是"事业性质、企业管理"，"事业性质"的属性定位要求以党、国家和人民的利益为根本利益，以服务大众为根本目标，而企业管理的运作方式又迫使其不得不注重商业利益。所以，在实际运行过程中，就会不可避免地面临公共利益和商业利益的冲突，一旦对公共性和商业性把握不当，就很可能造成公共性的缺位和公信力的缺失。因此，县级融媒体中心作为公共事业性媒体必须在坚持公共利益、彰显公共价值的前提下提升自身市场竞争力，打破对于政府扶持的依赖效应，增强"造血"功能，实现可持续发展。

二、县级融媒体中心的竞争者：县域自媒体

县域是一个由各种社会关系建立在此基础之上的具有本地习惯和逻辑的稳

---

① 孙瑞瑞，康金标. 县级融媒体中心建设的动力因素及典型模式[J]. 视听，2020（1）.

定场域，① 县级融媒体中心的发展壮大离不开与县域媒体市场的互动。全媒体传播格局下的县级融媒体中心不同于传统媒体时代的广播电视，媒体资源不再匮乏、传播渠道不再单一、媒体受众不再被动。传统的传播模式被颠覆，新兴的媒介技术催生了一大批深耕本土、服务本地的自媒体，它们是县域媒体市场中的"弄潮儿"，分得了县域媒体市场发展的一块蛋糕。同时，面对逐渐趋于白热化的一线城市用户争夺，越来越多的商业媒体也开始注重对县域媒体市场的开拓。县域媒体市场内的人口红利为商业媒体的成长提供了粉丝基础，微信公众号的开通与运营，使得县域媒体市场中成长出许多草根流量"大 V"。由于他们来自群众中，所以更容易了解本地群众的好恶，再加上他们知道如何利用互联网的运营技巧来凸显当地的风俗特色，既能扩散传播当地政府宣传重点，又能组织策划开展商业活动宣传。这类商业媒体，往往以众多自媒体的形态运行，虽然没有形成正式规模的组织，但在当地却有可观的受众基数和盈利收入。尤其是我国长期以来主流媒体秉承的官方话语方式与高位姿态，导致官方话语与群众话语之间的距离不断增加，官方媒体报道的新闻资讯可读性与趣味性不强也成为民众的共识，缺乏互动性与观赏性。② 相比之下，热门的非主流媒体虽无体量之盛、权威之风，却深谙互联网思维与用户思维，能够紧紧围绕本地用户，多以生活服务为主要传播内容，同时关注当地政府信息动态，配合政府宣传工作。他们提供的内容对于县域居民而言是有针对性的，最接近群众的现实需求。上述这种"深耕本地市场，服务本地用户"的思维，是省市级媒体和县级融媒体中心短时间内仍然难以调整的一个思维转向。

县级融媒体中心要学会采取基于地域权威性和情感接近性的行动策略来应对这场媒体竞争，这种策略优势在 2020 年新冠疫情防控期间表现得尤为突出。在疫情防控这场全民战役中，富平县融媒体中心展现了其作为信息传播枢纽的重要作用。通过整合"云平台"和"两微一端"等新媒体资源，融媒体中心不仅确保了中央政策的迅速传达，还实现了地方政令的高效落实。这种技术驱动的传播模式，不仅加快了信息流通的速度，也拓宽了信息覆盖的范围，使得权威信息得以在第一时间内触达每一位居民。在内容创作上，富平县融媒体中心对传统电视栏目《富平新闻》进行了重新规划，大幅增加了疫情防控专题的播出

---

① 陈洪友. 保供与强链：基于县级融媒体的城乡信息分化治理路径[J]. 中州学刊，2024(1).

② 张宏邦，刘威，王佳倩，等. 整合与协同：县级融媒体的现实困境及本土化推进路径[J]. 西安交通大学学报(社会科学版)，2020(3).

时间，深入报道了县疫情指挥部的决策、一线防控人员的事迹以及防疫知识，这些内容的传播极大地提升了公众的防疫意识和参与度。县级融媒体中心的这种创新实践不仅丰富了信息内容，也增强了公众对疫情防控工作的信心和参与感。面对新媒体环境下信息接收方式的转变，富平县融媒体中心还采取"移动优先"策略，通过全媒体联动，既保证了信息发布的全面性，又突出了关键信息的传播，有效应对了信息过载的挑战。这种策略不仅满足了公众对权威信息的迫切需求，也有效遏制了虚假信息的传播，为维护社会稳定和公众心理健康提供了有力支撑。这一实践表明县级融媒体中心在危机管理中具有巨大的潜力，通过技术融合、内容创新和策略调整，融媒体中心能够提升信息传播的效率和效果，成为连接政府与公众、引导社会舆论的重要力量。

但是换个角度考虑，这些以传播乡土风情与地方资讯为主的短视频创作者并不是县级融媒体中心固定不变的竞争对手，县级融媒体中心完全可以向这些县域内涌现出的自媒体从业者、网络直播达人等自媒体人才抛出橄榄枝，在他们的基础上组建本地自媒体人才库，借助自媒体达人在抖音、快手等短视频平台上炙手可热的影响力进行融媒传播与营销，县级融媒体中心的核心竞争力也会随之增强。最简单地，县级融媒体中心可以在县属各个乡镇之间组建微信群，发挥自媒体达人的主观能动性和创新性，在线征集优秀作品，实现官方与民间的有益互补，下沉拓展基层乡村受众市场。上述媒体"合供"所带来的更大意义在于，主流媒体和社交媒体这两大舆论场的互动与共振，能够对公共事务的良性解决、构建和谐的舆论氛围、营造开放的话语环境产生一定的实质性作用。① 具体而言，媒体之间的联合首先会产生规模效应，县级融媒体作为官方主流媒体在法定权利保障下能够生产出更具权威性与可信性的新闻内容，继而由更具生活性与互动性的自媒体进行信息的二次加工生产，能够借助协作体将涵盖社会新闻和时政要闻在内的县区级新闻覆盖到更多的受众群体，这种通过不同体制平台的联结可以赋予同一新闻内容产品更多的变化与活力，在增强新闻事件重要性的同时潜移默化地对公共舆论进行引导和扭转。② 如山东省齐河县融媒体中心主动与齐河在线、齐河圈、齐河楼市、齐河资讯这四个在本地具有较大社会影响力的微信公众号，以及百度齐河吧等自媒体资源进行联合协作，如主动邀请自媒体从业者参与"壮丽 70 年奋斗新时代——融媒记者走基

---

① 张金洁. 传统媒体如何正确引导网络舆论[J]. 中国广播电视学刊，2014(2).

② 张泽. 县级融媒体与自媒体协作联合问题研究——基于河南省 A 县的田野调查[J]. 新媒体研究，2023(9).

层"大型采访活动，既能借助这些热门平台资源使主流意识宣传的声音更加响亮，又能引领自媒体内容生产朝着弘扬社会正能量方向发展。同时，在合作中也察觉到自媒体生产出一些带有消极、煽动、鄙俗、流言等与客观事实相脱节的融媒内容，这样，可及时要求自媒体修正或者删除相关信息，保障网络平台安全有序的环境。①

三、县级融媒体中心的受益者：乡村经济团体

长期以来我国传统的乡土社会大多以农业生产为基础，在农业生产生活过程中形成的互助性与公共性相辅相成。② 而县级融媒体中心建设的一个重要任务就是打造一个为公众提供的乡村公共空间，在这个公共空间内民众可以通过产生互动与联系来加固自己的社会网络。自党的十八大以来，中央多次要求乡村成立新型集体经济组织，如农民专业合作社、股份合作制企业等，以此壮大村级集体经济。这种在县乡级比较常见的农民组织形式不局限于传统的农村经济合作社，而是将范围拓展到以共同利益为目标凝聚而成的乡村经济团体，团体成员的利益均会受到同一事物的影响。县级融媒体中心作为县级政府的宣传和信息传播机构，自成立之初就与乡村经济团体的发展紧密相连。融媒体中心通过整合传统媒体和新兴媒体资源，能够有效地传播政策信息，展示乡村发展成果，提升乡村经济团体的知名度和影响力。党的十九大提出乡村振兴战略，学界普遍认为，在此战略背景下"生活富裕"是最直接的民生目标，就是要让乡村居民的收入水平可持续增加，缩小城乡居民在收入水平和社会保障方面的差距。③ 作为基层媒体组织，县级融媒体中心应当以此为契机在助力乡村振兴过程中贡献出自己的一份力量，也是为自身发展寻求多种可能性。在县级融媒体中心以乡村振兴战略为主要实践路径的典型案例中，较为常见的是通过深入挖掘乡村地域特色资源，策划以乡村振兴为题材的短视频、微电影、纪录片等文化创新产品，通过故事化、情感化的传播方式，宣传乡村文化振兴中的特色活动，进而扶植文化产业以推动乡村的长期产业发展；通过聚合县域优质传媒资源，开展定期培训、电商服务、文化旅游、节日展览等多元化业务，举办才艺秀、房展会、车博会、优品会、家居展等本地化营销活动，通过升级一主多

①　孙茂同，李晓楠. 引导自媒体弘扬社会正气　传递新时代文明实践新声——山东省齐河县推进融媒体中心建设的有益探索[J]. 传媒，2019(15).

②　邱建生，方伟. 乡村主体性视角下的精准扶贫问题研究[J]. 天府新论，2016(4).

③　黄祖辉. 准确把握中国乡村振兴战略[J]. 中国农村经济，2018(4).

元产业格局，打造新时代信息消费服务型媒体。① 乡村经济团体的特色产品和文化故事经过县级融媒体平台的报道，有助于塑造品牌形象，传承和推广地方文化，增强乡村经济的吸引力。

在乡村经济特色产品中，作为一个地区和民族历史文化成就重要标志的非物质文化遗产（简称非遗）是极具代表性的。县级融媒体在非遗文化传承与乡村集体经济发展中扮演着多维行动角色，其作用体现在内容创作、教育培训、品牌营销、产业融合等多个层面。首先，在内容创作上，县级融媒体中心制作纪录片、专题节目等，将非遗文化以故事化的方式呈现，提升了非遗项目的可见度和吸引力。例如，福建尤溪县融媒体中心通过影视作品记录和展示非遗项目，不仅在本地设立非遗博物馆，还计划通过文创产品开发实现文化价值的变现。其次，县级融媒体中心成为非遗技艺传承的重要平台后，通过线上课程教授传统技艺的方式为乡村居民提供新的就业技能和增收途径。榕江县的"非遗+培训"模式便是一个典型案例，通过传授纺纱织布、刺绣等技艺，培养了一批非遗手艺人，有效促进了当地就业和经济发展。再次，县级融媒体中心利用其平台影响力的传播优势，帮助乡村建立非遗文化品牌，推广非遗产品，提升市场竞争力。榕江县侗族大歌的传承人通过组织村民演唱侗族大歌，不仅传承了文化，还通过旅游收入实现了村民集体的增收。同时在推动产业融合方面，县级融媒体中心通过与旅游、教育等行业的合作，开发非遗文化相关的产品和服务，推动了乡村产业的多元化发展。榕江县的非遗主题旅游路线以及河南省宰庄村的安阳捋面项目都是将非遗文化与产业发展相结合的成功案例，实现了传统非遗文化价值与乡村经济团体效益的双重提升。

在湖北省恩施土家族苗族自治州的巴东县，非遗保护与传承不仅是文化使命，更是乡村振兴战略的重要组成部分。巴东县依托其独特的地理位置和丰富的非遗资源，如长江峡江号子、土家族撒叶儿嗬、巴东堂戏等，采取了一系列创新措施，将非遗文化的传承与乡村集体经济的发展紧密结合，实现了文化与经济的双赢。巴东县通过文旅融合发展的策略，将非遗文化作为吸引游客的重要资源，打造了一系列文化旅游产品。如通过举办长江三峡（巴东）纤夫文化旅游节等活动，展示了非遗文化的魅力，也带动了当地旅游业的发展，为乡村经济注入了新的活力。此外，政府还出台了《巴东县大旅游发展实施方案》等政策，支持建设集避暑度假、健身运动、休闲娱乐、森林康养、民俗体验于一

---

① 叶阳，侯凤芝. 群众路线践行中县级融媒体协同发展路径研究［J］. 中国出版，2019（9）.

体的生态文旅康养产业链，进一步促进了旅游与非遗文化的深度融合。巴东县注重非遗文化的教育与传承，通过非遗进校园、培训班等形式，培养年轻一代对非遗文化的兴趣和传承意识。这种教育不仅有助于非遗文化的传承，也为乡村提供了新的就业机会和经济增长点。同时，通过建设非遗传承基地，如土家族撒叶儿嗬清太坪传习所和大师工作室，为非遗项目的保护、研究、传承提供了平台，这些基地不仅成为非遗技艺的展示窗口，也成为吸引游客的旅游景点。此外，巴东县还通过政策支持与资金投入，鼓励和引导社会资本参与非遗文化的保护与传承。政府不仅提供资金支持，还出台相关政策，为乡村集体经济的发展提供了保障。这些政策和资金的投入，不仅保障了非遗文化的传承，也为乡村经济的发展提供了动力。在实践过程中注重培养非遗传承人，通过"手把手"教学的方式壮大了非遗传承人才队伍。这种传承方式不仅确保了非遗文化的活态传承，也为乡村经济注入了新的活力。巴东县鼓励村民发展农家乐、茶园、柑橘园等特色产业，将非遗文化与农业、手工艺等产业相结合，形成了具有地方特色的经济模式。巴东县融媒体中心的特色行动在于不仅为巴东县的农村农民发展提供了新路径，也为其他地区在非遗文化传承与乡村团体经济发展方面提供了可借鉴的经验。

第五章　县级融媒体新闻传播

县级融媒体中心建设的宗旨和根本任务可以高度概括为"引导群众、服务群众"，同时也是县级融媒体政策的精髓。在县级融媒体中心的功能和作用中，坚持以人民为中心的新闻传播与服务工作是最为根本和重要的。本章将从新型主流媒体的主导功能、县级融媒体主阵地的转移、传播力的提升等方面集中论述，以期揭示其在现代新闻传播体系中的功能定位与发展趋势。

第一节　新型主流媒体的主导功能

县级融媒体作为新型主流媒体，在地方新闻传播中扮演着至关重要的角色，承载着传递党的声音、引导社会舆论、满足人民群众日益增长的信息需求的重要使命。随着媒体深度融合的战略实施，县级融媒体面临着前所未有的发展机遇，同时也面临着诸多挑战。在这一时代背景下，如何认识和更好地发挥县级融媒体的主导功能，是我们需要深入思考和探讨的问题。

一、强化县级融媒体第一要义

县级融媒体新闻传播，是指县级融媒体中心通过新闻生产向群众提供信息服务，引导主流舆论、满足群众丰富的信息需求，从而实现引导和服务群众的目标。① 就传播形式和内容载体而言，县级融媒体新闻服务指的是县级融媒体制作文字、图片、音频、视频，通过广播、电视、报刊、微博、微信、客户端、网站等媒体形态提供给广大人民群众，包括但不限于广播、电视、报刊、新媒体和应急广播等媒体业务。② 就新闻生产的具体内容而言，县级融媒体新闻传播密切关注、深入报道与当下国家现代化、社会发展和人民生活息息相关

① 尹斌. 县级融媒体中心新闻生产的服务力优化研究[J]. 西部广播电视，2022(11).
② 《县级融媒体中心省级技术平台规范要求》《县级融媒体中心建设规范》发布实施[EB/OL]. [2019-01-15]. https://www.nrta.gov.cn/art/2019/1/15/art_3556_43250.html.

的各类信息，囊括了时政、综艺、财经、科技、体育、文娱、教育、旅游、"三农"等不同领域的新闻内容，能在极大程度上满足人们的信息需求。就与县级融媒体其他服务功能的关系而言，县级融媒体中心的新闻传播是党建服务、政务服务、公共服务、增值服务等其他融合媒体平台服务的基础，强化新闻传播是县级融媒体作为新型主流媒体最基本/最根本的工作。提供新闻信息服务是县级融媒体成为一个媒体机构的起点，从海量信息数据的收集整理到具体新闻内容的制作和生产，再到广播、电视、报刊、微博、微信、客户端等不同媒体平台的融合发布，整个新闻服务的生产流程构成了县级融媒体中心运营的首要工作。倘若没有高效、协同的新闻生产模式，缺乏本地化、可读性强、客观真实的新闻内容输出，县级融媒体传播力和引导力的提升就无从谈起，一个理想的新型主流媒体在人民群众中所应当具有的影响力和公信力也将成为遥不可及的梦，也就更加无法牢牢占领基层主流舆论阵地和进一步提供其他综合服务。

新闻服务承载着县级融媒体的主要政治使命和思想文化宣传职责，习近平总书记曾多次在全国宣传思想文化工作会议中指出，要从国家安全、文化软实力的角度强调推进县级融媒体中心建设的重要性。① 2023年召开的全国宣传思想文化工作会议上，系统部署了当前阶段以及未来一段时期我国思想文化宣传的重点工作，特别是提出要提升新闻舆论传播力、引导力、影响力、公信力。县级融媒体中心作为全国思想文化宣传工作体系的神经末梢，承担着基层舆论引导和意识形态引领的重要工作，这都决定了县级融媒体中心建设任务的政治性，也凸显了县级融媒体新闻服务在承载县级融媒体中心的政治使命上的重要地位。从县级融媒体建设的总目标来看，强化新闻传播服务是实现目标的主要方式。县级融媒体要想巩固主流思想舆论，需要强有力的新闻内容产出，才能在网络社会中取得话语权和主动地位；而县级融媒体的传播力、引导力、影响力、公信力也无一不与新闻传播的建设力相关联，其中传播力居于"四力"之首更表明了新闻内容服务力的关键作用。只有形成过硬的新闻传播能力，才能更好地提升整个县级融媒体的引导力、影响力和公信力。

总之，强化新闻传播服务是县级融媒体中心建设的第一要义，这由国家战略部署和相关具体政策要求以及县级融媒体中心的政治属性所决定。做大做强做好新闻传播服务始终是新型主流媒体的首要工作，也是县级融媒体中心在基层意识形态层面全面落实全国思想文化宣传系列工作要求的必然要求与必然结

---

① 胡沈明，胡博涵. 县级融媒体的政策逻辑与功能定位[J]. 新闻论坛，2019(1).

果。新闻传播建设不仅决定了一个县级融媒体中心发展的下限，更可以提高县级融媒体中心发展的上限。因此，强有力的新闻传播建设才能使县级融媒体真正肩负起引导基层舆论、统一基层思想、团结基层力量的重要职责和主导功能，从而实现更好引导和服务群众的核心目标。

二、引导主流价值的新质传播

不忘初心使命，方能行稳致远，引导群众、凝聚共识是县级融媒体新闻服务的初心使命。如何更好地引导和服务群众是县级融媒体中心建设的核心目标，广大基层人民群众是县级融媒体中心的重点服务对象和主要目标群体，基层群众的需求和体验是县级融媒体中心开展工作的风向标，能否有效团结和服务群众是评价县级融媒体"四力"建设的核心指标，更是县级融媒体作为主流媒体所应具备的社会价值取向。县级融媒体通过传媒技术革命性的突破与应用、传媒生产要素及内容资源的重新配置、传媒产业的深度转型升级而催生的现代传播体系引导力和影响力，进而加快发展县级融媒体的新质传播力。

1. 政策理念的下沉沟通

县级融媒体新闻服务能通过加强信息传播的方式引导和服务群众，不仅向基层群众传达党和国家的意志及政策方针，还能将基层群众的意见、诉求和焦点问题向地方政府集中反映，是我国加强社会整合、实现国家治理现代化的新型主流媒体手段。[①]

县级融媒体是打通我国政治传播体系"最后一公里"的主流媒体，作为党的喉舌，县级融媒体应充分认知并发挥自己的政治优势，时刻牢记融媒体平台发布新闻的政治立场，始终以维护国家意识形态安全、加强社会稳定的高度来认知融媒体平台的信息传播与思想文化宣传工作。在组织上，要强调政治引领，在新闻生产系统坚持党性原则，形成以传递党的政治合法性和主流价值观念为信息传播主要目标的组织共识，确立以"正能量""国家重视""人民关心"为新闻产出重要原则的工作要求。[②] 在内容上，紧跟时事政治变化，常态化、系统化宣传党的理论、政策与方针，坚持做好党的理论路线及重大决策部署的分析、阐释、解读和宣传工作，以推动相关政策在基层的执行与落地；针对政

① 吴钊. 深化对县级融媒体使命和意义的认识[J]. 新湘评论，2023(16).
② 县级融媒体中心舆论引导能力建设现状与发展路径[EB/OL]. [2021-10-26].
https://www.thepaper.cn/newsDetail_forward_15074231.

府重点工作和人民关心的重要政治议题推出系列主题的新闻策划与报道，让党和政府的声音传得更远、播得更广，真正走进广大人民群众的心中。在形式上，在把握新闻传播基本规律的基础上，坚持专业性、新颖性、贴近性兼备的原则，不断丰富信息传播手段，创新性利用短视频、融合直播等新媒体传播方式，增强新闻内容的吸引力；在利用新媒体传播手段的同时，要延续广播、电视、报纸等传统媒体信息传播方式，确保信息传播在县域基层的覆盖面。福建省尤溪县融媒体中心以新闻宣传为中心，围绕县政府工作推进融媒"混响"，用"接地气"的方式开展新闻宣传工作，发挥好基层舆论导向作用，让百姓愿意听、愿意看、愿意信，成为县级融媒体中心"做好主业"的重要方向。作为福建省县级"十佳电视新闻栏目"，《尤溪新闻》在内容构成和传播方式上进行创新探索，以移动端融媒体新闻产品为重点，大量采用短视频、动漫等形式，使新闻作品更有穿透力。

县级融媒体既打通了党的理念、政策下沉到最基层的自上而下的信息传播通道，也开辟了一条将基层群众的诉求、心声传递至上级政府的自下而上的政治沟通渠道。县级融媒体的政治传播价值不仅在于代表政府向群众阐释党的政治理论和大政方针，也在于能让政府进一步满足群众的利益和诉求。得民心者得天下，一个强有力的政党要维持政治稳定必须赢得人民群众的认同，建立深厚的群众基础。因此，我们党始终坚持群众路线，始终相信只有紧紧依靠群众、密切联系群众、听取群众心声、维护群众利益，才能凝聚起国家发展的根本力量，更昂扬屹立于世界民族之林。而拥有多个融媒体平台的县级融媒体中心在代表党和政府发声的同时，也能与基层群众通过新媒体平台产生大量互动，并通过县级融媒体平台分享、交流和讨论国家政策、重大事件以及周边生活的大小事。作为信息枢纽，相当一部分县级融媒体中心在平台上为基层群众专门建立建言资政的沟通渠道，让基层群众关心的大事小事都能得到更广泛的关注，让群众关心的社会议题也能得到进入政策议程的机会。

2. 社会舆情的有效引导

县级融媒体新闻服务能通过参与舆情治理的方式引导和服务群众，依托先进的移动传播技术和海量的数据资源，凭借平台多样、覆盖广泛、专业有效的移动传播矩阵，在舆情风险感知、舆论危机化解、突发事件舆情管控等舆情治理工作中发挥重要作用。

舆情风险防范事关国家治理安全。基层社会舆情状况尤为复杂，有时难以被其他主流媒体所感知到，而凭借本地优势，县级融媒体相对更能敏锐察觉基

155

层社会的潜在突出矛盾，并采取一定的舆情管控传播策略以防范基层舆情危机的发生。在全面进入网络时代的当今中国社会，可能存在各种来源不明、真假难辨、性质复杂的信息，日益大众化、个人化、匿名性的媒介传播发展趋势可能导致一些捕风捉影的言论，从而形成网络谣言，威胁社会稳定和国家意识形态安全。因此，在网络时代，县级融媒体中心必须在基层社会充当舆论监测和风险感知的"雷达"，通过媒体平台建立与基层社会的全方位连接，及时察觉并排除舆情隐患，将舆情风险扼杀于摇篮当中。江西省共青城市融媒体中心在参与基层社会治理方面发挥出明显优势，从舆情监测、基层应急宣传、媒体监督等方面下功夫，在本地社会治理过程中产生了很大效能。该中心通过与第三方公司合作建设舆情大数据分析库，抓取全网热点与负面信息，及时向市委市政府反馈，使突发舆情能够得到快速的应对和处理。尤其是在疫情期间，面对民间谣言和过激言论，融媒体中心能够及时发现，并发布权威通告进行回应，稳定民众情绪，引导社会舆论。

重大危机事件或突发性事件的发生往往伴随舆论危机，事态不明的情况下更需要有主流媒体第一时间知悉并准确报道相关信息，而接近事发地的县级融媒体更容易了解到突发事件的真实情况，能够针对本地民众想要了解或存在疑惑的问题及时进行新闻报道，有效回应社会关切。县级融媒体中心在舆论危机已经形成的情况下，要保证信息反馈渠道的畅通，就基层群众最关心的切实利益问题，提供新媒体平台的沟通与协商渠道；发布的新闻内容应当在恰当纾解群众负面情绪的基础上陈述基本事实，对网络谣言予以澄清，正确引导舆论风向。县级融媒体中心在舆情治理中不仅仅要针对具体舆论危机采取相应的新闻报道策略，还需要在突发事件当中筑牢基层舆论宣传阵地，在重大舆情问题发酵之前就主动积极引导，形成正确的舆论氛围。舆情本身并不是一个完全负面的事物，县级融媒体新闻服务参与舆情治理，既包括化解舆论危机问题的环节，也包括引导积极舆论风向的社会氛围塑造环节，前者固然能够防止更大治理危机的发生，后者对于突发事件的治理也起着加强社会团结的作用。因此，县级融媒体新闻服务在舆情治理上的巨大优势与潜力，正是县级融媒体中心成为基层社会治理重要抓手的一大体现。

3. 乡村建设的深度融入

县级融媒体新闻服务能通过引领乡村精神文明建设的方式引导和服务群众，作为农村精神文明建设有效平台载体，县级融媒体中心以筑牢党在农村的思想阵地、满足农村群众精神文化需求、推动农村移风易俗为目标，持续开展农村对象化分众化宣传教育，深入挖掘优秀乡土文化，广泛动员群众积极参与农村精神文明建设。

同样致力于农村精神文明建设，与新时代文明实践中心专注于线下的文明实践服务活动所不同的是，县级融媒体中心主要通过线上的新闻服务开展农村宣传教育工作，以丰富且覆盖范围广的新闻宣传手段、以弘扬主旋律且本土化的新闻宣传内容繁荣乡村网络文化。① 党的二十大指出，要推进城乡精神文明建设融合发展。② 推动精神文明建设是县级融媒体中心在加强信息传播、参与舆情治理的基础上进一步深入引导群众的必要行动，也是县级融媒体中心凝聚基层群众共识的重要依托。

浙江省安吉县自 2008 年起就开展了"中国美丽乡村"建设，目前全县 15 个乡镇(街道)实现了美丽乡村创建全覆盖，并呈现出一村一品、一村一韵、一村一景的格局，安吉的建设模式也成为"国家标准"。③ 2014 年，安吉融媒体中心(新闻集团)承建了该县"美丽乡村建设云平台"建设工作，并于"爱安吉"App 中专门开设了"数字乡村"版块，内设村情指南、村民活动、村务清、邻里中心、超级码、村容村貌、家政服务和视频通话八大版块。其中"邻里中心"内公示了每位村民组组长、乡贤队、调解队负责人的具体联系方式。"村容村貌"依托集团在各村多地放置的摄像头，可实现实时图像监测，民众足不出户即可了解所在地的道路情况，也是向外界展示乡村风采的重要窗口。

中国式现代化进程中的城乡精神文明建设是一个系统性工程，其中，农村精神文明建设是总体建设的重点、难点，对于建设文明乡风、实现乡村振兴具有重大意义。④ 在宣传方式上，县级融媒体中心应充分利用自身的媒体资源，借助各大融媒体平台，创新性运用短视频、直播等新媒体形式面向乡村居民开展宣传教育活动，争取获得具有影响力的公众人物的宣传助力，创造性地利用名人效应、网红效应。同时应注意到，农村存在老人、儿童等不善于使用网络媒体的人群，因此，县级融媒体中心需继续在电视、广播、报刊等传统媒体上发力，努力策划和推出为乡村群众所喜爱的节目形式和栏目内容。在宣传内容上，县级融媒体新闻服务应以弘扬和践行社会主义核心价值观为主线，强化思

---

①　曹峰. 建好县级融媒体中心和新时代文明实践中心[J]. 红旗文稿，2019(12).

②　推进城乡融合发展与乡风文明建设有效衔接[EB/OL]. [2023-06-02]. http://theory.people.com.cn/n1/2023/0602/c40531-40004593.html.

③　安吉县推进美丽乡村标准化建设[EB/OL]. [2016-08-01]. http://theory.people.com.cn/n1/2016/0801/c401815-28601810.html.

④　吴钊. 深化对县级融媒体使命和意义的认识[J]. 新湘评论，2023(16).

想道德和民主法治教育；大力宣扬文明乡风、良好家风、淳朴民风，深入报道乡村精神文明建设优秀事迹和典型人物；鼓励传承乡村优秀传统文化，搜集与乡村群众精神生活息息相关的本土化新闻素材，满足乡村群众日益增长的美好精神文化需求；努力动员乡村群众参与农村精神文明建设，激发群众利用文化活动空间、参与文明实践活动的积极性。

三、赋能地方发展的融媒担当

赋能地方经济社会发展是县级融媒体新闻服务的应有之义，拓宽发展空间，方能大有可为。县级融媒体中心是在国家战略统一规划建立的县级新型媒体单位，其影响能全方位辐射整个县域地区，促进地方经济、政治、文化、民生发展。县级融媒体中心在发挥主流舆论阵地、综合服务平台、社区信息枢纽三大功能的基础上，应当进一步找准定位，发掘中心的主体功能作用，最大限度地利用中心的各项服务，拓展中心的发展空间，更好地实现建强用好县级融媒体中心的发展目标。因此，县级融媒体的新闻服务应努力探索超越媒体视域之外更广阔的发展天地，在担负起引导基层群众、凝聚基层共识的思想文化宣传职责和政治传播使命的同时，积极寻求对地方经济社会发展作出更大贡献，展现作为县域新型主流媒体的社会担当和发展价值。

1. 促进地方认同

县级融媒体新闻服务通过促进地方认同的方式赋能地方经济社会发展，一方面借助地方性优势，以新闻宣传内容的地域化、本土化吸引本地民众的关注；另一方面借助新媒体的网络优势，以新闻宣传平台的连接属性创造本地民众互动讨论的机会，在一群人关注一件事的共同情感中增进本地群众对地方的依恋与认同。

地方认同是构建人人参与、人人共享的基层社会治理格局的情感基础，是个体在与地方的互动中形成的对地方的认可与信任。① 人心所向为正道，县级融媒体新闻服务对地方认同的构建是地方发展走稳走远的民心支撑来源。在宣传内容上，县级融媒体中心基于引导群众的目的，在新闻素材上，大量选取群众关注的生活化内容，塑造地方的正能量生活氛围，使群众真正感受到自己是所处地区的一分子，例如乡村篮球赛等健康的集体活动。文化认同是地方认同

---

① 王立国，宋薇，黄志萍. 旅游感知价值与地方认同对乡村旅游偏好行为的影响研究［J］. 西北师范大学学报（自然科学版），2023（4）.

建立的重要基础，地方不仅仅是一个物理空间环境，更是承载历史文化的记忆长廊，县级融媒体中心对地区优秀传统文化的宣传能使群众对所处地区产生文化认同与自豪。其次在宣传平台上，县级融媒体中心的新闻服务拓展至微博、微信、抖音、快手等各大新媒体平台，网络平台的高互动性和广覆盖性，让县级融媒体中心的宣传内容可以最大限度地传达给相关群众，并吸引群众参与讨论，即使远在他乡的游子也能在县级融媒体平台与家乡人共同关注、共同讨论家乡事物的变化，让属于地方的集体记忆在网络互动中跨越时间、空间的限制永远留存，并转化为基层群众对地方的认同与依恋。

2. 提升县域形象

县级融媒体新闻服务通过提升县域形象的方式赋能地方经济社会发展，作为网络时代的主流媒体，县级融媒体已然是代表县域形象的新时代城市名片，为地方更好地"走出去"创造无限可能。世界越来越小，人与人之间的距离、人与每一个城市的距离都比以往更近。生活在网络时代的我们，了解一个人、一座城再也不需要跨越万水千山，只需要打开任意一个网络新媒体，它的形象便能立刻呈现在小小的电子屏幕当中，有关它的任何信息我们都能从媒体平台中一一获取。可以说，网络媒体已经是我们认识一座城的最主要来源。因此，县级融媒体对网络新媒体的融合运用是地方提升县域形象的重要契机。县域形象影响着地方的人才吸引力和投资环境，良好的县域形象对地方经济增长和促进就业有着重要作用。县级融媒体对良好县域形象的塑造体现在两个方面，一是通过优质新闻内容正面宣传本地区经济社会发展优势和特色，积极宣传地方人才政策和优越营商环境，让更多人认识和了解本地区，增强地方的对外吸引力；二是做好县域日常舆情监管，及时引导正确的舆论风向，制止谣言散播，在县域舆论危机中主动发声，在社会中营造良好的县域舆论氛围，肩负起打造县域城市名片、让地方"走出去"的宣传职责。

3. 重塑地方文旅

县级融媒体新闻服务通过宣传地方文旅的方式赋能地方经济社会发展，借助新媒体传播优势，县级融媒体积极挖掘和宣传地方文旅资源，不断增强地方文旅资源的知名度、吸引力和影响力。地方文旅资源是地方经济的重要增长点，而新媒体在促进地方文旅发展上的作用正越来越突出。中国地大物博，不同地区的生态环境、人文风俗千姿百态、各有千秋。毫不夸张地说，无论是中国哪一个县市地区，都不缺乏优质的文旅资源。地方文旅当前要获得新发展，既需要当地有发现美的眼睛，进一步挖掘地区文旅资源，也需要一个被更多人看见的机会，因为有太多优质但不为人知的地方文旅产业。新媒体就是地方文旅获得新发展的最大机会。

县级融媒体中心凭借新媒体矩阵融合传播优势，推动地方文旅创新性发展。兰考县融媒体中心牢记习近平总书记"传承红色基因、赓续红色血脉"的红色文化传播要求，完善兰考红色文化传播平台建设，优化红色文化传播生态，深入挖掘兰考红色文化的新内涵，以深度、温度、广度兼具的传播内容和主动、优质、聚合的传播模式促进兰考县文旅融合发展。① 2023 年，多地文旅局长在抖音以独具地方特色的短视频花式出圈，让许多网友对当地产生了极大的兴趣；夏季山东淄博的烧烤在网络大火，当地美食文化受到了大家的喜爱，极大提振了淄博的旅游经济；冬季哈尔滨的冰雪世界霸屏全网，吸引了一大批全国各地的游客，一时间风头无两，哈尔滨文旅市场持续火爆，仅 2024 年元旦 3 天的旅游总收入就达到 59.14 亿元。② 纵观 2023 年旅游风向，夏天是"淄"滋有味，冬天是"滨"至如归，由此可见新媒体短视频在引领旅游热潮上的绝对主导力量。

第二节　县级融媒体主阵地的转移

随着新媒体技术的快速发展和受众阅读习惯的深刻变化，县级融媒体的主战场正在发生转移。从传统媒体到新媒体，从单一的信息传播到多元化的服务提供，县级融媒体需要不断适应新的传播环境，提升自身的传播力和影响力。这种转移不仅要求县级融媒体在技术上不断创新，更要求其在内容生产、传播方式、服务模式等方面进行全方位的变革，以更好地满足人民群众的信息需求。

随着信息技术的迅猛发展，新媒体以其独特的传播优势和广泛的用户基础，逐渐成为信息传播的主战场。县级融媒体作为地方媒体的重要组成部分，同样面临着传统主流媒体的现实困境。受众大量流失、广告收入下滑、内容生

---

① 赵佳鹏，李梦垚. 县级融媒体中心助力红色文化的传播路径——以兰考县融媒体中心为例[J]. 新闻知识，2023(8).

② 3 天创收 59 亿！哈尔滨的冰雪盛宴惊艳全国，游客成最大赢家[EB/OL]. [2024-01-04]. https://www.sogou.com/link? url = hedJjaC291Ok-E9WTygIKtXlE0qcN_CeeyvDdXo7gQK9Gpq1-8JCDNxQaS205pYX.

产滞后、互动性不足、体制机制僵化、人才大量流失等一系列问题亟待破解。随着新媒体的快速发展和广泛应用，县级融媒体向新媒体主阵地的转移已成为必然趋势，新的融合必将为地方媒体的发展注入新的活力和动力。

一、传统主流媒体的现实困境

电视、广播、报纸、杂志等传统媒体在长期发展中积累了许多优势，在信息传播中发挥了极大作用，但在网络新媒体时代，传统媒体不可避免地面临受众大量流失等诸多现实困境，这一冲击对于县级主流媒体尤为明显。许多传统媒体已经建立了深厚的品牌影响力和公信力，形成品牌优势，大众对传统媒体的信任度较高，尤其是在报道重要新闻和事件时，传统媒体的品牌优势更加明显。传统媒体具有内容生产优势，在内容生产方面有着丰富的经验和资源，依靠自身专业的新闻团队，能够进行深入报道和分析，提供全面、准确、权威的新闻和信息。同时，传统媒体在内容创新方面也具有一定的优势，能够不断推出高质量的节目和产品。传统媒体通常注重深度报道，且具有权威性，能够提供更多背景信息和分析，帮助群众更全面更客观地了解新闻事件，这种深度报道和权威性是传统媒体在新闻报道方面的一大优势。传统媒体汇聚了大量专业的新闻从业人员和编辑团队，他们在新闻采集、编辑、报道等方面具有丰富的经验和专业知识，这些人才和团队是传统媒体在内容生产方面的核心竞争力。新媒体在传播渠道上具有一定的优势，传统媒体也拥有多元化的传播渠道，包括电视、广播、报纸、杂志，等等，这些传播渠道可以相互补充并与新媒体融合，能为大众提供多种获取信息的方式。

然而，在实际发展过程中，县级融媒体新闻服务面临着诸多不足和问题。

1. 受众逐渐流失

随着互联网的普及和新媒体的崛起，传统主流媒体的受众逐渐流失。年轻一代更倾向于通过互联网和社交媒体获取新闻和信息，而传统主流媒体在吸引这部分受众方面面临挑战。近些年来，新媒体技术发展日新月异，人们获取信息的渠道发生了巨大变化，相较于传统媒体，新媒体具有更高的互动性、实时性和个性化，更能满足现代人的信息需求，获得了大量受众的支持。从现阶段的情况来看，选择通过传统媒体获取信息的人逐渐减少，且以中老年群体居多，无论是报纸、杂志还是电视、广播，其读者或观众的数量都在逐年下降，尤其是在年轻一代中，这种趋势更为明显。随之而来的是传统媒体的影响力减弱，其在社会舆论与公共事务中的作用也受到限制，严重阻碍了传统媒体的生产与发展。

随着媒体融合的加速推进，县级融媒体中心面临着来自上级媒体、其他县级融媒体中心、商业媒体等多方面的竞争压力。在市场竞争激烈的环境下，县级融媒体中心需要不断提升自身的传播力、引导力、影响力、公信力，才能在市场中立足。然而，由于县级融媒体中心在资金、人才、技术等方面的不足，使其在市场竞争中处于劣势地位，难以与上级媒体和商业媒体相抗衡。

另外，互联网冲击下的受众流失导致传统主流媒体的广告收入大幅下滑。广告是传统主流媒体的主要收入来源之一，但随着受众的减少，广告商对于在传统媒体上投放广告的意愿也会降低，转而将更多预算投向互联网和新媒体，传统主流媒体的广告收入受到严重冲击。许多报纸接连停刊，其中相当一部分是发展数十年且具有一定知名度的报刊。电视台也在不断压缩频道，在用户流失、收入锐减的情况下，即使是幸存的媒体也都在缩减成本、大幅裁员。例如，2018 年到 2020 年，深圳电视台播出频道数量由 18 个减少到 16 个，柳州电视台播出频道数量由 5 个减少到 3 个，鞍山电视台播出频道数量由 5 个减少到 2 个。[①] 在移动互联网时代，不少省市级电视频道也难逃此劫，步入下滑期，对于县级传统媒体来说，要生存下去更是难上加难，这也是媒体融合势在必行的一大原因。

2. 内容生产滞后

传统主流媒体在内容生产方面往往存在滞后现象。由于需要经过采集、编辑、审核等专业流程，传统主流媒体难以像自媒体那样随时随地发布新闻和信息，这导致传统主流媒体在时效性上无法与新媒体竞争。以传统电视新闻内容生产制作为例，传统电视新闻的制作主要采用 PGC（Professional Generated Content，专业生产内容）的模式，生产流程较为烦琐，需要专业团队经过策划、采访、写作、编辑、审核等多个环节，导致生产效率低下，难以快速响应市场需求。在遇到突发性事件需要紧急报道时，传统主流媒体的时效性也远不如网络媒体。在新媒体传播快速、方便的情况下，广播电视新闻内容更新慢的劣势更为凸显。此外，传统媒体在技术更新方面往往滞后于新媒体，缺乏先进的内容生产工具和技术支持，导致内容生产的质量和效率受到限制。而一些县级融媒体中心在新闻报道生产过程中尚未转变互联网思维，没有养成用户至上

---

① 消逝的电视台：广告收入断崖式下跌的背后，大批年轻人逃往新媒体 [EB/OL]. [2021-10-06]. https://www.163.com/dy/article/GLL1P4CQ0521K988.html.

的工作理念，导致新闻内容缺乏创新和独特性，在报道同一事件或话题时，不同县级融媒体中心往往采用相似的角度和表述方式，缺乏独特的观点和视角，使得新闻内容呈现出高度的同质化，难以吸引用户的关注，无法真正做到服务群众。①

由于内容生产同质化，县级融媒体中心常常满足于搬运复制党政机关新闻，自认为已经履行好政治宣传的职责，从而忽视本地新闻的原创性报道，缺乏对全局性、深度性内容的挖掘和报道。当其新闻内容缺乏深度和广度，不够贴近群众实际生活时，也就无法满足用户对多元化、高质量信息的需求。同时，县级融媒体难以形成独特的品牌形象和用户黏性，用户在面对大量相似的内容时，很难产生持续关注和互动，导致用户流失和黏性不足。这种同质化现象不仅降低了新闻的价值和吸引力，也让县级融媒体中心在竞争激烈的市场中难以脱颖而出。在激烈的媒体竞争中，高度同质化的新闻内容使得县级融媒体中心难以形成竞争力，与其他主流媒体和大型新媒体公司相比，县级融媒体中心在内容质量和传播效果上往往处于劣势地位。

3. 互动性不足

传统主流媒体与受众的互动相对较少。传统媒体如电视、广播、报纸的受众往往只能单向接收信息，无法及时反馈自己的想法和意见，这种单向传播模式限制了传统主流媒体与受众的互动和沟通。传统电视新闻从生产制作到发布传播，再到观众接收，仅仅形成单向的信息传播链条，没有产生合理的传播闭环。即使有互动环节，如电话热线、邮件反馈等，也往往存在延迟和不便。传统媒体的内容往往是面向广大受众，缺乏针对个人兴趣和需求的个性化内容，这使得受众难以在传统媒体中找到自己真正感兴趣的内容。相比新媒体平台，传统媒体的社交属性较弱，受众难以在传统媒体上建立和维护社交网络，缺乏与他人的交流和分享，互动性不足。此外，传统媒体缺乏互联网思维和用户思维，这导致传统媒体在互动性方面缺乏创新和突破。传统媒体的运营模式较为单一，缺乏多元化的盈利模式，这使得传统媒体在互动性建设方面缺乏动力与投入。②

---

① 黄楚新，刘美忆. 2019 年中国县级媒体融合发展状况及趋势［J］. 新闻与写作，2019(12).

② 浅析互联网环境下传统媒体的媒介融合问题和发展［EB/OL］.［2019-01-10］. http://media.people.com.cn/n1/2019/0110/c424556-30515050.html.

4. 体制机制僵化

传统主流媒体的体制机制往往较为僵化，缺乏灵活性和创新性，这导致传统主流媒体在应对市场变化和新媒体挑战时显得力不从心。传统媒体受到严格的体制和机制限制，在决策、运营和管理上缺乏灵活性。一些传统媒体在内容生产上缺乏创新意识，过于注重传统的报道方式和内容形式，缺乏创新和差异化，难以吸引年轻受众的关注与喜爱。总之，僵化的体制机制使得传统媒体在内容制作、传播方式、商业模式等方面的创新受到限制，难以推出具有竞争力的新产品和新服务，还可能导致资源的浪费和重复投入，难以形成规模效应和协同效应。且在长期发展过程中，传统媒体已经形成相对固定的制度惯性，体制机制变革的阻力较大，在政策法规等方面的制约下，也难以进行大刀阔斧的改革；一些既得利益者通常可能也不愿意放弃既有的权力和利益，进而阻碍体制机制变革的推进；改革需要投入大量的人力、物力和财力，传统媒体也难以承受高昂的改革成本。

以传统媒体为主体的县级融媒体中心作为新兴的传播形态，在管理体制、运营机制等方面可能存在不健全的问题。县级融媒体中心兼具事业性和企业性，在一定程度上保留了原有的管理方式方法，在激励制度上有明显欠缺。①由于运营机制不健全，导致资源分配不合理、工作效率低下等问题。这些体制机制的问题限制了县级融媒体新闻服务的发展空间和创新动力。

县级融媒体中心在发展过程中，需要与其他媒体、政府部门、企业等建立合作关系，共同推动新闻服务的提升，然而，目前许多县级融媒体中心的合作机制并不完善，缺乏有效的合作渠道和模式。一些县级融媒体中心在与其他媒体或政府部门合作时，缺乏明确的合作目标和计划，缺少方向性和针对性，导致合作效果不尽如人意。同时，由于缺乏有效的合作机制（如跨区域的资源融合平台），县级融媒体中心在资源共享、信息互通等方面也存在一定的障碍，包括新闻线索、采访资源、技术设备等方面的共享，限制了新闻服务的广度和深度。合作机制的不完善可能导致县级融媒体机构之间的协同效率低下，在突发事件或重大事件报道中降低报道的及时性和准确性。

5. 政策扶持不够

政府在推动县级融媒体新闻服务发展方面扮演着重要角色，然而，目前针

---

① 陈淼. 县级融媒体中心新闻生产与传播的困境与路径[J]. 传媒，2020(13).

对县级融媒体中心的政策扶持力度还不够。虽然政府出台了一些相关政策，但在具体实施过程中往往存在落实不到位、执行效果不佳等问题，特别是不同地区的县级融媒体中心获得的政策扶持可能也天差地别，这与当地的经济发展状况以及领导人重视程度密切相关。此外，政府在提供资金支持、税收优惠等方面的政策扶持，缺乏具体的政策措施和资金支持，县级融媒体新闻服务的发展难以取得突破性进展。

县级融媒体中心的发展需要大量的资金投入，用于技术设备更新、人才队伍建设、内容生产等方面，然而，目前许多县（市）由于县级财政能力有限，对融媒体中心的投入难以满足其发展需求；另外，由于县级融媒体中心的商业化运营能力不足，难以通过市场手段获得足够的资金支持。这种资金投入不足的情况限制了县级融媒体新闻服务的发展速度和质量，使其在吸引人才、推动机制改革方面显得心有余而力不足。

6. 人才队伍建设滞后

县级融媒体新闻传播的发展离不开专业的人才队伍，然而，目前许多县级融媒体中心在人才队伍建设上存在滞后现象，如薪资待遇、职业发展机会、工作环境等问题，缺乏高素质、专业化的编辑记者和技术人才，导致新闻内容的质量和水平受到限制。许多县级融媒体中心兼职人员占比过高，人员流动频繁，影响新媒体平台运营的持续性和稳定性。同时，一些县级融媒体机构的人才队伍结构也不尽合理，如年龄偏大、学历偏低、专业技能不足等，这导致新闻传播的质量受到影响，难以适应新媒体环境下的发展需求。随着新媒体技术的快速发展，县级融媒体机构需要不断更新员工的知识和技能，但一些县缺乏培训资源和计划，导致员工的能力提升缓慢。此外，缺乏完善的人才激励机制也是县级融媒体中心新闻传播人才队伍建设滞后的原因之一，包括缺乏合理的薪酬体系、晋升机制、奖励机制等，导致融媒体员工工作积极性不高，人才流失严重。[1]

同时，一些新媒体采用更先进的传媒模式和技术，使得传统媒体行业感觉无力迎头赶上。传统媒体的工作压力大、工作环境不佳、工作时间长、发展空间受限等因素，使得一些人才选择离开这个行业。优秀人才的流失使传统媒体的影响力、竞争力和创新力减弱，难以与新媒体和其他媒体竞争，落后于行业发展的步伐。

---

[1]　谢新洲，柏小林. 全国县级新媒体发展调查分析［J］. 出版发行研究，2018(12).

长时间以来，传统媒体凭借其权威优势，牢牢占据着信息传播的主阵地。但随着互联网的普及和新媒体的快速发展，传统媒体用户大量分流，自身生产与发展受到极大冲击。为应对这些困境和谋求更好的生存，传统主流媒体需要加快改革创新步伐，加强与新媒体的融合发展，提高内容生产效率和互动性，优化体制机制，吸引和留住优秀人才。

二、新兴传媒优势的融合链接

随着新媒体的快速发展，大量受众尤其是年轻受众逐渐从传统媒体转向新媒体平台获取信息。新媒体平台具有传播速度快、互动性强、内容形式多样等优势，能够更好地满足受众的信息需求，提升传播效果。为了更好地服务受众，县级融媒体中心需要跟随受众向新媒体主阵地转移，通过整合新媒体资源构建全媒体传播体系，实现多平台、多渠道、多终端的传播，提升综合竞争力。近年来，国家和地方政府出台了一系列政策，支持和引导县级融媒体中心向新媒体主阵地转移，这些政策为县级融媒体中心的进一步发展提供了有力保障和机遇。

1. 先进传媒技术的应用

新媒体利用数字技术、网络技术等先进的信息传播技术，能够实现信息的快速传播。相比传统媒体，新媒体的传播速度更快，能够在短时间内将信息传达给大量受众。新媒体技术应用水平的不断提高，有效扩大了覆盖范围，通过互联网、移动设备等渠道进行传播，能够覆盖更广泛的受众群体。无论是城市还是农村，只要有互联网连接，受众就可以接收到新媒体的信息。社交媒体、视频平台等新媒体平台通常具有全球覆盖的能力，用户可以在任何地方、任意时间访问这些平台，获取或分享信息。新媒体用户群体的广覆盖，增加了新媒体平台信息传播的广度和影响力，迅速传播社会事件和热点话题，引导网络舆论风向，传递主流价值观念。

县级融媒体中心在近年来逐渐引入了新媒体技术，但整体应用水平仍然不高，在技术设备、平台开发等方面仍存在短板，无法充分利用新技术提升新闻的传播力和影响力。媒体融合的关键是充分应用先进技术，以新媒体促进传统媒体全面改革。目前虽有许多县级融媒体中心已实现独立网站、"两微一端"的顶级配置，但其新闻内容的生产、传播渠道仍然延续老旧的模式，没有做到真正的相融。一些县级融媒体中心使用的设备和技术手段较为陈旧，无法满足现代新闻传播的需求。县级融媒体中心的工作人员在技术应用方面也存在不熟练的情况，无法充分发挥先进设备和技术手段的优势。随着大数据技术的发展，数据分析在新闻传播中扮演着越来越重要的角色，然而，一些县级融媒体中心的数据分析能力几乎为零，无法对新闻数据进行有效挖掘，更无法为新闻报道提供可视化的数据支持。此外，部分县级融媒体中心尚未充分利用社交媒体、短视频等新媒体平台，县级融媒体中心的网站或移动应用存在界面设计不合理、用户体验不佳等问题，影响了用户的阅读体验和满意度。

2. 互动参与的用户选择

新媒体具有互动性强的特点，受众可以通过评论、点赞、分享等方式与媒体进行互动，表达自己的观点和意见，高互动性不仅增强了受众的参与感，也使媒体能够更直接地了解受众的需求和反馈。在传播平台上，这种高度参与的氛围使得新媒体成为一个真正的双向交流平台。新媒体平台能实时显示用户的反馈和评论，内容发布者可以根据实时反馈及时调整内容和策略，满足用户的需求和期望。新媒体平台为用户提供多种互动方式，如分享、转发等，用户可以根据自己的喜好和需求选择合适的互动方式。① 在当今信息爆炸的时代，新媒体平台通过提供高度互动的环境，满足了用户对于信息的获取和交流的更高需求，使用户能够更加深入地了解信息和观点。通过提供高度互动的环境，新媒体平台可以吸引用户长时间停留和参与，从而提高用户黏性，帮助品牌更好地了解用户需求和市场动态，从而制定更加精准的品牌策略，提高传媒品牌影响力和认知度，推动信息的广泛传播和扩散，让更多人能够了解和分享有价值的内容。

3. 内容形式的多样化体验

新媒体的内容形式丰富多样，包括文字、图片、音频、视频等多种形式，这种多样化的形式能够为用户提供更为丰富、生动的内容体验，满足不同用户的需求和兴趣，提升用户的阅读体验和满意度。通过多媒体融合传播，新媒体可以更有效地传递信息，提高信息的传播效果和覆盖范围，促进用户与内容的互动，形成活跃的用户社区。

新媒体通过算法分析用户的兴趣和偏好，能够为用户提供个性化的内容推荐，这种个性化推荐能够提高用户的使用体验，增加用户对新媒体的黏性，同

---

① 李永宏. 媒体融合对传统新闻业态的影响与变革[J]. 记者摇篮，2024(2).

时也能够鼓励内容创作者创作更多符合用户需求的优质内容，促进内容创新。① 随着大数据和人工智能技术的发展，新媒体平台通过算法分析用户的浏览记录、兴趣爱好等信息，实现个性化推荐，使得每个用户看到的内容都有所不同。通过用户画像，新媒体平台能够精准地定位用户群体，为广告商提供更有针对性的广告投放策略，提高广告说服效果。

4. 新媒体平台的合作加持

新媒体的运营成本相对较低，不需要像传统媒体那样支付大量的印刷、发行等费用，这使得新媒体在内容生产和传播方面更加灵活，也能为受众提供更多的优质内容。新媒体营销还可以利用现有的社交媒体、博客、视频平台等进行信息传播，从而降低了固定资产投资。同时，新媒体营销可以使用先进的多媒体技术，以文字、图片和视频的形式描述产品和服务，且可以通过多种渠道进行传播，如社交媒体、电子邮件、短信等。新媒体传播成本低廉，提高了信息传播的效率，使企业和个人也能够利用新媒体平台进行信息传播和推广，有利于企业的发展。②

在新媒体时代，县级融媒体中心应积极建设、利用新媒体平台，如"三微一端"（微博、微信、微视频和客户端）、抖音等，拓宽信息传播渠道，优化平台功能和服务，提高用户体验和互动性。同时，注重内容的质量和创新，结合地方特色和用户需求，制作具有吸引力和影响力的新媒体内容。加强对新媒体人才的培养和引进，建立一支具备新媒体思维和技能的专业团队，提升县级融媒体在新媒体领域的竞争力。特别是县级融媒体中心应积极与各类新媒体开展合作与交流，共同推动县级融媒体中心向新媒体主阵地的转移，通过各种形式的合作与交流，借鉴新媒体的成功经验和技术手段，提升县级融媒体中心自身的发展水平和影响力。

第三节　县级融媒体的传播力提升

传播力是衡量媒体影响力的重要指标，对于县级融媒体而言，如何提升传

---

① 大数据时代新闻定制化发展的机遇和瓶颈——以"今日头条"手机客户端的发展模式为例 [EB/OL]．[2018-01-24]．http://media. people. com. cn/n1/2018/0124/c416772-29784702-2.html.

② 新媒体环境下市场营销策略创新发展[EB/OL]．[2024-01-08]．https://reader.gmw.cn/2024-01/08/content_37077015.htm.

播力，增强其在地方新闻传播中的话语权和影响力，使其更好地满足人民群众的信息需求和文化期待，是摆在我们面前的重要课题。然而，县级融媒体中心在发展过程中面临着一些问题和挑战，如内容同质化、人才匮乏等，这些问题不仅制约了县级融媒体中心的发展，也影响了其服务地方经济社会发展的能力。

一、重建用户群体的有效连接

媒体融合本质上是推动主流媒体的互联网化，重建与用户的有效连接，用户思维也自然成为主流媒体融合转型的关键。用户思维是互联网思维的核心，在互联网时代，新媒体加强了用户行为模式的识别和信息服务的精准投放，大大提高了多媒体、多终端信息发送的效率。媒体服务应以用户需求和使用情境为出发点，"人在哪儿，媒体工作的重点就该在哪儿"。用户在哪里，媒体的服务就在哪里，传媒的覆盖就在哪里。换言之，将追踪用户使用产品的情景，化为媒体设计的一个重要思路：关注用户在什么时候、什么状态、什么习惯下使用你的内容。融媒体跨平台传播的目标就是让受众用最适合自己的方式来获得信息，并且要快、准、精。在每一个媒介形态的"触角"上如何增加用户"黏性"，靠的是个性化需求的满足。在信息和众多媒体几乎处处可见的今天，只有符合用户特定需要的媒介才能获得他们的注意，赢得他们的使用。这些认识和理念归结成一条首要原则——"用户体验至上"，即从用户使用情景的角度去设计和开发媒介产品，使用户拥有超出预期的使用体验，才能赢得市场青睐。

注重服务思维意味着传播理念的改变，不再是传统的"我播你看"，而是构建一种新型的主体因子关系，特别是推动主流社群发展。现代传媒业应进一步挖掘内容产品之外的"粉丝价值"，运用多种现代公共关系手段，来形成并经营自己的社群。①

业界人士邵晓晖在谈到互联网思维时认为，应"从三个向度运用以用户思维为核心的互联网思维，加快实现渠道转移、用户连接，推进融合转型"。他认为，在"人人都有麦克风""人人都是创作者"的当下，全民创作、全民分享已成为现实，互联网正日趋成为舆论生成的策源地、舆论传播的集散地、舆论交锋的主阵地。要做强主流舆论，媒体的首要任务就是坚持内容创新，培育新质生产力，这是媒体以需求为导向融合转型的需要，也是适应商业平台运营政

---

① 石长顺. 传媒进化论[M]. 北京：社会科学文献出版社，2020：38.

策调整的需要。融媒体要学会与用户一起共创内容，让用户成为内容的策划者、发起者，将用户的网络表达直接嵌入内容生产流程，成为内容的一部分，并将作品的单向发布转变为"我说你评""你说我听"的用户交互。①

深入了解群众需求，打造本土化新闻服务。县级融媒体中心应当深入了解当地群众的文化背景、生活习惯和信息需求，通过市场调研和数据分析，精准定位新闻内容的方向和风格。县级融媒体中心在生产新闻内容时，应注重本土化和接地气。这包括使用当地群众熟悉的语言和表达方式，报道当地发生的新闻事件和社会热点，关注当地群众的生活和生产等方面。只有贴近群众、贴近实际、贴近生活的新闻内容，才能引起群众的共鸣和关注。通过这种方式，县级融媒体可以更加贴近群众的生活，增强用户的认同感和归属感。

创新内容形式，增强吸引力。县级融媒体中心应当注重创新内容形式，采用图文、视频、直播等多种形式，打造生动、形象、有趣的新闻产品，还可以运用虚拟现实（VR）、增强现实（AR）等先进技术，为用户提供更加沉浸式的新闻阅读体验。这些创新举措可以让新闻内容更加生动有趣，提高用户的阅读兴趣和参与度。同时，结合当地特色和文化底蕴，推出具有地方特色的新闻内容，增强新闻的吸引力和感染力。

强化用户思维和互动性，提高新闻创作与传播的群众参与度。县级融媒体中心应树立用户思维意识，以用户需求为导向，优化内容生产和传播策略。通过大数据分析、用户画像等手段，深入了解用户的阅读习惯、信息需求和使用习惯，为用户提供更加精准、个性化的新闻服务，为内容创作和平台运营提供数据支持。同时，开展线上线下互动活动，如问卷调查、民意征集等，让群众参与到新闻内容的创作过程中，提高群众的参与度和归属感。县级融媒体中心可以利用社交媒体平台与用户进行实时互动和交流，听取用户的意见和建议，不断改进和优化新闻内容。这种互动性和社交性可以让用户感受到更加真实和贴近的新闻体验，增强用户对县级融媒体的认同感和黏性。湖南省蓝山县融媒体中心鼓励员工深入社区，与当地居民建立联系，从他们那里获取第一手的新闻线索和故事，这种"接地气"的方式使得新闻内容更加贴近群众，增强了与观众的共鸣；定期在社区举办互动活动，如"社区故事分享会""蓝山新闻目击者"等，邀请社区居民分享他们的故事和经历，增强了群众的参与感和归属感；设立专门的反馈渠道，如"蓝山新闻热线"，方便群众对新闻内容进行反

---

① 邵晓晖. 广电媒体实践互联网思维的三个向度[J]. 中国记者，2024（2）.

馈和建议，及时调整内容生产方向和策略。①

二、树立技术驱动的融媒理念

纵观世界传媒业史，每一种新媒介的诞生和新业态的发展，无不是传媒技术的迭代进步推动的。从报纸媒介的问世到广播电子媒介的快速传播、电视媒体的视觉革命，再到新媒体尤其是移动互联网的诞生，传媒业的发展越来越接近于人性化的传播，重视离不开传播技术的驱动。媒体融合时代更是新兴媒体发展的使然，促使传统主流媒体的变革与转型，对先进的传媒技术保持清醒的敏锐度，并充分利用传媒新技术对传统媒体采编播(发)流程进行重构和优化。

对比网络媒体和商业头部传媒的快速崛起及其影响力，新型主流媒体的差距显而易见，其中新技术支撑能力不足成为一个主要的问题，对县级融媒体中心来说更是成为制约发展的一大瓶颈。为改变这一现状，中央相关政策从现代传媒体系建构的提出，到"移动优先"的策略、"中央厨房"的打造、"一体化建设"的发展，再到"四全媒体"的目标追求，无不强调了政治逻辑表述中的技术含量的重要性，并鲜明地指出，"用"得好才是真本事。

如何算是"用"得好？先要摆正技术的位置，从根本上将其置于媒体竞争的战略部署之中，而不仅是战术考虑的权宜之计。在技术上要紧随新传媒时代的技术步伐，抓升级换赛道，增强融媒体技术发展的规划性，重视引进和培养传媒技术人才，打造现代全媒体技术体系，超前部署未来融媒体发展新路径，推动县级融媒体中心全面数字化转型。

具体而言，县级融媒体中心应建立新媒体矩阵，要在新媒体平台上建立自己的官方账号，如微博、微信公众号、抖音等，形成多平台传播的网络，扩大影响力，并制定适当的运营策略。县级融媒体中心应结合新媒体平台的传播特点和用户需求，制作符合平台规范和受众喜好的内容，注重内容的时效性、实用性和趣味性，提高内容的吸引力和传播力。县级融媒体中心要强化互动与回应，及时回应网友的评论和疑问，与用户进行互动交流，增强用户的参与感和归属感，引导用户参与内容的创作和传播。要利用新媒体平台的算法推荐机制，将优质内容推送给目标受众，提高内容的曝光率和点击率，并根据用户反馈和数据分析，不断优化推荐算法，提高推荐效果。要加强合作，可与其他新媒体平台或媒体机构进行合作与联动，共享资源和信息，实现信息的互补，扩

---

① 湖南蓝山：聚焦媒介融合 做活宣传文章［EB/OL］.［2021-12-15］. https://baijiahao. baidu.com/s？id=1719203307677235837.

大传播范围和影响力。要建立社群营销，通过建立用户社群，提高用户黏性和传播效果。

在新媒体环境下，基于传媒新技术的品牌建设尤为重要，县级融媒体中心应注重塑造自己的品牌形象，通过优质的内容和良好的用户体验，提升品牌的认知度和美誉度。河南省项城市融媒体中心积极拓展有影响力的新媒体平台，例如抖音、快手等短视频平台，形成多平台的移动传播矩阵，依托先进技术建立的360度全媒体演播厅，可以支撑广播、电视、"融媒一号"App的同步直播。在疫情期间，该中心通过手机、广播、电视融合式报道，开展《众志成城抗击疫情》的全媒体直播，每次直播1个小时，播放量达10万+，促进项城市融媒体中心各新媒体平台传播力显著提升，粉丝量成倍增长。①

三、弘扬中华文化和民族精神

中华文化是所有中国人共同的文化基因和情感联系，抓住这一份情感联结是新闻宣传引起共鸣的重要方法，而只有引起人们广泛共鸣的报道才能传播得更广、更深入人心。县级融媒体中心作为地方文化的传播者，应积极传承和弘扬中华优秀传统文化，通过报道地方文化遗产、民俗风情、历史人物等内容，展示地方文化的独特性和多样性，增强群众对地方文化的认同感和自豪感。同时，满足群众对文化生活的需求，提高群众的文化素养和审美水平，促进不同文化之间的交流和理解，进而提升群众对县级融媒体的认可与喜爱度，增强县级融媒体的传播力。

首先，县级融媒体中心应深入挖掘和整理当地的文化资源，包括历史遗迹、传统艺术、民俗风情等，通过新闻报道、专题节目等形式进行展示和传播。积极寻找和报道中华文化的丰富内涵和独特魅力，通过深入挖掘和传承中华文化，让更多群众了解和认识中华文化的博大精深，强调民族精神的传承与弘扬。要深入挖掘民族精神内涵的时代价值，通过报道优秀人物、事迹和故事，引导人们正确认识、积极传承民族精神，激发人们的爱国情感和集体荣誉感。

其次，要创新文化报道形式，既可以通过制作纪录片、特别节目、专栏等形式，展示中华文化的历史、传统、艺术等方面，也可以结合新媒体的特点，创新文化报道的形式和内容，如短视频、直播、互动游戏、虚拟现实等，吸引

---

① 县级融媒战"疫"，专家盘点三大功能［EB/OL］.［2020-03-24］. https://www.thepaper.cn/newsDetail_forward_6676114.

更多年轻人的关注和参与，让传统文化焕发新的生机。

再次，要强化文化教育和传播，通过开设文化专栏、举办文化讲座、推出文化教育节目等方式，提高群众对中华文化和民族精神的认知和理解；通过开发具有地方特色的文化产品、举办文化活动等方式，丰富群众的精神文化生活，强化文化自信与文化自觉，提升县级融媒体中心的文化吸引力和影响力。

最后，要加强合作与交流。县级融媒体中心同样肩负着传播中国话语、中国精神、中国故事的重任，为展示良好的中国形象和地方文化发展特色，可与当地文化机构、学校、社区等合作，开展文化活动和文化交流，通过深入挖掘和报道当地的先进文化典型、感人事迹、发展成就等内容，促进文化传承，增强文化自信心和凝聚力。

四、完善融媒人才的建设机制

一支高水平专业化的融媒体人才队伍是县级融媒体传播力提升的重要力量。中央有关媒体融合的政策强调，媒体竞争的关键是人才竞争，媒体优势的核心是人才优势，并要求新闻舆论工作者努力成为全媒型、专家型人才。[1] 高水平的融媒体人才具备突出的创新思维和创新能力，能为县级融媒体带来新的传播理念、技术和方法，这种创新驱动能够提升县级融媒体的内容质量和传播效果，使其在激烈的市场竞争中脱颖而出。人才是内容生产的核心，通过引进和培养优秀的内容创作者、融媒体编辑记者等人才，县级融媒体可以提升其内容的原创性、深度和广度，并吸引更多的用户关注，提升县级融媒体的传播力和影响力。

在媒体融合的背景下，技术成为推动媒体发展的关键因素，拥有专业的技术骨干人才，县级融媒体可以更好地应用新媒体技术，如大数据、人工智能、云计算等，优化传播渠道、提升用户体验，从而提高其传播力。通过打造一支结构合理、优势互补的团队，县级融媒体可以实现资源共享、知识共享，提高整体工作效率，团队协作的优化有助于县级融媒体更好地应对各种传播挑战。

县级融媒体加强人才建设，需要从完善人才引进机制、加强现有人才的培训和教育、建立完善的人才激励机制、加强人才交流和合作以及营造良好的人才发展环境等多个方面入手，不断提高人才队伍的整体素质和创新能力，为县级融媒体的发展提供有力的人才保障。一是建立完善的人才引进机制，通过制

---

① 为县级融媒体中心建设提供人才支撑[EB/OL].[2018-11-07]. http://media.people. com.cn/n1/2018/1107/c40606-30387258.html.

定优惠政策、提高薪资待遇、优化工作环境等方式，吸引更多优秀人才加入县级融媒体；同时，要关注人才的专业背景、实践经验和创新能力，确保引进的人才能够适应融媒体发展的需要。二是加强现有人才的培训和教育，针对现有人才的不同需求和特点，制订个性化的培训计划，提供多样化的培训课程，如新媒体技术、内容创作、数据分析等，通过培训和教育，提高现有人才的专业素养和创新能力，推动他们向复合型、全媒型人才转变。三是建立完善的人才激励机制，通过设立奖励机制、晋升机会、职业发展路径等方式，激发人才的积极性和创造力，还要关注人才的心理需求和发展期望，为他们提供个性化的职业规划和发展建议，帮助他们实现自我价值和职业发展。四是加强人才交流和合作，通过组织内部交流、外部合作等方式，促进人才之间的交流和合作，这不仅可以拓宽人才的视野和思路，还可以促进知识共享和资源共享，提高融媒体的整体竞争力。五是营造良好的人才发展环境，通过优化工作环境、提供必要的工作资源、加强团队建设等方式，为人才营造良好的发展环境，并注重人才的生活需求和心理健康，强调人文关怀，为他们提供必要的帮助和支持，让他们能够全身心地投入到融媒体工作中。①

　　通过以上措施，县级融媒体中心可以逐步建立起一支专业、高效、稳定的团队，为其在新媒体领域的持续发展提供有力保障。如浙江省长兴县融媒体中心(传媒集团)实行竞聘上岗制度，建立科学的干部任用和竞争激励机制，对专业技术岗位实行"首席"聘任制，不断完善五档薪酬体系，基本实现同岗同酬，通过积分制考核办法开放薪酬晋级通道；并坚持以待遇留人、以文化留人、以感情留人，打造书吧、茶吧等多个公共文化空间，组建员工俱乐部，经常性开展文体活动。② 项城市融媒体中心致力于培养能写、能拍、能说、能剪的"四能"人才，积极开展对外交流与合作，不仅与郑州大学、浙江传媒学院、今日头条、梨视频等签订战略合作协议，而且聘请全国30多位知名广播、电视、融媒体、技术等方面的专家组成智囊团，帮助解决中心的创新发展问题，研发新的发展模式，实施远程教育，提高了员工的整体素质和专业本领。③

　　① 郑保卫，张喆喆. 县级融媒体中心建设：成效·问题·对策[J]. 中国出版，2019(16).
　　② 王晓伟. 长兴模式：县级融媒体中心的建设探索[J]. 新闻与写作，2018(12).
　　③ 杜少华. 县级媒体融合的实践——以项城市为例[J]. 新闻爱好者，2019(7).

第六章 县级融媒体政务服务

县级融媒体的政务服务，是中央对传媒融合中的县级融媒体中心制定的专项政策，目标是打通政务服务"最后一公里"，提升政务信息通达度。这是"人民至上"理念在传媒政策中的具体体现，也是对县级融媒体的政治信任，同时还为县级融媒体开辟了一条抵达移动互联网用户"人人通"的渠道。那么，县级融媒体链接县、乡、村三级政务服务平台的结构能否建立起来？"接入"的政策目标能否实现？政策实施过程中的主要问题及原因是什么？这些将是本章研究的主要内容。

第一节 县级政务服务的三级平台结构

"进一扇门办所有事"，这是人民群众对当今政务服务的形象化比喻，它反映了我国政府公共服务的转型。从县域实施情况看，基本做到了县、乡、村三级贯通。在中央有关县级传媒政策的支持下，县级融媒体中心加快建立"媒体+政务服务"运行模式。

一、县、乡(镇)、村三级政务服务中心结构的建设背景

"公共服务是 21 世纪公共行政和政府改革的核心理念，推进公共服务改革，提供更多、更好的公共产品和公共服务来满足公众日益增多的社会需求是现代社会发展的内在要求。"①受到 20 世纪末的新公共管理理论思潮以及人民对政府社会管理的需求不断增长的影响，我国政务服务中心诞生于"世纪之交"——1999 年，浙江省金华市坚持"服务投资、方便市民、并联审批、全程代理、强化监督"的理念，率先采用"一站式"审批模式，开创了国内政务服务

---

① 王郅强，靳江好. 坚持科学发展观 强化社会管理和公共服务职能——中国行政管理学会 2004 年会暨"政府社会管理与公共服务改革"理论研讨综述[J]. 中国行政管理，2004(10).

中心的先河，同年，浙江省上虞市把分散在不同部门的审批、审核、办证、办照事项集中到一个大厅进行办理，建立了全国首家规范意义上的政务服务中心。① 2000 年浙江省率先进行了综合行政服务机构建设的试点，2001 年 10 月 18 日国务院批转监察部、国务院法制办、国务院体改办、中央编办《关于行政审批制度改革工作实施意见的通知》（国发〔2001〕33 号）后，各地开始吸收经验，创新建设政务服务中心。

政务服务中心是在政府领导下由政府有关部门共同组成，行使行政审批和公共服务职能、共同为群众进行面对面、个体化、人性化、全天候、无缝隙、可持续、全方位服务的行政机构，政务服务中心的建立使得政府部门为群众服务更加具有统一性、集群性和协同性。② 简单来说，政务服务中心就是政府部门集中服务的平台，它符合我国自 2004 年以来推行的"服务型政府"的建设要求，多年来，为适应社会经济发展，我国政府不断进行管理创新。政府管理创新主要是指政府机构通过不断转变管理职能、改进工作方式、优化运行体制、重造业务流程、提高技术手段和增强自身能力而提高政府工作的效率、效益、效果的创造性活动，③ 政务服务中心的建设便是在我国地方政府的管理创新中诞生的。截至 2011 年年底，我国共设立政务（行政）服务中心 2912 个（含各级各类开发区设立的服务中心），其中，省级中心 10 个，市（地）级 368 个，县（市）级 2534 个；30377 个乡镇（街道）建立了便民服务中心，基层政务服务中心建设得到了蓬勃的发展。

从单个政务服务中心发展到多级联动是一个渐进发展并且不断在实践中得以完善的过程，由于政务服务中心在初步建设时是地方政府创新的成果，并不是自上而下的行政机构设置，在地方具体运行中，存在着许多问题，急需顶层设计加以规范和完善并形成联动机制。2011 年，为深入贯彻落实党的十七大和十七届三中、四中、五中全会精神，促进服务政府、责任政府、法治政府、廉洁政府建设，提高依法行政和政务服务水平，中共中央办公厅、国务院办公厅印发了《关于深化政务公开加强政务服务的意见》，意见中明确提出："要坚持把方便基层群众办事作为政务服务的出发点和落脚点，探索在乡镇（街道）

---

①　中国行政管理学会课题组. 政务服务中心建设与管理报告［J］. 中国行政管理，2012（12）.

②　王澜明. 我国政务服务中心的建设和运行［J］. 中国行政管理，2012（9）.

③　郭锐，赫郑飞. 以政府管理创新推进中国特色行政管理体制改革——中国行政管理学会 2010 年会暨"政府管理创新"研讨会综述［J］. 中国行政管理，2011（2）.

开展便民服务的有效形式，有条件的地方要依托城乡社区综合服务设施设立便民服务中心，将劳动就业、社会保险、社会救助、社会福利、计划生育、农用地审批、新型农村合作医疗及涉农补贴等纳入其中公开规范办理，要以服务中心为主体，将地方政府的各级各类政务服务平台进行联结，形成上下联动、层级清晰、覆盖城乡的政务服务体系。"这也是中央首次以文件形式提出建立基层上下联动、覆盖城乡的政务服务三级结构体系。

随着 2011 年中央层面对于政务服务平台多级联动的指示以及其他规范性指导，基层政府治理权重增加，政务服务中心建设逐渐从小范围的创新尝试到全国范围建设，再到逐渐下沉到乡镇层面。截至 2017 年 4 月，全国共有县级政务大厅 2623 个，乡镇（街道）共设立便民服务中心 38513 个，覆盖率 96.8%，大多数审批事项、便民服务等群众息息相关的民生事项已延伸到最基层政务服务中心"综合窗口"，县、乡（镇）、村三级政务服务中心结构逐渐形成并推行。

2023 年，由新华社受权发布的《中共中央 国务院关于做好 2023 年全面推进乡村振兴重点工作的意见》，明确释放了"县乡村"三级联动的信号，基层政务服务建设作为实现乡村振兴的重要一环，三级政务服务中心体系建设工作在当前扮演着关键角色。

二、政务服务中心三级(县、镇、村)联动的运作机制

政务服务中心在县级、乡镇、村或社区层面的具体表现形式，与省市级政务服务中心之间在本质上是相同的，但在权限与规模上存在差异，县、乡镇、村三级政务服务中心的结构更为紧密，这与县承上启下、沟通条块、连接城乡的枢纽作用密切相关。习近平总书记曾深刻指出县域治理的重要性："在我们党的组织结构和国家政权结构中，县一级处在承上启下的关键环节，是发展经济、保障民生、维护稳定、促进国家长治久安的重要基础。"①因此，也能看出，政务服务中心三级(县、镇、村)联动的运作十分关键。

目前已有多个省市下发了政务服务县镇村三级联动工作管理办法的通知，提升政务服务在县、乡镇、村三级体系建设中的服务职能、办事流程、办理实效。如云南省昆明市早在 2011 年 11 月 5 日就印发了《昆明市政务服务三级联动工作管理办法的通知》，尽管中央对建立政务服务中心多级联动机制进行了明确的指示，但是地方政府对于"如何建设""怎样建设"有着很大的自主性。

---

① 习近平. 习近平谈治国理政(第二卷)[M]. 北京：外文出版社，2017：140.

因此，本节以昆明市印发的管理办法为参考，结合各地区县（市）的具体实践，总结政务服务中心三级（县、乡镇、村）联动的运作机制。

（1）县镇村政务服务共同体

打造政务服务三级联动的共同体，发挥好县（市）中心的枢纽作用是关键，县（市）区政府领导三级联动体系建设工作，在本级政务服务中心成立相应的机构，负责县域三级联动相关工作机制的建立健全，加强对本级中心和乡镇（街道）中心联动工作的业务指导和协调工作，实现"县级统筹指导"。在此基础上，确定一批量大面广、办理简单、与群众生活密切相关的服务事项，以委托下放、委托收件、委托受理、帮办代办等方式下沉到镇村办理，以实现企业群众"有事就近办、小事不出村、大事不出镇"，实现全范围覆盖，镇级协同推进、村级延展服务。

在三级政务服务共同体打造的过程中，统一性、规范化的标准成为必要。在一些县（市）区的尝试中，为落实上级领导对三级政务服务中心体系建设标准化同步达标创建要求，编制县镇村统一的办事指南、事项清单、示范文本，实现线上线下同步可查、同步提供；按照制定的标准化办事指南，对镇级、村级政务服务中心进行赋权。

同时，不少地区也充分认识到了乡镇在管理经验、人力资源上相较于县一级存在着许多不足。因此，为更好地建设三级政务服务共同体，部分县政府通过组织集中培训、跟班学习的方式安排镇村工作人员到县政务服务中心服务窗口进行"一对一传帮带"，在提高乡镇工作人员服务水平的同时，也加深了三级建设体系的连接。

三级联动工作联络员制度为政务服务共同体助力。昆明市在《昆明市政务服务三级联动工作管理办法的通知》中明确提到了联络员制度：各级中心设立三级联动工作联络员，负责了解和传达三级联动工作部署和要求，掌握本级中心开展三级联动工作情况；熟悉并掌握"政务服务三级联动信息系统"，在本级和下级中心组织开展三级联动信息系统的培训和指导工作；定期向上级中心报送三级联动工作情况、系统数据；参加上级中心组织召开的三级联动工作联络员会议和调研活动，组织召开本级和下级中心三级联动工作联络员会议和调研活动。联络员制度加强了县、乡镇、村三级政务服务体系建设的一致性和灵活性，使得三级部门在具体实践中可以相互协调，统一部署，及时纠偏纠错，精准施策。

（2）县镇村联动审批服务机制

为更好地开展政务服务现代化建设，更好地增进民生福祉，当前，部分县对县、镇、村三级政务服务事项进一步梳理、完善、规范，构建起了"许可类事项在县里办、管理类事项在镇上办、服务类事项在村（社区）办"的县、镇、村三级联动一体化审批服务机制，动态更新优化政务服务事项办事指引，对县、镇、村三级的政务服务事项进行分类展示，从"一事一码"转变为"一类一码"，使得群众和企业能够实现快速查询、精准咨询，从而更好地满足企业和群众的政务需求。

（3）县镇村联动督查机制

通过上级政管局的政务服务工作日常督查和抽查制度，由市政务服务管理局、市政府法制办、市工信委和市监察局联合组成督查组，对管辖区域内的县镇村政务服务机构采取定期督查和不定期督查相结合、现场督查和网络督查相结合、自查和督查相结合的方式，开展三级联动信息系统应用督查工作。如昆明市在进行三级政务服务联动体系建设的过程中，充分发挥了市一级的作用，督查内容包括人员情况、培训情况、联网情况和应用情况等方面，通过督查工作，挖掘亮点、通报问题，建立三级联动信息系统应用督查机制。

（4）县镇村政务服务平台贯通

在电子政务与"互联网+政务服务"建设的热潮中，三级政务服务联动体系建设也充分依托了互联网平台的作用，许多县（市）区依托省市级统一平台，将政务服务网延伸至镇（街道）、村（社区），建设了基层"便民服务网上办事大厅"，逐步实现网上政务服务三级全覆盖，提升"事项通办、就近能办"的服务效能，将村镇纳入网上政务服务平台，大大降低了政务服务窗口的人力成本，同时也使得乡镇政务服务实现了与县一级甚至是更高一级政务服务中心的同频工作。

三、县级政务服务三级平台结构的主要问题

政务服务中心建设在各地党委、政府的高度重视下，呈现出你追我赶的崭新局面，尤其是县镇村三级政务服务平台体系建设，各基层政府大胆创新，在场地建设、规范管理、经费投入、技术运用、体制创新等各个方面，都体现出各地在民生投入上的巨大决心和信心，形成了很多独具特色的建设成果。但是，作为政务服务平台建设体系的末梢，随着乡村面貌的日新月异以及信息化数字化的发展，县级政务服务的三级平台体系也面临着一些需要解决的问题。

（1）基层政务服务的数字化转型困境

在乡村振兴战略基调下，基层政府追循数字乡村热潮，推动政务服务数字

化转型发展。但在县、镇、村三级政务服务平台体系建设的过程中，数字化转型面临着较大的困境。

一方面，农村居民对政府网站、政务微信、政务微博和移动客户端的知晓率、使用率和满意度都不高，却普遍期望政府在教育、医疗、户政和交通等基本公共服务领域提供"互联网+政务服务"①，在四川省泸州市政务服务管理局发布的《关于县以下三级便民服务建设的现状与思考》文件中，谈到了村一级便民服务站在网络延伸上的局限性：村级便民服务事项多为代理、代办或出具证明，需要人工操作，网络技术对提高办事效率虽提供了技术手段，但网络建设、使用都涉及日常维护、经费投入，乡村便民服务站缺乏能够长期工作在农村并且掌握网络技术的人。

另一方面，当前乡镇能提供的线上政务服务多被接入了县级政务服务平台，部分乡村政务平台缺乏配套业务办理指南，群众面对新式办理形式遇到问题时无处申诉，这些复杂且不能解决群众问题的运行流程无不在削弱群众网上办理业务的获得感，未能充分考虑到乡镇村民的实际需求以及获取服务的能力。

（2）政务数据资源管理分化问题严重

在基层政务服务中，面临着政务数据资源管理分化的问题。数据资源是当今最重要、最基础的生产要素，尤其在离百姓最近的基层治理中，大数据赋能国家治理技术，能够为政府提升科学决策、社会监管和公共服务能力创造良好契机。然而，在基层政务数据的管理过程中，由于政府数据的跨部门流通阻塞，大量的政务数据未能得到充分利用。

在"互联网+政务服务"发展的过程中，政务服务平台尤其是基层政务服务平台与相应部门的联系未达到理想状态，协调处理跨部门业务的效率大大下降，政府部门尤其是乡镇政府每天面对着复杂而庞大的数据源，这些庞大的数据中有部分甚至可能是一次性数据或已经被其他部门采集过的，由于缺乏良好的跨部门协同机制，则往往会造成数据资源台前调度低效的问题，进而浪费政务资源。② 尤其是在县、镇、乡三级纵向政务体系建设过程中，政务数据资源的流通则更为困难。

---

① 马亮. 中国农村的"互联网+政务服务"：现状、问题与前景[J]. 电子政务, 2018(5).

② 林志鸿. 乡村政务服务数字化转型的现实困境及优化路径[J]. 智慧农业导刊, 2023(8).

（3）功能定位上重宣传而轻服务

在政务服务实践中，很多基层政府部门仍停留在传统政务时代单向传播的沟通模式，将政务平台视为新的宣传渠道，"展示"意味较强，未能实现服务能力的实质性提升。尤其是政务服务网络延伸至乡镇两级时，由于乡镇发展相对于城市较滞后，平台建设依靠上一级政务服务部门支撑和推动，政务服务过程中的主动服务意识不强，呈现明显的被动性、外生性等特点，在功能定位上则倾向于宣传而非服务。

第二节 县级融媒体政务服务平台接入

"接入"概念大体上可以被定义为个人、群体、组织和机构具有分享社会传播资源的可能性，亦即以传者和受者的身份，既参与到传输服务市场中，也参与到内容和传播服务市场中。接入的概念引入政务服务中，涉及谁来控制实际传播与服务过程的问题，它们的合法性源自确保这样一个目标的实现，即多元且高品质的政务应服务于全体公民的利益，使其免于被排挤在社会之外。

一、县级融媒体提供政务服务的顶层设计

党的十八大以来，党中央高度重视媒体融合尤其是基层媒体融合的建设与转型。2018年，习近平总书记在全国宣传思想工作会议上发表重要讲话，明确指出要扎实抓好县级融媒体中心建设，更好引导群众、服务群众。发挥全媒体技术的核心优势，强化党和政府、媒体和群众的联系与互动，推动基层媒体融合发展，促进基层治理精准高效，成为中央对于县级融媒体中心建设的顶层设计要求。在中央一系列媒体融合政策文件的推动下，全国县级融媒体中心建设取得了阶段性成果，总体态势健康有序。截至目前，基本实现全国县级融媒体中心建设的全覆盖。随着县级融媒体中心建设的推进，有关县级融媒体政务服务的探讨与实践探索不断深入。

县级融媒体中心不仅承担着信息生产、打通舆论引导"最后一公里"的任务，还要以服务群众为宗旨，主动加入到基层社会治理中来。下面将着重从县级融媒体自身建设要求、数字乡村建设、政务服务建设三个层面解读中央顶层设计层面对县级融媒体政务服务平台接入的政策内涵，如表6-1所示。

表 6-1　中央顶层设计县级融媒体+政务相关政策

序号	发布时间	发布单位/会议	政策名称
1	2014.8.18	中央全面深化改革领导小组	《关于推动传统媒体和新兴媒体融合发展的指导意见》
2	2018.11.14	中央全面深化改革委员会	《关于加强县级融媒体中心建设的意见》
3	2020.9	中共中央办公厅国务院办公厅	《关于加快推进媒体深度融合发展的意见》
4	2019.1.15	中共中央宣传部国家广播电视总局	《县级融媒体中心建设规范》
5	2019.1.15	中共中央宣传部国家广播电视总局	《县级融媒体省级技术平台规范要求》
6	2019.5	中共中央办公厅国务院办公厅	《数字乡村发展战略纲要》
7	2020.10.29	中共十九届五中全会	《中共中央关于制定国民经济和社会发展第十四个五年规划和二〇三五年远景目标的建议》
8	2020.11.13	国家广播电视总局	《关于加快推进广播电视媒体深度融合发展的意见》
9	2022.1.4	"三农"工作中央一号文件(新华社受权发布)	《中共中央 国务院关于做好2022年全面推进乡村振兴重点工作的意见》

1. 建立"新闻+"运营模式，扩大新闻+政务生态圈

2019年1月发布的《县级融媒体中心建设规范》指出，县级融媒体中心应按照"媒体+"的理念，从单纯的新闻宣传领域向公共服务领域拓展，增强互动性，从单向传播向多元互动传播延伸，将媒体与政务、服务等业务相结合，提供多样化综合服务，满足用户多样化的需求。开展"媒体+政务""媒体+服务"等业务，第一次明确了县级融媒体开展政务服务的具体内容。2020年9月，中共中央办公厅、国务院办公厅印发了《关于加快推进媒体深度融合发展的意见》，从重要意义、目标任务、工作原则三个方面明确了媒体深度融合发展的总体要求。该意见指出，要走好全媒体时代群众路线，坚持以人民为中心的工作导向，坚持贴近群众服务群众，创新实践党的群众路线，把党的优良传统和

新技术新手段结合起来，强化媒体与受众的连接，以开放平台吸引广大用户参与信息生产传播，生产群众更喜爱的内容，建构群众离不开的渠道。同时，进一步强调建立"新闻+政务服务商务"的运营模式，从政策层面为媒体转型加快融合发展提供了"指南针"和"定盘星"。

"新闻+政务"拓宽了县级融媒体的生态圈，充分利用县级融媒体中心的平台优势，既是政府的发言人，也给群众提供了话筒，成为群众与政府部门的联连者。2019年发布的《县级融媒体中心建设规范》将政务定位为结合当地政府各部门正在推进和建设的业务，提供政务公开功能，包括政务信息、办事大厅等。"新闻+政务"意味着县级融媒体中心要重塑与政府部门和用户的关系，不再是单一向用户传递政务信息，而应该充当群众和政府部门的连接者①，对此县级融媒体自身有着得天独厚的优势：首先，县级融媒体在融合前就有着深厚的县域新闻资源，与党政基层单位都有着密切的联系，县级融媒体拓展"新闻+政务"新生态，可以将政务服务延伸至乡镇、村，将融媒体平台客户端打造成村民参与公共事务的平台；其次，县级融媒体可以依托其本身强大的内容生产能力和技术优势，为县域党建教育、政府政策宣传提供支持，正如《中共中央关于坚持和完善中国特色社会主义制度、推进国家治理体系和治理能力现代化若干重大问题的决定》中所阐释的，县级融媒体中心也要抓住建设机遇，充分承担自身作为基层官方媒体平台的责任，主动加入到社会治理中来，主动开发能够满足地方治理的应用场景，不仅成为基层媒体单位，同时也要构成国家开展社会治理的重要基础。

2. 县级融媒体链接政务服务平台

2018年，国务院办公厅印发的《政务公开工作要点》指出："用好'两微一端'新平台。充分发挥政务微博、微信、移动客户端灵活便捷的优势，做好信息发布、政策解读和办事服务工作。"②2020年的《政务公开工作要点》更是强调：加强政府网站和政务新媒体内容保障，更多发布权威准确、通俗易懂、形式多样、易于传播的政策解读产品，不断提高政策知晓度。③ 由此可以看出，

---

① 肖亚丽，金玉萍，隋翔. 系统思维视域下县级融媒体中心的协同运营路径[J]. 青年记者，2023(18).

② 国务院办公厅. 关于印发2018年政务公开工作要点的通知[EB/OL]. [2024-03-15]. https://www.gov.cn/gongbao/content/2018/content_5288815.htm.

③ 国务院办公厅. 关于印发2020年政务公开工作要点的通知[EB/OL]. [2024-03-15]. https://www.gov.cn/zhengce/zhengceku/2020-07/03/content_5523911.htm.

做好政府网站集约化试点工作，推进政府网站、政务新媒体、在线政务服务平台的数据融通、服务融通、应用融通，是我国线上政务服务建设的关键点，能极大地提升政府大数据分析能力、辅助决策能力、整体发声能力和服务公众水平。① 中央有关政务公开的工作要求对新兴媒体参与政务公开进行专门性论述，将政务信息公开、回应社会关切、提供政务服务作为核心功能，纳入媒体服务范畴，开启县级融媒体+政务的建设之路。经过多年的理论探讨和实践探索，人们已经充分认识到县级融媒体中心是以互联网为平台、信息技术为支撑，以新媒体化为方向，以融合创新为手段，并以舆论引导为主责，以服务群众为宗旨，负责统筹县域内时政要闻、政务信息、公共信息、商务信息、信息服务等各种信息的生产、汇集、交互、分发流程的机构。县级融媒体中心的核心业务之一便是依托平台优势提供包括政务公开在内的信息发布及宣传、互动业务，中央相关政策文件中也提到融媒体对于政务公开水平的关键助推作用。

3. 县级融媒体助力数字乡村与乡村振兴建设

在数字化浪潮下，以创新为核心的数字技术延伸到了乡村，并不断塑造着乡村社会空间，数字乡村建设已成为乡村振兴战略的基础工作和实现农业农村现代化的重要抓手。作为实现乡村全方位振兴的基本单元，县一级的建设与发展对于乡村振兴的推进尤为重要。对此，习近平总书记曾强调："要把县域作为城乡融合发展的重要切入点，推进空间布局、产业发展、基础设施等县域统筹，把城乡关系摆布好处理好，一体设计、一并推进。"②县级融媒体作为县域新型主流媒体，可充分利用其优势成为数字乡村与乡村振兴建设中重要的信息基础设施、新时代治国理政下沉基层的新平台。

2018 年数字乡村概念首次在中央一号文件中提出，在此背景下，中央在数字乡村与乡村建设发展中对县级融媒体中心提出了新要求。2020 年 10 月，十九届五中全会通过的《中共中央关于制定国民经济和社会发展第十四个五年规划和二〇三五年远景目标的建议》提出，"推进媒体深度融合，实施全媒体传播工程，做强新型主流媒体，建强用好县级融媒体中心。"2022 年 2 月 22 日，中央人民政府发布的《中共中央 国务院关于做好 2022 年全面推进乡村振兴重点工作的意见》提出："创新农村精神文明建设有效平台载体。依托新时

---

① 吴慧泉. 聚力"新闻+政务"的实践与思考[J]. 中国记者，2021(4).

② 习近平. 坚持把解决好"三农"问题作为全党工作重中之重 举全党全社会之力推动乡村振兴[J]. 求是，2022(7).

代文明实践中心、县级融媒体中心等平台开展对象化、分众化宣传教育，弘扬和践行社会主义核心价值观。"县级融媒体中心作为新媒体时代我国传播体系中下沉最深、贴合基层最近的传播单位，是我国全面建成新媒体传播体系和推动乡村振兴进一步发展的重要一环，其角色定位与基层社会治理的需求高度契合。国家远景规划与乡村振兴战略都把县级融媒体中心建设放在了重要的位置。

二、县级融媒体政务服务平台接入的创新实践

在县级融媒体政务服务平台接入的过程中，地方政府与中央政府之间始终保持着稳定的沟通机制。一方面，地方政府在先行探索中创造了可行性方案，提供了经验，为中央在全国范围内制定标准提供学习参考；另一方面，中央对地方性经验采取吸纳后，又被地方政府响应。这样的央地互动是提升国家治理能力的重要举措。本节主要选取湖北省、江苏省、江西省、浙江省等省份的创新探索与政策响应作为典型案例并进行阐述。

1. "湖北模式"

湖北省在全国县级媒体融合建设中处于前列，早在 2016 年，湖北省便做出决定，在湖北省广播电视台新媒体云平台的基础上，建设覆盖全省的长江云移动政务融媒体平台，以及依托长江云平台，建设县级融媒体中心的战略目标，通过以省带县、内容管控、一键部署的方式实现全省范围内的全省互通和分级管控。湖北省的省级平台建设模式为全国的媒体融合建设提供了蓝本，2018 年 9 月，中宣部到湖北调研县级融媒体中心建设工作，充分肯定了湖北省政府和长江云的做法，2019 年 1 月，中宣部、国家广电总局以湖北省长江云平台设计方案为参考，出台了《县级融媒体中心省级技术平台规范要求》，湖北省在县级融媒体中心建设上的创新管理，形成了具有前瞻性、创新性的"湖北模式"，同时，也为中央出台相关文件提供了经验参考。

2. "江苏行动"

早在 2017 年，江苏省就按照率先试点、全面建设、规范验收三个阶段的规划，开启县级媒体深度融合试点工作，全面推进县级融媒体中心建设。在2019 年中央发布《县级融媒体中心建设规范》后，江苏省制定了相应的配套政策来推进县级融媒体中心"新闻+政务服务商务"建设发展。2019 年 2 月，江苏省委宣传部等八个部门联合印发了《关于加强县级融媒体中心建设的实施意

见》，要求做精做强融媒体中心新闻主业，探索"新闻+政务""新闻+服务"等运作模式，从新闻宣传领域向公共服务领域拓展。2019 年 4 月，江苏省委宣传部在《关于明确县级融媒体中心建设验收指导指标(试行)的通知》中要求，江苏省县级融媒体中心应接尽接县域现有在线政务服务，提供满足县域群众基本需求的一站式政务服务。① 根据中央文件要求，结合省内各地的实际情况，将融媒体平台体系建设与政务、服务等业务相结合，在做好新闻舆论宣传的同时，积极为本地媒体用户提供多样化综合服务，不断满足用户日常工作、生活的办事需求。

3."浙江引领"

浙江省是地方政府创新案例的聚集地，也是县级融媒体中心创新接入政务服务平台的排头兵，展现了"在共同富裕中实现精神富有、在现代化先行中实现文化先行"为己任的担当与责任。

2019 年 1 月 22 日，浙江省在全省县级融媒体中心建设推进会上提出，当年年底前在全国率先完成县级融媒体中心改革的目标任务。截至 2019 年年底，浙江基本实现了县级融媒体中心全覆盖，如期完成县级媒体单位合并融合的基本目标，并于 2022 年印发了《浙江省广播电视和网络视听发展三年行动计划(2022—2024 年)》，其中明确提到了有关县级融媒体"内容+政务"行动计划②，具体包括以下几点：

第一，建设智慧广电新平台。依托省级技术平台"中国蓝云"，采用"中国蓝云"加本地云的混合云方式推进全省广电制播业务上云工作。探索实现异构云业务互通、数据共享，提升垂直行业传播分发效能和输出服务能力，拓展全方位协作传播平台版图，构建融合媒体云平台新格局。坚持"4K 先行、兼顾8K"，提升云化超高清节目制播能力；开展 5G 广播等新技术研究，探索构建新型无线广播电视网络，推动广电制播系统 IP 化更加广泛，推进制播体系技术升级。

第二，健全媒体融合发展平台。支持县级融媒体中心建成面向基层的主

① 顾敏霞，邬金刚. 江苏县级融媒体中心的"新闻+政务服务商务"实践与探索[J]. 视听界，2021(5).

② 浙江省广播电视局. 关于印发《浙江省广播电视和网络视听发展三年行动计划(2022—2024 年)》的通知[EB/OL]. [2024-03-15]. http://gdj.zj.gov.cn/art/2022/5/26/art_1229271379_2405933.html.

流舆论阵地、综合服务平台和社区信息枢纽。支持中国(浙江)广播电视媒体融合发展创新中心建设，做强融媒体新闻中心、做精权威新闻产品、做优用户交互体验，成为引领媒体融合发展的重要载体。继续培育一批广电媒体融合先导单位(安吉县融媒体中心)、典型案例、成长项目，争取出经验、出样本、出标准，引领推动长三角区域广播电视媒体深度融合、一体化高质量发展。

4. "江西样板"

2023年5月至7月，江西省记协新媒体专委会组织开展专题调研，以实地调研、访谈交流、调查问卷等形式，对江西的市县两级融媒体中心建设情况进行了广泛调研，此次调研对江西省在县级融媒体中心建设中的现状进行了分析，也对江西省过去几年的建设历程进行了回顾，从中充分体现出江西省在中央政策指导下对县级融媒体中心拓宽服务的积极作为。

早在2016年，分宜县、共青城市等一批县市区就在全省率先探索开展县级媒体融合改革。自从2018年8月中央提出建设县级融媒体中心这一国家战略后，江西迅速作出部署，以全国领先速度于2019年6月实现县级融媒体中心的全省覆盖，尤其在县级融媒体政务服务平台建设方面，江西省强化资源倾斜，建立了"四个优先"机制，即各市县各重大信息发布、重要政策解读优先在市县级融媒体中心客户端播发，可公开的政务服务等公共服务资源优先向融媒体中心开放，云网资源优先向市县级融媒体中心免费分配，政府项目优先选择传媒集团开展政务服务和商务合作。资源的倾斜带动了市县融媒体中心的跨越式发展，这是地方积极回应中央政策的一个鲜明举措。

三、县级融媒体参与政务服务平台建设的目标

作为中国政治传播基座的县级融媒体中心建设，是兼有政治和传媒双重属性的跨界问题[1]，县级融媒体中心推进政务服务建设也同样需要考虑政治和传媒这两大方向，明晰县级融媒体中心参与政务服务平台建设的政策目标，更好地指导地方实践。根据《县级融媒体中心建设规范》要求，县级融媒体中心的政务功能主要包括政务信息、办事大厅、举报监督、网络问政四项功能，本节将从政策目标层面进一步理解县级融媒体中心参与政务服务的合理性和必要性。

---

① 王智丽，张涛甫. 超越媒体视域：县级融媒体中心建设的政治传播学考察[J]. 现代传播(中国传媒大学学报)，2020(42).

1. 转型"新闻+政务服务"，建构县级融媒体新业态

作为在国家体制和统一改革格局下建立的县级新型传媒单位，县级融媒体中心的建设历史较短，当前仍然面临着角色定位模糊、新闻生产活力不足、用户群体受自媒体与商业媒体分流的尴尬局面，部分县级融媒体中心未能真正实现从传统媒体机构向融合结构的转变，核心功能优势不明显，实际覆盖面和传播效果有限，呈现出"引导"与"服务"相割离的发展态势，未能准确把握二者相互促进的内在逻辑，"官媒"属性及其连接能力未能助力服务功能优化，服务功能质量不高反倒消解了原有的公信力基础，形成资源内耗。

从体制机制上来看，县级媒体融合建设后部门规模扩大，县级融媒体中心的主管领导配备主要由两方面组成，既有从政府其他部门(如政府办公室、文化和旅游发展委员会等)直接调任，也有融媒体建设依托的媒体单位的原有领导直接担任，两套班子各有利弊，从传统媒体融合而来的负责人虽然精通媒体流程和业务，但在经营方面缺乏创新性和经营思维；直接从其他政府部门调任的人员虽然可以在客观上消除潜在的传统经验上的认知误区，但是也面临着不熟悉媒体运营业务的窘境。① 由此，拓展县级融媒体中心的生态，探索建设"新闻+政务服务商务"新模式，可以更好地发挥县级融媒体中心体制机制改革的优势。

从运营模式上来看，作为我国媒体体系的末梢——县级媒体由于市场规模限制以及人才匮乏、财力不足等因素影响，对新业态的探索受到了很多的限制。但在过去相当长的一段时期内，市场机制为我国传统媒体注入了活力，减轻了国家财政负担，成为媒体融合发展的重要推动力和转型升级的关键驱动力。② 因此，2020年9月印发的《关于加快推进媒体深度融合发展的意见》明确指出："要发挥市场机制作用，增强主流媒体的市场竞争意识和能力，探索建立'新闻+政务服务商务'的运营模式，创新媒体投融资政策，增强自我造血机能。"这实际上从运营模式方面为县级融媒体发展指明了方向。

政务服务被多数学者认为是县级融媒体中心基于党媒底色所具有的独特政务资源优势，县级融媒体中心参与政务服务平台建设可以提升自身竞争力，增强可持续发展能力，是打破旧的传播局面的突围之举。

---

① 颜春龙，赖黎捷. 县级融媒体中心建设[M]. 北京：科学出版社，2022：33-34.
② 袁鸣徽，郑雯，杨莹. 县级融媒体中心"适度商业化"的三重面向[J]. 辽宁大学学报(哲学社会科学版)，2022(3).

2. 提升政务信息通达度，打通政务服务"最后一公里"

中国的主流媒体既是党和政府的"喉舌"、展示党和政府形象的窗口，也为群众提供发声的平台，县级融媒体中心的建设目标之一也同样如此，作为政治沟通和政策宣传的桥梁，县级融媒体中心作为政治沟通纽带的末梢，也承担着打通政策宣传"最后一公里"的作用。

首先，县级融媒体中心在县域基层治理中具有天然的地缘优势，不少地区的县级融媒体中心在改革过程中，不仅整合了县域范围内的广播电视和报刊等资源，还吸纳了县级政府部门创办的众多新媒体，如此打造的县级融媒体方阵，可以有效破除政务"信息孤岛"，让群众更好地了解政务信息，并进行互动，了解各种诉求。

同时，将县级融媒体中心纳入政务服务建设体系中来，一方面，可以充分发挥媒体智库优势，及时有效地为县级政务部门出谋划策，挖掘、整合各种咨询资源，通过"新闻+政务"的建设优势以及融媒体平台拉近政府各职能部门与群众的距离。另一方面，一些县级融媒体中心在建设的过程中，挖掘出了植根于本地的线下基层网格员、通讯员资源以及"人民记者"资源，使得公众也可以参与到县级融媒体政务服务平台的建设中来，弥补了基层政务服务平台建设的人才缺口，从而进一步提供更有特点、更贴近群众的政务增值服务。① 可以看出，县级融媒体中心自身的特点和优势可以方便政府掌握社情民意，提升政策通达度。

其次，当前基层的"互联网+政务"也存在着需要解决的问题。从功能定位上看，在大量政务平台建设运行的过程中，平台宣传功能大于服务功能，很多地方的线上政务服务建设仍停留在单向传播的沟通模式，未能实现服务能力的实质性提升；在内容运营上，部分线上政务服务建设存在"一部门一平台"的情况，且各平台交互性有限，缺少联动作用，只是简单地进行平台堆砌，给用户寻求政务服务带来了负担；而最关键的是用户满意度方面，在以往的调查中，单纯的政务服务平台存在用户使用"低黏度低频次"的现象，基层尤其是农村村民在寻求政务服务时优先想到的往往不是线上政务平台，基层网络政务服务的受众渗透率非常有限。

县级融媒体中心参与到政务服务平台建设中可以一定程度上弥补前文所谈

---

① 何福安. 纸媒到融媒：一家县级融媒体的前世今生 [M]. 杭州：浙江工商大学出版社，2019：16-17.

到的线上政务服务平台建设的不足。针对基层政务平台沟通模式为单向传播的问题，县级融媒体中心搭建的多元主体交互与资源共享平台，可以实现多主体直面基层实际的复杂条件和多元诉求互动，提高行政效率；针对县域各政务平台交互性有限的问题，县级融媒体中心可以充当地方性综合信息内容服务枢纽的支点，整合并盘活包括政务信息、用户数据、内容产品、媒体渠道、传播技术等在内的多种资源，以更强的专业性和持续运维能力，提升服务力和影响力。① 针对基层网络政务服务平台的受众渗透率有限的问题，县级融媒体中心可以发挥其内容加工、用户调研、服务孵化、精准推送、效果评估等功能，将原有的政务信息转化为符合群众使用习惯以及满足群众服务需求的形式。

因此，县级融媒体参与政务服务平台建设的政策目标是充分利用县级融媒体自身特点和优势，解决旧有线上政务服务存在的突出问题，以更好地提升政策通达度，方便政务信息触及基层，打通党和政府政策宣传的"最后一公里"。

3. 突破"网络问政"瓶颈，强化融媒体互动

网络问政是"县级融媒体+政务服务"的重要内容，也是县级融媒体中心依托自身优势、助推基层协同治理创新的重要载体。传统的网络问政建设历史较久，由政府主导的制度化建设不断推进，中国官员越来越多地通过网络问政于民，网络问政使得政府的信息更加透明畅通，对中国社会的政治参与和社会治理都产生了重要的变革影响。

但是在发展的过程中，传统的网络问政也产生了一些需要解决的问题。过去的一段时间内，我国政府部门在面对突发网络危机事件时，可能因为对公众意见和网络舆情的忽视及应对不足，在舆论引导中处于被动地位。同时，政府部门的网络问政渠道主要是政务微博(政府机构、组织及其官员实名开通的与政务活动有关的官方微博账户)等社交媒体平台，复杂的商业平台环境给政府部门及时处理舆情问题增加了难度，导致政府难以在第一时间发现问题并及时向公众传递权威信息。因此，过去常常会因为政府舆论引导不当，导致网络舆情冲突与矛盾的爆发升级，进而酿成舆论危机的恶果。② 而县级融媒体中心的媒体属性以及其在反应机制和舆论引导上的优势可以很好地解决传统网络问政

---

① 谢新洲，石林. 嵌入基层治理：县级融媒体中心与基层网络政务服务的融合发展[J]. 传媒，2021(8).

② 席琳. 我国网络问政问题的理论探析[J]. 延边大学学报(社会科学版)，2016(49).

的弊端，与政府部门的问政资源深度融合，将问政类的栏目、板块和活动整合于县级融媒体中心 App 平台之上，与政府部门形成健全的联动机制，① 做到问需于民、问计于民、为民问政，是县级融媒体中心参与政务服务平台建设的另一大政策目标。

当前，我国很多地区的县级融媒体中心都在 App 和公众号上设立了市民诉求板块和政企沟通板块，县级各政府部门和乡镇政府入驻平台，为群众和企业提出诉求、表达观点和沟通信息提供渠道，并对群众诉求和企业诉求的处理和解决进行监督，促进问题的解决，民众可以在问政平台直接向相关部门提出问题并得到及时处理，每条问政记录都保留着痕迹以便其他用户在使用该平台时可以直接获取问题处理的办法，从而降低重复问政的成本。同时包括对应处理机构和人员、处理时间及回复内容、满意度回调功能，县级融媒体的舆论监督机制可以做到公开透明及时处理，另外，对民众反映的重大或普遍性的问题，县级融媒体中心也可以通过线下网格员和通讯员及时跟踪报道，向民众传达处理的最新进展和情况，真正成为基层社会治理的有效支撑和重要组成。

综上所述，县级融媒体中心参与政务服务平台建设的一项重要建设目标就是实现"网络问政"的突围与重生，这与县级融媒体中心的媒体与政治双重属性密切相关，也是中国式现代化对基层媒体的要求。

4. 聚焦"指尖操作"，打造政务服务平台

县级融媒体中心不仅是主流媒体的新媒体强化或市场化改革，而且是凸显媒体公共属性、政治属性的基层治理改革，如果说第二个政策目标——提升政策通达度是县级融媒体中心在基础信息传播功能上的延伸，并未跳出原有的建设体系，那么打造便民利民的融合政务服务平台则是县级融媒体中心功能的一次巨大转变，这符合当前我国数字化智慧化基层治理的契机。

在当前，基层主流媒体的社会影响力主要受到新媒体、社交媒体的冲击，碎片化、趣味性、娱乐性的媒介产品分散了群众有限的注意力资源。在笔者对湖北省恩施鹤峰县融媒体中心进行调研时，其负责人曾表示："我们与国内有竞争力的新媒体和社交媒体竞争是不可能的，我们只有发挥我们自身的长处才能够提升群众满意度。"其中谈到的一大长处便是权威信息来源，流量大、渗透率高的自媒体平台创作者多为非专业传播者，无法掌握权威的信息来源，大

---

① 卢剑锋. 县级融媒体中心公众使用效果提升策略[J]. 中国出版，2023(18).

多对已有信息进行娱乐化加工，多数也不具备专业的传播手段和既定资源，这恰恰为主流媒体的权威性和可信性提供了充足的发展空间，并为县级融媒体中心建设便民利民的融合政务服务平台提供前提条件。

线上政务服务平台的建设随着"互联网+"的发展而发展，旨在依托人工智能大数据，以公众号、App、小程序等多种媒介载体为入口，打造县域生活综合服务平台，但目前仍然面临着用户渗透率不高、平台堆砌重叠率高、部门壁垒等问题，将县级融媒体中心的快速反应机制、媒体联动机制和舆情监测机制纳入到融合政务服务平台的建设中，可以有效改善过去线上综合服务平台建设的不足，在政务新媒体全方位布局传播矩阵的大背景下，深化简政放权、优化服务、政务监督等一系列"指尖操作"是县级融媒体中心政务服务所贯彻的原则，由县级融媒体中心带头搭建的移动客户端，按照"移动优先"的原则，逐渐成为其提供政务服务的主要平台。①

2020年是中央提出媒体深度融合建设的一年，也是新冠疫情防控的关键之年，不少县级融媒体中心平台刚上线即面临着实战考核，但疫情的考验也进一步论证了县级融媒体中心参与建设线上综合服务平台的合理性。如河南省安阳县打造的"信息服务超市"，将办事大厅搬到"信息服务超市"，居民可以直接在线填写申请事项，平台的工作人员会查看待办事项，然后进行受理。办事大厅的移动化提高了县级融媒体中心政务服务的效率和透明度，也降低了人力成本，为基层社会治理减负。

本节第一部分论述了县级融媒体中心角色与定位与基层社会治理需求相互契合的观点，并阐明县级融媒体中心拓展新业态的重要方向就是政务服务平台的建设。同时，县级融媒体中心涵盖和融合了县级层面所有的媒介资源和媒体形态，其在组织机构、人员队伍、技术设备等方面的存量资源较为丰富，有助于打造一体化的服务平台。因此，县级融媒体中心接入政务服务平台的最为重要的政策目标之一便是打造全面、精准的政务服务平台。

可以看到，县级融媒体中心作为承载县域公共服务实施、助力基层社会治理的重要平台，媒体属性及功能仅仅是其众多功能属性之一，能否利用贴近基层、贴近群众的先天优势，更好地满足群众所需、所急、所盼，不仅是检验县级融媒体中心建设成效的试金石，同时也是县级融媒体中心能否真正成为"治国理政新平台"的考验。本节所论述的县级融媒体中心参与政务服务平台的四个建设目标仅仅是县级融媒体中心拓宽生态、参与基层治理的一个方面，相信

①　于婉丽，王威. 县级融媒体的政务服务与基层社会治理[J]. 传媒论坛，2021(4).

在未来的深入建设中，地方政府将不断创新以更好利用县级融媒体中心的机构优势，实现综合服务各个方面的联动。

第三节　县级融媒体政务服务的运行

2023 年 10 月 16 日，第八届党媒网站发展论坛在深圳龙岗举办，人民网监事会主席、人民网研究院院长唐维红在论坛上发布《2022—2023 区县融媒体发展观察报告》，指出自 2020 年《关于加快推进媒体深度融合发展的指导意见》发布以来，各地县级融媒体中心纷纷参与到"新闻+政务服务商务"的深度融合建设中来。本节将从县级融媒体+政务服务建设实践中择取典型，围绕县级融媒体中心政务服务相关业务情况进行分析。

一、"以省带县"的政务融合模式

在 2020 年中央通过有关县级融媒体深度融合的意见时，全国共有县级微信公众号 7019 个、微博账号 4587 个、新闻客户端 677 个，相比微信公众号和微博账号，县级融媒体移动客户端不仅数量有限，而且有关政务服务的建设相对薄弱。随着建设的不断深入，县级融媒体中心参与基层政务服务与基层治理的深度不断提高，越来越体现基层主流媒体的价值。截至 2022 年 8 月，全国已有 2585 个县级融媒体中心建设完成，在贯彻落实"新闻+政务"模式时，一些优秀的县级融媒体中心不仅以优质内容与先进技术搭建起信息枢纽和治理平台，更形成了比较成熟的发展模式。但由于建设历史较短，目前全国范围内并没有完整的数据展示县级融媒体中心建设"新闻+政务"的情况，因此，本小节主要选取地区——湖北省县级融媒体政务服务建设矩阵进行总体描述。在建设初期整体数据不全面的情况下，我们选择一个省份内部的政务融合体系建设进行分析，可以小观大，借鉴学习。

湖北省在县级融媒体中心建设中处于全国前列，从湖北省政府到市县宣传部门积极贯彻中央对于县级融媒体深度融合的建设要求，首创了"以省带县、借梯上楼"的建设模式，建成长江云省级平台并不断升级完善，形成了"标配频道、共享专题、全媒行动、联动直播、创意表达"五种形态[1]的传播方式。同时，湖北省通过"1+N"引导省内各县级融媒体中心接入长江云平台，根据不同区县、不同机构的多样化需求实现个性化定制、差异化发展，助推县级融媒

---

① 徐博文. "以省带县、借梯上楼"——湖北省县级融媒体中心建设的实践探索[J]. 中国记者，2020(3).

体中心在全省范围内"跨地组合、区域联动、成片开发"，夯实组织再造、流程重组、机制创新的根基。目前，长江云已实现省市县三级全覆盖。正是因为在全省实现了全覆盖，湖北省长江云大数据中心连续五年发布县域政务融合传播指数榜单，以长江云大数据中心接入的各类政务传播平台的融合传播情况作为考察对象，主要统计各县（市、区）政府官网、微信政务号、微博政务号、官方政务客户端、报纸、广播、电视等渠道的全样本数据。总指标体系由 3 个一级指标（公开度、影响度、好感度）、9 个二级指标、26 个三级指标、53 个四级指标构成（上述为 2020 年统计数据，考察对象数量、指标体系每年都在不断调整）。榜单旨在全面考察县级政务传播发展效能，总结融合传播经验，为湖北省各县级政府全面深化基层政务传播体系建设提供数据化的分析参考，全面观察湖北省境内的政务信息传播格局。

　　2022 年度指数榜单在保持前四年指数整体框架和考察范围不变的基础上，优化模型和算力，增扩数据维度，以期更全面深入考察县级政务传播效能，为全省各县（市、区）全面深化基层政务传播体系建设、助力基层社会治理提供数据化的分析参考。从长江云发布的报告数据可以看出，中位数 638 分为五年来中位数的最高分，全省县域政务融合传播的整体水平稳步提升。相比 2018 年度，700~799 分段的县（市、区）新增 4 个，达到 12 个；600~699 分段的县（市、区）新增 20 个，达到 57 个，累计增长 54.1%；600 分以下分段的县（市、区）减少 24 个，仅剩 34 个，降幅达 41.2%。[①] 中位数的变化可以看出湖北省全省的整体政务融合传播效能呈现逐年上升的趋势。与此同时，政务融合传播指数分为影响度、好感度、公开度三个指标，尽管湖北省全省的政务融合传播指数得到整体的提升，但三个指标却各有差异，从影响度来看，2022 年的影响度分榜均值为 487.7 分，相比 2021 年下降 4.8%。66.0%的县（市、区）年度影响度得分较 2021 年出现下滑，这说明县域范围内融媒体政务传播的影响力出现了下滑趋势。从好感度来看，全省县（市、区）好感度较 2021 年出现小幅回落，平均分值为 610.5，降幅约 6.3%。其中，三级指标"美誉度""风险度"平均分值分别下降 4.1%和 3.0%，仅"认同度"较 2021 年上涨 6.2%，为 497.1 分。从榜单数据来看，虽然政务融合传播效能在湖北省全省得到了整体提升，但县级融媒体政务功能的影响度和好感度却呈现下降趋势。因此，可以看出，对于"县级融媒体+政务服务"的总体建设仍然需要以群众为中心，以提升用户/群众的满意度为首要目标。

---

　　① 2022 年度湖北省县域政务融合传播指数分析报告［EB/OL］．［2024-03-15］．https://news.hbtv.com.cn/p/2368586.html.

从 2022 年的报告中可以看出，湖北省县域政务融合传播主要呈现以下特点：一是二三类县（市）级（主要指省内限制开发区域的国家农产品主产区所在县和限制开发区域的国家和省重点生态功能区所在县）融合传播势头持续强劲，但是与区级融合传播差距进一步扩大；二是全省县域政务融合传播区域发展不平衡情况在 2022 年得以逆转，整体呈现出更加均衡发展的态势；三是主要阵地从"两微一端"向短视频平台拓展，在 103 个调查县中有 88 个县级融媒体中心开通了政务抖音账号；四是持续放大在地性优势，具备本土特色的原创内容增多。上述特点说明，湖北省在 2018—2022 这五年，各县（市、区）的政务融合传播平台建设更趋完善，区域间发展渐趋平衡，内容运营的视频化、原创化和本土化趋势逐步增强，融合传播效能大幅提升。随着媒介融合的纵深推进，政务融合传播阵地作为主流舆论引导和基层社会治理中不可或缺的重要力量，必将能进一步加快推进社会治理的现代化。尽管全国各地区县级融媒体深度融合的建设各不相同，但从湖北省的"融媒+政务"发展全貌可以窥见全国县级融媒体接入政务服务平台的基本情况。

二、"向端转型"的政务服务主体

（1）从"平台"角色到"服务主体"的转变

在探索县级融媒体中心接入政务服务的过程中，部分融媒体中心曾在当地政府的主导下，将辖区内网上办事入口全部接入，实现当地政务服务事项的在线查询，但实际仅作为服务接口使用。随着媒体深度融合的进程发展，一些优秀的县级融媒体中心对于政务服务建设中承担的角色也逐渐由"平台"向"服务主体"转变。从湖南省 2021 年发布的《县级融媒体中心建设综述》来看，湖南省有不少县市尝试利用县级融媒体中心独特的平台优势，创新形式，提升服务满意度，例如："掌上浏阳"App 所搭建的"党建+微网格"智慧管理平台，覆盖辖区所有乡镇街道，开创党建引领基层社会治理创新的"浏阳之治"，上线至今矛盾纠纷化解成功率达 95.97%；鼎城区融媒体中心，在信息服务中精准细分，给老年人发送手机报，向中年人力推微信公众号，对年轻人主打客户端或视频号，该区还把每天的当地电视新闻制作成短视频，首发手机端，培育当地群众专有的"信息消费"习惯，使得政务信息与服务的提供更加精准化、接地气。①

---

① 打通引导服务群众"最后一公里"——湖南县级融媒体中心建设综述［EB/OL］.［2024-03-15］. http://www.hunan.gov.cn/hnszf/hnyw/sy/hnyw1/202103/t20210322_15034002.html.

（2）向端转型，分类施策

当前，大多数地区的县级融媒体中心的主要发力点为"两微一端一抖"等移动平台，县级融媒体中心通过部门分治并结合各大平台的特点，对不同平台的业务进行了划分，抖音等短视频平台主要用于政务信息的发布与传播，通过短视频平台庞大的用户群体优势，提升政务信息传播覆盖率。例如江西省的"南丰县融媒体中心""红都瑞金"等抖音账号粉丝量达到 500 万，依靠成熟的大平台可以迅速实现量的增长。而若寻求质的飞跃，却不能仅仅只依靠第三方平台与短视频实现政务信息的宣传。目前，一些县级融媒体中心正尝试向"端"转型，通过省级共建、政企合作等方式也建设出了一批独具特色的客户端 App，客户端 App 以及微信小程序这"一微一端"所能提供的政务服务则更加全面，主要以办事大厅、网络问政为主。因此，当前县级融媒体中心在贯彻"新闻+政务"模式时，通过对各大平台分类施策的方式，最大程度地利用手机客户端平台优势。

（3）"新闻+政务"的新型网络问政探索

网络问政是县级融媒体中心参与政务服务的重要渠道之一，也是县级融媒体中心拓宽政务服务新业态的着力点。目前，不少县级融媒体中心正不断创新网络问政形式，以人民喜闻乐见的方式实现"面对面""零距离"沟通。例如：云南省临沧市凤庆县融媒体中心通过"全民问政：局长面对面"新媒体问政活动，拓宽群众诉求反馈渠道，倾听百姓的心声，不同于传统网络问政，该活动充分利用县融媒体中心视频号、抖音号等多平台媒体资源，通过发布预告、局长走一线海采等方式，收集评论区和海采现场中广大网友反映的问题，与此同时，邀请相关部门的主要负责人走进融媒体中心演播室，针对网友提出的问题、意见及建议进行访谈回复或作出公开承诺，最后通过短视频形式在新媒体平台进行发布，并对回复和承诺的事项由媒体持续跟进报道。可以看出，该县融媒体中心在新型网络问政中实现了全闭环式建设，群众能够通过新媒体平台与政府相关负责人"面对面"沟通，在持续、高效、透明的全流程中推动民生小事落地落实。① 这样的新型网络问政模式在近期爆红网络，县级融媒体中心利用其自身优势，可以有效提高问政效率，拉近了政府与群众的距离，让群众体验到政治参与感。

---

① 临沧凤庆："新媒体问政"打通媒体服务群众最后一公里［EB/OL］.［2024-03-15］. https://www.sohu.com/a/720230496_121123842.

三、"接入政务"的县级融媒路径

县级融媒体中心不只是县域范围内传统媒体的重新组合和简单拼凑，也不仅是以媒体融合推动经济发展的市场化探索，而是以信息传播为基础、融合各类新技术的新型主流媒体阵地建设。当前，我国仍有一些地区的县级融媒体中心参与社会治理的意识、定位和功能较为单薄，县级融媒体中心在线上政务服务平台建设中的作用仅为提供一个接口，与原本的政务服务平台所提供的功能相差无几。本节将针对相关问题探讨几种路径选择。

1. "自建"与"嫁接"的决策

县级融媒体中心建设依靠跨平台联动支撑，目前政务服务功能主要依托于移动客户端，县级融媒体中心在通过移动客户端搭建平台的过程中，对于政务服务板块的接入面临着"自建"还是"嫁接"的困境。"嫁接"模式是平台仅作为接口，通过跳转直接进入县级政务服务平台进行业务办理，这在目前的"县级融媒体+政务"的建设中较为常见。有的县级融媒体中心平台甚至直接跳转到了对应的省级政务服务网站。"嫁接"模式节省了建设成本，但平台本身并未实现价值增值。"自建"模式是按照国家要求的建设标准和本县需求，自主搭建融媒体中心，再与省级平台进行对接，这一模式需要较长的建设时间和较大的资金投入，尤其是政务服务板块，需要与县域范围内多个部门进行对接，在涉及具体部门的核心业务办理时，一些县级融媒体中心客户端平台中的政务服务存在只有架构没有实质的办事功能，缺乏相对应的业务支撑。①

当前，县级融媒体接入政务服务主要依托移动客户端平台，相较于自媒体和社交媒体平台，官方媒体移动客户端开发时间较晚，且平台建设模式同质化严重，普遍存在客户端下载量小、活跃用户少等问题。在这个过程中，不少县级融媒体中心相关部门缺乏融合转型的意识和思维，仅仅把传统媒体的内容搬到移动平台上，或者简单地进行技术叠加，语言风格刻板、官方话味浓，很难获得用户的认可，在个别地区，由于融媒体政务客户端实际业务有限，用户使用频次较低，因此用户渗透率低，其影响力一直达不到预期。为此，对于平台内容、运营机制等问题仍然有较大的探索空间，特别是要在"自建"与"嫁接"决策的基础上，加强运行中的资源共享、操作方式上的工作协调更为关键。

---

① 赵毅源. 顶层设计、建设现状与突围途径：中西部县级融媒体中心建设研究［M］. 武汉：武汉大学出版社，2023：30-31.

2. 政务服务的功能与模式选择

在我国四级媒体结构中，县级融媒体相对于中央、省、市三级融媒体来说，最大的优势就是更贴近于基层老百姓的生活，提供有针对性的政务服务，[①] 然而，在部分地区的县级融媒体中心的建设平台中，却存在着"贪大求全"的现象，政务板块部分存在着内容混乱、导航复杂、模块冗余问题。实际上未真正实现在融媒体平台建设中的政务信息、办事大厅、举报监督、网络问政这四项政务服务的基本功能。例如部分县级融媒体客户端在页面点击菜单后往往不能获取对应的相关服务。某些县级融媒体中心客户端虽设置了"爆料""问政"与"市长信箱"等栏目，但并未实际应用。缺乏明确的功能区分，群众在面对问题时无法及时得知哪个栏目是最有效的反映渠道，如此便会分散群众的注意力，增加用户获取信息与服务的难度，与打造移动客户端的初衷背道而驰。

一些地区的县级融媒体中心在探索"新闻+政务服务"的过程中，对于自身"新闻+政务服务商务"的定位不清晰，没有有效地整合各方资源，仍然以打造宣传平台作为建设定位，固守"老本行"，功能单一，发展后劲不足。比如江西省就曾经通过市县融媒体中心从业人员职业满意度调查问卷(收回有效问卷1376 份)的形式发现，有53.99%的问卷填写者认为当前媒体融合缺乏清晰的方向和思路。

县级融媒体中心处于我国媒体体系架构的基层，在与用户接近性上具有一定优势，但多数移动客户端的政务服务功能有待完善，对用户需求把握不足。同时，在由行政主导自上而下开展的县级融媒体中心建设中，部分地区以尽早挂牌、完成政绩为目的，并未真正了解群众实际需要，忽视对内容、服务本身的把握，建设流于形式，如"掌心××"设置的政府部门订阅号中，多个部门虽有账号但没有发布内容，内容缺失或功能不足影响了用户体验，限制了县级融媒体中心的进一步发展。对此，作为媒体融合转型的机构，应加强工作人员政务服务意识，进一步明确政务服务四项基本功能及其运作模式，将政务服务落到实处。

3. 政务数据共享与职能联通的壁垒突破

目前县级政务与县级融媒体平台的互通障碍虽有技术的原因，但主要根源

---

① 韩诚，王婕. 县级融媒体中心政务服务的特点与发展策略[J]. 青年记者，2019(36).

还在部门本位主义，即一些部门在协同工作中，只考虑自身利益，不顾全大局，导致整个部门效率受到影响。县级融媒体中心在探索"新闻+政务服务"模式的过程中，需要协同县域范围内的党政部门和其他社会机构，运用信息技术打通部门壁垒，提供社保、交管等原本归属于各大部门的政务服务，最大限度实现数据共享和功能联通。但是一些地区的县级政府部门存在着未消解的本位主义，使得县级融媒体中心在客户端平台上实现政务服务时面临资源困难。特别是一些条管部门，垄断部分优质政务资源，不愿意向县级媒体开放或倾斜。

技术驱动是推动媒体政务服务的关键因素。尽管目前各地县级融媒体中心的基础平台基本搭建完成，但在日常维护、平台管理、系统操作等方面，还存在技术支撑力量不足、技术保障体系不完善等问题。由上级建设平台共同搭建所辖地区县级融媒体中心的模式尽管能在融媒体中心建设初期满足基础搭建任务，但比较难满足各区县个性化的信息、服务需求，少数媒体工作人员对新设备和新系统掌握不全面、使用不熟练。[①] 特别是部分县级融媒体中心存在着工作人员存量老化、增量不足、活力不够等问题，人员在协调上难以实现同步合作，极大地影响了县级融媒体中心承担政务服务等新功能。因此，核心技术力量不足、缺少专业化技术人员是当前县级融媒体中心政务平台建设困境的另一大原因。针对上述问题，不少县级融媒体中心正逐步尝试开发独立的平台客户端，实现自我"造血"，提升创新能力。同时，致力于提高参与基层政务服务中心工作人员的政务服务素养，并通过招聘专兼职人才、外包传媒公司等方式缓和高水平人才缺乏的问题。

---

① 黄晓新，刘建华，郝天韵. 全国县级融媒体中心能力建设研究报告[J]. 传媒，2023(12).

第七章　县级融媒体公共服务

登哈特夫妇提出的新公共服务理论将民主、公民权和公共利益的价值观重新肯定为公共行政价值观，这些观点在我国本土化后形成"服务型政府"的概念，坚持以公共服务为理念指导，一切为了服务公众，以满足公众基本需求为目标。习近平总书记在2018年全国宣传思想工作会议上强调："要扎实抓好县级融媒体中心建设，更好引导群众、服务群众。"2019年1月，中共中央宣传部、国家广播电视总局发布的《县级融媒体中心建设规范》，将"县级融媒体中心"定义为"开展媒体服务、党建服务、政务服务、公共服务、增值服务等业务的融合媒体平台"。

换言之，拓展公共服务领域是县级融媒体中心建设的基本要求，并且县级融媒体中心作为政府下属机构，基本职能就是为公众提供民生服务，包括民生生活、知识培训、旅游服务、消费维权等在内的公共服务。同时，县级融媒体中心要秉持用户思维，将传统的主人翁管理意识向奥斯本所提出的企业家精神转变，将公众需求视作服务导向。基于此，本章将重点聚焦目前县级融媒体中心在公共服务领域内的定位及其为公众提供的公共服务内容，并概述分析公共服务供给现状，为后期相关政策的完善提供反馈参考。

第一节　县级融媒体公共服务的定位

一、公共服务的界定

随着服务型政府的发展，公共服务的概念逐渐被具象化。通常认为有广义和狭义之分，广义研究将公共服务划分为政务服务、生活服务和典型服务三种类别，狭义研究则将公共服务限定在由政府及其代理机构对社会需要作出的具有代表性的服务反应。① 总之，公共服务是政府与其他部门为满足社会公共需

---

① 丁和根. 县级融媒体中心核心功能的实践路径与保障条件探析[J]. 南京师大学报（社会科学版），2020(4).

要，提供公民平等享受的社会产品。本书采取更为狭义具体的分类方式，将新闻服务、政务服务与公共服务区分开来，以便更加深入地探究县级融媒体中心的各项功能。

县级融媒体中心作为助力基层社会治理的重要平台，媒体属性及功能仅仅是其众多功能属性之一，其在社会治理网络中发挥的不仅仅是地方新闻发布平台、基层舆论引导平台的职能，更应当是基层治理体系中的公共服务供给平台，包括但不限于涵盖衣食住行的便民服务平台和促进地区经济发展的产业升级平台。① 很多学者也持相同或相似的观点，譬如郭全中认为县级融媒体中心应当是信息传播、政务服务、社区信息以及智慧城市的多方结合体。② 朱春阳认为县级融媒体中心建设的一个关键问题，就是如何按照融合发展经验来实现"服务群众"的目标。③ 在实践建设过程中，县级融媒体"贴近基层、贴合群众"的在地优势对于它成为县域内公共服务建设的重要载体大有裨益，有能力在完成基础的资讯传递与政策宣传任务的同时，为基层群众整合公共服务资源，提供社会沟通交互空间，直接影响到基层政府治理能否更好地满足群众公共需求。这不仅仅是检验县级融媒体中心建设成效的标准之一，更是关系其能否真正成为"治国理政新平台"的重大考验。④

毋庸置疑，公共服务已经在县级融媒体中心业务范围内占据了重要位置。《县级融媒体中心建设规范》也在政策文本层面正式对县级融媒体中心应当提供的"公共服务"进行了拓展延伸，即在"媒体+"的理念指导下，从单纯的信息传播服务转向多元化的综合服务。要求融媒体中心在开展媒体服务的同时，积极整合公共资源，拓展综合服务，实现医疗信息、购物信息、教务信息等信息服务，以及为群众代理水电气票务物业等公共缴费事宜，尽可能地为公众提供便捷服务。

二、公共服务的类型

公共服务的一个重要特点是提供公共产品。但"公共服务"概念比公共产

①　曾润喜，杨璨.重建本地用户连接融入基层社会治理：县级融媒体发展路径研究[J].新闻与写作，2021(5).
②　郭全中.县级融媒体中心建设的进展、难点与对策[J].新闻爱好者，2019(7).
③　朱春阳.县级融媒体中心建设的任务、核心问题与未来方向[J].传媒评论，2018(10).
④　吴航行，许楠，张月莹.全媒体传播体系下的县级媒体融合实践研究[J].传媒，2023(15).

品更广泛，因为一些公共服务具有公共产品的性质，这些公共服务的成本不可能通过向消费者收费而收回，这样就会导致公共服务的供给不足，因此必须由国家提供或接受捐赠。如前文第一章所述，公共服务的特征是权利性、普遍性、公平性。公共服务的类型，目前比较常见的是依据公共服务功能划分，将公共服务分为维护性公共服务、经济性公共服务和社会性公共服务三类。其中，社会性公共服务，指政府和相关部门为促进社会公正与和谐而为全社会提供的平等的公共服务，包括文化教育公共服务、公共医疗卫生服务、社会保障公共服务等。此类公共服务具有双重属性：它既是一种个体需要，显示出某种"公民权利"的性质，又是一种公共需要，这一双重属性决定了其供给的特殊性。传媒的社会性公共服务兼而有之，如广播电视全覆盖属于前者，主要由国家提供，典型工程有"村村通"和"西新工程"，而数字付费电视频道服务则属于后者，基本由个人负担。①

在互联网时代，大视听产业突破传统广播电视的局限，随着新媒体网络视频快速崛起得以延伸发展，作为县级全媒体融合的部分，借助中央媒体政策的支持，传媒功能进一步提升。按照"新闻+"和"视听+"的模式赋能公共服务，在农业、科技、文化、教育、医疗、交通、购物等广阔领域发挥作用。特别是通过变"听广播、看电视"为"用广播电视"，之后，更加彰显出县级融媒体中心的服务功能。如开办媒体云课堂平台，让老年用户足不出户实现老有所学的"大学梦"；通过开办健康智慧服务平台，向公众提供健康养护服务，让"打开电视看医问诊"成为现实。在智慧医疗、教育等方面，可通过推动大视听与公共服务有机结合，助力移动客户端的数字化升级改造，提供包括健康诊疗、教育培训、应急防控在内的多功能于一体的智慧融媒体服务，"努力实现公共服务标准化、均等化、数字化和便捷化，挖掘大视听赋能公共服务的深度、力度、广度"②。

第二节　县级融媒体公共服务的范畴

公共服务是对县级融媒体传播功能的一次创新，即从单一的信息传播平台转型为信息化服务平台，那么县级融媒体中心可以为公众提供哪些公共服务？

① 石长顺，石婧. 中国广播电视公共服务[M]. 北京：光明日报出版社，2013：10-11.

② 杨洪涛. 大视听要有大格局[N]. 光明日报，2024-02-28.

《县级融媒体中心建设规范》中指出县级融媒体中心需要对接民生平台，提供各类生活服务，包括民生新闻、便民查询、便民支付、医疗服务、周边服务、社交传播、专家咨询、健康养老、智慧社区等功能。

其中，民生新闻功能要求支持以文字、图片、音频、视频等形式展示公众需求资讯；便民查询功能要求平台支持社保、公积金和交通违章等一键查询功能；便民支付功能要求支持水电燃气费、交通罚款等线上缴费便捷服务；医疗服务功能要求支持包括科室展示、医生展示和在线挂号在内的各类医疗服务；专家咨询功能要求提供各行业专家的在线咨询功能，比如政策咨询、农业咨询、科技咨询等；健康养老功能要求支持服务中老年人的新闻资讯、养老养生、综艺活动等内容的汇聚展示，以及医疗信息公示、健康答疑等功能；智慧社区，支持结合当地实际条件开展智慧社区服务功能，打造社区信息枢纽，等等。

在对县级融媒体公共服务话题进行研究时，部分学者倾向于将服务内容范畴划分为资讯服务、生活服务以及文化服务。[①] 服务型政府要求以民为本，从需求侧出发进行服务供给。对于信息渠道较为单一的基层群众而言，能够快速精准地获取本地信息的资讯服务是对融媒体平台最基础的要求。县级融媒体搭建网上综合服务大厅平台来实现居民生活服务的数字化便捷化，范围覆盖生活缴费、教育查询、在线问诊等必需便民服务。如，郴州临武县融媒体中心通过与银行数据打通，县域用户可以在"龙源临武"移动端一键办理水费、电费、话费等缴纳服务。马斯洛需求层次理论指出，个体在满足低层次的生理需要和安全需求后，会转而寻求高层次的归属、尊重和自我实现的需求。也正是因此，在我国社会生活水平快速提高的前提下，基层群众的精神文化需求不断增多，这就要求政府公共部门机构在履行主要职责的基础上增加文化服务这一重要功能。当然，也有学者认为县级融媒体中心建设应该提供更广泛的公共服务连接，涵盖县域范围内的社区服务、社会救助、青年就业、社区养老、贫困帮扶、纠纷调解等各个层面。[②] 依照现阶段基层群众对于县级融媒体中心建设的需求状况，本节将从农业产业、基础教育服务、公共文化服务、公共医疗卫生服务以及基层养老服务五个方面来阐述县级融媒体的

① 何志武，陈天明. 乡村社会治理视域下县级融媒体的服务加冕与行动框架[J]. 西南民族大学学报(人文社会科学版)，2021(11).

② 栾轶玫. 信息传播与公共服务：县级融媒体中心建设的"双融合"[J]. 视听界，2018(5).

公共服务体系建设内容。

一、农业产业服务

尽管我国的城镇化进程在有序推进，但目前农业产收仍然是县级经济发展重要的产业。长期以来传统模式下的农业建设存在诸多弊端，比如产出质量良莠不齐、产品经济附加值低、生态环保产业发展落后等。[①] 县级融媒体应以服务"三农"为着力点，借助自身媒体传播优势，将新媒体技术与农村产业发展进行主动连接，实现深度融合，通过"媒体+农业""网络+农业"的新兴形式打造农业与其他产业的发展新形态，为农业高质高产赋能，为实现乡村振兴的总目标服务。

1. 知识技术服务赋能农村产业经营

知识与技术往往是产业升级中不可或缺的因素，要想使农村产业发生质的改变，就必须率先打破这两道鸿沟。尤其是在工业化发展背景下，很多地区将传统农业的出路定位在了农业机械现代化，这就离不开农民对相关知识技能的掌握。县级融媒体中心长期以来的工作范畴深耕县域，既熟悉县域内的农业及其他产业情况，也能与乡村产业有关的农民、企业等主体建立起社会网络关系。因此，县级融媒体中心可以发挥自身的资源整合与配置能力，为当地农村产业发展提供知识服务与技术赋能。落实到实践中，县级融媒体中心可以通过设置农业专家热线、微博微信线上服务，以及开展农业科普知识专区等多种渠道，为当地农民提供种植新兴农业技术模式、农产品病虫害的科学防治、播种品种如何搭配等专业知识讲解。在种植知识转化为实操方面，县级融媒体中心能做的是将数字技术引入农业生产的经营与管理中，全面收集农业生产过程中的各类数据并进行专业分析，总结生产规律从而大幅降低农业成本、提高资源分配率才是提升农民收入的重点所在。

2. 信息传播优势助推农村产业发展

县级融媒体作为网络信息技术嵌入政府服务的典型代表，在利用数字信息优势促进农村农业转型方面有着天然优势。在 2019 年中央一号文件实施数字乡村战略、开展电子商务进农村综合示范的政策激励下，"直播选品与线上购

---

① 刘学波. 县级融媒体参与基层社会治理的创新模式——以 L 县为例[J]. 中国广播电视学刊，2023(6).

物"的模式被普遍推广，将"直播带货"嵌入农村产业产品销售更是一次巨大革新。与传统的农产品流通方式相比，运用融媒体、直播带货、社区电商等多种形式的直播销售模式能够有效缩短产品供给者与消费者之间的传递链条。① 为了实现这一耦合设想，县级融媒体需要在现有的传播网络基础上充分发挥信息传播范围广的优势，通过融媒体中心搭建的平台进行多轮宣传，推出"网红"产品，完成本地农业和农产品的线上推广，开辟产品售卖的多维平台，尽可能实现纵向和横向双重维度的全覆盖。更有甚者，将范围从农产品销售延伸至乡村旅游、特色产业等各方面，如福建省尤溪县融媒体依托"互联网+广电+旅游"模式，将业务范围拓展至跨县域甚至跨省市，依托广电事业推出"智慧尤溪"客户端，将融媒体与县域产业结合，打造集互联网、广电、旅游于一体的平台"游视界"和农产品销售平台"尤品汇"，并拓展影视、旅游、文创等产业链，带动县域经济发展。

尽管发生在互联网平台的日常直播带货现象已经足够饱和，县级融媒体开展类似直播依旧具有突出优势。② 首先，县级融媒体作为基层主流媒体自带的权威性和公信力是其他主播难以企及的，很容易争取到直播受众的信任与认可，以及直播平台的支持与拥护。当然，直播带货的行为可能会带来因寻求短期利益而损害公信力的额外风险。其次，"公益"本就是联系政府与公众的坚实桥梁，县级融媒体的直播导向自始至终是公益性高于营利性，象征着基层群众期望的社会公共价值追求，因此更容易在社会效益与经济效益两方面都取得成效。再次，县级融媒体中心内部工作人员原先大多从事编导、摄像等相关专业工作，能够为主流媒体实现直播带货提供专业技术支持，实现融合传播效果的最大化。

总之，基于县级融媒体平台来打造当地农产品的"线上+线下"双渠道的经销服务模式，将农业及其他产业的发展纳入融媒体中心内容生产和媒介传播范围，提高农村产业产品的知名度，在保证实现农村经济发展模式创新的同时还能促进农民增收。

3. 直播带货助推农产品供给

直播带货的兴起拓宽了县级融媒体中心的业务范围，为优化百姓的生活服

---

① 杨雁. 直播带货的乡村振兴实践案例分析[J]. 中国农业资源与区划，2023(7).
② 沙垚，许楠. 融合人民：县级媒体融合与基层协同治理[J]. 新闻与写作，2021(5).

务提供了新渠道。2020年新冠疫情突袭，后期市场经济的不景气导致基层县域农村产业的发展更加受阻，农产品面临滞销困境。面对如此紧张的市场压力，多个地区的县级融媒体中心大胆尝试直播带货的新兴销售模式。比如江苏江阴市融媒体中心的"最江阴"App在新冠疫情期间适时推出助农公益项目"澄农帮"，通过对全市困难用户数据和农产品销售数据的分析，以全媒体传播、直播带货等方式销售农产品2万斤，成功解决了农产品销路受阻问题。

福建省云霄县融媒体中心，在该县农产品面临线下销路阻塞的困境，建立起漳州市首个"直播基地"，由政府出资提供基础硬件设施，县级融媒体中心负责开展系统化的网络培训服务。在经销策略上选择推行"媒体+生态产业园"模式，以重大节会为依托，将直播地点设置在当地特有的生态产业园。如在棪树村枇杷生态观光产业园区开展"线上枇杷节"，在云霄云茶坊一条街进行"云霄黄观音"的线上推广。统计数据显示，云霄融媒体直播带货的每场平均观看量在8000人次。服务流程为前期预热，开播前会在"云霄融媒"公众号预告本次直播的主题及内容；后期在直播结束后会将本次直播的产品内容进行概括总结，并上传至官方公众号和云霄新闻网等平台；购买中介，云霄县融媒体直播平台在产销链条中相当于一个互动交易空间，不开设购买入口，而是提供供给者的联系方式，消费者可自行联系购买。这在一定程度上保证了县级融媒体直播的公益导向，同时也预防了市场交易过程中行政人员的寻租现象。

在当今网络媒体的迅猛发展期，直播带货助农成为县级融媒体公共服务的重大突破口，在此过程中始终坚持"直播带货是手段而非目的"这一根本原则。通过直播带货助农不但体现县级融媒体中心作为公共部门机构的社会责任意识，还能促进县级媒体融合创新发展。此外，借助直播带货还能加强融媒体平台用户黏性，实现流量经济营收的模式创新，为基层群众提供更好的公共服务。

二、公共教育服务

在我国政府为群体提供公共资源的历程中，教育资源以及教育公平向来是最被关注的公共服务项目，在公共服务体系中举足轻重。中共中央办公厅、国务院办公厅印发《关于构建优质均衡的基本公共教育服务体系的意见》，指出"坚持优先保障，在经济社会发展规划、财政资金投入、公共资源配置等方面优先保障基本公共教育服务"。但现实状况仍然是不同地区、城乡之间存在着教育投入的巨大差异，继而导致教育资源分布的严重不均，优质教育资源大多被留在了城市地区，同时由于户籍制度、学区制度等行政壁垒导致优质的资源不能通过公平的手段合理分配，导致获取教育机会的不均等。

为了打破僵局，各地开始积极推进构建以互联网平台为基础的"互联网＋教育"的数字教育资源服务新模式。这是实现基于信息技术的教育教学模式和教育服务的必备条件，是新时代推进教育现代化的必然要求，是更好解决教育发展不平衡不充分问题的现实选择，正逐步成为基础公共教育服务的重要内容。

2017 年 12 月教育部《关于数字教育资源公共服务体系建设与应用的指导意见》规定，要全面推进"互联网＋教育"，加快教育现代化建设。① 完善的数字教育资源公共服务体系是实现教育资源可持续发展的基础保障，也是实现我国基础教育教学的高质量与教育资源配置的高效率的必需品。数字教育资源公共服务是由政府作为主体主导并利用公共资源向公众提供的数字教育资源与服务总和。② 基于服务使用的技术角度，数字教育资源服务是借助于网络信息技术，对平台获取的学习者的各种监测数据进行专业的统计与分析，在此基础上为用户提供个性化、定制化的精准服务。③ 与传统教育模式相比，数字化教育能够打破时间和空间的限制，教育供给者可以在互联网技术构建的网络大数据教学资源库中分享优质的教学资源，教育接受者可以根据自己的需要在海量的教学资源库中寻找适合的资料。

在此背景下，建设数字教育资源公共服务体系、为公众提供数字教育资源公共服务成为省市县各级政府的重要职责，但从用户数量上看，县级平台承担着大部分的服务任务，是实现数字教育资源公共服务的关键。一般而言，县级及以下行政层级地区的教育资源相对匮乏，更不必说优质的数字教育资源在这些基层地区的稀缺程度。县级融媒体中心作为文化信息重要的载体平台和传播技术支撑，将优质课程与师资力量引入数字教育服务的提供范围内，按照数字教育资源公共服务体系建设目标与原则，进一步规范、提升、完善平台的数字教育资源接入与服务、网络学习空间支持教育教学活动等功能，通常包括为本地居民提供教育信息、在线教育、教育下乡等业务内容。

（1）筛选汇聚教育信息资源

县域内居民的教育意识大多还停留在学生是教育最直接的受众，他们所需

① 教育部. 关于数字教育资源公共服务体系建设与应用的指导意见［EB/OL］.［2023-04-03］. http://www.moe.gov.cn/srcsite/A16/s3342/201802/t20180209_327174.html.

② 杨小锋，蔡建东. 数字教育资源公共服务政策缘何变迁？——基于多源流理论视角［J］. 基础教育，2021（2）.

③ 余亮，陈时见，赵彤. 大数据背景下数字教育资源服务的内涵、特征和模式［J］. 电化教育研究，2017（4）.

要的公共教育服务也基本围绕学生切实需求展开，这就要求县级融媒体在提供数字化教育服务时将服务对象聚焦在学生群体。互联网平台充斥着各种繁杂冗余的信息，处于青少年时期的学生需要被正确地引导，县级融媒体中心在各种官方账号平台的教育服务板块就相当于一个"过滤器"。在接入数字教育资源时，必须按照"谁接入谁负责"的原则，负责对接入资源的质量进行严格审核，包括政治性、科学性和安全性等原则，接着在资源使用过程中设置绿色使用系统，保证用户在使用融媒体平台教育资源时是绝对安全的，通过这样的方式来打消学生家长对于使用智能手机的顾虑。在数字教育资源内容选择上，县级融媒体要尽可能地覆盖到每一个学历阶段的学生，将相应资源的类型多样化，如精品教师公开课、课内必备阅读资料、课外学生交流探讨等子板块。

（2）转接线上直播平台

尽管在线的网络课程资源已经使数字教育资源库足够丰富，但是网络直播教学的同步性、互动性和及时性是前者不能达到的。尤其现在网络直播文化对于基层群众的吸引力巨大，县级融媒体中心利用自身的平台用户基础来转接直播具有现实可行性。不过，仅依靠县级融媒体中心这一个机构来提供专业的教育服务是不现实的，县级融媒体中心需要与当地拥有优质教育资源的学校或机构进行合作，采取公益服务或者低价购买的方式来转接线上课堂直播，将教学的"线上+线下"进行融合，促进县域地区的教育资源服务均等化。

（3）提供个性化教育服务

此外，要做好直播课程的推送机制设计，县级融媒体中心通过后台使用数据针对用户进行的个性化设计也同样重要。每个用户的学习情况各有差异，融媒体平台需要保证每一个用户在使用时都能找到自己需要的课程资源，把合适的教育信息资源呈现给适合的用户，从而在一定程度上缓解数字化学习背景下的教育不公平，做到智能个性化供给。① 这种根据需求自主选用的服务方式，在提供数字教育资源服务时能避免一刀切式的同质化资源服务。

三、公共文化服务

党的十九届五中全会提出："提高社会文明程度，提升公共文化服务水平，健全现代文化产业体系。"公共文化服务成为现代政府公共服务的重要内容，是指以政府部门为主导的公共部门提供的、以保障公民的基本文化生活权

---

① 刘静，熊才平，丁继红，等. 教育信息资源个性化推荐服务模式研究[J]. 中国远程教育，2016(2).

利为目的、向公民提供公共文化产品与服务的制度和系统的总称。① 从公共产品的角度进行定义，公共文化服务是基于社会效益，不以营利为目的，为社会提供非竞争性、非排他性的公共文化产品的资源配置活动。② 在一定程度上，公共文化服务具有很强的外部效应，归属于一种公益性服务。此外，由于公共文化服务涉及资源分配、社会整合、政治认同等多方面多层次，因此，借助公共文化服务可以达成"文化引导社会、教育人民、推动发展"的最终目的。③

县级融媒体中心作为政府部门机构一员，必然要承担起提供公共文化服务的职能，更不必说地方基层文化与具备在地优势的县级融媒体中心之间存在着密不可分的联系。理应充分利用本地资源，建设起专属于县域本地群众的、具有鲜明地方特色的文化空间，以增强本地人民群众社会凝聚力和对自身文化的认同感与归属感。从某种角度来看，县级融媒体中心既是地方基层文化活动的传播者，又是组织者，同时也是文化产品的生产者。

（1）文化传播：构筑地区文化自信

习近平总书记指出："实施乡村振兴战略要物质文明和精神文明一起抓。"④在文化逻辑上，县级融媒体中心理应充分发挥在地性优势，挖掘乡村文化的内在价值，调动基层群众的文化积极性、创造性，增强地区文化自信。要求县级融媒体从以下几方面做起，肩负起繁荣乡村文化的重担。

其一，县级融媒体中心借助多元媒介形成的移动融合传播优势，使其得以动态、快速、全面地介入基层社会的重要文化活动与文化事件中，极大地提升了乡村文化传播的时效性。乡村文化需要向外部更广阔的空间传递，需要被外界看到自身的独特魅力。县级融媒体成为县域之外的大众了解县域内部文化构成的重要窗口，借助数字媒体技术更好地记录并宣传特色文化，成为乡村文化对外传播与交流的媒介。

其二，县级融媒体中心以官方主流媒体的身份弘扬乡村文化，对当地居民而言是一种文化认可，有益于其文化自信的建立。同时，县级融媒体中心还可以通过提供数字化教育资源对当地村民进行教育，帮助村民树立和践行社会主

① 黄丽娟. 政府购买公共文化服务探析——以江苏省南通市为例[J]. 行政论坛，2014(4).

② 张仁汉. 政府购买公共文化服务的辨析与解构[J]. 中国机构改革与管理，2015(3).

③ 吴理财. 公共文化服务的运作逻辑及后果[J]. 江淮论坛，2011(4).

④ 习近平. 论"三农"工作[M]. 北京：中央文献出版社，2022：231.

义核心价值观，促进乡村移风易俗，有效提升村民的综合素质，① 进而增强村民的文化认同与文化自信。

（2）文化组织：满足基层群众多元文化需求

我国早期开展文化建设很重要的一个目的就是提升国民素养，以便实现有效的社会管理。但这同时导致了政府成为供给侧主体的角色，形成"公共政府—基层社区—社会群众"的单向传递链条，在这种模式下，政府是文化的生产与传播中心，公众是被动的接收者，文化公共性与互动性缺失严重，甚至出现地方文化被挤压的困境。

因此，县级融媒体中心在为基层群众提供公共文化服务时，要注重"顾客需求"，突出地方特色，将传承当地传统文化作为价值导向，以提升乡村公共文化服务效果为宗旨，充分发挥平台的链接和沟通功能，动员社会基层各个主体主动参与。尽管服务对象处于同一县域范围，县级融媒体中心也要依据不同的地理位置、不同的文化特色等，探索多元化的文化供给方式，为基层群众提供更加贴合需求的公共文化服务与产品。县级融媒体中心要充分认识到其在基层公共文化供给中的作用，摸索出群众公共文化服务需求的演变规律，利用信息新媒体技术和专业人才队伍在高质量文化内容生产、农村文化融合发展、农村文化产业发展等多个层面进行创新，积极拓宽县级融媒体中心对农村公共文化供给的实践范围。根据实践经验，县级融媒体中心对农村公共文化产品的供给重点可以体现在文化价值增值、优秀文化产品推送、文化志愿服务、知识技术资源共享等多个方面。同时，与不同类型的文化资源进行匹配整合，建立简洁便捷的网络互动平台，使基层群众尽可能多地接触多元文化信息资源，保证基层公共文化服务的高质量发展，是县级融媒体中心对乡村文化振兴作出的重要贡献。

（3）文化生产：助推基层公共文化内生性增长

尽管公共文化服务的数字化供给能够较好地满足基层群众的文化需求，但难免存在技术导向的同质化风险。同时随着新型城镇化改革，基层社会不再是传统的"乡土社会"，经济人口结构、文化生活方式等方面发生了本质改变，"空心化""老龄化"问题愈发严重，造成地方文化传承主体的减少。加之异质文化对地方文化的冲击，地方文化的内生性遭到严重破坏，如何有效平衡外部供给与地区文化内生性增长的问题急需解决。

---

① 单文盛，陆亦洁，石璐. 县级融媒体中心助力乡村振兴的内在机理与实践路径[J]. 湖南科技大学学报（社会科学版），2023（1）.

费孝通先生在《文化与文化自觉》一书中提道"传统的中国文化是土地里长出来的"，县域范围内的地区文化也是如此。"推动县域内文化内生性增长的过程其实就是使文化不断'内生重构'的过程"①。县级融媒体中心的发展依托于本地资源并且高于本地资源，天然具有调用和重构基层信息流、资源流的能力，这些资源恰恰是保证地区文化内生性增长的刚需。因此，县级融媒体中心需要考虑，如何在创新公共文化服务的同时保证其文化性的培育。在推动地方文化传承与创新层面，县级融媒体中心与区域内其他服务主体相比，其优势显现在它能够有效吸收地方民风习俗、特色文化遗产等资源，为基层公共文化服务建设注入崭新的理念与价值。并在当地文化内核不断创新的基础上打造文化品牌，实现县域内文化再造，使当地文化不断回血，促进文化内生增长。基层文化治理不能单单依靠县级融媒体中心这样的官方机构实施自上而下的扶持，更加需要的是基层群众有自我文化供给的能力，自下而上地遵守共同的文化规范。在此过程中，政府与公众双向共建共享文化资源，县级融媒体中心提供公共文化资源与服务设施，对公共文化生产进行再造，基层民众对地区文化逐渐认同且重视，进一步丰富了基层公共服务体系建设的文化价值与理念。

四、公共医疗卫生服务

基层医疗卫生服务是公共服务的重要组成成分，而我国在公共医疗卫生服务方面存在的问题，不仅仅是资金投入不足和服务质量不高，更严峻的挑战是随着行政层级的下放，医疗卫生资源配置效率也随之降低，县级及以下的群众能够享受到的基础医疗卫生服务严重不足。② 对此，2023 年 3 月中共中央办公厅、国务院办公厅《关于进一步完善医疗卫生服务体系的意见》中指明，要"强化城乡基层医疗卫生服务网底，把工作重点放在农村和社区"。

（1）县级融媒体创新医疗服务模式

基本公共医疗服务，是指政府为了提高社会的整体健康水平，通过社区卫生服务中心、乡镇卫生院、村卫生室等基本医疗机构，向全体居民提供预防和控制各类疾病的医疗服务。县级融媒体中心与医疗服务的联合既能对群众需求的医疗卫生服务进行平台化改造，又能有效提高县级融媒体平台的关注度和使用度。在县级融媒体中心的官方应用程序或者小程序等平台增设"医疗卫生服

---

① 江龙国. 县级融媒体中心与基层公共文化服务建设[J]. 传媒论坛，2021(4).

② 和立道. 医疗卫生基本公共服务的城乡差距及均等化路径[J]. 财经科学，2011(12).

务"的板块,提供医院介绍、在线问诊、专家讲堂等服务功能,抑或是扮演"搬运工"的角色,将县域范围内甚至是市级范围内的医疗资源链接与县级融媒体平台挂钩,居民可以一键查询附近医疗资源的最新动态,无论是哪种方式都可以极大地满足群众享受线上公共医疗服务的需求。

黔西县融媒体中心与黔西县人民医院联合打造出"融媒体+卫生健康服务"的新模式,在整合双方资源的基础上创设性地开办了《健康水西》《代你问诊》等访谈栏目,由黔西县人民医院的各科室专家向全县群众普及公共卫生健康知识。群众通过关注县级融媒体平台,能够对基础医疗服务内容、当地医疗保障政策、公共卫生知识等信息得到更加全面的了解,也能实现线上就诊、科学就医,这种创新性的医疗卫生健康知识普及形式,有效提升了全县群众的健康卫生水平。

(2)县级融媒体应对突发公共卫生事件

最典型的案例便是新冠疫情在全球的蔓延。疫情的突然袭击考验着政府面对重大突发公共卫生事件的应急管理能力,各地县级融媒体中心迅速采取行动应对,利用电视广播、抖音快手等传统媒体与新媒体平台结合的方式,发挥融合媒体优势。融媒中心主要通过以下方式助力新冠疫情的防护与控制:及时公布转发与当地群众生活紧密相关的疫情最新资讯、防控物资供需状况等重要信息;开设防疫公告、疫情发布、防控动态、疫苗捐赠等专题专栏,做好疫情防控集中宣传,发布抗击疫情权威资讯;制作疫情防控知识科普视频,通过多元化的传播方式将专业的医疗卫生知识进行日常化呈现,引导群众积极应对、科学防控。

云南省内的129个县级融媒体中心,在疫情期间坚持利用自身融媒体平台,及时宣发中央政府以及省市级政府的防疫战略部署和疫情最新信息,同时,积极号召机构内的融媒体记者关注疫情防控一线,负责报道疫情最新动态、传播安全防控知识、及时回应群众关切、讲好"战疫"故事,凝聚起众志成城、共克时艰抗击疫情的强大合力,营造了强信心、暖人心、聚民心、筑同心的舆论氛围。[①]

五、基层养老服务

人口老龄化是社会发展进步的必然结果,它是指老年人口相对增多,在总

---

① 让县级融媒体成为服务群众新纽带[EB/OL].[2020-04-02].http://yn.people.com.cn/BIG5/n2/2020/0402/c212284-33923243.html.

人口中所占比例不断上升的过程。2000 年至今我国已进入老年型社会，生育率迅速下跌到更替水平以下。随着医疗技术进步，预期寿命延长，老龄化程度不断加深。《国务院关于加快发展养老服务业的若干意见》指出，要"加大对基层和农村养老服务的投入，切实加强农村养老服务"。紧接着，如何加强农村养老服务、提高养老服务效率成为政界和学界关注的焦点话题，前者重点强调的是强化基层养老服务的供给，后者强调的是养老服务供给与老年人真实需求的适配问题。① 理论上只有政府精准掌握老年人的养老需求，才能精准制定并实施政策，包括市场在内的多元服务主体才能发挥自身功能，这才符合基层养老服务供给的发展规律。然而实践中，政府部分部门存在缺位、越位的情形，导致供给主体力量薄弱，基层养老服务水平难以提升。

（1）对象传播：满足银龄人的养老服务信息需求

毋庸置疑，在城市生活的老年群体由于硬件设施的完备与软件设施的全面更容易享受到优质的养老服务。而县域范围内的老年人首先很容易被省市级主流媒体忽略，这些媒体的重心大多聚集在省市层级的政府服务对象或者重大事件；其次县域范围内的老年人很容易被当地社会自媒体忽视。这一老年群体逐渐沦落至被省市级主流媒体和社会自媒体双重忽视的困境，其基本养老需求不能得到充分满足，致使县级地区的基层社会养老问题愈发严重。

县级融媒体中心除了拥有作为地方媒体的政治属性，同时还具备不可分割的社会属性，这要求县级融媒体中心必须关注社会养老服务，为县域内老年人提供满足其需求的信息与资源，缓解养老服务的供需失衡局面。虽然外部环境的科学信息技术正在迅猛发展，但是对于大多数老年人（尤其是县域下的农村老人）而言，他们对于新闻资讯的接收仍旧保持着传统媒体的习惯。此时县级融媒体作为主流媒体与生俱来的权威性与公信力，使媒介素养能力不足、信息辨别能力较差的老年人群体，更加容易相信该平台生产与提供的信息内容。因此，在县级政府诸多宣传机构或平台中，县级融媒体中心是较为适合向老年人传递官方养老信息的部门，主要提供政策宣传、养老信息服务和专题策划三大类服务内容。政策宣传包括养老政策的通知和解读，养老信息服务涉及本地养老机构的资讯、健康知识和活动信息。专题策划则侧重于深入探讨养老问题，通过特定节目或专栏提供深入分析和报道，增强老年人对养老服务的理解和参与。

---

① 刘琪. 双重"去政治化"：农村养老服务过密化及其解释［J］. 云南民族大学学报（哲学社会科学版），2024（1）.

（2）平衡供需：助力基层数字化智慧养老模式

数字化养老服务体系是指利用物联网、大数据、云计算等新技术，加快建设统一的服务平台，为老年群体提供精准化服务。数字化养老服务体系可应用于专门的养老机构，也可应用于社区居家智慧养老产业，使老年人切实享受到"数字红利"。除了通过电视、广播和报纸等老年人偏好的传统媒体渠道向其传播养老服务信息，县级融媒体更应该结合新媒体技术拓展触达老年人的渠道，使其加入到县级融媒体平台用户群体中，加快推进基层智慧养老模式的形成。县级融媒体可以尝试在官方平台或微信公众号菜单栏增设养老服务板块，在抖音、快手等视频账号中设置专门的养老内容合集，内容可以围绕中央和地方养老政策、当地养老实践活动、优秀老年代表宣传、老年群体正能量故事等多方位开展信息采编与传播。县级融媒体基于这种喜闻乐见的新媒体形式为老年群体建立通俗易懂的线上信息服务平台，能够较好发挥自身功能。

同时，也要注意与提供基层养老服务的其他主体进行积极互动，一同完善本地基层养老服务网络，有效缓解县级地区养老能力不足、社会"积极老龄化"意识淡薄、养老需求大于供给等问题。县级融媒体在当地养老服务网络中的参与，能够提高政府养老服务的精细化程度，可以主导建立老年意见领袖微信群，第一时间将智慧养老最新信息发送至群聊，鼓励、发动意见领袖将信息转发给亲朋好友，形成二次传播。同时在媒体使用与操作层面为周围同龄群体答疑解惑，进行一对一或一对多现场指导，形成县级融媒体平台—意见领袖—老年群体两级传播模式，高效推动本地老年群体对县级融媒体平台接收与使用习惯的养成，为县级融媒体助力智慧养老服务奠定坚实基础。①

第三节　县级融媒体公共服务的主要问题及对策

毋庸置疑，近年来县级融媒体中心建设在党和政府的鼎力支持下，已经取得了巨大的进展，在公共服务供给层面也取得了巨大的成效。但仍然存在着县级融媒体公共服务体系建设不完善、服务供给数量与质量难以满足群众实际需求、群众对公共服务供给现状满意度不高等诸多问题，难以发挥其应有的公共服务功能。

---

① 郑晓萌，吴晓东. 县级融媒体中心助力智慧养老的可行性及发展策略[J]. 新媒体研究，2021（13）.

扩展公共服务资讯。县级融媒体中心要将中央、省、市的政策、措施、规划等资讯结合县域实际进行解读，给县域用户提供外地资讯的"在地化"转换服务，做信息的"加工厂"而非"搬运工"。

县级融媒体内嵌于社会治理的整体网络，向上与县委、县政府、市级融媒体等部门机构连接，左右与各个县直单位、乡镇政府平行相关，向下又根植于乡土社会群众。这样四面八方的联系要求它必须拥有良好的互动反馈能力。沙垚等指出："从政治层面来看，县级融媒体中心并非是漂浮于县域社会上空的传播符号和政治标签，而是深度嵌入县域政治文化生产与传播，既有自上而下的政治信息传递，亦有自下而上的民意问政反馈。"[①]

县级融媒体在基层社会服务与治理过程中，不仅是政府权威性的代表，更应把握好亲切性的平衡。公众身处县级融媒体搭建的对话平台，明确知道与之对话协商的是政府官员和职能部门，双方身份地位不同带来的代沟问题很难消除，这就要求县级融媒体在供给服务时尤其注意公众实际需求，促进政社关系友好发展。这也是新公共服务理论的主张，服务提供者要始终将公众的切实需求放在首位，听取公众的意见以及让公众参与进来，发挥其在服务建设中的主体性作用。但县级融媒体作为基层公共服务供给主体，很容易受固有思维的影响，不重视甚至不开通公众的体验反馈渠道。目前在很多县级融媒体平台建设中，互动反馈平台的设计与开发仍旧是一大短板，如沟通效率低，反馈周期长，一些县级融媒体对"软服务"的态度敷衍等问题突出。

转型融媒体服务平台。当下，不少县级融媒体发展都存在重视硬件建设、轻视核心内容的通病，一方面是因为，县级政府在执行上级政策时总是习惯性"模仿"，照搬照抄省市级的融媒体平台建设架构，致使县级融媒体中心的发展重心过度聚焦在"面子工程"上，这种仅仅停留在形式整合层面上的媒体改革，并不能打破原有的县级融媒体产业格局；另一方面，则是因为基层公共服务要求的内容泛化，很容易导致县级融媒体公共服务体系建设陷入"大而全"的认知陷阱，将自身定位于全县的信息交流枢纽、公共服务广场与问政服务大厅等诸多角色，结果导致中心平台功能无序叠加、内容无限扩充，出现定位失焦、缺乏地区特色、服务层次浅显等不利于融媒体中心建设的问题。与此相应，融媒体中心的内容生产并未很好地匹配平台拓展的速度。部分县级融媒体中心的主要职能仍局限在信息传播方面，公共服务需求下的农业发展、数字资

① 沙垚，许楠. 融合人民：县级媒体融合与基层协同治理[J]. 新闻与写作，2021(5).

源教育、基础医疗服务、基层养老等功能相对缺失或显弱，即使设有相关板块，其内容相比其他平台缺乏丰富性和吸引力。

融媒体平台化转型，要求县级融媒体中心发挥好在公共服务方面的本地化优势和资源整合优势，打造集多元化服务于一体的综合性服务平台，为基层群众提供便捷化、多样化的服务内容。但由于平台重复建设、大而不当，造成资源浪费、低效失效现象严重，同时内容生产相比之下成为平台短板，本末倒置，偏离了县级融媒体中心作为公共机构应有的公共服务功能。一些落后的县级融媒体中心在平台设置上的服务模块划分非常全面，但实际可操作、可利用的便民服务功能还处于待开发的状态，再深层次的服务功能更加形同虚设，导致县级融媒体中心能够供给的公共服务仅仅浮于表象，平台用户的体验感较差。

调动多元供给主体。梳理近年来国家出台的有关公共服务供给的法律法规文件可以发现，整体的政策导向趋于支持与鼓励公共服务供给主体的多元化。例如，《中华人民共和国公共文化服务保障法》第 48 条规定，"国家鼓励社会资本依法投入公共文化服务，拓宽公共文化服务资金来源渠道"，这意味着社会资本进入公共文化服务的供给领域拥有了合法性基础；紧接着第 49 条规定"国家采取政府购买服务等措施，支持公民、法人和其他组织参与提供公共文化服务"，即政府部门与多元供给主体之间通过购买公共文化服务等方式产生联系，形成公共文化服务供给网络体系。2020 年印发的《关于加强广播电视公共服务体系建设的指导意见》也明确指出，"坚持政府在基本公共服务中的主体地位，发挥市场机制的积极作用，调动各类社会力量参与，使公共服务主体更加多元、机制更加灵活"。

尽管政策部署初衷是为社会公众提供更加优质的公共服务，但是多元主体竞争局面对新兴发展的县级融媒体中心而言形成了一种挤压态势，基层群众作为理性人"用脚投票"，选择最有利于自己的服务平台。以县级融媒体中心最基本的资讯传递的服务功能为例，其本应成为该县域内的重要信息枢纽，但是该领域内的竞争对手众多，不仅包括中国移动、联通和电信这样的央企，还包括阿里、华为和腾讯等行业巨头，并且其与更高一级的省级与市级媒体之间也存在着隐藏的竞争关系。在此情形下，县级融媒体中心面临的紧迫问题之一，就是如何利用自身与多元供给主体的合作，来打破公共服务供给内容的同质化。

加强公共服务队伍建设。很多地区的县级融媒体机构组成大多从原有的县级广播电视台迁移过来，原有员工随之进入新部门。也正是这种"原班人马"的使用导致县级融媒体中心建设面临着人才匮乏的困境。一个机构的运行始终依托于人，人才问题是现下县级融媒体中心建设优质公共服务的共性问题，如果没有符合新媒体时代要求的新人才，县级融媒体中心很难为基层群众提供贴切的公共服务。

县级融媒体中心建设的人才要求，第一，要具备互联网思维。互联网思维就是互联网时代本质的思维方式，涵盖互动、开放、多元等大数据背景下的核心要素，而这些对于融媒体内容的生产与传播来讲都尤其重要。互联网思维包括媒介产品思维、用户思维以及大数据思维，① 媒介产品是否能满足用户的多元化需求，以及是否具备数据意识与技术能力，这两个问题几乎决定了县级融媒体平台的竞争力和影响力。第二，要求人才具备媒介融合语境下的专业技能。需要一改传统媒体从业者专精于某一种传媒形态的旧状，掌握具备时代特征和新媒体色彩的多种技能，并有将其进行整合利用的能力。在当下媒体发展背景下，唯有建设既有互联网思维又有新媒体技术的县级融媒体中心人才队伍，才能充分利用各种媒体优势取得理想的融合服务效果。第三，如前所述，县级融媒体中心需要为基层提供各种各样的公共服务，不论是农业、教育还是医疗卫生、养老服务，都需要具备专业知识的执行人员进行辅助。

但是，现实中县级融媒体中心人才队伍的两大来源，一是原有的县级报刊、广播电视台等传统媒体的工作人员，二是政府内部负责宣传和文职工作的行政人员。长期以来在传统媒体思维主导下形成的固化行为方式，使得县级融媒体中心人才转型的难度较大。再者，县级融媒体中心这一基层单位能够为融媒体专业技术人才提供的薪资待遇，以及发展前景十分有限，在未对其提供有利的人才引进政策或者配套福利的情况下，很难吸引并留住符合需要的高素质人才。② 正是县级环境对高端专业人才吸引力薄弱、专业人才引进制度缺失、人才转型面临困境等现实问题限制了县级融媒体中心人才队伍的发展，由组织成员提供的公共服务质量也随之受到影响，导致浮于表面、停滞不前的现象产生。

县级融媒体中心作为基层社会公共服务的重要提供者，能够在农业与其他产业、基础教育、公共文化、医疗卫生、基层养老等多方面全方位地进行公共服务建设。并且有目共睹的是，县级融媒体中心对公共服务体系进行的创新性设计，在很大程度上重塑了公共服务的服务格局与模式，更好地满足了基层群

---

① 赵文晶，樊丽. 县级融媒体中心人才困境与解决路径[J]. 中国出版，2021(8).

② 谢新洲，朱垚颖，宋琢谢. 县级媒体融合的现状、路径与问题研究——基于全国问卷调查和四县融媒体中心实地调研[J]. 新闻记者，2019(3).

众的公共服务需求，推进公共服务均等化的实现，在实践过程中赢得了很大成效。然而，仍然处于成长阶段的县级融媒体中心还存在着诸多不足，如缺乏完善的信息互动反馈机制来指引县级融媒体中心公共服务工作的未来走向。为此，还需将"服务型政府"的顾客需求导向完全内化于县级融媒体中心公共服务建设过程中。

第八章 县级融媒体商务服务

探索建立"新闻+商务"的运营模式，是中央政策为县级融媒体中心开辟的一条创新之路，它让基层媒体获得了空前的发展机遇，从狭窄的广告生存中看到了巨大的商机。商务服务，让县级融媒体中心大大拓展和延伸了为企业提供服务的范畴，它能充分发挥咨询与调查、广告、中介服务、会展等商务职能，以知识和信息等要素，名正言顺地直接为商务活动中的各种交易提供服务，进而获得社会和经济双效益。

第一节 商务服务的基本理念迁移

2020年9月，中共中央办公厅、国务院办公厅印发的《关于加快推进媒体深度融合发展的意见》指出："要发挥市场机制作用，增强主流媒体的市场竞争意识和能力，探索建立新闻+政务服务商务的运营模式，创新媒体投融资政策，增强自我造血能力。"2020年10月《中共中央关于制定国民经济和社会发展第十四个五年规划和二〇三五年远景目标的建议》中又明确提出，"推进媒体深度融合，建强用好县级融媒体中心"。这些国家文件中多次提及"商务""市场""造血"等关键词，标志着我国县级融媒体中心改革已经告别基础设施建设与部门机构整合的上半场，而进入推动县级融媒体商务服务创新发展的改革下半场。

着重打造商务服务是县级融媒体中心实现长期发展的内在要求，也就是说，商务服务理念的提出从根本而言是服务于县级融媒体中心的。从宏观来看，县级融媒体中心建设在国家媒体融合战略下提出，其商务服务建设的基本理念与国家媒体融合战略理念相衔接，也与我国媒体融合战略中不断强化的市场化理念相契合。

一、政策理念迁移

县级融媒体中心的发展战略是我国媒体融合战略的组成部分。在县级融媒体中心建设发展过程中，政策始终扮演重要的资源配置者角色，政府对行业的规制通常被认为是影响媒体融合进程的首要因素。① 媒体融合政策在我国传统媒体受到技术与市场冲击的背景下提出，其核心的目标是力争主流意识形态能够在全媒体格局下发挥引领作用、占据主流地位，② 这是发挥主流媒体在国家治理中重要作用的内在要求，也是中国式现代化的时代命题。

2013 年 8 月 19 日，习近平总书记指出："要适应社会信息化持续推进的新情况，加快传统媒体和新兴媒体融合发展，充分运用新技术新应用创新媒体传播方式，占领信息传播制高点。"③自此，媒体融合战略正式拉开序幕。2013年，党的十八届三中全会首次将"媒体融合"写入党的中央全会公报，提出推动媒体融合发展的重大任务。④ 2014 年《关于推动传统媒体和新兴媒体融合发展的指导意见》指出，要建设"现代传播体系"⑤，2020 年《关于加快推进媒体深度融合发展的意见》明确媒体深度融合发展的整体要求，我国二十大报告指出，"要加强全媒体传播体系建设，塑造主流舆论新格局"，我国媒体融合战略的发展方向与目标逐渐明晰。

至今，国家媒体融合的政策已历经十年的演进，相关政策发布密度高、推动力度大、持续时间久，映射出我国媒体融合政策的持续推进未能达到理想的预期目标。其中，2019 年国家层面发布的媒体融合战略相关政策高达 14 项，⑥围绕县级融媒体中心建设开启了新一轮密集政策窗口期。

作为我国以行政力量主导、自上而下的"媒体融合"国家战略在基层的重

① 蔡雯，黄金. 规制变革：媒介融合发展的必要前提 ——对世界多国媒介管理现状的比较与思考[J]. 国际新闻界，2007(3).

② 陈昌凤，杨依军. 意识形态安全与党管媒体原则——中国媒体融合政策之形成与体系建构[J]. 现代传播(中国传媒大学学报)，2015(11).

③ 中共中央文献研究室. 习近平关于全面建成小康社会论述摘编[M]. 北京：中央文献出版社，2016：106.

④ 媒体融合发展要加强体制机制创新[EB/OL]. [2024-01-05]. http://theory.people.com.cn/n1/2017/0418/c40531-29217647.html.

⑤ 习近平主持召开中央全面深化改革领导小组第四次会议[EB/OL]. [2023-09-20]. https://www.gov.cn/xinwen/2014-08/18/content_2736451.htm.

⑥ 朱春阳，刘波洋. 媒体融合的中国进路：基于政策视角的系统性考察(2014—2023年)[J]. 新闻与写作，2023(11).

要实践，县级融媒体中心是我国基层主流媒体，肩负着党和人民喉舌的使命。[①] 至 2020 年年底，在国家政策指导下，我国基本实现了县级融媒体中心全覆盖，其基础设施建设、硬件软件升级与基层媒体组织整合等工作告一段落，为县级融媒体中心的初期建设打下了较好基础。[②] 但是，县级融媒体中心的建设并非"一蹴而就"，中央在"十四五"规划中对县级融媒体中心提出建强用好的要求。那么，如何找到适合县级融媒体中心长足发展的路径，成为改革下半场的主要命题。

县级融媒体中心实现长足发展的第一步，是保证组织的长效运转，这就要求县级融媒体中心建立组织自身可持续的功能系统，也就是需要有可持续的资金与资源注入维持其运转。现如今，县级融媒体中心虽已建成，但是当前，我国许多县级融媒体中心的投入远超盈利，远未达到"建设用强"要求。

有学界研究指出，我国各县级融媒体中心的主要经费约 80% 来源于政府拨款，[③] 根据《2023 年中央对地方转移支付预算表》，县级融媒体中心隶属的补助地方公共文化服务体系建设项目共获得 154.9 亿元资助，与 2022 年相比无变化。现如今我国绝大部分县级融媒体中心仍处于财政输血阶段，尚未探索出合适的造血模式。但是在长期发展中，县级融媒体中心的运行仍需持续花费大量人力、物力、财力，以及日常管理开销等，这些费用会随着融媒体中心的壮大而持续攀升，仅靠有限的财政拨款难以可持续支撑。

2020 年，"两办"印发的《关于加快推进媒体深度融合发展的意见》指出，"要发挥市场机制作用，增强主流媒体的市场竞争意识和能力，探索建立'新闻+政务服务商务'的运营模式，创新媒体投融资政策，增强自我造血机能"，对过去并未强调的"商务"板块表达了高度重视，这是自 2014 年以来，国家关于媒体融合的政策文件中第一次着重强调"市场、运营与造血机能"，体现出国家对县级融媒体中心"自我造血"能力的重视。

至此，国家从政策层面对县级融媒体中心的自我造血能力正式提出了要求，商务服务成为县级融媒体中心发展的指导理念。

---

① 赵晨. 县级融媒体中心探索社会基层治理策略解析——以南漳县融媒体中心为例[J]. 新闻研究导刊，2023(21).

② 曾培伦，郑雯. 内循环与本地化：我国县级融媒体中心的经营路径探析[J]. 传媒观察，2022(10).

③ 谢新洲，朱垚颖，宋琢谢. 县级媒体融合的现状、路径与问题研究——基于全国问卷调查和四县融媒体中心实地调研[J]. 新闻记者，2019(3).

二、市场理念迁移

在国家系列文件要求下，县级融媒体中心实施"新闻+政务+公共服务+商务服务"战略，但是在实践中，县级融媒体中心的多重服务功能并没有完全发挥。县级融媒体的综合服务功能主要集中于媒体服务、党建服务、政务服务、公共服务和增值服务方面，其中，以商务为抓手的增值服务是县级融媒体中心综合服务建设的重点①——县级融媒体中心发展商务服务不仅可以带动县域内部经济发展，也是县级融媒体中心创收与提高自身造血能力的必然路径。

对于县级融媒体中心而言，开始着重强调商务服务，是因为基层媒体组织所面临的媒介市场环境已发生变化，从而导致其价值创造过程出现问题，必须进行市场理念的转变。

我国传统媒体的商务模式主要为"二次销售"，主流媒体凭借信息生产上的垄断性优势，将制作的优质内容以低廉甚至免费的价格贩卖给受众，再将受众的注意力二次贩卖给广告商，由此获得利润。

但是随着互联网时代的到来，互联网纷繁复杂的社交媒体平台与层出不穷的自媒体，凭借着生产速度与传播速度，对受众注意力进行了强势分流，主流媒体信息生产的垄断性优势不再。在这场受众注意力"争夺战"中，商家更容易选择社交媒体平台与自媒体进行广告投放，以此获得更优的广告投放效果，而主流媒体传统的创收模式由此失灵。

在过去很长一段时间内，面向市场的广告服务给我国传统媒体带来了利润，帮助减轻了国家负担，成为媒体融合发展的重要推动力与转型升级的关键驱动力。② 凭借着政策利好、资源集中、专业能力突出等优势，以中央级媒体与部分主流省级媒体为代表的"头部媒体"建立起强大的传媒集团，通过"一个党委、两个机构、一体化运作"的模式实现了可持续创收。③ 而对于资源与专业能力相对弱势的县级媒体，则更多依靠财政拨款实现生存与组织运转。

从整体而言，在未受到新技术冲击前，我国各级主流媒体大多能够实现营

---

① 都海虹，朝博.县级融媒体中心的综合服务功能开发与实现路径[J].新闻世界，2023(9).

② 袁鸣徽，郑雯，杨莹.县级融媒体中心"适度商业化"的三重面向[J].辽宁大学学报(哲学社会科学版)，2022(3).

③ 吕焕斌.以我为主 建设新型主流媒体——湖南广播电视台"双平台"带动战略阐释[J].中国广播电视学刊，2016(1).

收平衡。而现如今，各级主流媒体要想在激烈的市场竞争中站稳脚跟，必须迅速顺应市场逻辑，迫切思考自身新的价值创造逻辑。央级媒体与许多主流省级媒体凭借自身优势与强大资源，在新媒体冲击下迅速探索出适应性商务模式，凭借"平台、内容、产品、业态、技术"的五位一体式创新经营模式实现了融媒创新营销。①

县级融媒体中心位于主流媒体"尾部"，不同于中央级媒体与省级主流媒体，受到市场规模限制、人才资源与财力资源匮乏等因素影响，对市场理念的适应性较弱，在走向市场、创新商务服务模式的过程中面临诸多复杂问题。张博指出，传统经营方式难以满足县级融媒体中心建设所需的大量资金，很多县级融媒体中心仍不能跳出新闻采编思维，忽视经营业务的重要性。其通过调研发现，建设较成功的县级融媒体中心都拥有重视经营业务的特点，例如龙溪模式、项城模式、邹州模式等。② 县级融媒体中心创收面临的四大难题：一是对技术资源的利用效率低；二是受体制机制影响，创收渠道单一；三是对于经济欠发达地区来说成本支出的资金压力较大；四是从市场角度来讲与用户联系少，导致规模效益不足。③ 县级融媒体中心面临的经营环境相比其他三级融媒体中心更为复杂：一是基层媒体长期经营不佳，导致组织内人员与基层政府产生改革惰性；二是部分县级融媒体中心的事业单位性质存在公益一类和二类差异，在政策上难以简单统一指导，同时很多县级融媒体中心为了先建设后发展而选择作为公益一类事业单位，④ 而这类事业单位性质对于市场化理念的适应存在较大的惰性依赖。

基于此，政府与各界都深刻意识到了县级融媒体中心发展商务服务的重要性，针对县级融媒体中心如何更好与市场机制接轨、如何让县级融媒体中心的商务运营更好地适应市场理念，提出了多种建议与路径，并在我国各地形成了一批丰富的实践成果。

---

① 吃透主流媒体融合创新经营模式——这五点必看［EB/OL］.［2024-01-05］. https://mp.weixin.qq.com/s?__biz=MzU1MjMwNTQ2Mw==&mid=2247605524&idx=1&sn=14de9686b7e8b360cbbfa5171db7558d&chksm=fb870b4cccf0825ad50920640211 47cbe8451fd7ee77a4b95dcd0fa560564096fd5dc207056f&scene=27.

② 张博. 县级融媒体中心经营模式的转型路径［J］. 中国广播电视学刊，2020（12）.

③ 高旭. 县级融媒体中心创收路径探索［J］. 新闻前哨，2023（10）.

④ 陈春彦. 县级媒体经营融合的创新突破研究［J］. 传媒，2022（8）.

第二节 县级融媒体商务服务的功能拓展

我国各地县级融媒体中心在综合传统媒体与新媒体商务服务功能的基础上，结合自身组织特征、资源条件与所面临的政策环境，探索出了多样化商务服务功能，并在实践中不断实现新的功能拓展，大大丰富了县级融媒体中心创收渠道，为县级融媒体中心自我造血提供了有力工具。

一、商务服务功能构建的逻辑

县级融媒体中心作为嵌入县域市场的新兴组织，如何在传统媒体商务服务的基础上拓展新功能，以实现生存与盈利？从实践中可以看出，我国各地县级融媒体能够做到一面学习借鉴传统媒体与互联网媒体商务运营经验，一面立足实际，遵循县域底层市场规律，综合借鉴传统媒体与互联网媒体商务服务功能的构建逻辑，完善商务服务功能建设。

一方面，县级融媒体中心的商务服务功能传承了部分传统媒体的服务功能，仍然通过创造媒介产品、投放广告、宣传营销、媒体间合作等方式来进行盈利。我国传统媒体商业服务主要包括以下六大增值活动：一是生产要素增值活动，通过投入传媒业的资金、设备、人力等资源，创造出媒介产品；二是受众资源增值活动，通过投入受众的注意力，来产生广告等收益；三是解决受众与广告主核心需求的创新增值活动，例如活动营销宣传等；四是媒体行业内部的协作活动，通过合作创造协同价值；五是管理与辅助活动；六是信息增值活动，发掘并利用以上五类活动产生的信息。[①]

另一方面，县级融媒体中心学习借鉴互联网媒体商务服务功能，通过新媒体流量变现、电商服务、虚拟场景消费等方式来进行盈利。互联网时代主要有三种媒介形态——内容媒体、社交媒体与场景媒体，与之相对应的则是三种商务服务的功能模式。[②]

内容媒体连接人与内容，强调眼球经济或注意力经济，将注意力转变为流

---

① 田丽. 传统媒体经营管理：从价值链到价值体系[J]. 经济研究参考，2013(44).

② 罗昕，李怡然. 互联网时代的媒体形态变迁与商业模式重构[J]. 现代传播(中国传媒大学学报)，2017(10).

量，流量再变现。① 例如新浪、腾讯等早期商业新闻门户网站就依靠超高的点击率为自身获取了广告投放的巨大价值。

社交媒体连接人与人，用关系逻辑构建商业模式。在自媒体蓬勃发展的Web2.0时代，每一个用户都是信息源，人们在网络媒体营造的社会关系中构建与展示自我，社交媒体通过经营传播关系，在增强用户黏性的同时利用超大用户基础创造收益。② 随着大数据、云计算等创新技术的普遍应用，电商与媒体的嵌入式沟通更加紧密，也为社交媒体带来了更大收益。

场景媒体连接人与场景，强调人与品牌的嵌入。"场景"在互联网领域主要表现为社交、购物、游戏等需要通过支付完成闭环的应用形态。③ 场景媒体依托个性化引擎技术，为用户提供个性化信息，在信息中预置了用户可能喜爱的场景，由此完成精准销售。

县级融媒体中心主要面向本地县域市场。这与传统主流媒体与互联网商业媒体面向更为广大的城乡群体有所不同。而我国县域地区的互联网传播与用户吸纳还有很大成长空间。根据《2022年中国互联网络发展状况统计报告》，截至2022年12月，我国农村网民规模为3.08亿，虽较前一年增长2371万，但仅占我国网民整体的28.9%。我国农村地区互联网普及率为61.9%，较前一年提升4.3个百分点，但与城镇地区仍有差距。④

根据金字塔底层（Base of the Pyramid）市场商业模式理论，金字塔底层市场的商业模式主要由本地能力、价值主张、价值网络、关键活动和盈利模式五部分构成。⑤ 本地能力（Local Capability）指的是底层市场区域或市场内已经存在的有利于企业进行价值创造的资源与能力，包括人群长期积累的物质、人力、社会资本、基础设施与制度环境，是企业进行商业活动的基础与支撑。价值主张（Value Proposition）是企业在商业运营中能为其利益相关者带来的直接

---

① 黄楚新."互联网+媒体"——融合时代的传媒发展路径[J].新闻与传播研究，2015（9）.

② 罗昕，李怡然.互联网时代的媒体形态变迁与商业模式重构[J].现代传播（中国传媒大学学报），2017（10）.

③ 吴声.场景革命[M].北京：机械工业出版社，2015：29.

④ 第51次《中国互联网络发展状况统计报告》[EB/OL].[2024-01-05].https://cnnic.cn/NMediaFile/2023/0322/MAIN16794576367190GBA2HA1KQ.pdf.

⑤ 邢小强，仝允桓，陈晓鹏.金字塔底层市场的商业模式：一个多案例研究[J].管理世界，2011（10）.

或间接效益，分为经济价值、能力价值和关系价值。价值网络（Value Network）是企业围绕价值创造与价值传递活动而与其他组织机构建立的生态系统。关键活动（Key Activities）是企业围绕价值网络所进行的连接、学习、利用资源的活动。盈利模式（Profit Model）则是企业与利益相关者分享价值时的机制。

我们可以借助这种金字塔底层市场商业模式来理解县级融媒体中心商务服务功能的拓展逻辑，具体表现为五个层面。本地能力层面：县级融媒体借助或依托本地资源，例如当地特色产业、特色文旅资源等，来实现商务服务功能拓展。价值主张层面：县级融媒体中心进行可以产生价值的具体活动，包括产品与服务等，来实现商务服务功能拓展。价值网络层面：县级融媒体中心在进行价值创造活动的过程中，通过与相关组织机构，例如上级媒体、县域政府、社会企业等建立合作，从而实现商务服务功能拓展。关键活动层面：县级融媒体中心通过与其他组织建立联系、学习县域市场如何运行、利用县域市场内存在的资源挖掘价值，从而实现商务服务功能拓展。盈利模式层面：县级融媒体中心在县域市场内部确立起自身价值网络角色，通过与各利益相关者分享价值利益，以实现自身整体盈利目标。

二、商务服务功能拓展的方向

如今，全国有 2585 个县级融媒体中心建成运行，为实现自我造血目标，县级融媒体中心需要面向市场探索多元商务服务活动。而如何拓展县级融媒体中心商务服务功能是社会各界讨论焦点，各界也已提出了许多规范性建议。例如，通过实施品牌战略，拓宽县级融媒体中心的商务服务渠道；通过加强央地联动，来共谋商务服务发展模式；[1] 将县级融媒体新闻内容延伸至"泛内容"领域，通过有机连接政务、服务、商务，打造商业模式变现的运营模式等。[2]

在我国部分县级融媒体中心的具体实践中，已形成丰富的商务服务功能的创新经验，为其他县级融媒体中心的商务服务功能的进一步拓展提供了借鉴意义。

1. 强关联本地大型企业与特色产业

县域内的大型企业是县级融媒体中心拓展商务服务功能的有力抓手。县域内的大型企业往往是县域经济支柱，拥有信息传播、品牌提升等业务需求，县

---

[1] 黄楚新，吴梦瑶. "新闻+政务服务商务"运营模式探析[J]. 视听界，2021(5).

[2] 张越，范以锦. "新闻+政务服务商务"运营模式浅析[J]. 传媒，2020(23).

级融媒体可以通过签订协议、战略合作等方式为企业组织活动、进行品牌宣传，这些大型企业往往也愿意借助县级融媒体中心的官方媒体身份提高自身在当地的口碑与知名度，从而形成合作共赢。

项城融媒体中心利用良好的公信力为房地产商免费发布广告，随之换来的是融媒体出面销售这些楼盘。2017 年融媒体中心销售楼盘 1800 多套，每套盈利 5000 元，仅此一项融媒体中心增加收入 800 多万元。①

江苏邳州县级融媒体中心以"项目制"为抓手，做广做深融媒+产业。随着产业拓展的触角不断延伸，经济创收中硬广营销贡献比日益降低，产业经营的贡献比快速上升，经营收入结构日趋科学，经济创收水平更加稳定。2017 年，仅酒水代理、教育培训两个项目的营收就超过 500 万元。②

特色产业是一个国家或地区在长期发展过程中所积淀、成型的一种或几种特有的资源、文化、技术等方面的优势，③ 其在区域经济中发挥着关键性作用。目前，我国大多数区县经济仍处于爬坡上升期，当地政府会利用本地多样化的特色资源，培育产业集群，形成县域自身独特的经济增长点。而县级融媒体在这一过程中可以发挥"传声筒"作用，在营销、宣传等方面为特色产业提供资源，从而与特色产业绑定，形成共赢。

依托蔬菜产业优势，寿光市融媒体中心融合打通传统媒体、新媒体、电商平台三个渠道，创新建设"以菜为媒"蔬菜产业全媒体综合服务平台，直接服务全国 20 多个省份、150 多万菜农，助力农资行业年增值亿元以上。④ 寿光融媒体中心借社区团购为菜农优选农资，开展农资品牌计划，与农资企业打造联名产品，同时开设新媒体蔬菜栏目帮助菜农推介蔬菜产

① 县级媒体融合已进入深水区，如何走出可持续发展的经营之路？［EB/OL］.［2024-01-05］. https://mp.weixin.qq.com/s/OB0XnSVYp9o8oLOOxCbF6g.

② 【案例】县级融媒体中心建设的邳州方案［EB/OL］.［2024-01-05］. https://mp.weixin.qq.com/s/XbyQzpYiGaxesHLmAu5pNA.

③ 特色产业［EB/OL］.［2024-01-05］. https://baike.baidu.com/item/%E7%89%B9%E8%89%B2%E4%BA%A7%E4%B8%9A/962015？fr=ge_ala.

④ 【案例】山东寿光融媒体中心服务本土支柱产业成效显著［EB/OL］.［2024-01-05］. https://mp.weixin.qq.com/s/sQA5ilzT6ALEsD4f4RiXCQ.

品，包装打造网红品种，实现全产业链范围内的蔬菜营销服务。

县级融媒体中心还可以利用自身组织性质优势，通过融合或融入其他多元营收渠道，实现自身营收的提升。

河南省项城市融媒体中心与 16 个单位联办栏目，实现栏目订制，把服务作为产业去塑造。项城融媒和商务局联办招商引资栏目，和纪委联办营商环境栏目，和政法委联办平安项城栏目，和环保局联办生态文明栏目，和人民医院、中医院联办健康栏目等。这些栏目由政府或联办单位购买服务，成为营收、创收的主要来源。项城融媒同时承接市里观摩、会议的部分内容，如观摩、专题片、PPT、大屏等，让每项服务都创造价值。①

2. 满足购买服务主体的个性化需求

如果说财政补贴是政府对县级融媒体中心的"直接输血"行为，那么政府购买服务则是一种让县级融媒体中心利用自身能力"消化吸收"，以实现"自我造血"的方式。县域体制内的宣传服务业务资源大致包括政府户外广告媒介运营权、民生公共服务业务与政府数字化工程等。② 为了强化县级融媒体中心市场竞争能力，县级融媒体中心需要在政府购买服务方面积极参与竞争，利用自身体制内单位优势，满足购买服务主体的个性化需求。

浙江湖州市政府每年用四五千万元购买服务，当地县级融媒体中心凭借政策扶持优势，通过政府服务获得的收入占到了县级融媒体中心总收入的四分之一。

浙江兰溪市委、市政府承诺"只要依法合规，政府性资源都向融媒体中心倾斜"，其制定出台《关于扶持融媒体中心发展的实施意见》，明确一

---

① 河南省项城市融媒体中心建成新型主流媒体，被誉为县级融媒体中心的"项城模式"[EB/OL].［2024-01-05］. https://www.chinaxwcb.com/2023/12/04/99834715.html.

② 曾培伦，郑雯. 内循环与本地化：我国县级融媒体中心的经营路径探析[J]. 传媒观察，2022(10).

些智慧城市建设项目依规优先委托县级融媒体建设，政府大型活动策划优先由县级融媒体承办。仅在疫情期间，兰溪市委、市政府就将两个政府项目直接委托融媒体中心实施，为其增收600万元。①

安吉县融媒体中心探索出由"融媒体+文创""融媒体+旅游""融媒体+知识产权"三大业务板块构成的"融媒体+""三板斧"的经营路子，2021年，"融媒体+创收"总额超过3.7亿元。对此，县委、县政府出台政策，明确表示中心作为县内主流媒体的唯一性和确定性，同意中心承接各乡镇（街道）、部门的政务宣传及相关服务项目，可由各乡镇（街道）、部门与中心自行协商，按重大事项程序进行管理。2021年，安吉县融媒体中心政务合作达2398万元。②

3. 发展电商服务与大型活动

乡村电商直播平台的兴起，给县域经济发展带来了全新机遇。一方面，县级融媒体作为县域主流媒体，在乡村振兴战略中扮演着"助推器"的角色；③另一方面，县级融媒体通过为乡村电商直播提供资源整合与技术支持，也提升了自身经营收入。

湖南省浏阳市融媒体中心借助电商崛起的东风，于2019年在掌上浏阳App上线"羊淘商城"，截至2023年5月已汇聚3000多款商品，合作商家超1000家，销售金额超过4600万元。由湖南省浏阳融媒体中心重点打造的"云上湘赣边"平台在2023年开展"媒体赋能乡村振兴""春天的约会"等产业、产品、产地直播，商务局"双品节"等活动，平台销售额达100万元。

策划与举办线下活动。活动是县级融媒体参与市场竞争的重要手段，也是

---

① 媒体融合的"兰溪亮点"，在全省做经验介绍[EB/OL].［2024-01-05］. https://mp.weixin.qq.com/s/OtLCWdm3dAP_KukSCC1zFg.

② 从发不出工资到年营收4亿元！这家县级媒体咋做到的？［EB/OL］.［2024-01-05］. https://baijiahao.baidu.com/s? id=1741541030470587020&wfr=spider&for=pc.

③ 尹子如，张萌萌. 巢湖乡村电商与县级融媒体的耦合路径探析[J]. 新闻研究导刊，2022(5).

媒体发展商务服务、助推经营的重要方式，主要包括举办、承办县域内各类比赛、晚会、发布会、各类评选与企业年会、展会等。

江西分宜县融媒体中心积极参与县属职能部门的大型庆典、晚会、大型展览、展销会以及一些协会的专业活动、颁奖活动、成果展示汇演等，2018 年，分宜县融媒体中心实现经营收入 1200 万元，是 2017 年的 14 倍。

河北项城县融媒体中心创新"新闻+活动"，联合商家举办了项城虫草消费节、项城海参消费节、净水机节、空调节等活动，每年活动达到 300多场次。①

4. 开展信息化增值与创新广告业务

在信息化建设进一步发展的今天，抓住信息化机遇，全面打造智慧城市、智慧党建、智慧文旅、智慧教育等应用业务，是县级融媒体中心实现商务服务跨越的重要路径。

浙江省湖州市长兴传媒集团由长兴广播电视台、长兴宣传信息中心、长兴县委报道组、"中国长兴"政府门户网站(新闻板块)整合而成，是全国第一家整合广电和报业资源的县域全媒体集团。② 2016 年 12 月，长兴传媒集团为布局未来智慧发展格局，与县国资委注资成立了长兴慧源有限公司，主要承担县内政府投资信息化项目咨询服务，做好长兴云数据中心的运维智慧类项目，主要由公司所属的科技公司和慧源公司经营，创收占比 21.6%，已成为集团发展的第三大收入来源，同时也是集团未来重点发展的对象。③

同时，面对当前传统广播电视、报纸广告市场持续进一步下滑的趋势，县

---

① 这七大县级融媒体中心是如何实现百万甚至上亿收入的？[EB/OL].［2024-01-05］. http://www.360doc.com/content/20/0214/00/6837470_891840759.shtml.

② 我从浙江长兴传找到了县级媒体融合的正确打开方式[EB/OL].［2024-01-05］. https://mp.weixin.qq.com/s/CKc8xqxmZah5UFfxYLgXDA.

③ 这七大县级融媒体中心是如何实现百万甚至上亿收入的？[EB/OL].［2024-01-05］. http://www.360doc.com/content/20/0214/00/6837470_891840759.shtml.

级融媒体需要不断做大做强移动客户端的影响力，通过直播广告、互动广告、多媒体广告、H5 广告等形式创新广告投放，从而吸引受众注意力，使之成为新的广告增长点。

山东省昌乐县融媒体中心通过前期策划、部署，确定了推介好品、服务商企，搭建"昌乐品牌宣传战略联盟"，吸引加盟单位缴纳加盟年费成为钻石会员、铂金会员、黄金会员，加入联盟的工商业户享受多项费用打折或免费发布招工信息、新品发布等会员待遇，截至 2023 年 2 月，昌乐县融媒体中心已在全县吸收会员达到 500 多家。①

第三节　县级融媒体商务服务的运营模式

运营模式是商业模式的一种类别，包含对共同要素的理解。它有时特指商业模式中设计运营流程、业务关系的一部分，注重解决企业与内外合作伙伴的关系。虽然县级融媒体中心并非盈利性质的企业，但其为了长期生存与发展目标，又必须开拓商务服务，参与市场竞争，因此用"运营模式"更加符合县级融媒体的性质。

一、运营定位

定位是县级融媒体中心运营的起点，县级融媒体商务服务运营的定位，决定了其要干什么的问题，包括其商务服务领域、业务方向、市场方向的选择等。② 县级融媒体中心由于自身性质的特殊性，其运营定位要综合考虑价值因素与商业因素，在满足社会公众需求、信息传播目的的基础上追求商业盈利。

立足服务锚定用户群体。用户是传媒产品服务的对象，只有准确定位自身的目标群体，把握好用户角色定位，才能赢得良好的服务开端。县级融媒体中心对用户的核心定位落脚于县域范围内，主要包括县域范围内群众、社会化组织和政府机构。县级融媒体中心当前的主要做法是在打开县域内部用户市场、

---

① 县级融媒体中心如何提高传播力［EB/OL］．［2024-01-05］．https：//mp.weixin.qq.com/s/s3GuX5YDhCt92bljzn5j-Q.

② 赵子忠，孙艺珂．县级融媒体的经营模式研究［J］．新闻战线，2020(16).

稳定用户黏性后，再尝试拓宽思路，面向更大范围内的用户开启商务服务业务。例如，很多县域拥有特色美食，在提高融媒体自身知名度后，尝试发展面向更广泛群体的垂直类美食市场。

聚焦价值进行功能定位。功能定位指的是立足受众需求与传播目的对媒介产品所作出的要求。① 中宣部对县级融媒体中心的价值定位提出要求"努力把县级融媒体中心建成主流舆论阵地、综合服务平台和社区服务枢纽"。因此，县级融媒体必须紧紧围绕中央提出的价值要求来开展商务服务，只有始终秉持"立足当地、服务本土、拓展市场"的理念，才是保证商务服务不偏离"原定轨道"的内在保证。

立足实际预设运营指标。县级融媒体中心开展商务服务的内在驱动力是为了提高营收，强化县级融媒体中心"自我造血"机能。因此，构建起良好的运营模式，需要根据自身状况设立合理的运营收入指标，包括广告收入指标、活动营销服务指标、技术服务指标、电商增值指标、信息增值指标、政府采购指标，等等。

二、运营类型

目前，学界普遍认可的商业模式分类主要有以下两种思路：一是逻辑推理思路，建立商业模式的分类标准；二是案例归纳思路，通过归纳得出一些典型模式。② 我国各地县级融媒体中心的成立时间不同，所面临的资源禀赋与社会环境差异较大，基于此，我国各地县级融媒体商务服务的模式存在着较大差异。因此本书依据不同县级融媒体中心在实践中形成的商务服务运营特征，将它们的运营模式分为如下四类。

(1)传统媒体型

综合实力较为薄弱地区的县级融媒体中心，相较于综合实力较强地区的县级融媒体中心，天然缺乏生长的土壤。县域经济如果不发达，当地政府则很难为其提供财政支持；县域如果没有强大特色企业或特色产业，县级融媒体中心生产的产品与服务只能够"单打独斗"，难以形成规模效益。受到上述种种资源匮乏的限制，这类县级融媒体中心往往还没有构建起强大的自身商务服务收入模式，仍仅提供与传统媒体相类似的功能，价值创造活动较为单一。

---

① 李晓明，谷晓东. 新闻媒介的受众定位与功能定位[J]. 学术交流，2003(5).

② 原磊. 商业模式分类问题研究[J]. 中国软科学，2008(5).

因此，这种类型的县级融媒体中心提供的核心产品仍然是新闻的生产与传播，其他商务增值业务较少或没有。其运营模式与基层主流媒体相类似，以财政支持与"注意力二次销售"为主。除了政府机构外，县级融媒体中心缺乏和其他利益相关者的互动，没有构建起成熟的价值网络。

但是，这并不意味着这种类型的县级融媒体中心不能够构建起成功的商务服务运营模式。传统媒体型县级融媒体中心可以在做好新闻信息服务基础上，初步探索搭建与拓展商务服务功能，通过借助政府力量，逐渐壮大人才队伍，逐步突破单一的通过"受众注意力"创造价值的收入模式。

（2）服务平台型

服务平台型县级融媒体中心突破了传统媒体的运营产业链，拥有了商务服务运营雏形，向着综合性的服务平台转变。这些县级融媒体商业服务运营开始实施多元战略，向一些与传统媒体行业密切相关的业务拓展，利用人才、技术、设备等资源为用户提供产品与服务。例如，一些县级融媒体中心承接政府机构的宣传片、海报制作，为大型会议提供拍摄、直播等服务，代理运营政府机构的微信公众号等。这类县级融媒体中心真正意义上面向市场的纯商务服务活动还较少，并未做到体系化、常态化，因此，其虽然开启了商务服务运营，在经济效益上还有很大提升空间。

（3）多元资源型

多元资源型县级融媒体中心拥有一定本地资源，并能够对其进行充分利用，以增强自身创收能力。这种类型的县级融媒体中心能够通过面向政府、公众、社会等多个用户群体开展商务服务，在市场中已经具有一定核心竞争力，甚至已经形成了自身品牌优势，能够采取多元运营策略。但是这类县级融媒体中心提供的商务服务大多较为同质化，收入模式存在着上升空间不足的问题，一旦完全走入市场，很可能会被竞争对手模仿甚至超越。

（4）复合系统型

复合系统型县级融媒体中心不再局限于传统媒体业务或者面向市场的业务，而是凭借技术、资金与人才资源禀赋优势，构建自身运营系统，编织县域范围内甚至更大范围内的价值网络，打造稳定可持续的收入模式系统。这类县级融媒体市场化程度高，价值创造活动更加立体，能够在县域内外多元领域提供丰富的商务服务，它们提供的服务与产品较难被复制，可以凭借自身而非政治体制隔绝或者行政干预力量的保护而立足，在市场竞争中具有优势。

三、运营系统

业务系统是企业中一系列价值创造活动的组合，也是落实企业运营定位，实现其价值的关键所在。① 县级融媒体中心虽不是企业，但其提供商务服务，具有商业运营属性，因此借助商业运营的业务系统维度进行分析研究具有合理性与科学性。

在过去，传统媒体的业务单一匮乏，业务系统对其来说并不十分重要。但面临现如今竞争激烈的媒体市场，县级融媒体中心必须在系统内部与外部同时调整业务结构，优化业务流程，如此才能构建起高效、可持续的商务服务运营模式。

在业务系统运行内部，一方面，新闻采制、传播仍然是县级融媒体中心的核心业务，县级融媒体中心各类创新的商务服务仍然不能够完全脱离新闻传播范畴；另一方面，县域综合服务平台的发展目标又要求县级融媒体中心摒弃单一新闻传播思想，必须迈开步子开拓新业务。基于这种现状与发展要求，县级融媒体中心商务服务的运营无法"独善其身"，只有新闻服务、政务服务、公共服务、商务服务多个业务齐头并进，才能够立体、全方位地满足受众需求，从而与受众实现价值交换，以实现县级融媒体中心的生存与创收。县级融媒体中心必须打破过去传统单一的新闻业务流程，既做到保证新闻传播质量与效率，又合理划分不同的业务生产线，让不同业务"多线并行"。

在业务系统运行外部，县级融媒体中心想要通过商务服务实现创收，必须要面向外部需求，构建协调与外部机构或个体的联系与合作。县级融媒体中心可以借助线上与线下两种手段与上级主流媒体、地方党委政府、地方职能部门、社会化企业、公众等主体建立外部关系，在现实与网络平台创造价值。县级融媒体中心可以与上一级主流媒体相互配合，利用上级主流媒体资源提升自身影响力；为地方党委政府与职能部门提供媒体类、信息资源类、营销宣传类服务，获取体制内运营收入；与社会化企业与公众合作，为其提供广告、电商等方面服务，进一步融入市场体系以获得盈利。

每一个县级融媒体中心都有自己的运营模式，但其运营模式不应是一成不变的，需要跟随政策、市场与受众需求进行适当调整。在县级融媒体中心改革下半场，我们需要用发展眼光看待其商务服务运营模式的调整或构建，建设过程中对于不适用的机制或思维应敢于摒弃，对于优秀经验或想法应大胆创新，以此实现其商务服务运营的长足良性发展。

---

① 魏炜，朱武祥. 发现商业模式[M]. 北京：机械工业出版社，2009：40-41.

第四节　县级融媒体商务服务路径突破

一、商务服务主要问题

1. 运营人员思维固化

党中央高度重视新时期的县级融媒体商务服务建设工作，强调了创收与自我造血的重要性与必要性，但《关于加快推进媒体深度融合发展的意见》中对县级融媒体中心"自主造血"仅提出建议，却没有设置刚性要求或绩效考核目标，这导致很多地方县级融媒体中心"我行我素"，只求达到考核标准的"及格线"。从地方县级融媒体中心的建设现状来看，各地商务服务的落实效果参差不齐，有相当一部分县级融媒体中心在贯彻落实国家战略的过程中缺乏行动自觉性。① 各地县级融媒体仍按照自己的意愿、认知、偏好等惯性"做一天和尚撞一天钟"，商务服务的行动力不强。

有些综合实力强的地区，政府财政也惯于"大包大揽"支撑县级融媒体中心的日常运转。另外，由于创新商务服务必然涉及资源整合、业务流程再造、机制创新、人员机构调整等问题，在惰性思维下，这些县级融媒体中心安于现状，不愿创新拓展商务服务功能。而那些本身综合实力不强的县域融媒体积极性也不高，其由于人力、财力等各种资源的缺乏，改革阻力大，在能够维持生存的状况下，不愿花费时间精力对组织体制机制进行调整，如果当地政府的认知也存在滞后性，对县级融媒体中心未来生存方式的思考缺乏前瞻性，将直接影响县级融媒体的创新发展。

2. 公益属性与商务运营的政策冲突

一直以来，市场机制都是媒体融合发展中的难点，也是当下我国媒体改革实践中仍需继续改进的重点问题。② 为了能够适应市场机制，我国各级国有媒体往往采用"事业单位、企业化管理"的模式。但是这种模式本身存在内生张力——国有媒体的公益性传播目的与经营性创收目的天然具有冲突性，在实践中出现种种困境。例如国有媒体的企业化管理模式在增强市场活力的同时带来

---

① 官剑英. 县级融媒体中心发挥广播优势的重要性[J]. 新闻文化建设，2021(13).
② 陈国权. 媒体融合的现状、难点与市场机制突破[J]. 编辑之友，2021(5).

了新闻媒体公共性、权威性与公信力消解危机;① 在推进市场化过程中面临经营困难、制度复杂等因素影响，出现改革过程迂回反复、事企关系内缠化等问题。②

我国县级融媒体中心的单位性质复杂且不统一。其大多属于事业单位，只有极少数转制为国有企业，例如深圳龙岗完全推向市场，采用"转企改制"的纯国企模式。其中，事业属性的县级融媒体中心又分为财政全额拨款的公益一类事业单位和财政差额拨款的公益二类事业单位，前者为了实现商务服务功能，多创新采用"中心+集团""媒体+公司"的一体化运行模式。以浏阳、江阴等公益一类事业单位为代表，后者则采用"半市场化"模式，利用国有资产举办全资企业，与之建立以资本为纽带的产权关系，在人事、财务管理方面拥有公益一类事业单位不具备的自由裁量权。③

不论是公益一类事业单位还是公益二类事业单位，在面对后期高额运营成本和持续投入面前，如果无法找到合适的"造血"路径，则都很难持久发展下去。

公益一类县级融媒体中心在提升媒体运营能力、服务能力和平台影响力方面受到事业单位刚性体制束缚，亟须以合法身份接入商务服务，激发团队活力。在公益一类的单位性质下，县级融媒体中心的人员工资以及组织运营资金由地方财政全额保障。在过去传统媒体经营能力较弱的大背景之下，公益一类体制下的融媒体中心工作人员大多属于新闻采编人员，其待遇水平也较好，能够做到"免受市场与事业的夹缝之苦，安心做好政治宣传和公共传播服务"④。但是随着我国县级融媒体中心运营改革的纵深发展，这种由财政全额包揽的体制开始显现出局限性，财政的刚性化资金管理与提升商务服务创收能力之间的矛盾越发尖锐。

首先，公益一类事业单位性质本身就不具备市场化商业行为的合法性，与国家战略提出的发展"新闻+政务服务商务"运营目标相冲突。《国务院办公厅关于印发分类推进事业单位改革配套文件的通知》规定，公益一类事业单位是承担基本公益服务的事业单位，不具有经营的合法性。例如上海某县级融媒体

---

① 李向阳. 在新闻事业与传媒产业之间徘徊——评传媒机构内部转型变革中的十二项悖论[J]. 视听界，2007(2).

② 潘娜. 国有传媒集团公司制改制的困境及其破解[J]. 声屏世界，2021(10).

③ "造血"为何？县级融媒营收破亿的思考[EB/OL]. [2024-01-05]. https://mp.weixin.qq.com/s/1kNzeEhnBEoTQ7fPu8_Yww.

④ 朱春阳. 垄断、创新与融合：新时期以来我国传媒业变革的基本路径[J]. 新闻界，2019(10).

中心负责人就指出，融媒体中心新增项目需要有上级"红头文件"批准，并通过评审才能够从区新闻办处申请到资金,① 这种模式大大降低了县级融媒体中心创新效率，无形中也打击了县级融媒体中心工作人员的创新热情。让这些县级融媒体中心陷入和传统基层媒体一样的"死也死不了，活也活不好"的尴尬地步。其次，在宏观经济下行压力增大的背景下，地方财政能否持续支撑对公益一类县级融媒体中心的全额拨款也成问题。最后，公益一类的单位性质存在"平均主义"问题，组织内工作人员"吃大锅饭"，进取精神不足。虽然有部分公益一类县级融媒体中心走在改革前列，对市场化运营进行了积极探索，但是由于缺乏明确的绩效考核标准，对个体激励不足，难以激发个体的积极性和主动性。如此现状，更不用提吸引高层次人才进入县级融媒体中心。

公益二类县级融媒体中心虽然许可市场化运作，在媒体改革初期取得了初步成果，但是随着改革进入下半场，公益二类融媒体中心自负盈亏，受到经济波动影响大，投入成本高，难以形成持续而稳定的造血机制，导致其商务服务的进一步发展受阻。在这种体制之下，地方政府通过财政差额拨款方式来保证县级融媒体中心的基本运营资金以及工作人员基本工资，同时通过成立全资或控股传媒公司等方式开展经营性质的业务，以实现县级融媒体中心负责新闻传播、公司负责经营创收的两条业务线并行的效果。但是在实际的运行中，这种模式却同样存在矛盾问题。

第一，县域市场规模有自身局限性。公益二类事业单位的性质使其无法获得公益一类事业单位的财政资源，公益二类融媒体中心所成立的公司自负盈亏，受到经济波动影响非常大，在经济下行情况下很可能造成亏损，很多公益二类县级融媒体中心在这种现实情况下无法形成持续稳定的"造血"机制，只能勉强生存。

第二，国家媒体政策要求县级融媒体中心改革"媒体优先，先试先行"，但是地方监管者却对待所有事业单位一视同仁，对其产业经营空间进行了干预和限制。对此，新昌县新闻传媒中心主任陈立新曾表示："管理方式按照机关事业单位管理，运行的却是市场化模式，不好解决。"②可见国家政策在地方执行的过程中，存在着两难的问题。

---

① 曾培伦，郑雯. 内循环与本地化：我国县级融媒体中心的经营路径探析[J]. 传媒观察，2022(10).

② 扶持体系下县级融媒体中心市场机制构建[EB/OL].［2024-01-05］. https://mp. weixin.qq.com/s/2TwoT_ysNJpPg8jO58n4dA.

第三，现阶段很多县级融媒体中心的商务服务对象为政府，面临科层督查、自主性受限的上级压力，基层政府往往借助县级融媒体中心完成各种泛宣传等临时任务。但是这种以行政逻辑为主导的政府商务服务业务很大程度上忽视了社会需求，一方面不利于公共服务的质量保证，另一方面也不利于对市场规律的探索与实践。

因此，面对国家"自主造血"要求，无论是公益一类还是公益二类县级融媒体中心都面临着不同程度、不同方面的难题。对于当前阶段的县级融媒体中心来说，能否找到一条既激发媒体内部活力，又兼顾社会效益与经济效益，既投入政府扶持，又开拓多元产业的道路？这是当前各地县级融媒体中心需要在实践中持续探索的问题。

3. 县域商务资源的"茧房"隐患

截至目前，我国县级融媒体中心的商务服务业务的展开，大多局限于县域范围内，一方面依靠政府扶持或资源倾斜获得政府性资源，另一方面依托县域内产业或优势企业，与其合作获取盈利收入。这两种方式都在现阶段的建设中为县级融媒体中心谋得了较为可观的经费来源，成就了一批"模范典型"县级融媒体中心单位，使其成为其他县级融媒体中心纷纷学习效仿的对象。但是这种运营探索方式也隐含着一定的弊端。

首先，县级融媒体中心商务服务业务的开展，必须在县域空间内部开展。县级融媒体中心在承担地方政府舆论宣传、活动承办业务的同时，从中获取自身生存所需资源，这看似完美的"利益交换关系"却可能会导致县级融媒体中心商务服务对政府过度依赖，从而导致其市场化脚步放缓。

其次，政府购买服务的需求是有限的，也是相对固定的。无论是新闻委托生产、活动宣传营销，还是政府工程与泛媒体项目，往往都是依规进行，并不像市场机制中的业务可以实现无上限增长。因此，县级融媒体中心可以从政府层面开拓的商务服务业务是有限的，在未来的某天可以预见地会触及天花板。

再次，商务业务本地化导致产业过度绑定风险。县级融媒体中心扎根县域，主要依托当地产业或大型企业开展多样化合作，以本地化方式实现商务服务的创收，但是这种与当地产业深度绑定的模式可能会带来县级融媒体中心商务服务价值目标偏航的问题。

县级融媒体中心商务服务的提出，是要求县级融媒体中心在服务县域、服务群众的基础上，找到一条适合自我生存"造血"的道路。但是县级融媒体中心面向当地产业开展商业服务，大多是利用官方媒体的公信力为当地产业做宣传营销或利用官方媒体的口碑为产品搭建销售平台，从中收取企业宣传费用或从销售利润中提成。这种市场化商业行为在实践中呈现出纷繁复杂的情况，随着县级融媒体中心与当地产业的绑定越发深入，可能会导致县级融媒体中心过度卷入商业化市场，而偏离"公共价值"服务目标，从而影响其作为国家基层治理手段与机构的政治性。

二、商务服务路径突破

由于我国仍然存在较为严重的二元经济结构，各地的经济社会发展水平不一，不同县域的 GDP、财力、传媒市场规模、用户规模、人才吸引能力等方面都存在很大差距。

目前，虽然我国东中西部地区都建立起了县级融媒体中心，但是东部沿海地区与中西部地区在固定资产、收入规模、体制机制、人才密度、市场化能力方面都存在较大差距。

固定资产。东部沿海地区多有规模巨大的不动产，而中西部地区则很少有固定资产。例如，江苏省无锡市江阴融媒体中心的总资产 20 多亿元，比很多中西部地区的地市级媒体甚至省级媒体的总资产还高。

收入规模。东部沿海地区的营收规模、财政补贴规模大，远远超过中西部地区。根据浙江省记协的数据，2020 年浙江省县域传媒营业收入超 38 亿元，同比增长明显，其中 11 家县级融媒体中心营收规模过亿元，萧山日报社(包括下属子公司)营业收入过 4 亿元，居于第一位。

机制体制。东部沿海地区的县级融媒体中心多采取二类公益事业单位体制，并成立相应的公司负责运营，体制机制改革更为彻底。例如，江阴融媒体中心就成立了江阴传媒集团负责资产的运营。

人才密度。东部沿海地区的人才密度更高。由于东部沿海地区经济社会发展程度高，本地人才密度更高，且激励约束机制更为合理，更容易吸引到优秀人才，人才密度远超中西部地区。

市场化能力。东部沿海地区市场化能力更强。一方面东部沿海地区的市场化程度更高，另一方面东部沿海地区的县级媒体很早就开始了市场化运营，具备了较强的市场化能力和自我造血能力。[1]

---

[1]　全国县级融媒体中心的现状研究［EB/OL］.［2024-01-05］. https://mp.weixin.qq.com/s/APz1Z84jAzQDmXVUT3nz8A.

　　基于我国县级行政区的发展现状，按照 GDP、财力、传媒市场规模、用户规模等把县级行政区分为发达、较发达和欠发达三类，县级融媒体中心对应其所在的县级行政区也可以分为发达、较发达和欠发达三类。①

　　根据网络统计数据，2022 年至少有 10 家县级融媒体中心全年营收超过 1 亿元，② 其中浙江占据 6 个席位，广东 2 家，江苏、湖南各 1 家。这些县级融媒体中心所在地区有发达地区也有欠发达地区，可见无论所处地区经济社会发展情况如何、基础设施水平、县域人口特征如何，县级融媒体中心都可以根据自身情况，探索与拓展自身商务服务功能。但是面临不同现实情况的县级融媒体中心在现阶段需要重点突破的问题有所不同，因此本书具体从发达地区与欠发达地区双重维度分别提出建议。

1. 发达地区县级融媒体中心商务服务路径突破

　　对于发达地区县级融媒体中心而言，地方经济活动可以对人才、资本与技术形成"虹吸效应"，无论当地政府对其采用全额拨款、差额拨款还是自收自支的方式，在短期内都可以较好避免县级融媒体中心生存困境。但是从长远发展来看，发达地区县级融媒体中心更应率先采取企业化经营模式，利用市场化手段拓展商务服务，为其他地区提供发展样本。

　　一是县级融媒体中心要避免过度依赖"体制内市场"，否则会丧失其作为市场竞争主体的活力。党政资源扶持应"适度"而不是"无条件"，不应与县级融媒体中心之间形成过度的商务依赖关系，县级融媒体中心需要凭借自身固定资产、人才优势与技术优势等积极参与到市场竞争中去。

　　　　上海嘉定文化传媒公司虽然是区属国有企业，但是嘉定区委区政府始终没有赋予其明确的政策性职能(例如承接区内各政府部门的宣传片拍摄)，没有使其如其他系统的国资企业一样获得稳定的政府资源注入并成为政府稳定的"供应商"。在人员待遇得到基本保障的前提下，嘉定区融媒体中心与区内各部门和街镇之间没有形成强依赖关系，而是相对平等的合作互惠关系，这在一定程度上也保护了文化宣传市场的整体竞争性，有

---

① 郭全中. 县级融媒体中心完善的关键点与三种路径[J]. 新闻与写作，2020(10).

② 盘点！至少 24 家市、县级媒体跻身营收亿元"俱乐部"[EB/OL]. [2024-01-05]. https://mp.weixin.qq.com/s/LisASZU9BE9ReZ98I9MCNA.

利于构建更加健康的事企关系、政商关系。①

二是要始终围绕主要价值目标，时刻规范业务范围。受到中央发展"商务服务"与"自我造血"政策的影响，地方县级融媒体中心能否在市场竞争中获得更多盈利也成为媒体融合改革下半场的重要标准。发达地区的县级融媒体中心更容易在市场竞争中获得优势，取得更多盈利。但是我们需要意识到，发展商务服务不应以营收最大化为目标，而是始终围绕服务群众、治理社会的价值目标开展商务服务业务，不能一切"赚钱的业务"都去做。此外，地方政府也不应该将收入作为唯一考核目标，不合理的考核只会带来形式主义与价值目标偏移。

2. 欠发达地区县级融媒体中心商务服务路径突破

不同县域的人文地理、社会结构、财政综合能力、资源禀赋等客观状况大不相同，县级融媒体中心面临的发展路径也必然存在差异。欠发达地区的县级融媒体中心不能为了追求商务服务的创新而盲目跟风，与其设立不切实际的营收目标，不如稳扎稳打，根据自身状况"量体裁衣"，注重解决与发达地区县级融媒体中心之间的人才、技术资源差距，调整僵化的体制机制与考核标准。

一是转变运营管理方式，突破事业单位的体制束缚。很多欠发达地区的县级融媒体中心因为担心无法获得财政全额拨款，难以获得生存资源，因此不愿从公益一类事业单位转为公益二类事业单位。在改革初期，政府可以采取"公益二类管理，一类财政保障"的理念，率先为县级融媒体中心实现"兜底"保障，让其可以放开手脚，进行改革尝试。欠发达地区县级融媒体中心可以酌情参考发达地区县级融媒体中心的做法，初步探索搭建与拓展平台进行营销推广，通过整合政务服务、综合服务、信息服务等多项功能，打破单一广告发布模式带来的生存困境。

山东省将95家县级台调整为公益二类以上事业单位，不仅保证了基础设施、运维经费、人员工资，还通过财政重点扶持增添发展活力和转型动力，使县级媒体摆脱资金不稳定的运转难题，高密市2017年划分为公益二类事业单位后，逐步推行采编和经营分离的机制。

---

① 曾培伦，郑雯. 内循环与本地化：我国县级融媒体中心的经营路径探析[J]. 传媒观察，2022(10).

　　二是进行体制机制改革，突破绩效考核机制僵化对人才的限制。由于欠发达地区县级融媒体中心往往存在体制机制僵化与落后的问题，这给其商务服务转型带来了较大限制。要想留住人才，发展商务服务，迫切需要进行组织内部体制机制转变，以科学准确的绩效呈现员工的生产贡献，激励其突破创新。在一些地区的县级融媒体中心，员工工资收入并不按照绩效发放，而是按照编制发放，事业编制员工收入高，编外、企业编制员工收入低，甚至有些单位还将绩效考核所获奖励定位为"滥发津补贴"，这种落后的绩效考核方式大大挫伤了员工积极性，导致了人才流失。

　　陕西镇坪县融媒体中心实施月初选题报送定量、月中跟踪问效定责、月末实绩考核定绩的"三定"管理绩效激励，成绩与个人的职务职称晋升、选优树模挂钩，有效激发了中心记者和网格通讯员的内容生产积极性。山东诸城市融媒体中心秉承多劳多得、效益优先、兼顾公平、奖优罚劣的原则，朝一线的编辑记者倾斜，促使内部的管理机制不断革新；还建立起广告激励制度，积极鼓励企业工作人员参与广告经营，依照创收的具体任务和目标，合理提取有关费用，调动员工工作积极性。①

---

　　①　全国县级融媒体中心的现状研究［EB/OL］．［2024-01-05］．https://mp.weixin.qq.com/s/APz1Z84jAzQDmXVUT3nz8A.

第九章　县级融媒体的数字乡村建设联动

县级融媒体中心在深入基层治理体系的过程中，承担起"数字乡村"的建设者、倡导者和推动者的角色，将数字乡村建设的信息技术、数字经济发展等政策传播到最基层，满足群众所需，成为数字乡村建设战略的重要支点。① 本章主要探讨县级融媒体致力于数字乡村建设的发展方向，分析国家关于"县级融媒体中心建设"与"数字乡村建设"两大战略政策的协同式、耦合式执行过程，重点围绕国家数字乡村建设政策、数字乡村建设中的县级融媒体参与、县级融媒体的政策反馈效应三个方面展开论述，希望对我国国家治理体系和县域治理能力现代化有所助益，并为我国县级融媒体发展与转型提供现实对策与建议。

第一节　国家数字乡村建设战略政策

数字乡村战略对我国农业农村现代化发展有何重大意义？当前我国数字乡村政策制定情况如何？如何阐释数字乡村与县级融媒体之间的关系？本节主要讨论上述三个问题，重点论述数字乡村的政策背景与重要战略地位，认为数字乡村政策是针对当前乡村发展面临的一系列挑战和问题而作出的重要战略部署，并已经成为我国农业农村现代化进程中的重要抓手和关键一环。结合既有的国家级数字乡村政策分析其基本概况、主要内容，认为我国有关数字乡村的顶层设计逐步完善，呈现出内容系统化科学化、强调协同发力和多元主体参与的良好发展态势，能为地方进一步落实和推进数字乡村建设提供科学的、有力的政策指引。通过回顾已有文献和运用政策协同理论视角，指出县级融媒体与数字乡村在政策供给主体、政策供给目标、政策供给方式、政策供给内容四个层面存在政策协同性，以此明确县级融媒体与数字乡村相辅相成、互促共进的合作关系。

---

① 李明. 县级融媒体中心如何服务乡村振兴[J]. 新闻爱好者，2022(3).

一、数字乡村战略实施

数字乡村战略是指一系列利用现代信息技术，如大数据、云计算、物联网、人工智能等，对乡村的生产、生活、生态、治理等领域进行全方位、系统化的数字化改造和提升计划。① 这一数字化过程不仅涵盖了基础设施的数字化建设，如宽带网络、智能农业设施等，还涉及乡村治理模式的创新、乡村经济的数字化转型以及乡村文化的数字化传播等多个层面。数字乡村建设战略旨在通过信息化手段，推动乡村经济社会发展和农业农村现代化，实现城乡融合发展，提升农民的生活质量和幸福感。②

1. 数字乡村政策的出台背景

在 2018 年的中央一号文件中，我国首次正式提出"数字乡村"的概念。2019 年 5 月正式出台《数字乡村发展战略纲要》，强调将数字乡村作为数字中国建设的重要方面，加快信息化发展，整体带动和提升农业农村现代化发展。③ 就国内形势而言，数字乡村政策的出台，是我国在推进农业农村现代化、实施乡村振兴战略的大背景下作出的重要战略部署。一方面，随着信息技术的快速发展和普及，数字化已成为推动经济社会发展的重要力量。然而，我国乡村地区在数字化建设方面相对滞后，与城市的数字化进程存在明显差距，这种差距不仅制约了乡村地区的经济社会发展，也影响了乡村振兴战略的实施效果。因此，出台数字乡村政策，加快乡村地区的数字化进程，成为推动农业农村现代化的必然选择。另一方面，传统农业生产方式已难以满足现代社会的需求，传统农业存在生产效率低、资源浪费严重、农产品质量和安全难以保障等问题，而数字技术的应用可以显著提高农业生产效率，优化资源配置，提升农产品品质和附加值。为此，出台数字乡村政策，推动农业数字化转型，是提升农业竞争力的关键举措。此外，数字乡村建设对乡村治理水平提升的重要作用也是数字乡村政策出台的重要背景之一。传统乡村治理模式存在信息不对称、决策效率低下等问题，难以适应现代社会的发展需求，而数字化手段的应

---

① 冯朝睿，徐宏宇. 当前数字乡村建设的实践困境与突破路径[J]. 云南师范大学学报(哲学社会科学版)，2021(5).

② 中共中央 国务院关于实施乡村振兴战略的意见[EB/OL]. [2014-03-07]. http://www.mofcom.gov.cn/article/b/g/201805/20180502738498.shtml.

③ 中共中央办公厅 国务院办公厅印发《数字乡村发展战略纲要》[EB/OL]. [2024-03-07]. https://www.gov.cn/zhengce/2019-05/16/content_5392269.htm.

用可以提升乡村治理的智能化、精细化水平，提高政府服务效率和群众满意度。可以说，出台数字乡村政策，推动乡村治理数字化转型，是提升乡村治理能力和水平的重要途径。① 就国际背景而言，在全球范围内，信息化和数字化已经成为推动经济社会发展的重要趋势，许多国家已经将数字化转型作为提升国家竞争力的重要战略，尤其是在农业领域，数字技术的应用已成为推动农业现代化的关键手段，发达国家在数字农业、智慧乡村等领域已经取得了显著进展，为我国的数字乡村建设提供了宝贵的经验和借鉴。我国作为全球最大的发展中国家，面临着加快农业农村现代化、实现乡村振兴的紧迫任务，推进数字乡村建设、提升乡村地区的数字化水平是我国顺应全球信息化趋势、提升国际竞争力的必然选择。②

　　自2018年正式提出数字乡村建设以来，我国政府高度重视数字乡村建设，出台了一系列相关政策，为数字乡村建设提供了有力的政策支持。数字乡村在我国农业农村现代化中占据着举足轻重的地位，在推动农业产业升级、促进农民增收致富、提升城乡治理水平、推动城乡融合发展等方面起着重要作用。首先，数字技术的应用可以显著提高农业生产效率，优化资源配置，推动农业产业向高效、智能、绿色方向发展，通过精准农业、智能农业等模式，实现农业的精细化管理和个性化服务，提升农产品品质和附加值。其次，数字乡村建设有助于拓宽农民的收入渠道，增加农民的经济收入，如通过电商平台销售农产品，可以打破地域限制，扩大销售市场；同时，数字乡村还可以提供农业技术培训、市场信息等服务，帮助农民提高技能水平，增强市场竞争力。再次，数字化手段的应用可以提升乡村治理的智能化、精细化水平，提高政府服务效率和群众满意度；通过建设数字乡村治理平台，实现政务服务的在线化、便捷化，方便村民办理各项事务；数字化手段还可用于监测乡村环境、公共安全等方面，提升乡村社会的整体治理水平。最后，数字乡村建设有助于缩小城乡数字鸿沟，推动城乡之间的信息共享和资源互补；通过数字化手段，可以将城市的优质资源和服务延伸到乡村地区，提升乡村居民的生活品质；能够吸引城市资本、人才等要素向乡村流动，促进乡村经济的繁荣发展。总之，数字乡村建设在我国农业农村现代化中具有重要的战略地位，是推动乡村振兴和农业农村

---

① 董志勇，李大铭，李成明. 数字乡村建设赋能乡村振兴：关键问题与优化路径[J]. 行政管理改革，2022(6).

② 加快数字化发展 建设数字中国[EB/OL]. [2024-03-07]. http://opinion.people.com. cn/n1/2021/1105/c1003-32274093.html.

现代化的关键力量。

2. 数字乡村的政策发布

2018—2024 年 3 月间,我国主要制定和发布了 16 项国家数字乡村政策,具体如表 9-1 所示。从发文机关来看,我国国家级数字乡村政策的主要发布机关包括中共中央办公厅、国务院办公厅、农业农村部、中央网信办、国家发展改革委、工业和信息化部、科技部、市场监管总局、国务院扶贫办、住房和城乡建设部、商务部、市场监管总局、广电总局、国家乡村振兴局 14 个国家机关。其中,数字乡村政策大多由中共中央、国务院、农业农村部发布,不断加强数字乡村顶层设计。有 5 项政策是至少由三个国家机关联合发文,涉及乡村发展的诸多领域,可见我国国家级数字乡村政策在政策主体上表现出较高的政策协同性。从发文类型来看,这 16 份数字乡村国家级政策涉及意见、建议、工作要点、战略纲要、发展规划、建设指南、行动计划、发展报告等多种类型的政策文件,主要针对数字乡村建设制定了当前乃至未来很长一段时间的工作目标与计划,明确了数字乡村发展的战略总体方向。从发布时间来看,2019—2021 年为数字乡村政策发布的井喷阶段,共有 10 项国家级数字乡村政策发布。2022 年是各个省(市)落实中央政府要求并陆续出台地方数字乡村政策的一年,它标志着我国引导数字乡村建设的政策体系初步建立。2022—2024 年,我国国家级数字乡村政策数量增长进入平缓期,每年发布数量趋于稳定。

表 9-1 我国国家级数字乡村政策

序号	发布时间	政策名称	发布机关
1	2018.1.2	《中共中央 国务院关于实施乡村振兴战略的意见》	中共中央办公厅 国务院办公厅
2	2019.1.3	《中共中央 国务院关于坚持农业农村优先发展做好"三农"工作的若干意见》	中共中央办公厅 国务院办公厅
3	2019.2.2	《2019 年农业农村市场与信息化工作要点》	农业农村部
4	2019.5	《数字乡村发展战略纲要》	中共中央办公厅 国务院办公厅

序号	发布时间	政策名称	发布机关
5	2019.12.25	《数字农业农村发展规划（2019—2025年）》	农业农村部 中央网信办
6	2020.5	《2020年数字乡村发展工作要点》	中央网信办、农业农村部、国家发展改革委、工业和信息化部
7	2020.5.7	《2020年农业农村部网络安全和信息化工作要点》	农业农村部
8	2020.9	《关于公布国家数字乡村试点地区名单的通知》	中央网信办、农业农村部、国家发展改革委、工业和信息化部、科技部、市场监管总局、国务院扶贫办
9	2020.10.29	《中共中央关于制定国民经济和社会发展第十四个五年规划和二〇三五年远景目标的建议》	中国共产党第十九届中央委员会
10	2021.1.4	《中共中央 国务院关于全面推进乡村振兴加快农业农村现代化的意见》	中共中央办公厅 国务院办公厅
11	2021.7	《数字乡村建设指南1.0》	中央网信办
12	2022.1.4	《中共中央 国务院关于做好2022年全面推进乡村振兴重点工作的意见》	中共中央办公厅 国务院办公厅
13	2022.1.26	《数字乡村发展行动计划（2022—2025年）》	中央网信办、农业农村部、国家发展改革委、工业和信息化部、科技部、住房和城乡建设部、商务部、市场监管总局、广电总局、国家乡村振兴局
14	2023.2	《中国数字乡村发展报告（2022年）》	中央网信办信息化发展局、农业农村部市场与信息化司、农业农村部信息中心
15	2023.4	《2023年数字乡村发展工作要点》	中央网信办、农业农村部、国家发展改革委、工业和信息化部、国家乡村振兴局

序号	发布时间	政策名称	发布机关
16	2024.1.1	《中共中央 国务院关于学习运用"千村示范、万村整治"工程经验 有力有效推进乡村全面振兴的意见》	中共中央办公厅 国务院办公厅

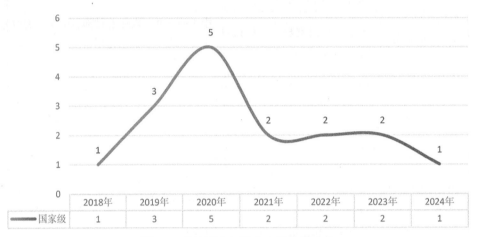

	2018年	2019年	2020年	2021年	2022年	2023年	2024年
国家级	1	3	5	2	2	2	1

图 9-1　我国国家级数字乡村政策数量

3. 数字乡村的政策内容

深入分析表9-1中16份中央数字乡村政策文本，可以发现我国数字乡村政策的主要内容大致可以概括为实施策略和保障条件两个部分。

实施策略是推进实施数字乡村战略的重点行动，即围绕"促进乡村产业兴旺""提升乡村生态宜居水平""推动乡风文明建设""促进乡村治理有效"等方面，论述如何推进数字乡村建设。"促进乡村产业兴旺"是数字乡村建设的核心目标之一，需要着力发展乡村数字经济，推动乡村产业的结构调整和转型升级，促进乡村旅游、电子商务等新兴产业的发展，为乡村经济注入新的活力。此外，党和国家还强调在实施过程中，需要加强乡村基础设施建设，为数字化产业的发展提供有力支撑，同时要注重培育乡村数字化人才，提高农民的数字化素养，让他们能够更好地适应和参与到数字化产业中来。"提升乡村生态宜居水平"是党和中央提升广大农民群众的获得感、幸福感的重要途径，一方面，利用数字化技术实现对乡村环境的实时监测和治理，保护乡村的生态环境，如利用物联网技术建立环境监测系统，及时掌握乡村环境状况，为环境治理提供科学依据。另一方面，在提升乡村生态宜居水平的过程中，需要注重加强宣传教育，提高农民的环保意识，让他们积极参与到环保行动中来；除了强化数字化乡村环境监管，推动乡村医疗保障信息化、农村义务教育数字化等与群众生活息息相关的民生服务与社会服务也是提升乡村宜居水平的重要举措。"推动乡风文明建设"是乡村精神文明建设的重要内容之一，通过数字化技术的应用，建立乡村优秀文化数字资源库，保护和传承乡村优秀文化传统，弘扬社会主义核心价值观；利用网络新媒体平台开展乡村文化活动，传播乡村文化，增强农民的归属感和认同感，提升农民的精神面貌；还需要加强网络文明建设，规范网络行为，营造良好的网络氛围；坚持党对乡村乡风文明建设的领导。"促进乡村治理有效"是数字乡村建设的核心内容，乡村数字治理可以优化乡村治理方式，提高治理效率；建立乡村治理信息平台，实现信息共享和协同办公，推进农村数字化政务，提高农村政务办理便捷性；打造农村智慧社区，利用信息化技术维护乡村社会治安，加强突发事件预警和防范，提高农村居民参与乡村治理的积极性。

保障条件是确保上述实施策略顺利落地的必备要素，主要包括组织条件、示范建设条件、安全条件、人员条件、宣传保障条件。组织条件是协调和监管数字乡村建设的制度规范，建立相关部门之间的统筹协调机制和数字乡村建设标准体系，确保具体工作有序展开和决策的可行性，促进部门合作，督促并严格检查数字乡村建设工作落实情况。示范建设条件是指数字乡村建设的示范模板，选取一部分地区作为数字乡村试点示范地区，总结示范地区建设经验和教训，形成一批优秀的建设示范模板，为更大范围内的数字乡村推广提供建设范例，降低试错成本。安全条件是保障数字乡村技术安全性的必要措施，既要加强网络安全建设、严厉打击各类涉农网络犯罪，也要加强农村网络安全知识普及，提高农村居民的网络安全意识和自我保护能力。人才条件是为数字乡村建设提供和储备各类优秀人才的机制，既要充分利用好现有的数字人才，鼓励和引导人才下乡，为数字乡村建设提供智力支持；也要培养和挖掘新的数字人才，加强农民的数字技能培训，与高校合作培养相关人才。宣传保障条件动员和引导社会参与数字宣传建设，利用传统媒体和新媒体平台构筑全新的数字宣传阵地，通过文艺作品讲好数字乡村故事，营造良好的数字乡村建设氛围。

综合来看，我国数字乡村政策体系逐步完善，呈现出内容系统化科学化、强调协同发力和多元主体参与的良好发展态势。党和国家通过政策引领，不断完善数字乡村建设政策内容，从经济、政治、文化、社会、生态等各个方面提高数字乡村政策的靶向精准度，创新乡村数字化治理模式、推动乡村社会数字化进程，强调各地数字乡村建设中多部门的协同发力以及企业、社会共同参与的农村社区共建共治共享机制，为数字乡村建设提供有力的政策保障。

二、县级融媒体与数字乡村的政策协同性

随着信息技术发展的日新月异与数字化时代的来临，移动互联网、区块链、云计算、物联网等各类数字化技术越来越与人民日益增长的美好生活需要密不可分，也催生着全国各行各业的数字化变革，对国家治理体系与治理能力也提出了更高的要求。全力实现乡村振兴是我国"三农"工作的重心，推进乡村治理更是国家治理体系与治理能力现代化的重要一环。因此，继2015年习近平总书记在第二届世界互联网大会开幕式上正式提出建设数字中国这一倡议后，① 我国于2018年正式提出实施数字乡村战略，强调要将数字乡村战略摆在数字中国建设中的重要位置，并明确了数字乡村是乡村振兴的战略方向，也是建设数字中国的重要内容。② 当前互联网与信息技术的迅猛发展，创造了一个信息爆炸的时代，信息传播与信息接收比以往任何时候都更为快速与便捷，社会开放与多元性不断增强，必须坚定不移壮大主流媒体声音，牢牢占据舆论宣传的主阵地，维护国家长治久安。而广大农村地区是宣传思想文化向基层传播的"最后一公里"，为进一步加强基层传播与乡村话语的建构，我国于2018年正式启动县级融媒体中心建设，将其核心功能定位为更好地引导和服务群众，开启了我国基层媒体融合实践的道路。③

1. 问题的提出与文献回顾

《数字乡村发展战略纲要》《数字乡村建设指南1.0》《数字乡村发展行动计划(2022—2025年)》等多个数字乡村政策文件都将推进县级融媒体中心建设列为重要任务，指出要拓展和完善县级融媒体中心功能和服务价值，明确了县级

---

① 习近平在第二届世界互联网大会开幕式上的讲话(全文)[EB/OL].[2024-03-08].https://www.chinacourt.org/article/detail/2015/12/id/1769672.shtml.

② 王胜，余娜，付锐. 数字乡村建设：作用机理、现实挑战与实施策略[J]. 改革，2021(4).

③ 县级融媒体中心建设全面启动[EB/OL].[2024-03-08]. http://politics.people.com.cn/n1/2018/0922/c1001-30308799.html.

融媒体中心在数字乡村建设中的重要角色，也为县级融媒体中心取得创新性发展提供了机遇。作为党的基层传播的主阵地，县级融媒体中心必须肩负起统一基层思想、凝聚人民力量的重要职责与使命，为数字乡村建设与发展保驾护航，为实现乡村振兴、全面建设社会主义现代化强国提供思想保证与发展动力。

五年来，我国县级融媒体中心建设抓住政策机遇，已经取得一定成果，但距离"建强用好"这一目标还有一定差距，仍然面临有形无实、体制机制改革不彻底、人才不足、区域差距较大等发展难题，① 这也意味着县级融媒体中心在盘活基层资源、促进数字乡村发展的道路上还任重道远，加之数字乡村建设涉及领域广泛，面临的问题复杂、任务艰巨，县级融媒体中心建设尚处于初期发展阶段。因此，在两者均未臻于成熟的情况下，还需要根据数字乡村的现实需要以及县级融媒体中心的建设短板，进一步探索如何从政策供给上进行调整和补充，从而更好发挥县级融媒体中心对数字乡村发展的促进作用，实现协同发展。

目前学界对于县级融媒体中心与乡村振兴这一议题进行了较为全面的研究，其中不少研究成果也肯定和分析了县级融媒体中心在数字乡村建设当中的作用与角色，但主要从创新和推动乡村治理这一角度来探讨县级融媒体中心对数字乡村的影响，而直接将县级融媒体和数字乡村作为研究对象并探讨两者关系的研究仍然较少。对于基层治理来说，县级融媒体中心是一种治理工具与技术，增强了社会主体的"赋权"功能和治理主体的"赋能"功能，也是推动数字乡村建设的重要依托、加强农村精神文明建设的重要途径、实施乡村振兴战略的重要抓手。② 作为连接乡村社会结构的社会主体，县级融媒体中心的传播行为将从政治、社会、文化和经济等多个维度对乡村社会网络产生影响并赋能乡村振兴。乡村振兴与县级融媒体中心建设互相影响互相成就，随着数字中国与乡村振兴的全面推进，融媒体中心将以更强大的发展潜能，成为数字中国、智慧社会、网络强国在县域基层的战略支点。③

关于县级融媒体中心如何推动数字乡村建设这一问题，学者也从理论和现

---

① 中国新闻出版研究院. 黄晓新：全国县级融媒体中心能力建设研究报告［EB/OL］.［2024-03-08］. http://www.cnci.net.cn/content/2023-07/19/content_30346769.htm.

② 常凌翀. 嵌入与重构：县级融媒体中心赋能基层治理的生成逻辑、功能转向与实践进路［J］. 中国出版，2022（12）.

③ 田维钢，刘倩. 县级融媒体中心赋能乡村振兴的动力、逻辑、路径——基于行动者网络理论视野的分析［J］. 中国出版，2023（2）.

实层面提出了不同的政策建议。相关研究多围绕推动乡村治理展开，有学者认为县级融媒体中心是乡村治理中的主导性主体，既需要动员与唤醒乡村中的主体意识，也需要连接各个治理主体、实现主体之间的组织与协调，从信息服务、政务服务、商务服务、生活服务等多个维度构建县级融媒体中心参与乡村治理的服务体系。① 为实现县级融媒体中心创新数字乡村治理方式这一目标，有学者提出县级融媒体中心要加强基层舆论引导，畅通民意表达渠道；健全基层党组织建设，激活"三治融合"内生动力；建构融媒综合服务平台，提升乡村治理精细化水平；打造乡村治理"文化综合体"，提升新型职业农民数字化素养。② 也有学者提出沟通与治理两条路径，认为县级融媒体中心一方面应当发挥沟通桥梁作用，增进县域信息沟通，另一方面应当通过加强乡村文化传承、重建村民身份连接与认同、提升政策宣传有效性等方式服务乡村的社会治理工作。③ 此外，也有研究探讨县级融媒体中心对于农村电商经济的作用，认为县级融媒体中心应当通过助力村庄对外招商引资、推广销售乡村特色产品等方式推动乡村经济发展。④。

　　总体来看，已有研究已经形成县级融媒体中心与数字乡村存在服务与被服务、相辅相成、相互成就这一紧密联系的基本认识，确定未来两者具有互促共进、焕发生机的巨大潜能。两项政策的联系之紧密既在于政策对象都是县域基层，也在于所面临的政策问题是复杂的、长期性的且涉及多个领域和多个不同主体，这也意味着两者政策目标的实现涉及不同主体、政策和制度之间的互动、协调与合作关系，任一关系的变化都将产生连锁反应。因此，县级融媒体中心和数字乡村的政策联动和协作发展过程又要求进一步协调不同维度和领域的整体政策供给和制度安排。要实现县级融媒体中心与数字乡村发展之间的互促共进，进一步阐明两者之间的关系与发展动向，强调整体性治理的政策协同理论是一个有助于我们厘清县级融媒体中心和数字乡村政策联动中的互动和协作关系的颇有价值的理论分析视角。

---

① 何志武. 主体性与连接性：县级融媒体参与乡村社会治理的基本逻辑[J]. 中州学刊，2022(10).

② 常凌翀. 县级融媒体创新数字乡村治理的内在逻辑与推进路径[J]. 中国出版，2021(14).

③ 李珮，张璐璐. 沟通与治理：乡村振兴下的县级融媒体中心建设[J]. 中国编辑，2022(2).

④ 单福彬，程金阳. 公共服务视域下县级融媒体中心赋能乡村振兴的方向选择及实践范式[J]. 当代电视，2023(5).

2. 政策协同：县级融媒体与数字乡村互促共进

政策协同是指不同政府及政府部门在应对跨域性问题时，通过沟通对话与合作，使公共政策相互兼容、协调、支持，追求政策的一致性、整合性，以解决复杂性问题和实现共同目标。① 县级融媒体与数字乡村在政策供给主体、政策供给目标、政策供给方式、政策供给内容四个层面存在政策协同性，明确了县级融媒体与数字乡村相辅相成、互促共进的合作关系。

（1）政策供给主体层面的政策协同性

从政策供给主体角度来看，数字乡村与县级融媒体符合协同理论基本要求。数字乡村是乡村振兴的战略方向，也是建设数字中国的重要内容，而乡村振兴已成为当前我国"三农"工作的重心。推进数字乡村建设，是要发挥信息化对乡村振兴的驱动引领作用，带动农业农村现代化发展。数字乡村的推行事关农业全面升级、农村全面进步、农民全面发展，更关系到全面建设社会主义现代化国家和第二个百年奋斗目标的实现。而县级融媒体建设是我国媒体融合战略的进一步下沉，与乡村振兴战略也有着密切关系。县级融媒体既是乡村振兴发展的权威信息渠道来源，也是承载乡村公共信息服务的平台，是打通宣传思想文化向基层传播"最后一公里"、实现乡村振兴发展与治理现代化的重要一环。② 由此可见，数字乡村与县级融媒体两者的政策目标都不是单一的，而更加关注多元目标下的综合效应，并且各自都具有一套复杂的政策目标体系，由总目标和服务于总目标的各项任务部署构成。

具体而言，数字乡村总目标是到 21 世纪中叶，全面建成数字乡村，助力乡村全面振兴，全面实现农业强、农村美、农民富，包括十个方面的重点任务，即乡村信息基础设施建设、农村数字经济、农业农村科技创新供给、智慧绿色乡村、乡村网络文化、乡村治理能力现代化、信息惠民服务、乡村振兴内生动力、网络扶贫向纵深发展、城乡信息化融合发展等。③ 县级融媒体中心的总目标是整合县级媒体资源，巩固壮大主流思想舆论，不断提高县级媒体传播力、引导力、影响力、公信力，在基本实现全覆盖的情况下进一步建强用好，实现可持续发展，推动县级融媒体中心深化"新闻+政务+服务"，更好引导群

---

①　蔚超. 政策协同的内涵、特点与实现条件[J]. 理论导刊，2016(1).

②　柳少华. 政策扩散视角下县级融媒体中心政策的演化机理分析[J]. 新闻研究导刊，2022(22).

③　中共中央办公厅 国务院办公厅印发《数字乡村发展战略纲要》[EB/OL]. [2024-03-07]. https://www.gov.cn/zhengce/2019-05/16/content_5392269.htm.

众和服务群众。① 根据协同理论，总目标的实现与各子目标任务部署的协调配合程度直接相关，其中每个子目标的实现也需要多个相关部门和不同的治理主体参与，涉及多个不同政策系统之间的协同配合问题。因此，数字乡村和县级融媒体之间的互促共进、联动发展本就具备了政策协同的基础，具有协同的必然性和可行性。

（2）政策供给目标层面的政策协同性

从政策供给目标来看，数字乡村与县级融媒体具有政策协同性。目标协同是政策协同的重要内容之一，贯穿于公共政策的整个过程，在公共政策的制定、运行和结果中起着重要作用。就技术基础而言，数字乡村、县级融媒体都是信息技术和网络化时代迅速演化与发展的产物，两者进入政策议程本身就蕴含着对技术目标的追求。从政策制定的时间看，两者都在 2018 年被正式提出，这一点也证明两者产生的时代性和必然性。同时，数字乡村和县级融媒体都致力于在建设过程中应用数字化技术，强调运用数字化技术解放数字生产力，发挥网络媒体的引导性、服务性作用，结果必然意味着数字化技术与乡村治理的深度融合与发展。就行动主体与行动对象而言，数字乡村和县级融媒体的具体建设在县域，因此，两者进入政策议程所考虑的政策对象都是基层社会，都具有加强对乡村社会的整合这一目标作用。在政策执行过程中，两者的主要行动主体都是县级政府，并致力于服务好基层群众、调动群众参与政策执行过程的积极性。在结果上，两者都朝着实现乡村振兴和乡村治理现代化的目标前进，使得建设成果由人民共享，发展成果更好惠及基层、促进农民发展。因此，数字乡村和县级融媒体在政策过程中具有技术、行动对象等方面的目标协同性。

（3）政策供给方式上的政策协同性

从政策供给方式来看，数字乡村与县级融媒体具有政策协同性。政策供给方式指的是推进政策实施的措施、手段、策略、工具，这一维度上的政策协同强调，在政策实施上要提升"精准度"，强调"整体性"和"协调性"，尽可能发挥政策系统的最大效用，促进政策在不同区域的平衡发展。无论是数字乡村还是县级融媒体的政策推进，都包含了示范引领、多元主体参与的实施策略。一方面，需要统筹开展试点示范工作，边试点、边总结、边推广，探索有益经验，关注地区的特殊性，总结规律，实现试点地区特色与总体政策的匹配与协

---

① 中央审议通过《关于加强县级融媒体中心建设的意见》[EB/OL].［2024-03-08］. https://www.baidu.com/link? url = 4VTArgQzX8MG4gdLey6NfqE6Blo4kpQxi5AVw6wpwGEfTUU FOMVtj_9zwgaeyJbU1ik-uE8_qhuK2raaR__lnq&wd=&eqid=d711a107002795360000000565d59a62.

调。另一方面，需要处理好政府与市场的关系，充分调动各方力量和广大农民参与建设过程，不能仅依靠政府来推行政策。此外，市场的力量、群众的力量也很关键，社会力量的参与能够为乡村发展引入发展资源，提供乡村发展的内生动力。数字乡村和县级融媒体都需要通过试点工作、吸纳社会力量来执行和调整政策措施和手段。

（4）政策供给内容上的政策协同性

从政策供给内容来看，数字乡村与县级融媒体具有不同层级的政策协同性。政策协同可以划分为宏观、中观、微观三个不同层面的协同。宏观层面的政策协同主要关注国家的总体战略，服务于国家的宏观战略，而不是具体政策；数字乡村、县级融媒体都服务于乡村振兴战略，而乡村振兴战略是破解我国"三农"问题的有力抓手，对于全面建设社会主义现代化强国、实现第二个百年奋斗目标具有全局性和历史性意义。中观层面的政策协同主要关注具有明显跨界性质的跨部门政策，而不是某一领域的单一政策，数字乡村涉及产业、社会、生态、组织等多领域的建设，县级融媒体本身就是数字乡村建设的重点任务，可以与数字乡村的多个重点任务领域产生联动与合作，实现跨界的政策协同，而不仅局限于新闻宣传，并向公共服务领域拓展，开展"媒体+政务""媒体+服务"等业务，成为一个综合性新闻、信息、服务和舆情性功能平台，两者面临多个领域对接的政策协同。微观层面的政策协同主要关注部门政策，强调具体政策之间的协调一致性。县级融媒体建设内容包括整合县级广播电视、报刊、新媒体等媒体资源，建设涵盖媒体服务、党建服务、政务服务、公共服务、增值服务等业务的融合媒体平台，这一系列业务也是数字乡村政策内容的一部分，数字乡村建设的各项任务和内容也都以县级融媒体的宣传作为保障和支撑工作。

第二节　数字乡村建设中的县级融媒体参与

在信息化、数字化浪潮的推动下，数字乡村建设日益成为乡村振兴的新引擎。数字乡村不仅意味着乡村基础设施的数字化改造，更包括乡村治理模式的创新、乡村产业的数字化转型以及乡村文化的数字化传承。县级融媒体作为连接城乡、服务乡村的重要平台，拥有贴近基层、了解乡村的天然优势，是向基层群众提供新闻服务、政务服务、公共服务、商务服务的综合性主流媒体平台，其在数字乡村建设中的参与，对于推动乡村全面振兴具有重要意义。本节主要探讨县级融媒体如何参与数字乡村建设这一问题，根据第一节提及的数字乡村政策的实施策略，即从"促进乡村产业兴旺""提升乡村生态宜居水平""推动乡风文明建设""促进乡村治理有效"方面，探索县级融媒体参与数字乡村建设的有效路径。路径一，通过构建信息化治理平台和数字化政务办理模式、推动网络问政与舆论监督、提升村民数字技能等方式赋能乡村数字治理、提升乡村治理的效能和水平。路径二，通过多渠道推广乡村特色产品、加强农业科技知识传播、培育乡村文化旅游产业等方式，激活乡村数字经济，促进乡村产业兴旺。路径三，通过建设乡村数字生活服务平台、提升村民媒介素养和数字技能、促进智慧监管等途径，引领乡村数字生活，提升乡村生态宜居水平。路径四，以传播乡村优秀文化、打造乡村网络活动文化品牌、加强乡村网络文明教育与道德建设等方式，繁荣乡村网络文化，推动乡风文明建设。

一、赋能乡村数字治理，促进乡村有效治理

在乡村治理的现代化进程中，县级融媒体作为地方媒体的重要力量，正发挥着不可或缺的作用，它不仅是信息传递的桥梁，也是政策宣传的窗口，更是乡村治理创新的重要平台。在数字乡村建设中，县级融媒体凭借自身天然的在地化、专业化和权威性传播优势，可以通过构建信息化治理平台和数字化政务办理模式、推动网络问政与舆论监督、提升村民媒介素养和数字技能等多种方式，赋能乡村数字治理、提升乡村治理的效能和水平。

1. 构建信息化治理平台和数字化政务办理模式

县级融媒体可以通过连接政府部门的数字平台和数据集成的方式，构建集信息发布、政策宣传、民意收集、服务互动于一体的乡村信息化治理平台，从而依托数字化平台将政务服务下沉到广大乡村地区。通过这一信息化平台，及时传递乡村治理的相关信息，确保信息的公开透明。这些信息包括但不限于政策法规、数字乡村规划、数字乡村公共项目建设进展、财政资金使用情况等，村民能够及时了解乡村治理的动态，增强对治理工作的信任和支持。利用该平台，县级融媒体可以向村民加强数字乡村政策宣传，对相关政策进行深入浅出的解读，帮助村民理解政策内容、把握政策精神。同时，通过该平台的民意收集与反馈机制，融媒体可以及时将村民的诉求和反馈传达给相关部门，推动问题的解决和改进。因此，数字乡村治理主体能够更加及时、准确地获取乡村发展的各类信息，了解村民的需求和意见，从而在乡村治理过程中做出更加科学、民主的决策。通过接入政务大数据与应用，平台可以提供在线政务事项办理，真正做到村民足不出户即可办理事务，提高治理效率。

2. 推动网络问政与舆论监督

县级融媒体作为地方政府与村民之间的桥梁，利用自身全媒体传播矩阵优势，可以积极推动乡村网络问政，成为农民群众的媒体发声窗口，形成媒体、社会联动协作的监督合力，从源头化解基层治理风险，增强村民对政府工作的信任与社会治理效能感，为地方考核乡村治理成效提供量化数据。① 同时，县级融媒体在数字乡村治理中还可以发挥舆论监督的作用，积极引导主流舆论，通过曝光、批评乡村治理中的不当行为等方式，形成舆论压力，促进数字乡村治理的规范化、法治化，也可以积极挖掘和报道乡村治理中的典型案例和榜样力量，营造积极向上的乡村治理氛围，激发村民参与乡村治理的热情和积极性。

3. 创新乡村智慧党建模式

县级融媒体可以通过构建乡村智慧党建平台、推广"互联网+党建"、实施党建可视化工程、建立党建大数据分析系统等方式，创新乡村智慧党建模式，推动党建工作的数字化、智能化和高效化以及创新发展。② 县级融媒体可以搭建乡村智慧党建平台，将党建宣传、党员教育、组织管理、互动交流等功能集成于一体，让党员随时随地获取党建信息，参与组织活动，实现线上线下的有效互动；平台还可以提供个性化的学习资源和教育服务，满足不同党员的学习需求。利用县级融媒体的网络传播优势，推广"互联网+党建"模式，将党建工作与互联网技术深度融合，通过微信公众号、小程序、App 等新媒体渠道，实现党建信息的快速传播和互动交流。借助县级融媒体的视频制作和传播能力，实施党建可视化工程，通过制作党建宣传片、微电影、短视频等多媒体产品，生动形象地展示党建工作成果和党员风采，这不仅可以增强党建工作的吸引力和感染力，还可以提高党员对党组织的认同感和归属感。利用县级融媒体的数据分析和处理能力，建立党建大数据分析系统，通过对党员信息、活动数据、学习情况等进行深入挖掘和分析，为党建工作提供决策支持和数据支撑，提高党建工作的针对性和实效性。

---

① 徐敬宏，袁宇航，张世文. 连接与赋能：县级融媒体中心高质量发展服务探析[J]. 中国出版，2022(10).

② 以智慧党建推动高质量党建[EB/OL]. [2024-03-08]. http://dangjian.people.com.cn/n1/2022/0128/c117092-32342020.html.

二、激活乡村数字经济,促进乡村产业兴旺

县级融媒体凭借强大的信息传播能力,可以向更广泛的用户宣传乡村的特色产业、农产品、文旅资源,吸引更多的消费者和投资者将目光投向乡村;也可以为乡村产业提供精准的信息服务,推动乡村产业向高端化、智能化、绿色化方向发展。在数字乡村建设中,县级融媒体能够通过多渠道推广乡村特色产品、加强农业科技知识传播、培育乡村文化旅游产业等方式激活乡村数字经济、促进乡村产业兴旺。

1. 多渠道推广乡村特色产品

县级融媒体可以利用其媒体资源,通过电视、广播、网络等多种渠道或主动搭建惠农销售平台,广泛宣传和推广乡村特色产品,助力农村电商发展。县级融媒体一方面能凭借自身丰富的传媒渠道多平台推介本地乡村优质农产品。另一方面,融媒体还可以与电商平台合作,搭建线上惠农销售平台,为乡村特色产品打开更广阔的市场空间,这不仅可以提高当地农产品的知名度和美誉度,还可以拓展产品的销售渠道,增加农民的收入来源。安吉县融媒体中心坚持以数字化改革推动乡村共同富裕,让农民切实享受到数字化发展的红利,推出本地农产品"内循环"的农产品智慧销购模式,让本地优质农产品信息与本地群众互联互通,同时积极开展助产助农直播,2020 年"两山智选"平台直播带货销售额超千万元,真正推动安吉县村民走上了数字化致富道路。①

2. 加强农业科技知识传播

借助广播电视以及各类新媒体平台,县级融媒体可以面向广大乡村群众广泛而生动地传播农业科技新知识、新技术,帮助农民提高农业生产效率和质量,通过推广先进的农业种植技术、养殖技术和管理经验,促进农业生产的转型升级,提升农产品的附加值和市场竞争力。鹤峰县融媒体中心始终走在农业科技传播前列,2020 年鹤峰春耕备耕工作开展之际,鹤峰县融媒体中心联合县农业农村局、县气象局等相关部门打造"科学抗疫保春耕空中课堂"节目,邀请相关专家讲解蔬菜生产管理技术、农作物病虫综合防治技术等春耕备耕重要知识,并在线上为农民朋友答疑解惑。村民可在鹤峰广播电视台综合频道、"村村响"广播、云上鹤峰 App 等多个鹤峰融媒体平台收看该节目,空中课堂

---

① 祝青,张炳,朱炜. 数"促"融媒效率智"助"乡村振兴[J]. 广播电视网络,2022(1).

社会反响良好，吸引了当地一大批农民群众的参与。① 同时，鹤峰县融媒体中心积极与省内外各级农技专家、各大院校教授、优质企业开展合作，通过线上答疑、空中授课和线下实地指导等方式服务村民，为鹤峰县村民提供了重要的农业生产技术指导和参考，农民线上听课学习知识的同时，也能同步在田间进行生产工作。②

3. 培育乡村文化旅游产业

县级融媒体可以深入挖掘乡村文旅资源，通过传播乡村文化故事、打造乡村文化品牌，培育和发展乡村文旅产业，提高当地文旅资源的知名度，吸引更多游客前来观光旅游，带动乡村经济的发展。同时，文旅产业的发展还可以为村民提供更多的就业机会，增加收入来源。

县级融媒体要促进乡村文旅产业的发展，讲好乡村故事、创新"三农"报道是首要任务。对于广袤无垠的乡村大地，融媒体工作者既要关注乡村丰富的自然资源和美丽风景，也要挖掘其蕴藏的无数富有故事性的人物和事件。乡村的自然景观与人文景观是其独特魅力的体现，青山绿水、田园风光，令人心旷神怡，古老的村落、传统的建筑、丰富的民俗活动，则让人们感受到乡村文化的深厚底蕴和人文气息。这些宝贵的文化旅游资源，需要县级融媒体工作者去深入挖掘和呈现。他们走出办公室，深入基层，通过细致入微的调查和采访，将这些平凡而充满时代价值的人和事整理成篇，并积极拥抱新技术，利用新媒体平台，创新传播方式，以生动的笔触和鲜活的画面将乡村文化展现给更多人，引导更多人关注乡村、了解乡村、走到乡村。③

三、引领乡村数字生活，提升乡村生态宜居水平

县级融媒体是乡村数字生活的引领者，也是乡村生态环境保护的建设者。县级融媒体能够推动乡村数字化基础社会建设，为村民提供便捷高效的数字生活服务，也能将最新的数字生活理念、技术与应用向乡村地区普及，并提升乡

---

①　鹤峰融媒体中心 不负春光播种希望——鹤峰融媒体中心推出春耕备耕《空中课堂》[EB/OL].［2024-03-09］. https://gdj. hubei. gov. cn/ztzl/2020n/gdjy_1/zyxc1/202003/t20200326_2193028.shtml.

②　湖北鹤峰：深耕媒体融合 打造"乡村人才超市"[EB/OL].［2024-03-09］. http://m.news.cn/hb/2021-09/14/c_1127860222.htm.

③　陶梦清. 数字乡村发展战略下县级融媒体增强"四力"的路径[J]. 新闻研究导刊，2020(3).

村生态智能化监管水平。在数字乡村建设中，县级融媒体主要通过建设乡村数字生活服务平台、提升村民媒介素养和数字技能、促进生态智慧监管等途径引领乡村数字生活、提升乡村生态宜居水平。

1. 建设乡村数字生活服务平台

县级融媒体可以整合乡村资源，基于当地乡村居民的生活需求，建立综合性的数字服务平台，为乡村居民提供一站式便捷服务，如家政服务、水电缴费、家电维修、在线教育、就业信息等智慧生活服务，推动乡村居民数字生活方式的养成。安吉县融媒体中心在"爱安吉"融媒体移动新闻客户端上，提供预约挂号、安吉美食、汽车票等近 20 种便民服务事项，村民足不出户就可以在融媒体移动客户端平台一键获取家电维修、管道疏通、搬运安装等生活服务。① 鹤峰县融媒体中心致力于整合县域内与民众生活需求相关的碎片化数据信息，并推出鹤峰"本地宝"App，为老百姓提供各类贴心又安心的便民服务，例如提供经过当地公安局认证的开锁服务，确保民众用得放心。鹤峰融媒体中心重点拓展各类低频次的便民服务，例如电器维修，这类服务设立越多，App 的日活量也会逐渐增加，有助于扩大用户基础。

2. 提升村民媒介素养和数字技能

具备一定的媒介素养和数字技能是村民享受数字生活的必然要求。县级融媒体可以通过开展媒体素养教育、信息技能培训等活动，提升村民的媒介素养和数字技能，这有助于村民更有效地获取信息，更好地利用数字化工具和平台参与乡村公共事务、提升个人生活品质，进而推动乡村社会的整体进步。县级融媒体还可以通过制作和播放关于数字技术的科普节目，帮助乡村居民了解并掌握数字化工具，如智能手机的基本操作、移动支付、社交软件使用、智能农业设备、远程医疗等，并配以图解和实例，确保老年人也能轻松理解，从而提升乡村生活的便捷性和智能化水平。利用传统媒体与网络平台，积极宣传数字技能的重要性，激发村民的学习热情，并开发适合村民学习的在线课程，方便他们随时随地进行学习。也可以开展数字技能培训下乡活动，邀请技术专家现场指导村民使用农业 App、在线购物平台、利用电商销售等，解决村民有关数字技术应用的疑问。

---

① 祝青，张炳，朱炜. 数"促"融媒效率智"助"乡村振兴[J]. 广播电视网络，2022(1).

3. 促进生态智慧监管

县级融媒体可以参与乡村生态环境保护的数字化监管工作，通过发布生态监测数据、推广环保知识，引导乡村居民树立绿色生活理念，推动乡村生态宜居水平的提升。在融媒体平台设立"乡村生态监测"专栏，实时更新空气质量、水质等监测数据，并配以图表分析，让村民直观了解乡村生态环境状况。线上积极推广环保知识，可以制作环保知识普及短视频和文章，介绍垃圾分类、节能减排等环保知识和技术，也可同时设立"环保小课堂"，邀请环保专家进行线上授课。建立生态问题反馈机制，在县级融媒体平台设置"生态问题举报"入口，鼓励村民积极举报破坏生态环境的行为，及时将相关问题反映给相关部门处理，并对处理结果进行公示。

四、繁荣乡村网络文化，推动乡风文明建设

县级融媒体具有强大的舆论引导和文化塑造功能，通过精心策划和制作富有地方特色的文化节目、宣传报道乡村优秀人物和事迹，激发乡村居民对地方的自豪感与归属感。引导村民树立正确的价值观，推动乡村精神文明建设，激发村民参与数字乡村建设的内生动力。在数字乡村建设中，县级融媒体主要以传播乡村优秀文化、打造乡村网络活动文化品牌、加强乡村网络文明教育与道德建设等方式，繁荣乡村网络文化，推动乡风文明建设。

1. 传播乡村优秀文化

县级融媒体可以利用自身媒体资源，深入挖掘乡村优秀传统文化，通过文字、图片、视频等多种形式进行传播，增强乡村居民的文化自信和文化认同。制作乡村文化节目，传承乡村优秀传统文化，深入挖掘乡村的非物质文化遗产、传统手工艺等，制作成短视频、纪录片等形式，并在各大县级融媒体平台进行宣传，让更多人了解到乡村文化的魅力，增强村民对当地文化的认同感。开展乡村文化展览，丰富村民文化生活，定期组织线上或线下的乡村文化展览活动，展示乡村的历史文物、民俗风情等，邀请文化名人、学者进行解读和点评，提升展览的文化内涵。推广乡村文学作品，陶冶村民乡村情怀，鼓励乡村作家创作反映乡村生活的文学作品，通过融媒体平台进行宣传和推广，同时设立"乡村文学奖"，激发村民的创作热情。茂名市县级融媒体中心十分注重乡村非物质文化遗产的保护与传承，通过专题报道向社会推介高州木偶戏、化州

跳花棚等日渐式微的民间传统习俗技艺，引起政府和社会的广泛关注，每逢佳节都会邀请非遗传承人在当地巡回表演这些传统技艺，让这些原本失落民间的技艺重新出现在大众眼中，为乡村文化生活再现那一抹亮色。①

2. 打造乡村网络文化活动品牌

县级融媒体可以组织线上线下的文化活动，如网络书法大赛、乡村故事征集等，打造具有地方特色的网络文化活动品牌，丰富乡村居民的精神文化生活。举办网络书法大赛，设立不同年龄段的书法大赛组别，邀请知名书法家担任评委，通过融媒体平台进行作品展示和评选，举办线上书法讲座和交流活动，提升村民的书法水平。开展乡村故事征集活动，征集村民身边的感人故事、趣事等，通过融媒体平台进行展示和评选，同时邀请故事作者进行线上分享和交流，增进村民之间的情感联系。组织线上乡村旅游节，利用融媒体平台宣传乡村的旅游资源、特色美食等，吸引游客前来体验乡村风情，同时开设线上直播间，带领游客云游乡村美景，感受乡村的独特魅力。安吉县融媒体中心牢牢树立文化品牌意识，策划举办了中国农民丰收节会场活动，在安吉乡村艺术学校定期承办吴昌硕品牌系列文化活动，以品牌建设彰显乡村独特魅力，实现了乡村居民精神文化生活共富裕。②

3. 加强乡村网络文明教育和道德建设

县级融媒体应当承担起乡村网络文明教育的责任，通过制作网络素养教育节目、开展网络道德宣传活动等方式，提升乡村居民的网络素养和道德水平，推动乡风文明建设。制作网络素养教育节目，强化网络文明观念，针对不同年龄段的村民，制作网络素养教育节目，内容包括网络安全、信息识别、网络礼仪等。开展网络道德宣传活动，常态化宣传网络道德意识，定期发布网络道德宣传海报、短视频等多元化、互动性的全媒体宣传内容，宣传网络道德规范和法律法规，带动乡村居民主动融入乡风文明建设当中，树立乡村文明新风。③建立网络文明监督机制，共同建设网络文明生态，设立"网络文明监督员"，

①　李开元. 乡村振兴视域下县级融媒体中心传播发展对策研究——以茂名市三县市为例[J]. 南方论刊，2022(9).

②　赋能乡村浸润人心的安吉力量[EB/OL]. [2024-03-09]. https://www.anji.gov.cn/art/2023/7/13/art_1229211475_58919022.html.

③　田智辉，李一凡，黄楚新. 提质增效与跨界跨域：县级融媒体中心发展状况研究[J]. 电视研究，2023(7).

对县级融媒体平台上的不文明行为进行监督和提醒，鼓励村民积极举报网络不文明行为，融媒体平台将及时进行处理和公示，同时设立"网络文明之星"评选活动，表彰在网络文明建设中表现突出的村民。

第三节 县级融媒体的政策反馈效应

上一节中，我们集中探讨了县级融媒体参与数字乡村建设的路径问题，着重强调了县级融媒体在建设乡村数字经济、数字治理、数字生活等方面的重要潜力，那么，县级融媒体如何能建设数字乡村？产生上述影响的作用机制是什么？本节将结合政策反馈理论分析上述问题。政策反馈理论研究的主要内容之一是政策反馈机制，意在探究产生多种政策反馈效应的路径，即回答政策如何影响政治及后续政策制定这一问题。政策具有双重影响性，政策既是一种工具性行为，又是一种表达性行为，可以向不同政策对象传达有意义的信息。政策反馈理论将政策视为重新配置社会资源和重塑社会结构的一种政治性力量，认为政策既可以定义激励、重新分配资源，塑造身份和利益；也可以影响与规范相关的信念，改变公民权与身份地位的内涵。[①] 已有研究当中，学者们大多以解释效应和资源效应两大政策反馈机制，考察政策的设计与执行塑造行动者的社会认知和政治行为的方式。此外，也有研究关注到国家能力和行政机制在政策反馈效应中的解释力，认为官僚机构和行政组织的变化是构成"政策影响政治进而影响政策制定"的重要因素，[②] 本节将这一机制在县级融媒体参与数字乡村建设进程中的体现概括为治理效应。因此，基于政策反馈理论框架，本节将重点探索县级融媒体影响数字乡村建设的资源效应、解释效应、治理效应。

一、资源效应：打通数字服务"最后一公里"

县级融媒体能以打通数字服务"最后一公里"的资源效应影响数字乡村建设。政策反馈的资源效应，是指公共政策能够通过提供物质激励和提高公民能力的方式进而影响公民政治参与和社会政治结构。对于数字乡村建设的深入推进来说，国家顶层设计的有力政策引领固然重要，社会和公民对数字乡村政策

---

① 翟文康，邱一鸣. 政策如何塑造政治？——政策反馈理论述评[J]. 中国行政管理，2022(3).

② Béland D, Campbell A L, Weaver R K. Policy feedback：how policies shape politics[M]. Cambridge：Cambridge University Press, 2022：5.

的支持和参与同样关键，县级融媒体在改变资源与利益分配结果、提供各类数字服务资源的过程中影响后者。公共传媒政策作为对规则和秩序的安排，既直接影响着政治与经济资源的分配，也改变着替代政策的成本和收益，从而塑造着未来政策的演化路径。① 公共政策可以通过自由时间、资金、教育等资源的权威性分配来提升行动者的政治参与能力，其中自由时间使得参与政治活动成为可能，资金帮助公民克服政治参与的成本，而教育等资源则强化了政治参与的技能和效力。县级融媒体助力数字乡村建设的资源效应主要体现在，作为信息基础设施和乡村信息枢纽，县级融媒体能通过媒体服务向村民传达各类政务信息及政策咨询，并有效提供公共参政渠道和互动交流的虚拟公共空间，增强村民的数字素养以及对数字治理的接受度；同时还能为农业农村发展带来市场效应，产生促进乡村产业发展和增加农民收入的经济回报。

1. 基础设施共享

县级融媒体能为数字乡村发展提供有力的基础设施建设支撑，通过资源的权威性分配来提升数字乡村行动者的获得感，让乡村居民获得丰富的数字服务资源，切实感受到数字乡村发展的实际价值与利益，不断提升村民的数字素养与数字化生产生活能力。首先，县级融媒体作为一个实体组织和单位，本身就是一种信息基础设施，是能支持数字乡村发展的强大资源。例如通过打造集新闻与综合服务于一体的"智慧+"融媒体客户端，对接数字乡村建设需求，不仅承担着数字乡村发展所需的媒体服务，并且支持乡村进一步实现数字化的党建服务、政务服务、公共服务。村民通过使用县级融媒体的移动客户端平台，能足不出户获得"一站式"政务服务、公共服务。相比以往，村民节约了大量获取服务的时间，获得的服务质量和多样性也大大提升。同时，在获取上述服务资源的过程中，村民实际体验到数字化发展红利，训练了自己的数字化生产生活能力，数字素养得到提升。其次，县级融媒体中心可以与电信运营商合作，共同推进乡村地区的网络覆盖，为村民实现数字化生产生活提供基础设施建设，例如共享基站、光缆等基础设施，不仅可以降低建设成本，还能提高网络覆盖的广度和深度，为乡村居民提供更加稳定、高效的网络服务，增加村民适应数字乡村发展的可能性与主动性。

---

① Pierson P. When effect becomes cause: policy feedback and political change[J]. World Politics, 1993, 45(4): 595-628.

2. 信息中心打造

县级融媒体能为数字乡村发展打造信息中心，通过发挥县级融媒体信息枢纽功能，构建乡村数据库，为乡村居民搭建网络参政议政平台和信息互动交流的媒介公共空间，提供信息技术资源和知识服务，切实增强村民对数字治理的接受度和参与数字乡村建设的能力。县级融媒体积极利用大数据、云计算等现代信息技术，对乡村的各类数据进行采集、整理、分析和应用，为数字乡村提供信息库，这些数据涉及乡村经济、文化、社会、生态等多个领域，包括农业技术、市场动态、政策法规等多个方面的信息，为乡村的可持续发展提供科学决策依据。同时可以搭建共享平台，整合和共享乡村地区的各类信息资源，通过平台的统一管理和分发，实现信息的快速传播和有效利用，推进数字乡村政务、公共服务等应用场景升级，以数字化驱动乡村生产方式、生活方式和治理方式的变革。作为信息枢纽，县级融媒体不仅为数字乡村充当信息的收集者和传递者，而且是为公众提供沟通与交流机会的媒介公共空间，在保证乡村居民获得大量信息的基础上，为村民提供开放透明的互动交流平台。县级融媒体还可通过新闻报道设置公共议题，让村民更加便捷地参与到乡村治理中来，就数字乡村发展和乡村振兴问题发表自己的意见和建议，有助于提升村民的民主意识和参与能力，增强村民对数字治理的接受度。此外，县级融媒体中心还可以利用自身的技术优势和人才资源，为乡村地区提供信息技术资源和知识培训服务，通过定期举办培训班、开展现场指导等方式，帮助乡村居民提高信息化素养，增强他们利用信息技术促进生产和生活的能力，为数字乡村建设的进一步发展奠定智力与知识基础。

3. 经济回报激励

县级融媒体能为数字乡村建设增加经济回报激励，通过融媒体传播资源优势助力农村电子商务，为本地农产品销售、文化旅游资源推介助力，以农村产业发展和农民收入增长的集体经济收益激励农业农村农民坚定不移地朝着乡村数字经济的发展道路前进。一项公共政策越成熟，也就是说，它们存在的时间越长，受影响的政策对象就越适应这些政策所带来的期望与收益，并努力维持和扩大政策现状，这一形成路径依赖的过程也适用于解释县级融媒体如何通过经济回报机制促进数字乡村的长期稳定发展。政策方案的选择并不是不可改变的，但改变成本是高昂的，县级融媒体影响数字乡村政策执行的经济回报机制正是要让数字乡村政策逆转变得昂贵，那么即使数字乡村政策逆转的制度障碍很小，政策稳定带来的乡村集体收益也会使政策逆转难以发生。

从政策反馈的方向来看，县级融媒体通过经济回报机制促进数字乡村政策自我强化效应的产生。之所以能形成自我强化效应，首先在于县级融媒体能够将传播资源转化为农村数字经济发展的推动力，县级融媒体凭借全媒体传播矩阵建设和强大的信息传播能力，可以将乡村的特色产业、优质农产品、文旅资源向社会广泛宣传，吸引更多的消费者和投资者，增进乡村产业的效益与市场竞争力，促进农村电商和特色文旅产业的发展，推动乡村产业向高端化、智能化、绿色化方向发展。其次是因为县级融媒体带来的数字乡村经济效益激励和扩大了数字乡村政策受益群体，一方面，在县级融媒体的传播资源有力地介入数字乡村建设的过程当中，作为最大的政策受益群体，乡村居民能获得更多的就业机会，实现收入增长，数字发展的巨大物质利益激励村民适应和主动参与数字乡村建设当中。在有机会表达政策意见和行使民主权利时，受到经济回报激励的这些村民更有可能强烈支持维持或扩大现有的数字乡村政策现状。另一方面，由于乡村数字经济发展的良好态势，当地政府能为县域经济的整体发展招徕更多投资和产业的进驻，增加当地税收收入，地方政府和村委会也能因此获得更优异的行政考核结果。与此同时，地方财政收入的增加也能激励当地政府进一步制定和完善数字乡村政策措施，努力实现当地数字乡村的长期稳定发展，由此实现数字乡村政策的自我强化效应。

二、解释效应：激活数字乡村发展内生动力

县级融媒体能以激活数字乡村发展内生动力的解释效应影响数字乡村建设。政策反馈的解释效应，是指公共政策能够通过传递规范、价值观和态度，对目标群体产生认知层面的影响，譬如影响价值观和利益偏好、塑造有关社会本质的基本信念、强化政府行为合法性认知，进而影响目标群体的政治态度与政治行为。公共政策主要通过语言符号、内容设计和执行过程三个方面传达政府对特定人群的看法与态度，这些权威性信息与观点会塑造目标群体对其自身、他人、政府及其相互关系的认知，解释效应也正是政策对目标群体进行社会建构的过程。对于县级融媒体来说，通过新闻宣传和报道对特定人群进行价值赋予、标签粘贴和形象塑造本就是主流媒体工作的家常便饭，宣传的本职工作也和解释效应之"解释"相对应，是县级融媒体影响数字乡村建设的主要发力点。县级融媒体助力数字乡村建设的解释效应主要体现在，作为主流舆论的引导者、主流意识形态阵地的坚守者，县级融媒体利用各种传

播手段塑造农村与农民的积极形象，向社会公众宣传数字乡村建设的效用性和收益性，塑造乡村居民的数字价值观，激发数字乡村发展的内生动力，进一步唤醒数字乡村建设中不同主体对自我身份的认知与认同，提升参与乡村建设的行动力。

1. 重塑农村与农民形象，唤醒主体意识

县级融媒体能为数字乡村发展塑造积极正面的农村与农民形象，通过社会建构唤醒农民的主体意识，提升乡村凝聚力和公共性，增进农民群体的社会效能感，让乡村居民有积极参与数字乡村建设的信心与集体意识，真正解决"乡村运动而乡村不动"的问题，激活数字乡村发展内生动力。纵观我国乡村建设的历史发展，可以发现"乡村不动"的农民主体性缺失问题始终是乡村建设运动推进成功与否的关键条件，即使是在当下的数字乡村建设当中，"乡村不动"的现象仍然存在。有研究通过对 20 个数字乡村建设试点县和重点地区的调查，着重分析了其建设中的"乡村不动"问题，发现在调查的乡村地区，看似数字乡村建设如火如荼，但实际上积极参与的人员很多是村外人员，当地村民大多对数字乡村建设并不关心，也不参与其中，甚至产生抵抗行为，阻碍了数字乡村的真正推进，并据此提出典型示范和感性导引两条建设村民主体性与积极性的推进策略。①

数字化建设在乡村的推进无一不在强调理性规划和技术指引，然而宗族、乡约等传统力量所代表的感性秩序仍然是乡村的基本秩序，支配着乡村居民的思维方式和行为模式，使其更注重感性思维与感性选择，片面强调技术性理性规划，会导致农民的主体性缺失，最终陷入数字乡村运动而"乡村不动"的困境。因此，重塑农村与农民形象、唤醒农民的主体意识成为县级融媒体平衡技术理性和感性思维、深入推进数字乡村运动的一大突破口，县级融媒体激励人心和正向导引的宣传能量正天然适配易于接受感性教化的乡村居民。重塑农村与农民形象对激活农民主体性的重要性在于，政府、社会如何看待某一群体会影响该群体的外部政治效能感，如果农民群体感知到社会对乡村地区持有积极态度、自己是被认同的和被期待的，更有可能积极参与数字乡村建设。县级融媒体通过深入基层和形成具有广泛传播度的"三农"报道，向乡村以外的受众

---

① 刘少杰，周骧腾. 数字乡村建设中"乡村不动"问题的成因与化解［J］. 学习与探索，2022(1).

重新描绘乡村景观与乡村人的形象，重构乡村的象征与标签，塑造正面的农民形象。① 也就是说，在向社会宣传农村与农民形象的基础上，要让乡村居民建立有关乡村地区和农民群体的积极社会建构认知，由衷地为自己是所处地区和群体的一分子而感到自豪和自我认同，真正发自内心地想要为乡村振兴与发展作出自己的贡献，主动参与到数字乡村建设当中。

2. 动员参与数字化建设，形成发展合力

县级融媒体能动员不同治理主体积极参与数字乡村建设，通过发挥县级融媒体对公众在思想文化宣传层面的引导力、影响力，增强公众对数字化建设的接受度，唤醒数字乡村建设中不同主体对自我身份的认识和认同，为数字乡村营造良好的舆论环境，增强人们对数字乡村建设的参与意愿，形成数字乡村发展合力。数字乡村建设涉及经济、政治、文化、生态等多个领域，需要政府、企业和社会等多元治理主体的协同参与，因此，除了要激活农民的主体意识和主动性，县级融媒体还要积极宣传和动员企业和乡村群众以外的人参与到数字乡村建设当中。

作为地方政府与民众之间的桥梁，县级融媒体要充分利用自己强大的思想文化宣传能力，通过新闻报道、专题访谈、网络直播等多种形式，将数字乡村建设的理念、目标、意义广泛传播，使公众了解并认识到数字化建设对于提升农村生活质量、促进农村经济发展的重要性，从而提高公众对数字化建设的接受度和对数字乡村建设的认同感，激发他们积极参与的热情，为数字乡村营造良好的舆论环境，巩固群众基础。成功典型与实践结果能有效提升公众对数字乡村建设的信心与期待，县级融媒体可以深入报道数字乡村建设的典型案例、成功经验和创新做法，多形式多平台展示数字化建设带来的实际成果，增强人们参与数字乡村建设的动力。同时，县级融媒体还能为数字乡村争取更多的社会关注，及时反映建设过程中存在的问题和困难，引导社会各界关注并参与解决，唤醒数字乡村建设中不同主体对自我身份的认识和认同，使他们意识到自己在数字乡村建设中的责任和使命，这种身份认同的唤醒有助于激发不同主体的积极性和创造力，促使他们更加主动地参与到数字乡村建设中来，还能促进不同参与主体之间的合作与协同，提升数字乡村建设的整体水平。

---

① 尹鹤. 作为媒介空间的县级融媒体：一种乡村治理的视角［J］. 青年记者，2023（10）.

三、治理效应：赋能基层治理数字化变革

县级融媒体能以赋能基层治理数字化变革的治理效应影响数字乡村建设。政策反馈的治理效应，是指一项公共政策在实施一段时间后通过影响政治精英来塑造国家能力和行政机制，进而影响未来政策的制定与执行。政治精英在决策时通常会充分聚焦已有政策的经验与教训，以应对决策的有限理性和不确定性问题，因而已颁布政策的治理成效会影响政治精英们对不同政策安排的认识，从而影响他们在未来政策制定过程中的决策选择。① 一项公共政策的实施过程也是官僚和行政机构能力的锻炼过程，过去的政策能够塑造官僚的行政能力，而行政能力是政策制定与执行过程中的关键变量，不仅限制了政策方案的选择范围，还决定着政策执行的落实情况。基层治理是国家治理体系与治理能力现代化的建设基石，也是工作的重点和难点所在，作为县域基层社会治理的一大主体，县级融媒体在加强基层信息传播、巩固主流意识形态的同时，进一步发挥推动基层社会治理现代化、将媒体传播优势转化为基层治理效能的多维功能。县级融媒体助力数字乡村建设的治理效应主要体现在，作为基层社会治理的重要抓手，县级融媒体能为基层政府部门和基层群众自治组织提供数据信息服务，提升其信息素养和科学决策能力，有利于地方政府更好地完善和落实数字乡村建设具体政策措施；通过利用新媒体新闻生产优势与优化数字公共服务供给促进多元主体、多部门之间的横向良性互动，形成网络化的基层社会扁平治理模式，进而推动多元主体参与式治理格局的形成，以媒体融合助推数字化变革的治理效应，实现数字乡村政策的长期稳定和自我强化。

1. 提升基层决策能力

县级融媒体能通过提升基层政府和基层群众自治组织的决策能力促进数字乡村发展。很少有政策是完全自我执行的，通常需要某一组织机构贯彻实施，组织机构的决策能力影响政策的目标实现情况，同时政策目标的实现是一个政治过程，反过来也塑造着组织机构的决策能力。县级融媒体对基层治理的赋能本质上是数字技术推动治理现代化的改革，这与数字乡村建设中要用数字技术推动乡村振兴的核心理念是一致的，县级融媒体作为治理工具对基层治理决策

---

① Hall, P. A. The political power of economic ideas: keynesianism across countries[M]. Princeton, NJ: Princeton University Press, 1989: 87-90.

能力的提升主要体现在数字技术综合应用能力的提升，与数字乡村治理的主体能力要求相匹配。

县级融媒体利用现代化的信息传播手段和先进的数字技术，广泛连接社会成员，是基层政府和基层群众自治组织决策的信息库、数据分析中心，有力助推基层决策的数字化、科学化和民主化。作为基层信息枢纽，县级融媒体可以汇聚民生民意民情，快速传递各类信息，使得基层政府和自治组织能够更及时、更全面地了解社会动态、民意诉求，从而做出更科学、更合理的决策。县级融媒体不仅提供治理信息库，还充当数据分析中心，利用移动互联网技术深度挖掘、整合分析有效信息，帮助基层政府预测和防范治理风险，用数字赋能确保基层政府智慧决策、精准施策。县级融媒体具有强大的舆论引导能力，通过精心策划和制作高质量的新闻节目和新媒体作品，可以引导公众关注社会热点，凝聚社会共识，为基层政府和自治组织的决策提供有力的舆论支持。县级融媒体通过开设互动栏目、搭建网络问政平台等方式，为民众提供了更多的参与社会治理的渠道，促使基层政府和基层群众自治组织回应群众诉求、满足民主需求，促进基层决策的民主化。总之，县级融媒体对基层决策能力的提升契合数字乡村治理的信息素养要求，为进一步完善和落实数字乡村建设具体政策措施提供了有力的智力支持。

2. 创新基层治理模式

县级融媒体能为数字乡村发展建构多元主体横向互动的网络化扁平治理模式。互联网以及新兴数字化技术的普及利用，推动媒体融合创新发展，也要求基层社会从纵向的科层式治理进化为网络化的扁平治理模式。县级融媒体创新基层治理模式的契机，在于县级融媒体对信息的敏感度和极强的信息传播能力，会有效促进基层治理当中"信息孤岛"问题的解决；也在于县级融媒体具有强大的连接属性，能广泛连接社会成员构筑基层社会网络治理新格局。一方面，凭借近地化优势和政治属性，县级融媒体能够获取众多民生相关的数据信息，促进基层社会公共信息开放；依靠融媒体平台的传播优势和互动属性，县级融媒体能改变以往基层社会横向信息沟通受阻、有效信息反馈滞后的信息传播困境。另一方面，借助平台优势和技术力量，县级融媒体成为连接基层治理其他不同治理主体的特殊主体，依靠新闻服务、政务服务、公共服务、商务服务等多层面的服务网络和平台建设，增强了基层治理中媒体与用户、政府职能部门与公众、县级融媒体与乡镇政府、县级融媒体与原子化村民的连接，让构建共商共建共享的基层治理共同体成为可能。①

县级融媒体通过聚焦自身的传播力和服务力建设，引导和服务基层政府更好地实现基层治理现代化，促进基层社会多元治理主体之间的相互信任和高效协同，真正实现多元参与、协同共治的网络化基层治理新格局。② 县级融媒体已经成为基层社会治理的重要抓手，因此首先要对自己有一个清晰的定位，深刻认识到县级融媒体本身也是基层治理中的一个重要主体，既要充当党政的喉舌，也要服务好基层群众，不断提升传播力、影响力和服务力，为数字乡村建设构筑基层网络化治理机制。县级融媒体作为信息交流的桥梁，能够促进多元主体之间的横向良性互动，可以将政府、自治组织、企业、群众等多元主体的信息、需求和诉求进行有效整合和发布，打破信息壁垒，实现信息的共享和互通，从而增进多元主体之间的了解和信任，推动形成共同参与、协同治理的良好氛围。其次，县级融媒体可以运用新媒体技术，推动基层社会治理的网络化，通过构建数字化平台实现政府、自治组织、企业、群众等多元主体之间的在线互动和协作，例如在线会议、网络调查、线上协商，促进多元主体之间的实时交流和合作，提高治理效率，降低治理成本，推动基层治理的现代化。最后，县级融媒体可以联合其他媒体机构和社会组织，共同推动基层治理的创新发展，通过合作开展项目、共享资源、交流经验等方式汇聚更广泛的智慧和力量，为当地基层社会发展提供更多元化、更高质量的支持。总之，县级融媒体能创新基层治理模式，对乡村数字治理产生辐射影响，增进以党组织领导、村委会主导、村民为主体的乡村治理基本框架的协同性。

---

① 何志武. 主体性与连接性：县级融媒体参与乡村社会治理的基本逻辑[J]. 中州学刊，2022(10).

② 常凌翀. 嵌入与重构：县级融媒体中心赋能基层治理的生成逻辑、功能转向与实践进路[J]. 中国出版，2022(12).

第十章 县级融媒体中心的建设模式

自 2018 年以来，县级融媒体中心的建设发展深刻嵌入到我国媒介体系与体制机制改革进程中，① 不少研究学者试图通过挖掘、追踪国内的典型案例，总结县级融媒体中心的建设经验与发展路径，以期寻找县级融媒体中心建设的优化方案。本章我们将主要根据前述内容分析，对县级融媒体政策及实践中的建设模式进行剖析，并从多个维度对县级融媒体中心的建设模式进行归纳总结。

模式(model)，指对某一不同系列的全部元素所做的结构化呈现，旨在引导人们对复杂问题以及新问题进行分析。在构建假说及在旧的研究领域进行新的研究时，模式被视为必不可少的，因为它提供的参照系使情景与过程更易理解。就此而言，一个模式可能是一种肖像式的呈现，它使人们联想到真实事物——就像一幅照片或一个木偶的作用。模式也可指涉某种理想型，其真实形态只能获得部分满足。在模式所具有的许多用途中，还包括模式的解释性功能，在对比的过程之中往往并不存在两个相应元素一对一的严格相似。② 一般来说，对于模式可以采用单纯的文字叙述、图像描述、数学公式分析等多种形式进行表述，我们在本书中主要采用文字和图像两种形式来表述模式。

在对建设模式的案例来源进行选择时，注重遵循如下四个原则：一是可获取性原则，主要是在资源、经费、时间、能力等综合因素影响下，选择能够获取真实性、实用性数据和信息的案例；二是相似性原则，即所选择的案例具有相似的背景、特征或者情境，能够比较和分析案例之间的差异和共同点；三是典型性原则，即在对县级融媒体政策的案例进行搜集整理时，强调案例需具备某一类县级融媒体中心的发展特点，能够一定程度上形成某类建设模式；四是多样性原则，即在对案例进行选择时，通过实地调研与广泛的文献查阅，选择

---

① 骆家林，林若野. 县级融媒体基层治理效用发挥的三重路径[J]. 新闻爱好者，2023(4).

② [美]约翰·费斯克，等. 关键概念——传播与文化研究辞典(第二版)[M]. 李彬，译注. 北京：新华出版社，2004：170.

不同类型、不同地区、不同建设背景等的多样化案例，不仅能够让研究更加全面，而且能够使读者从各个角度了解县级融媒体中心的建设状况。

第一节 融媒平台建设模式

面对迅猛发展的新媒体挑战，传统媒体要转型为新型主流媒体，就必须在互联网思维指导下，以服务用户为核心，以开放平台为功能转型，以产品迭代为技术支撑，坚持一体化发展方向，通过流程优化、平台再造，实现信息内容、平台终端共融互通，将自己打造成具有竞争力的新型主流媒体。其中的关键在于搭建两个平台，即为用户提供基础产品和服务的基础平台，依托基础平台开发应用服务的应用平台。而一些国际化的媒体和我国著名的商业媒体已经开始转型为"内容集成商"或"技术公司与孵化平台"，为我国县级融媒体中心的平台化转型提供了借鉴。

那么，如何建设平台？结合实践调研成果并参考现有文献，我们发现县级融媒体中心部门建设的具体模式大体可依据不同级别媒体的融合分为五种：省级平台主导；直接纳入中央媒体的融媒体框架；与科技企业合作，由企业发挥技术优势，为各县级媒体搭建平台；县级媒体自建；由高校与地方政府合作共建的县级融媒体中心"产学研"合作建设模式。

一、省市(县)共建模式

2019年1月，国家广播电视总局发布了《县级融媒体中心建设规范》和《县级融媒体中心省级技术平台规范要求》，以上两个规范在"要扎实推进县级融媒体中心建设，更好引导群众、服务群众"的要求指导下，分析了县级融媒体中心的业务类型，明确表示按照"一省一平台"的原则，县级融媒体中心应充分利用省级技术平台(以下简称"省平台")提供的资源和各种服务，同时对县级融媒体中心技术系统的总体架构及各项功能也提出了要求，并对建设过程中涉及的信息安全要求、运维监控要求、基础设施配套要求、关键指标要求、测试与验收要求等内容进行了规范。

省级统筹的模式主要是通过在"云端"构筑起一个预先规制、全域共享但又部分开放的技术基座，以使省域内各县可以在既定框架内搭建满足自身需求的子系统。对于各县级融媒体中心如何通过"省级模式"实现建设要求，《县级融媒体中心建设规范》对其进行了明确的界定，如该规范第五条提到适宜利用省级平台资源部署的五个板块，分别为：一是采集和汇聚功能中的用户数据、互联网内容、其他数据模块；二是策划指挥功能中的通联协作模块；三是数据分析功能中的舆情热点、传播分析模块；四是综合服务中的党建、政务、民生、文化、教育、增值服务模块；五是融合发布功能中的网站、微信微博等模块，如图 10-1 所示。

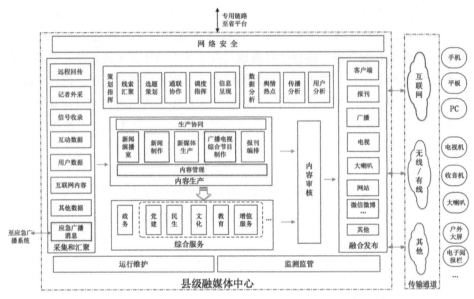

图 10-1　县级融媒体中心可用省级平台资源的模块结构图①

　　省市县媒体合作共建的模式在重大主题报道和重要活动时具备较大优势。首先，省市县共建模式可以整合省内所有市（县）的采编力量，通过体量庞大的采编团队实现一体化运行，以省市县三级融媒体平台同频报道的形式共享流量、数据等资源，实现更大范围的覆盖。以长江流域抗洪为例②，湖北广电利用长江云平台接入的 120 个客户端，实现 24 小时全媒体报道，由各市（县）1200 多个记者滚动式地进行现场采访报道，能够实时跟进抗灾救援进度，同时，能够更好地调动网民对信息的关注度和参与度，形成较长时间跨度的网络热点和话题。

---

　　①　来源于《县级融媒体中心建设规范》。

　　②　赵轶，孙俊. 试论省域县级融媒体中心建设对传播学理论的运用——以湖北长江云平台为研究对象［J］. 新闻前哨，2020（1）：18-20.

目前，不少省级传媒云平台探索出了"全省部署"的县级融媒体中心建设模式，如表 10-1 所示，比较成熟的案例是江西的"赣鄱云"以及湖北的"长江云"。

表 10-1 全国部分省级传媒云平台建设情况一览表

序号	所属省（自治区、直辖市）	省级"云"平台	"云"平台建设及入驻情况
1	江苏省	"荔枝云"平台	2020 年实现江苏在省广电局备案的 64 家县（市、区）及有关市辖区县级融媒体中心技术系统建设全覆盖①
2	湖北省	湖北广电"长江云"平台	全省 17 个市州及所辖县（市）120 个以"云上市县"系列命名的官方客户端全部建成上线
3	江西省	江西日报"赣鄱云"平台	"赣鄱云"与全省 51 个市县区合作共建县级融媒体中心；30 余家县市区融媒体中心接入"赣鄱云"融媒体平台
4	湖南省	湖南日报"新湖南云"平台	带动 28 个县级融媒体中心开设媒体号和主持人号
5	北京市	"北京云"平台	"1+4+17+N"融媒体矩阵
6	浙江省	"天目蓝云"	应用场景之一"融媒通"依托 11 家市级党报、90 家县媒、1700 余家机构形成浙江融媒共享联盟②
7	广西壮族自治区	"广西云"③	111 个县级融媒体中心进驻
8	四川省	"熊猫云"	具备支撑全省 185 个县级融媒体中心、21 个地市（州）、8 个省级媒体单位的媒体业务服务能力④

---

① 中国信息技术工作者联合会. 江苏省县级融媒体中心省级技术平台［EB/OL］.［2024-03-15］. https：//www.capt.cn/yxal/2023-08-02/2571.html.

② 突破 1200 家！浙报集团融媒共享联盟越来越兴旺［EB/OL］.［2024-03-15］. https：//baijiahao.baidu.com/s?id=1717990393449242752&wfr=spider&for=pc.

③ 玉颖. 省级党媒和县级融媒体"1+N"蒲公英模式探讨——以广西云客户端"建党百年"主题报道为例［J］. 新闻潮，2021（5）.

④ 韦效. "熊猫云"：四川县级融媒体中心省级技术平台建设探索［J］. 西部广播电视，2023（5）.

序号	所属省 (自治区、 直辖市)	省级"云"平台	"云"平台建设及入驻情况
9	广东省	"珠江云"	从 2019 年至 2022 年，全省高达 87 个区、县级融媒体中心全部接入"珠江云"①省级技术平台
10	甘肃省	"新甘肃云"	至 2022 年 6 月 86 个县级融媒体中心建成入驻②

  湖北省长江云平台采取"1+N"(县级融媒体)的模式，在三级共建共享中发挥了较大作用。该平台为湖北省长江云新媒体集团有限公司(以下简称为长江云集团，成立于 2012 年)所建，是湖北广播电视台下属全资子公司，在湖北省政府的支持下，该集团形成专利与著作权 20 余项，③ 充分展现了互联网文化科技企业的创新活力。2014 年，长江云集团作为建设责任主体，联合国内外顶尖的互联网技术团队，打造了通过云计算与大数据技术研发的区域性生态级媒体融合平台，该平台的建设贯彻了中央与湖北省对于推进媒体融合的政策要求，以面向全省各地各部门、各媒体，服务全省人民群众作为平台发展目标。

  2016 年 2 月 29 日，湖北省委常委会决定，在湖北广电新媒体云平台的基础上，建设"覆盖全省、功能完备、互联互通、运行通畅"的长江云移动政务新媒体平台，正式把这一平台建设升级为省委推动媒体融合发展战略。按照功能设计，这是全国首个将舆论引导与意识形态管理、政务信息公开、社会治理和智慧民生服务三者融为一体的"新闻+政务+服务"的新媒体平台。④ 在平台建成后，湖北广电选择了湖北省最偏远的少数民族自治州——恩施土家族苗族

---

① "珠江云"产业共建计划交流会：深度探讨媒体融合创新运营路径[EB/OL].[2024-03-15]. https://new.qq.com/rain/a/20220520A0A8PG00.

② 打造新型主流媒体 构建全媒体传播格局——媒体融合发展的"甘肃经验"[EB/OL].[2024-03-15]. http://images1.wenming.cn/web_djw/shouye/dangjiangongzuo/xianjirong meitzhongxin/202112/t20211209_6262435.shtml.

③ 湖北省长江云新媒体集团有限公司[EB/OL].[2024-03-15]. https://baike.baidu.com/item/湖北长江云新媒体集团有限公司/20565709? fr=ge_ala.

④ 赵轶，孙俊. 试论省域县级融媒体中心建设对传播学理论的运用——以湖北长江云平台为研究对象[J]. 新闻前哨，2020(1)：18-20.

自治州进行长江云前期测试，以此了解地方在接入长江云平台时所存在的问题，并对操作细节进行修改完善。2016年6月7日，湖北省委在恩施召开现场会，向全省大规模复制和推广恩施经验。随后，长江云团队将全省所有"云上系列"客户端一次上线，用8个月完成了建设任务。

在县级融媒体中心建设周期中，长江云平台转而支持湖北省境内各市县的融媒体建设。2019年发布的《湖北省县级融媒体中心建设实施方案》明确表示，将长江云平台建设为湖北省县级融媒体中心的唯一技术支撑平台，以市县融媒体中心为基础，以各级党政部门为支撑，构建省、市、县三级贯通联动的区域性融合生态，并采用"1+N"（1是指长江云平台，N是指县市区融媒体中心）模式运行。①

在运营模式上，长江云团队实行分级运营，为湖北省各县市提供标准化平台和三套产品模板，同时开放接口，供各市县进行个性化定制，统一的模板可以降低各市县的建设成本，帮助县级融媒体中心客户端迅速上线运营，而自主定制又使得各市县拥有了很大的自主权和选择权，从而能够进一步激发各市县媒体融合发展的内生动力；在管理上，云上客户端实行属地管理，运营主体由当地党委政府选择决定，像报纸电视台一样，是当地党委政府的舆论阵地；在内容上，平台的内容版面编排、发布运营、三级审核由各运营主体独立负责，32个功能模块由各市县自主选择配置，各地可以结合地方文化与发展特色自建特色频道，如云上恩施的旅游频道、云上潜江的小龙虾频道等；在经营上，各单位在云平台上可独立经营，收入归己；也可以合作运营，利益共享。②

湖北省长江云平台完备的设计方案使得湖北省全域县级融媒体中心建设以"省级统筹"的模式实现快速发展，也得到了包括人民日报、新华社、中国之声等央媒的集中报道，2018年9月，中宣部、国新办负责同志来湖北调研县级融媒体中心建设工作，充分肯定了长江云的做法："湖北创造了经验，为全国标准制定作了贡献。"③截至2020年，湖北全省17个市州及所辖县（市）120

---

① 赵轶. 构建县级融媒体中心的省级支撑平台——长江云打造区域媒体融合新生态[J]. 新闻战线，2019(3)：22-24.

② 湖北长江云：省级平台建设标准蓝本[EB/OL]. [2024-02-10]. http://www.xinhuanet.com/zgjx/2019-05/08/c_138042433.htm.

③ 段绚，黄静蕾. 论县级融媒体"湖北模式"的炼成——湖北广电长江云融媒体中心发展路径探析[J]. 传媒论坛，2021(2).

个以"云上市县"系列命名的官方客户端全部建成上线，综合用户 8192 万。

在抗击新冠疫情期间，长江云平台充分发挥媒介作用，经受住了重大突发公共事件对于媒体融合建设的考验，其间共发布 265739 条战疫报道，组织 22 个重大主题报道，开展 545 场直播，直播时长达到 58540 分钟，在全球范围内，首次将 5G 技术应用于广电网络传播的实战中，凭借"72 小时战疫速度"，为雷神山医院和湖北新闻发布会提供公共 Wi-Fi 服务。与此同时，长江云召开了 135 场无接触线上新闻发布会，向全球媒体提供独家直播信号。①

省级传媒集团通过做大做强省级平台来覆盖全省各县级融媒体中心，虽然难以完全满足各区县个性化的新闻信息、政务服务、民生服务和商务服务等需求，导致部分县级融媒体中心参与热度和开发力度不足，但在建设初期各区县可以直接接入使用，效率高、成本低，表明优势较为明显，因此这一建设模式较为常见。

二、央媒云平台模式

央媒云平台模式，即将县级融媒体中心直接纳入中央媒体的融媒体框架中，由中央媒体提供运营支撑的"中央媒体云平台"模式。2023 年，中国社会科学院新闻与传播研究所与社会科学文献出版社共同发布了《新媒体蓝皮书：中国新媒体发展报告（2023）》，该报告指出，我国媒体融合格局基本形成中央级、省级、地市级、区县级四级融媒体中心的纵向发展链条。以人民日报"中央厨房"为代表的中央媒体是我国媒体融合的第一矩阵，在县级融媒体中心建设过程中，中央媒体同样也可以将县级融媒体中心纳入自己的融媒体框架中，同时基于自身的基础与发展优势为县级融媒体中心提供运营支撑，这些优势包括成熟的融合技术、优秀的融合人才、优质的传播资源、丰富的运营经验和先进的运营理念等。②

长期以来，地方媒体尤其是县级融媒体中心在转型方面相较于中央媒体都有先天性不足，不管是在资源、平台还是在技术与人才上，地方媒体的转型发展都有着巨大的阻力与难度。而过去，我国中央媒体与地方媒体的合作在形式

① 湖北长江云吹响战"疫"集结号，跨形态跨区域联动融合［EB/OL］.［2024-03-15］. https://www.hubpd.com/c/2020-04-16/956768.shtml.

② 中央网络安全和信息化委员会办公室. 县级融媒体中心建设模式与出路［EB/OL］.［2024-03-17］. https://www.cac.gov.cn/2019-05/31/c_1124566621.htm? isappinstalled=0.

上都相对简单，往往止步于地方媒体在内容报道上配合中央媒体，抑或是在地方媒体运营上寻求中央媒体的征稿服务，央媒与地方媒体合作的空间十分狭窄。而融媒体时代的到来，则给地方媒体借力中央媒体寻求发展带来了更多可能，尤其是在县级融媒体政策下，一些中央媒体主动创造渠道助力县级融媒体中心建设。

2019 年 1 月 25 日，中共中央政治局在人民日报社就全媒体时代和媒体融合发展举行第十二次集体学习，习近平总书记对媒体融合作出重要指示："推动媒体融合发展，要统筹处理好传统媒体和新兴媒体、中央媒体和地方媒体、主流媒体和商业平台、大众化媒体和专业性媒体的关系，不能搞'一刀切''一个样'。"在这四个关系中，中央媒体和地方媒体的关系对于协同高效的全媒体传播体系建设至关重要。在此之后，中央和地方采取了一系列举措推进央地媒体合作，其中重中之重则是中央媒体与县级融媒体的联动。

同年，中宣部、中央网信办、国家广电总局和中央广播电视总台共同推动基于央视新闻移动网平台的应用，与全国 100 家县级融媒体中心联合打造"全国县级融媒体智慧平台"①，通过"央视新闻+"客户端开设县级融媒体入口，吸引全国各地区县级融媒体中心矩阵号入驻。并从节目研发、内容分发、技术支撑、媒资共享等方面为县级融媒体中心进行全方位赋能，以共享平台的形式实现技术上、内容上、平台上、管理上的共融互通，从央媒层面助力县级融媒体中心形成渠道丰富、覆盖广泛、传播有效、可管可控的移动传播矩阵。除了央视"全国县级媒体智慧平台"这一专门平台外，中央其他媒体与县级融媒体共同创造了多种联动模式，根据区位条件、建设特点、地区发展等具体情况而有所不同。

一种是依靠首都为中心向外辐射的区位资源建设模式。这种央地合作模式契合了中央媒体与地方媒体双方的需求，在北京市各区（县）能够发挥政策环境效能，提供驻地央媒发展资源，驻地央媒可以发挥央媒影响力，推动该地区县级融媒体中心的建设发展。丰台区融媒体中心是这一模式的典型代表，该区融媒体中心于 2018 年正式揭牌成立，与国内其他融媒体中心不同的是，丰台区融媒体中心利用驻区企业的资源优势，自建设初期便与中央广播电视总台央广网对接，央广网办公地址位于北京市丰台区央广网新媒体大厦。丰台区融媒

---

① 中央广播电视总台"全国县级融媒体智慧平台"正式上线［EB/OL］.［2024-03-15］. https：//baijiahao.baidu.com/s？id＝1625905049815889138&wfr＝spider&for＝pc.

体中心利用驻地优势，于2018年与央广网签署战略合作协议①，在内容、技术、平台搭建、人才培养等多方面进行合作。内容上，总台央广网与丰台区融媒体中心合作，共同策划多元化、数字化的融媒体产品，在《融媒体中心建设战略合作协议》框架下，共同孵化出了以"听丰工作室"为代表的多种融媒创新成果；技术上，丰台区融媒体中心在央广网的指导下规划系统建设方案，将原有视频直播系统升级至5G全高清的视听平台，融合全高清演播室、手机直播等技术，拓展至网站、手机端、OTT等新兴传播渠道。不仅如此，丰台区融媒体中心在一些大型活动中，还采用了央广网的移动直播系统，由双方联合团队进行测试，实现技术上的互通。在平台搭建上，丰台区融媒体中心与总台央广网共同搭建融媒体策、采、编、发、评业务技术平台，部署涵盖图文、音视频、采访直播等功能的移动端采编工具，实现广播、电视、报纸、新媒体不同业务部门的有机融合。中央媒体与地方媒体通过直接合作的方式提升了基层融媒体中心在新闻采编、主题宣传、融媒产品方面的策划生产能力，实现区域媒体融合建设与共赢式发展。

另一种中央媒体与县级融媒体合作的模式，则是将省（直辖市）级平台作为中介以间接提升入驻的县级融媒体中心建设效能，省级平台承担着承上启下的桥梁纽带作用。以重庆市融合媒体为例，承接重庆市区县融媒体（省）市级技术平台建设的重庆广大融媒科技有限公司，是由重庆日报报业集团与重庆广电集团（总台）联合组建而成的，重庆日报报业集团在2019年与重庆广播电视集团联合建设融媒体市级平台后，便与新华社签署了战略合作协议。重庆日报与新华社的这种合作，是贯彻习近平总书记关于媒体融合重要讲话精神、推动中央媒体与地方媒体开展深入合作的实践典型，双方在版权保护、重大主题联动采访、人才培训等方面展开合作，最终将会受益于市级技术平台支持下的基层区县融媒体发展，同样也可以作为央地融媒体合作的典范。当前，我国多个地方的融媒体机构通过与中央媒体联动的方式，实现多平台共赢。2020年，新华网与山东广电合作，深入到市县级融媒体并直接带动了山东省100余家市县级融媒体机构集体入驻"新华号"，触角延伸到了底层架构。同年，新华网与云南省委宣传部深度合作开发的云南省媒体融合指挥平台，于11月28日上

<hr />

① 中央重点新闻网站央广网首次与区级融媒体中心携手合作 北京市丰台区融媒体中心加快推进区域媒体融合发展［EB/OL］．［2024-03-17］．https://ent.cnr.cn/zx/20181226/t20181226_524462344.shtml.

线运行后，帮助云南省建立起了中央—省—州(市)—县(市区)四级联动的信息传播通路。2021 年 7 月 6 日，新华网在云南寒武纪小镇启动了"融媒体千万联动计划"，赋能市县级融媒体中心从"建强"向"用好"转型，推进基层治理体系和治理能力现代化建设。中央级媒体和省、市、县的合作，不仅能够打通资源渠道，而且能够凭借整合传播扩大影响力，实现多级平台之间的共赢。①

中央媒体有着成熟的传媒技术、丰富的媒体资源与优秀的传媒文化，在党和国家推进媒体融合深度发展与县级融媒体中心建设过程中，中央媒体有责任向基层融媒体中心提供支持与帮助。中央媒体与地方媒体的合作必将使得县级融媒体中心在观念思维、人才培养、策划运营、技术提升等多个方面实现重大突破。然而，由于我国县级融媒体数量庞大，一对一的直接合作难以在全国范围内实现，像全国县级媒体智慧平台这样的渠道是实现中央媒体与县级融媒体合作的主流渠道，但我们发现，这一平台只在 2019 年建立初期得到了极大的关注与报道，后续如何利用该平台推动央地媒体合作共赢，仍然任重道远。

三、企业搭建平台模式

企业搭建平台模式，采取与科技传媒企业合作方式，由企业发挥技术优势，为各县级媒体搭建平台，探索党建、旅游、民生等不同的服务形态和舆情监测、引领的方式方法。由于这些科技企业技术水平和后期服务水平较高，并可根据县级融媒体中心的具体情况提供针对性服务，因此也有不少县级融媒体中心采用此模式。

技术是县级融媒体中心建设与发展的主要驱动力，在发展的过程中，县级融媒体中心的技术应用也需快速迭代，以适应环境变化和用户需求的变化。在建设初期，除与上级融媒体平台合作以外，有不少县级融媒体中心采用与龙头科技企业合作的模式来打破技术研发上的困境，通过购买外包服务，由企业发挥技术效应，成功为县级媒体搭建各种不同功能的平台。相较于采用统一接入省、市级技术平台，该模式能够提供给融媒体中心定制化的传媒产品，同时，也更利于融媒体平台的后续维护与升级。

新华智云科技有限公司是由新华社和阿里巴巴集团共同投资成立的大数据人工智能科技公司，该公司拥有包括网络技术、通信技术及产品的技术开发、技术推广、技术转让、技术咨询服务，数据处理、数据存储等在内的多项技术

---

① 李阳琳. 新华网：实施央地联动推进媒体深度融合[J]. 传媒，2022(5).

服务能力，旨在用智能技术赋能内容行业，帮助内容生产者更好、更快地采集和处理新闻资源。① 在近年来的县级融媒体中心建设过程中，该公司通过多种方式为县级融媒体中心提供技术支持，不仅与新华社、中国传媒大学等机构共同建设全国首个媒体融合国家重点实验室，还与江西、山东、浙江、江苏等多省进行直接合作，其研发的"媒体大脑"技术可应用于多个媒体行业场景，现已服务超过900家媒体，其中便有多家区县级融媒体中心寻求与该公司的横向合作。2020年，江苏省江宁区融媒体中心在建设的过程中，以向新华智云购买技术服务的方式，搭建了江宁小微融媒体工作站，实现了基层新闻线索及时上报、外宣信息同步发布、数据支撑绩效考核等功能。② 2021年，新华智云科技有限公司董事长带领5位业界专家前往山西省保德县开展调研工作，并对该县融媒体中心的媒体升级、技术赋能等内容进行指导，重点针对县级融媒体中心如何解决内容建设不足、生产效率低下、人才瓶颈、发展力不足的问题，帮助在实现媒体共振的基础上以智能技术赋能内容行业进行媒体再升级。

成都华栖云科技有限公司也是"科技企业外包"模式的代表。该公司先后与河北、湖北、青海、四川、广东等多省合作，实现了省、市、县三级媒体的互联互通和资源共享。华栖云公司在2019年便开始与省级广电合作提供县级融媒体技术支持，相继承接了四川省大英县融媒体中心、岳池县融媒体中心等部门的搭建工作，该公司秉持"提升内容运营水平，重构信息服务能力"的初心和目标，利用华栖云网界融合发布系统、海河大数据分析服务、飞流直播云服务等多项核心技术能力，为全国超过1500家媒体机构提供了8大类60余项专业媒体云服务，助力媒介专业机构上云。③

从以上案例可以看出，县级融媒体中心建设采用对接市场化的"第三方企业外包"模式，有着异于接入上级融媒体技术平台的独特优势，这主要是因为科技企业本身的市场性质。但也因此有一些难以规避的问题，首先是双方合作建设的经费问题，县级融媒体中心与第三方科技企业的合作，不只停留在部门及其平台搭建时期，后续平台的维护、升级都需要大额的经费做支持。其次，

①　新华智云科技有限公司［EB/OL］.［2024-03-17］. https://baike.baidu.com/item/新华智云科技有限公司/22293675? fr=ge_ala.

②　刘永坚，王子欣. 县级融媒体中心技术平台建设的模式及发展建议［J］. 传媒，2022(11).

③　刘永坚，王子欣. 县级融媒体中心技术平台建设的模式及发展建议［J］. 传媒，2022(11).

县级融媒体的公益属性，让其与科技企业合作时，在技术、政务、服务以及生产力的转换上，无法确保政府保密信息传输的安全性，① 从而影响县级融媒体中心的合作意愿。

四、独立自建平台模式

独立自建平台模式，即县级融媒体中心按照国家要求的建设标准和本县需求，自主搭建融媒体中心，再与省级平台进行对接，这一模式需要较长的建设时间和较大的资金投入，对于平台内容、运营机制等问题仍然有较大的探索空间。

在县级融媒体中心建设过程中，一些市县根据国家出台的县级融媒体中心建设规范要求，自主搭建了县级融媒体中心，有学者用"单兵扩散"来形容这一模式，② 相较于接入上级平台和与第三方科技企业或高校合作的模式，"独立自建"模式更能够满足不同地方的个性化需求，以便能够更加深入地服务当地群众。但同时，这一模式也因为投资规模大、建设周期长而并没有在全国范围内广泛推行，就目前国内县级融媒体中心建设的情况来看，这里我们讲的主要是围绕着"机构"的独立自建与围绕着"平台"的独立自建。

围绕"机构"的独立自建，指的是在体制机制上围绕县域范围内的广电和报业进行整合。2019 年 1 月 15 日，中共中央宣传部和国家广播电视总局联合发布了《县级融媒体中心建设规范》，基于县级融媒体中心建设的业务类型，规定了其总体架构、功能要求、基础设施配套要求、关键技术指标及验收要求等内容，也为大部分区县独立承担县级融媒体机构建设工作提供了方向和指导。当前，在围绕"机构"建设方面，除极少数区县以及服务国家大型项目的地区是由中央部门、央媒指导建设外，我国大部分的县级融媒体中心基本以独立自建为主，归口当地县委宣传部。

围绕"平台"的独立自建，指的是县级融媒体中心利用自身技术力量独立打造融媒体线上平台。在县级融媒体中心建设进一步深化的过程中，一些地区的县级融媒体中心通过引进互联网技术人才尝试自主打造融媒体客户端，以适应移动互联网快速发展对融媒体线上信息平台的需求。例如：近些年通过文旅

---

① 赵薇源. 顶层设计、建设现状与突围途径：研究[M]. 武汉：武汉大学出版社，2022：30-31.
② 朱春阳，曾培伦. "单兵扩散"与"云端共联"：县级融媒体中心建设的基本路径比较分析[J]. 新闻与写作，2018(12)：25-31.

"出圈"的四川省甘孜藏族自治州理塘县就打造了全州首个县级融媒体中心自主开发的综合类 App——"玩转理塘"，该 App 致力于打造一款专属理塘人自己的互联网+便民服务综合平台，平台集理塘政务、新闻、同城外卖、同城跑腿、本地淘宝、农产品拼团、58 同城、招聘、顺风车等平台功能于一体，解决了当地群众日常互联网需求。[①] 在界面设计上契合理塘文化，在内容设计上符合理塘人使用习惯。这也充分说明了自主打造融媒体线上平台可以更好地满足当地用户的个性化需求。

较为突出的是福建省尤溪县融媒体中心，通过打造"智慧尤溪"组合拳，闯出媒体融合典范"尤溪模式"。尤溪县融媒体中心成立于 2018 年 9 月，下设三大分中心(融媒资讯中心、品牌传播中心、综合服务中心)，属公益一类事业单位，全权经营管理一家国有企业(福建省朱子文化传媒有限公司)。该县融媒体中心先后荣获全国广播电视媒体融合典型案例、全国市县媒体融合先导单位、2023 年度全国广播电视媒体融合先导单位、全国互联网新闻信息稿源单位、全国县级融媒体中心舆论引导能力建设十大典型案例、全国新闻出版深度融合发展创新案例等荣誉称号。

2018 年 11 月，尤溪县融媒体中心自主开发的"智慧尤溪"App 开始试运营，次年 3 月正式上线。App 汇集新闻资讯、政务矩阵、直播点播、便民服务、扫码支付、掌上商城、智慧城市等功能于一体，以"'智'享生活，'慧'聚尤溪"为标语，打造"尤溪人自己的移动客户端"。截至 2021 年 11 月底，"智慧尤溪"App 下载量 19.49 万，占县域常住人口数的 47.11%，年访问量破 1 亿人次，成为本地最具影响力的手机客户端。

作为县域范围内的新型主流媒体，"智慧尤溪"App 成为引导群众、服务群众的移动平台，将内容生产传播放在融合媒体优先使用的地位，持续推出一批有思想、有高度的融媒体主题宣传产品和具有本土文化、地缘特征的一系列优质内容产品。如 2018 年纪录片《我的脱贫故事》系列，2019 年《红色尤溪》等。同时，作为县域主流媒体，该县融媒体中心聚焦本土资源，挖掘文化内核，创作发布微纪录片《守摊人》《裳衣匠》等作品，开展《乡村大舞台》等一批有温度、接地气的大型综艺和公益等活动，入选多个国家级、省级奖项。

"智慧尤溪""慧"聚本地资源，打造综合服务平台，开通城市服务专栏，

---

① 康巴传媒. 硬核! 全州首个县级融媒体中心自主开发的综合类 APP 上线[EB/OL]. [2024-03-17]. https://www.163.com/dy/article/F96LBS4Q0512G6EA.html.

下设近 50 个市民常用的民生服务板块，满足民众衣食住行、文化生活、在线医疗、在线教育等方面的需求。"智慧尤溪"实施"融媒体+新闻+政务+服务+商务"功能模式，在 App 上开通"掌上政务""预约挂号""求职就业""智慧旅游""文明实践""尤品铺子""智慧食堂""智慧城市建设""扶贫专柜"等 10 多项服务功能。作为第一个接入三明市网上公共服务平台"e 三明"的县级单位，尤溪县融媒体中心在"智慧尤溪"App 上设置了"建言献策""随手拍""公益求助"等网民意见收集、互动版块，有力推进本地政务服务朝着数字化、智能化、掌上化、便捷化方向发展。同时，"智慧尤溪"App 还开通了"智慧食堂"支付系统，为全县政府部门食堂提供智能化结算服务，职工伙食补助也通过该系统同步到职工个人。尤溪县融媒体中心向所有相关单位提供平台和技术支持，并收取一定的平台费。此外，在"智慧食堂"稳定、优质用户群的基础上，进一步打通线上线下，拓展服务领域，在县域主要商场以及部分便利店提供电子结算服务，开辟移动手机端的"支付交易"功能。

在乡村建设服务方面，对接尤溪各地滞销农产品需求，开展了一系列助农公益服务。一方面，由商务局向该中心提供贫困户名单及联系方式，另一方面，在"智慧尤溪"App 及微信公众号"福建微尤溪"上开设相应的"公益助农"入口，面向全县征集滞销农产品信息，通过核实之后，再采取图文、短视频、H5 页面、网络直播等融媒体形式，为滞销农产品"带货"。在协助遭遇滞销的尤溪农户对接平台消费者、切实帮助他们脱贫增收的同时，引导社会增加对于脱贫攻坚及乡村振兴工作的关注度、参与度，切实服务"三农"工作，扩大宣传影响力，提升媒体公信力。此外，在 App 内开设线上商城"尤品铺子"推广尤溪本土特产，通过"以卖促宣"的方式提高了社会各界对尤溪特色农产品购买热情，充分调动用户活跃度，也使该中心获得一定营收。据了解，线上商城日均收益可达万元。

尤溪县融媒体中心打造的"智慧尤溪"客户端还致力于打造成尤溪县数字乡村公共服务平台，该平台集"民生诉求、农事咨询、便民服务、新闻资讯"等功能于一体，已覆盖全县 15 个乡镇 250 个行政村 30 万农村居民，群众足不出户就能进行"查快递""查违章""采检登记"等，使得原先分属在不同 App 与小程序的功能集中于一个平台。因其服务百姓，使用方便，受到全县农村居民的广泛好评。该平台先后入围中央网信办举办的全国 50 个数字乡村创新大赛名单，入选福建省数字乡村试点县项目，入选北京市 2022 年度媒体融合创新技术与服务应用优秀推荐项目。

2019 年出台的《县级融媒体中心建设规范》中指出，县级融媒体中心需要对接民生平台，提供包括智慧社区等功能在内的各项生活服务。尤溪县融媒体中心应用一批"数字驱动智慧赋能"的先进技术，在全国县级融媒体率先应用AI、VR、AR、4K、8K等全数智化技术，实现市县级融媒体向4K、8K轻松跨越。县级融媒体中心在信息传播体系与国家治理体系高度同构的当下，不仅肩负舆论引导使命，还努力融入成为基层治理的一部分，同构映射出县级融媒体的平台建设成效。①

五、产学研合作平台模式

产学研合作平台模式，即由高校与地方政府合作共建县级融媒体"产学研"平台模式。在国家大力推行县级融媒体中心建设过程中，依托高校与地方政府合作的"产学研合作"模式成为全国尤其是欠发达地区县级融媒体中心发展的一大有效途径，通过建立合作关系，以实现资源共享、优势互补，共同发展。

在县级融媒体中心建设的实践中，"产学研合作"模式得到了大量的推广，也形成了一些典型案例与成熟经验。2018 年以来，暨南大学新闻与传播学院先后派遣 344 名本硕博学生前往广东省内共 41 个县市融媒体中心进行实践，并在乐昌市、惠东县等多个地方成立县级融媒体研究与实践基地。2023 年 11 月 19 日，西北大学与陕西省留坝县融媒体中心签订合作框架协议，成立实习实践基地，计划在新闻宣传、通讯员培养等方面，定期开展学习培训、实地教学、学术研讨等活动，并为县融媒体中心人员培训、媒体活动等提供智力支持和必要的人力支撑。② 2019 年 4 月，湖南师范大学建立了全国第一家县级融媒体建设研究中心，近五年来，湖南师范大学通过多项举措，为湖南省县级融媒体中心建设提供了智力支持和先导性服务。2023 年 11 月 29 日，湖南师范大学新闻与传播学院召开首届湖南省县级融媒体产学研合作创新大会暨湖湘地方特色文化进校园活动，以大会为契机，与湖南省内各县级融媒体中心在实习实践、人才培养、员工培训、科学研究、社会服务等方面进一步深化合作。③

综合来看，当前我国媒体融合领域的"产学研合作"模式在形式上主要以

---

①　陈一，石力月. 全国县级融媒体中心发展调研报告 2021—2022[M]. 北京：中国社会科学出版社，2022：13-14.

②　"高校+媒体"西北大学与县融媒体中心签订合作框架协议[EB/OL]. [2024-03-17]. https://www.sohu.com/a/735065881_121106869.

③　首届湖南省县级融媒体产学研合作创新大会暨湖湘地方特色文化进校园活动召开[EB/OL]. [2024-03-17]. https://news.hunnu.edu.cn/info/1011/63702.htm.

搭建融媒体实习实训平台为主，在内容上主要以高校人才、资源输送为主，在合作对象上主要表现为就近合作，即高校与所属省份的县级融媒体中心合作。尽管融媒体"产学研合作"模式已经在全国遍地开花，但校地合作的深度不够，合作内容单一，在未来仍然有很大的发展空间。

第二节　财源供给建设模式

自 2018 年以来，县级融媒体中心建设在全国范围内铺开，不管是中央还是地方财政，都在一定程度上增加了对于文化旅游体育与传媒方面的支出。在县级融媒体中心建设的第一个年度（2019）中，中央对于地方转移支付的预算大幅提升。根据财政部的说明，这部分增加的预算主要是支持县级融媒体中心及深度贫困县应急广播体系建设，这意味着中央正加大对县级融媒体中心建设的财政支持。然而县级融媒体中心的发展仅靠"财政输血"并不能得到持续的发展，不少地方正在尝试通过拓展业务实现"自我造血"。就目前进展情况来看，受到机构性质、人员组成、县域经济社会环境等多重影响，大多数县级融媒体中心很难在缺少财政支持的情况下实现自主营收平衡，也无法仅依靠财政补贴维持运营。财政支持与自主创收存在着动态的比重变化，我们根据财源获取的方式将县级融媒体中心建设模式分为以下两种。

一、财政支持建设

以财政支持为主进行建设的县级融媒体中心大致可以分为服务国家建设和提升地方宣传两类。其中，服务国家建设型的县级融媒体中心建设主要依托于县（区）域范围内的国家重大项目，比如杭州亚运会筹办期间的浙江省淳安县融媒体中心，以及服务保障北京冬奥会的延庆区融媒体中心。

北京市延庆区融媒体中心的前身是延庆县广播站，始建于 1958 年。1979 年，发展为县广播事业管理局。1987 年，更名为县广播电视局。2001 年，延庆县机构改革，延庆县广播电视中心正式挂牌。2002 年，延庆有线电视网络被北京歌华网络有限公司并购。2015 年年底，与延庆区新闻中心合并，正式更名为北京市延庆区广播电视中心，加挂新闻中心牌子。2018 年 6 月 16 日，完成融媒体中心组建工作并揭牌运营。2019 年 3 月 20 日，延庆区融媒体中心正式挂牌。

从建设历程来看，自 2015 年年底合并到组建运营，延庆区融媒体中心的建设历程紧紧围绕着北京冬奥会的筹办（北京于 2015 年 7 月 31 日获得 2022 年冬季奥运会的举办权，延庆赛区承担高山滑雪、雪车、雪橇项目和冬残奥会的高山滑雪等项目）。基于服务保障奥运会、世园会等国家重大项目，延庆融媒体中心贯穿落实中央和北京市委决策部署，以服务国家发展建设为首要任务，探索出国内首家"广电+报业"的融媒体模式，在中央和地方相关部门的支持下，延庆从对内和对外两个方面实施媒体融合：对内层面，整合《延庆报》、延庆电视台、延庆广播中心和新媒体（微博、微信、抖音）等传播资源；对外层面，延庆融媒体中心与人民网、光明网等中央媒体合作，借鉴其媒体融合经验，发挥其在人才、技术、资源等方面的优势，推动自身融媒体中心的建设。①

基于北京冬奥会筹办这一重大项目，中央对延庆区融媒体中心给予了较大的财政支持，仅2018年，延庆区融媒体中心就收到了12302.27万元的财政拨款，而到了2022年，延庆区融媒体中心的财政拨款决算收入则降到了3207.93万元。因此，可以直观地看出，延庆区融媒体中心的建设资金来源受到其区域内国家重大项目筹办的影响。在建设初期，中心建设借助国家重大项目的建设契机获得较大力度的财政资金支持，融媒体机构软硬件设施围绕项目建设得到不断改善，新闻内容生产同样也围绕重大项目进行，但这种支持力度会在项目结束后急速消退。

在提升地方宣传型的县级融媒体中心建设中，一般财政资助用于支付在编员工的工资，其余招聘员工和事业经费均靠中心自创收弥补。而对于社会经济基础薄弱、传媒市场发展不充分的西部欠发达地区县来说，还能得到中央财政拨款及其他对口支援省份的重点支持，从而使得地区资源得到充分的挖掘，以期尽量缩小全国范围内县级媒体融合发展与建设的差距。

二、"自我造血"建设

2020年，中办、国办印发的《关于加快推进媒体深度融合发展的意见》指出，"要发挥市场机制作用，增强主流媒体的市场竞争意识和能力，探索建立'新闻+政务服务商务'的运营模式，创新媒体投融资政策，增强自我造血机能"。这是自2014年以来，国家关于媒体融合的政策文件中第一次着重强调"市场""运营"与"造血机能"，体现出国家对县级融媒体中心"自我造血"能力的重视。尽管有关数据显示当前我国大多数县级融媒体中心仍然以依靠财政输

---

① 县级融媒体中心建设模式与出路［EB/OL］.［2024-03-17］. https://www.cac.gov.cn/2019-05/31/c_1124566621.htm? isappinstalled=0.

血为主，但对于大多数公益二类事业性质的县级融媒体中心而言，财政保障并不能满足其运营与发展的需要。在外部环境可行的情况下，一些融媒体中心探索出了相对成熟的市场经营办法，其财政资源与自主创收资源的天平也因此发生了倾斜。

相较于以财政依托为主的县级融媒体中心建设，市场经营型县级融媒体中心更注重市场的挖掘，这一模式可以结合本书第八章的内容来思考。第八章我们曾总结了县级融媒体中心探索市场经营、拓展商务活动的方式，主要包括生产要素增值活动(通过投入传媒业的资金、设备、人力等资源，创造出媒介产品)、受众资源增值活动(通过投入受众的注意力来产生广告等收益)、解决受众与广告主核心需求的创新增值活动(例如活动营销宣传等)、媒体行业内部的协作活动(通过合作创造协同价值)，以及职能辅助活动如管理等、信息增值活动和互联网的新媒体流量变现、电商服务、虚拟场景消费等。从县级融媒体中心的机构特点来看，多元化可选择的市场经营活动源于县级融媒体中心的媒体与经济双重属性，市场经营与创收本就是县级融媒体中心的应有之义。

近年，县级融媒体中心根据国家战略重新定位，顺应移动化、视频化、智能化发展趋势，在体制改革、流程再造、舆论引导、服务拓展等方面取得良好效果。同时，一些优秀县级融媒体中心在营收方面探索出成熟的发展模式。

浙江省安吉县融媒体中心(安吉新闻集团)作为全国县级融媒体中心"自我造血"创收第一名(2023年创收达到6.67亿元)，以其卓越的实践完美地诠释了"新闻+政务服务商务"的功能，成为不折不扣的全国广播电视媒体融合典型案例(2020年)，2021年5月，中央改革办专题介绍该中心媒体智慧融合经验，同年还获评全国广播电视媒体融合先导单位。在发挥市场机制运营方面也是亮点多多，"在很大程度上能够成为全国县级融媒体中心增强'造血机能的典范'"——《全国县级融媒体中心发展调研报告》(2021—2022)中如是说。该调研报告认为，县级融媒体中心要想获得长远发展，关键是要提升自身"造血"能力。根据该报告，安吉新闻集团自主营收渠道主要来自广告、演艺、活动、展会、视频等文化创意产业和来自智慧城市项目、网络增值、App移动端等智慧信息产业，加之县委县政府在体制机制改革方面给予了很大的政策支持，集团的各项创收均可根据需要自主支配。

在县级融媒体商务服务方面，尤溪县融媒体中心探索"多元产业跨区经营"方面的做法也取得了很大的成效。2016年，也就是媒体融合建设初期，该县融媒体中心就通过县政府注资5000万元，成立国有企业福建省朱子文化传媒有限公司，公司在做好广播电视、新媒体、户外广告等基础业务的同时，承接大型影视项目、开发旅游文创产品、承办融合业务培训、执行活动策划，不断整合本土文化传媒产业资源，拓宽商业发展渠道，实现"政府输血"与"自我造血"的双管齐下与良性循环。此后，尤溪县融媒体中心在原有户外广告、3D影院、矿泉水等经营项目的基础上，承接了全县智慧城市、应急主题公园、朱子文化非遗展示体验馆等文化类项目建设，运营"尤品汇"电商直播基地，开发尤福系列文创产品等县内运营项目。此外，尤溪县融媒体中心还积极探索跨区经营，承接全国各地的影视业务，足迹遍布上海、浙江、湖北、新疆等20多个地区。随着事业不断发展壮大，2023年2月，中心旗下的传媒公司在福州、上海设立办事处，成为福建省首个在外设立办事处的县级融媒体中心，开拓了更加广阔的市场，2022年传媒公司经营收入3300多万元，并连续三年在福建省国有影视企业社会效益评价考核中获评"优秀"。尤溪县融媒体中心利用"多元产业 跨区经营"的模式大幅提升了"自我造血"能力，在创新实践中丰富了自身的创收渠道，也为更好推进"新闻+"模式提供了条件。

量身定制化的"独立自建"模式虽然能够在建设过程中给予地方"自由发挥"的机会，但是，如果没有地方政策和资金的倾斜则难以为继。从县级融媒体中心市场经营范围的拓展方面看，媒体融合发展经营创新"需要不断提升媒体融合的开放性、共享性和共创性，将媒体嵌入更多的产业链当中，突破产业内部各个部门之间、产业与产业之间的藩篱，为市场各个主体创造更多的积极参与媒体融合进程的机会"①。一些以市场经营为主的县级融媒体中心也通过嵌入其他产业链的方式来达到反哺传媒本业的目的。

第三节　区域发展建设模式

我国领土幅员辽阔，受自然与人文地理影响，各地区的经济社会文化发展差异较大，而县级融媒体中心又是政府与市场相互作用的桥梁，因此在推进县级融媒体建设的过程中，成功经验与建设模式不可逐一复制。如浙江省的部分县级融媒体中心所形成的市场化运作模式在其他地区可能并不适用，因此需要结合地区发展差异，因地制宜地进行县级融媒体中心建设。当前，随着建设的深入，部分研究学者也总结出了一套基于地区发展差异而形成的地区县级融媒体建设模式。县域地区发达程度划分衡量指标如表10-2所示。

---

① 王军峰. 创新经营模式推动媒体融合[J]. 声屏世界，2020(11).

表 10-2　县域地区发达程度划分衡量指标①

	发达地区	较发达地区	欠发达地区
GDP	超过 400 亿元	超过 150 亿元	低于 150 亿元
一般公共预算收入	超过 50 亿元	超过 10 亿元	低于 10 亿元
传媒业市场规模	超过 1.5 亿元	超过 0.5 亿元	低于 0.5 亿元
人口数量	超过 60 万人	超过 30 万人	低于 30 万人

一、欠发达地区：注重基础建设

欠发达地区部分县级融媒体中心由于资金、人才、技术等方面的掣肘，如果一味地套用优秀模式盲目建设，后期可能会导致经营"水土不服"的问题频现。因此，欠发达地区县级融媒体中心的经营模式和发展模式还应根据自身现状"量体裁衣"。

在许多欠发达地区，地方财政为了支持当地文化产业的发展，通常会对县级融媒体实行全额财政拨款。在市场化低下的大背景下，这种对政府长期过度依赖的关系会导致许多县级融媒体中心建设过程中的活力缺乏，也会导致县级融媒体缺乏经营创收的动力。加上欠发达地区经济社会环境的限制引发投融资困难，使得县级媒体深度融合建设举步维艰，出现投入与产出不对等的问题。面对这一问题，部分中西部欠发达地区县级融媒体中心在符合发展实力的前提下完善软硬件设施，并通过挖掘县域现有社会资源的内在价值以解决经营创收难题，从而避免过度依赖财政资源。

以甘肃省渭源县融媒体中心建设发展为例，所在地位于甘肃省中部的黄土高原上，曾经是个"苦瘠甲天下"的穷地方。该县曾是六盘山片区扶贫开发工作重点县、甘肃省深度贫困县、国务院扶贫办定点帮扶联系县，2020 年人口总量仅 32 万，贫困发生率高达 31.66%。随着精准扶贫与乡村振兴的展开，渭源县的经济社会发展有了显著的提高，但各项经济指标仍处于落后水平，报告显示，渭源县 2022 年 GDP51.32 亿元，在甘肃省 88 个县级行政区中仅排名第 64 位，相对落后的经济社会发展限制了文化产业的发展，因此，渭源县融媒体中心的建设历程也呈现出了明显的困境。

对此，渭源县融媒体中心调整思路，将大规模硬件投资转变为调整经营模

---

① 郭全中. 县级融媒体中心完善的关键点与三种路径[J]. 新闻与写作，2020(10).

式，因地制宜建设好属于黄土高原的融媒体之路。首先，渭源县融媒体中心致力于本土化发展策略，从公共文化服务层面贡献媒体力量。县级融媒体中心在建设过程中可以充分利用本地资源，建设起专属于县域本地群众的、具有鲜明地方特色的文化空间，以增强本地人民群众社会凝聚力和对自身文化的认同感与归属感。近年来，渭源县融媒体中心着重对当地优秀老党员、脱贫攻坚先锋、道德模范、渭河文化等方面进行多形式多渠道宣传，在微信公众号平台"魏渭源"发布专题栏目"典型引领"，介绍当地杰出党员。在官方网站报道主题教育开展情况，以挖掘县域内各种文化资源，调动基层群众的文化积极性、创造性，增强地区文化自信。

其次，融媒体中心扎根渭源县脱贫攻坚土壤，强化对于脱贫攻坚的报道，在全省微信公众号平台率先运用"图文+短视频"形式进行报道，积极打造适宜农产品产销与消费扶贫的新平台，同时开设"优秀扶贫故事""东西部协作"等专题栏目，综合运用融媒体手段为黄土高原下的渭源县脱贫贡献力量。

再次，开展校地合作，弥补落后地区全媒体人才稀缺的短板。自县融媒体中心成立起，由于渭源县广播影视中心的职责由传统广播、电视扩展到微信、微博、客户端、抖音号、今日头条、快手等 10 个平台，工作量剧增，导致渭源县融媒体中心面临着人才短缺的问题。该中心真正从事新闻采编工作的人数不及总人数的一半，加之该县本身的区位条件限制，难以通过吸纳高素质全媒体人才而缓解专业人员不足问题。针对这一县级融媒体中心发展的瓶颈问题，中心通过校地合作的方式，与甘肃省本地的高校进行合作。2021 年以来，相继与西北师范大学新闻学院和兰州城市学院传媒学院签订校地实践基地，以人才引进、公益性岗位聘用、临聘、学生实习等形式，招录具备条件的采编播人员。同时，相对欠发达地区的县政府适当倾斜相关资源以提高当地县级融媒体中心的人员福利待遇。从国家层面，希望能出台一系列政策措施，鼓励高素质的人才走进欠发达地区，促进当地包括县融媒体中心在内的建设迅速发展，争取早日进入"较发达"的层面。

欠发达地区县级融媒体中心的建设发展，应立足本地特色、更好地服务当地群众，传播县域声音，吸引县外投资、促进旅游等进一步扩大媒体影响力，推动当地社会经济发展。如近年来爆火的贵州"村 BA"，不仅在各大线上平台引发关注热议，更是吸引了一大批外地游客线下观赛，贵州"村 BA"的"出圈"与贵州省广播电视台和台江县融媒体中心的运营密切相关，贵州省广播电视台通过对多个平台紧抓热点，派出骨干采编队伍，进驻台江县，与台江县融媒体中心联合，① 不断挖掘赛事的热点，并且保持"村BA"赛事不断线，两级融媒体通力合作，使得"村BA"从一个当地村民自娱自乐的活动变成了全民共乐的盛事。在2022年"村BA"赛事举办期间，所在地贵州省台江县台盘村规划近500个摊位，接待游客40万人次，实现旅游综合收入2100多万元。由此可见，经济欠发达地区的县级融媒体中心突围不仅需要软硬件设施的建设，更需要媒体工作者用一体化的全媒体传播，挖掘县域特色(活动)，实现价值增值。

二、较发达地区：深耕本地服务

较发达县级行政区主要是位于比欠发达地区相对领先的县(市)区域，以山东、江西、湖北、湖南、四川、安徽、河南、河北等为典型代表，处于较发达地区发展平均水平之上。尽管该区域的县级融媒体中心所对应的传媒市场规模不小，但当地传媒市场资源还是有限，且整合有难度，因此，这些地区难以通过完全市场化的模式实现突破，需要通过深耕本地服务的方式，用多元经营反哺中心发展。

如果从基于资源获取方式的不同建设模式来看较发达地区的资源利用空间，那么这些地区则大多位于财政依托与市场经营的中间值。在政府支持方面，对县级融媒体中心应该采取直接给予财政资金和政府间接购买服务的方式给予支持，事业单位人员的工资应由当地财政资金直接支持，而政府购买服务的支持则可通过市场化运作，在相对市场化运作中来支撑县级融媒体中心的运作，同时也能够更好地开发当地的传媒资源。在此基础上，深耕服务是必行之策，在政府购买服务与创新经营中，较发达地区的县级融媒体中心可以通过深耕政府与群众需求来反哺中心发展，从而弥补市场的相对不足，这类地区的典型代表有江西省分宜县融媒体中心与河南省项城市融媒体中心。

江西省分宜县融媒体中心自2016年挂牌成立后，先后经历了三次改革。在建设初期，分宜县融媒体中心被列入省市县三级重点改革项目和"县委书记工程"，从政策角度获得了上级政府的大力支持。在三轮改革的过程中，分宜县融媒体中心将引导与服务群众、深耕品牌作为建设重点，下放频道管理权限，打通信息渠道，连接全县300多个新时代文明实践中心，构建服务群众送"货"上门的"线下网点"。在提供多元服务中，除媒体广告、联办栏目、承办活动等传统经营方式外，分宜县融媒体中心还涉足文化产业、设计施工文化院

---

① 百姓关注. 贵州台与"村BA"是一对识于微时的老朋友[EB/OL]. [2024-03-17]. https://baijiahao.baidu.com/s?id=1782081399184860169&wfr=spider&for=pc.

墙改造等工程，并计划参与投资发展潜力好的项目，如文化教育培训、景观设计施工等，走多元化经营、综合性开发的产业发展之路。目前，分宜县融媒体中心年经营收入是以前广播电视收入的 10 倍，为媒体融合向纵深发展提供了有力的资金保障。

多元经营的路径之一是寻求向外的突破，近年来，在县域范围内传媒资源一般的情况下，有不少经济较发达地区的县级融媒体中心正尝试与邻近县市甚至是距离较远的县级融媒体中心达成合作，在产业经营上形成相容互补、共享共赢的态势。

三、发达地区：创新提质增效

我国发达县级行政区主要是位于东部沿海发达地区以及在较为发达地区领先的县级行政区，以长三角和珠三角地区的县级行政区为典型代表，如浙江的长兴、安吉等，广东的南海、顺德等，江苏的江阴、湖南的浏阳等。[①] 这些地区在县级融媒体中心的建设中，形成极具特色的建设模式，一些成为全国样板。

浙江省长兴县融媒体中心，在县委县政府的决策支持下，早在 2011 年 4 月就于全国率先整合报纸、广播、电视、网络等县内媒介资源，成立了长兴传媒集团，一起独特的"长兴"实践探索，形成了独具一格的融媒体"长兴模式"。2018 年 9 月 20 日至 21 日，中宣部在浙江长兴县召开县级融媒体中心建设现场推进会，将"长兴模式"作为样板向全国推广，无疑是对长兴传媒集团在媒体融合上所取得成绩的肯定与褒奖。

长兴县融媒体中心（长兴传媒集团）以改革创新突破既定路径依赖，探索融媒发展新机制，用市场化的机制，兼顾新闻事业与产业经营的平衡发展。特别是随着传媒数字化的发展，长兴县融媒体注重以数智产业赋能跨越发展动力，打造智媒服务新高地。县级融媒体中心如能积极参与县域数字化建设，可以在媒体宣传引导的原功能之上增加精准服务社会治理的新功能，进一步拓展未来媒体的生存空间。

据《光明日报》报道，长兴县融媒体中心早在建设初期就从实质上探索传统媒体渠道与移动渠道的互通和联动，创新全媒体融合传播模式，建立起立体多样、融合发展的现代传播体系。每当有重大新闻事件时，集团会立刻派全媒体记者团队赶往现场，第一时间连线广播进行新闻直播，通过手机 App 端编辑图片或短视频、文字回传至网站"全媒体即时报"刊发，并提供要素信息至

---

① 郭全中．县级融媒体中心完善的关键点与三种路径[J]．新闻与写作，2020(10)．

新媒体，由新媒体快速编辑后通过微博、微信抢本地首发，新闻采集完成后提供影像及文稿至采编系统，供广播、电视、报纸、新媒体各部门根据各自需要进行编辑分发。

据报道，长兴传媒集团抓住无线城市网络建设的契机，完成自有品牌"i-changxing"无线 Wi-Fi 系统建设，覆盖政府机关办事大厅、重点交通枢纽、旅游景点等全县主要公共场所。如利用全县 6000 余个监控摄像头，实时收集突发事件、重大活动、体育赛事等视频资源素材。同时，集团组建了长兴慧源有限公司，负责长兴智慧城市顶层设计与核心平台的建设运营，加强经济社会各领域数据资源的集中存储、互联互通和协同应用，深化全县信息化资源的有效整合和共享服务。目前至少已接入 48 个部门、392 项信息资源等数据的梳理和聚合。

长兴传媒集团在做精做强新闻主业的同时，还通过参与智慧城市建设，创新拓展"新闻+政务"服务内容。长兴传媒集团借助云计算数据中心、综合基层治理平台，打破数据孤岛，实现政务信息资源共享和业务协同，在省内率先实施"最多跑一次"移动办，依托"掌心长兴"App 等平台，为群众提供申报审批、注册办证、办理社保等服务，真正实现"数据跑路"代替"群众跑腿"。目前，已经开通移动办"零上门"事项 424 项，覆盖率达 61.72%。据长兴传媒品牌营销中心介绍，通过深耕融媒体领域、创新创办"媒体+"各类活动，在全国融媒体中心先行启动建设的当年(2018)，长兴传媒全年营收就达到 2 亿多元。①

近年来，长兴县融媒体中心坚定不移推动数字化转型，通过数据资源集约整合与运用，大力布局智慧产业，全力打造区域数据融合应用、大数据产业繁荣发展的县级融媒体中心新高地。目前，中心拥有一支 40 余人的数智团队，累计落地数字化项目 300 余个，获得 25 项软件著作权，数字化产业拉动中心整体营收每年呈 8%以上增长。

中心着眼于"数字长兴"建设全局，以信息化项目建设为抓手，以资源共享为前提，以统一运维为保障，以数据运营为突破，形成政府投资信息化项目集中组织建设、运维、运营新模式。如承接长兴县云数据中心，升级成县域一体化智能化公共数据平台，构建起"城市大脑"中枢系统。另外，聚焦部门多跨服务场景打造、社会基层治理提升，大力推进各类数改项目建设，全面打造数字化改革新高地。其中，研发的党员分类管理智慧平台、干部综合信息管理平台入选全国党员管理九大试点；基层治理综合信息平台入选浙江省城市大脑

---

① 严红枫，马姗姗. 县级媒体融合发展的"长兴探索"[N]. 光明日报，2018-12-07.

应用优秀典型案例;"长兴文明诚信码"成为县域空间治理数字化应用典型案例,入选浙江省"观星台"优秀应用;"浙科贷""未来社区"等多个项目被列为省级试点;"能源碳效码"获全国推广。2022 年,由中心运营的长兴县数智大厦正式启动,目前已招引 32 家数字经济企业入驻,产业集聚效益正进一步释放。①

发达地区的地方政府有足够的资金支持地区购买媒体服务,同时,这些地区位于移动互联网发展的前沿地带,有更加成熟的市场化环境,GDP、市场规模、前沿思维等优势形成一个巨大的漩涡,吸引着高素质全媒体型人才。自 2018 年我国大规模建设县级融媒体中心以来,安吉县、长兴县等经济发达地区的县级融媒体中心借助得天独厚的区域优势创新尝试,取得了不俗的传播效果和创收成绩。其成功的原因之一便在于这些融媒体中心都较早地探索实施媒体融合改革,走进市场,并积极探索企业化运作。有学者认为经济发达地区的县级融媒体中心拥有很多且利于大整合的文化传媒资源,经济与社会条件利于当地融媒体中心摆脱纯事业公益一类的刚性体制束缚,通过采取事业单位企业化运作,以成立市场化公司的形式,拓宽营收渠道,增强部门活力。如浙江省安吉县融媒体中心以 100%持股比例成立了国有独资企业安吉传媒集团有限公司,通过三轮体制机制改革,走进市场、打通市场,创造了 2023 年单年 6.67 亿元的营收规模。

除成立公司实现市场化经营以外,一些地区的县级融媒体中心还选择了由事业单位整建制直接转为企业的方式运营。2021 年 4 月 23 日,全国首创深圳市纯国企模式的县级融媒体中心——深圳市龙岗区融媒文化传播发展集团有限公司成立。2021 年 8 月,北京经济技术开发区融媒体中心在顺利度过试运营期后,正式挂牌至尚亦城(北京)科技文化集团有限公司,这也是北京市首家直接由事业单位转为企业的基层融媒体中心。

不管是事业单位企业化机制管理,还是事业单位+企业的"1+1"模式,抑或是直接转企的新尝试,都是县级融媒体中心在面对传媒新业态转变时的应对之策。市场是一双无形的大手,市场会激发机制创新、内容创新、服务创新、技术创新,但同时,在市场中寻找县级融媒体中心长效发展之路也需要接受来自市场的挑战。对于如何在经济发达地区建设县级融媒体中心的问题,袁鸣徽等人谈道:"走向市场的县级融媒体中心,既作为具有公益服务功能的基层治

---

① 网络视听大会特刊.长兴县融媒体中心——二次改革激活内生动力[EB/OL].[2013-04-17]. https://www.163.com/dy/article/I2IA9M1L0530MD86.html.

理主体存在，也作为平等参与市场竞争的企业存在，作为具有公益服务功能的基层治理主体，县级融媒体中心需要获得党政资源的选择性扶持而非无条件支持，但一般政务资源需要企业参与市场竞争，从而保持相对独立性和健康的市场环境。"①但我们很清楚，在市场狭窄的欠发达地区，如果一味地走进市场探索多元营收，可能会产生资不抵债的负面效果，而在市场化程度较高的发达地区，采用市场化运作模式进行县级融媒体中心建设，能产生强大的"自我造血"机能，并呈现螺旋式上升的趋势。

县级融媒体中心建设是媒体融合发展的下沉阶段，从上文可以看出，由于各地县域经济发展非常不均衡，县域内的媒体资源贫富程度不一，县级融媒体中心在发达地区、较发达地区和欠发达地区的建设进展与模式差异较大。但是，作为一项国家战略，县级融媒体中心建设除"单兵扩散"外，还可通过跨地域协作的方式实现共赢式发展，在过去五年的实践中，也出现了许多跨地区协作的典型案例。发达地区的县级融媒体中心利用自身雄厚的传媒资源向中西部欠发达地区县级融媒体中心提供技术、人员、经营等方面的支持，这主要依靠县级融媒体自身结对与组织牵头的方式进行。对此，中央媒体与传媒组织也不断通过各大项目为全国县级融媒体中心均衡发展贡献力量。从 2020 年开始，中国记者协会新媒体专业委员会就开始牵头组织县级融媒体中心东西协作交流公益项目，通过一对一结对、互派代表驻点交流的方式，推动县级融媒体中心深度交流协作，作为"全国样板"的尤溪县融媒体中心就曾通过该项目与康巴什区融媒体中心达成合作。除县级融媒体中心东西协作交流公益项目外，中国市县广播电视台"长城联盟"也对县级融媒体的发展起到了推动作用，该联盟由浙江安吉新闻集团与河北省正定县融媒体中心联合发起成立，截至 2021 年，已涵盖全国 30 个省(区、市)，有近 300 个县级融媒体中心成为联盟成员。作为发起单位之一的安吉新闻集团有着丰富的融媒体建设经验与市场化运营经验，在安吉集团的推动下，"长城联盟"成员积极进行跨地区资源整合与联动，在技术、内容、县域特色等方面实现互惠共赢。中央媒体与大型传媒组织不断通过各大项目推动东西部县级融媒体中心交流协作，为全国县级融媒体中心均衡发展贡献力量。②

---

① 袁鸣徽，郑雯，杨莹. 县级融媒体中心"适度商业化"的三重面向[J]. 辽宁大学学报(哲学社会科学版)，2022(3).

② 跨区域合作：市县级融媒的"连横"之路[EB/OL].［2024-03-17］. http://www.zgjx.cn/2021-09/07/c_1310172758.htm.

参 考 文 献

[1] Stephen Quinn. Convergent journalism—the fundamentals of multimedia reporting[M]. New York: Peter Lang, 2005.

[2] Ampuja M. Critical media research, globalisation theory and commercialisation[J]. Javnost-The Public, 2004, 11(3).

[3] Quinn S, Filak V. Convergent journalism an introduction: writing and producing across media[M]. Routledge, 2005.

[4] Pierson P. When effect becomes cause: policy feedback and political Change[J]. World Politics, 1993, 45(4): 595-628.

[5] Pierson P. Increasing returns, path dependence, and the study of politics[J]. American Political Science Review, 2000, 94(2): 251-267.

[6] Daniel Béland, Schlager E . Varieties of policy feedback research: looking backward, moving forward[J]. Policy Studies Journal, 2019, 47(2): 184-205.

[7] Mettler S. Bringing the state back in to civic engagement: policy feedback effects of the GI bill for World War II veterans[J]. American Political Science Review, 2002, 96(2): 351-365.

[8] Moynihan D P, Soss J. Policy feedback and the politics of administration[J]. Public Administration Review, 2014, 74(3): 320-332.

[9] Jacobs L R, Mettler S, Zhu L. The pathways of policy feedback: how health reform influences political efficacy and participation [J]. Policy Studies Journal, 2022, 50(3): 483-506.

[10] March J G, Simon H A. Organizations (2nd ed.) [M]. Cambridge, MA: John Wiley & Sons, 1993.

[11] Thompson, J. D. Organizations in action: social science bases of administrative theory (1st ed.) [M]. New York, NJ: Routledge, 2003.

[12] Miles R E, Snow C C. Causes of failure in network organizations [J].

California Management Review, 1992, 34(4)：53-72.

[13] ［美］W. Richard Scott, Gerald F. Davis. 组织理论——理性、自然与开放系统的视角[M]. 高俊山, 译. 北京：中国人民大学出版社, 2011.

[14] ［荷］简·梵·迪克. 网络社会——新媒体的社会层面(第二版)[M]. 蔡静, 译. 北京：清华大学出版社, 2014.

[15] 中共中央文献研究室. 习近平关于全面建成小康社会论述摘编[M]. 北京：中央文献出版社, 2016.

[16] 方提, 尹韵公. 论县级融媒体中心建设的重大意义与实现路径[J]. 现代传播(中国传媒大学学报), 2019(4).

[17] 王智丽, 张涛甫. 超越媒体视域：县级融媒体中心建设的政治传播学考察[J]. 现代传播(中国传媒大学学报), 2020(7).

[18] 张诚, 朱天. 从"集成媒体的新机构"到"治国理政的新平台"——县级融媒体中心的方位坐标及其功能逻辑再思考[J]. 四川大学学报(哲学社会科学版), 2020(2).

[19] 周逵, 黄典林. 从大喇叭、四级办台到县级融媒体中心——中国基层媒体制度建构的历史分析[J]. 新闻记者, 2020(6).

[20] 丁和根. 媒体介入基层社会治理的现状、角色与维度[J]. 新闻与写作, 2021(5).

[21] 朱亚希, 肖尧中. 功能维度的拓展式融合——"治理媒介化"视野下县级融媒体中心建设研究[J]. 西南民族大学学报(人文社科版), 2020(9).

[22] 李文冰, 吴莎琪. 社会治理视阈下县级融媒体中心建设：功能定位与实践逻辑[J]. 现代传播(中国传媒大学学报), 2021(5).

[23] 陈守湖. 媒介·文化·政治——县级融媒体运行机制的三重逻辑[J]. 陕西师范大学学报(哲学社会科学版), 2021(1).

[24] 张昱辰. 从机构融合迈向社会融合：县级融媒体中心发展路径再思考[J]. 中国出版, 2019(16).

[25] 黄楚新, 刘美忆. 2019年中国县级媒体融合发展状况及趋势[J]. 新闻与写作, 2019(12).

[26] 朱春阳, 曾培伦. "单兵扩散"与"云端共联"：县级融媒体中心建设的基本路径比较分析[J]. 新闻与写作, 2018(12).

[27] 曾培伦, 朱春阳. 融媒十年考：中国媒体融合发展的逻辑转换与汇流[J]. 新闻界, 2023(11).

[28] 陈国权. 中国县级融媒体中心改革发展报告[J]. 现代传播, 2019(4).

[29] 郑雯,施畅,万旭琪.回归"媒介逻辑":县级融媒体中心"融合地方"的路径探索[J].现代出版,2023(5).

[30] 胡正荣,张英培.5G与人工智能时代县级融媒体中心建设的关键点——以江苏邳州为例[J].电视研究,2019(5).

[31] 谢新洲,朱垚颖,宋琢谢.县级媒体融合的现状、路径与问题研究——基于全国问卷调查和四县融媒体中心实地调研[J].新闻记者,2019(3).

[32] 黄楚新,刘美忆.2020年县级融媒体中心建设现状、问题及趋势[J].新闻与写作,2021(1).

[33] 郭全中.县级融媒体中心建设的进展、难点与对策[J].新闻爱好者,2019(7).

[34] 张宏邦,刘威,王佳倩,等.整合与协同:县级融媒体的现实困境及本土化推进路径[J].西安交通大学学报(社会科学版),2020(3).

[35] 宋超,陈瑶.公共性再造:县级融媒体参与乡村治理的内在逻辑与机制建构[J].电视研究,2023(9).

[36] 郭旭魁.重建地方感:作为传播物质性的县级融媒体与地方性空间生产[J].编辑之友,2023(6).

[37] 胡正荣.打造2.0版的县级融媒体中心[J].新闻界,2020(1).

[38] 郑保卫,张喆喆.县级融媒体中心建设:成效·问题·对策[J].中国出版,2019(16).

[39] 方汉奇,陈业劭.中国当代新闻事业史(1949—1988)[M].北京:新华出版社,1992.

[40] 石长顺,石婧.中国广播电视公共服务[M].北京:光明日报出版社2013.

[41] 石婧,石长顺.全息时代媒体融合纵深发展的三个维度[J].中国新闻传播研究,2019(1).

[42] 石长顺.传媒进化论[M].北京:社会科学文献出版,2020.

[43] [英]斯图亚特·霍尔.表征:文化表象与意指实践[M].北京:商务印书馆,2003.

[44] 张国良.e社会传播:创新、合作与责任[M].上海:上海人民出版社,2010.

[45] 吴廷俊.中国新闻史新修[M].上海:复旦大学出版社,2008.

[46] 赵玉明.中国广播电视通史[M].北京:中国传媒大学出版社,2006.

[47] 国家广电总局发展研究中心课题组.中国农村广播影视公共服务[M].

北京：中国广播电视出版社，2008.

[48] 习近平. 加快推动媒体融合发展 构建全媒体传播格局[J]. 求是，2019(6).

[49] 翟文康，邱一鸣. 政策如何塑造政治？——政策反馈理论述评[J]. 中国行政管理，2022(3).

[50] 郑石明，薛雨浓. 政策反馈理论：政策如何重塑政治过程与政策发展？[J]. 经济社会体制比较，2023(1).

[51] 柳少华. 政策扩散视角下县级融媒体中心政策的演化机理分析[J]. 新闻研究导刊，2022(13).

[52] 胡微微，周环珠，曹堂哲. 美国数字战略的演进与发展[J]. 中国电子科学研究院学报，2022(1).

[53] 刘京蕾. 互联网时代的全球主要国家信息化战略[J]. 互联网周刊，2015(10).

[54] 宫云牧. 网络空间与霸权护持——美国网络安全战略的迭代演进与驱动机制[J]. 国际展望，2024(1).

[55] 王石，葛宏志，郭凯. 世界主要国家网络安全战略研究及我国应对启示[J]. 网信军民融合，2021(8).

[56] 窦锋昌，傅中行，李爱生. 中国媒体融合十年历程研究[J]. 青年记者，2023(11).

[57] 陈一，石力月. 全国县级融媒体中心发展调研报告（2021—2022）[M]. 北京：中国社会科学出版社，2022.

[58] 袁鸣徽. 大宣传战略下的县级融媒体中心实践研究[J]. 新闻与传播研究，2023(7).

[59] 易旭明. 嵌入治理体系的县级融媒体中心运营定位研究[J]. 东岳论丛，2023(4).

[60] 刘志刚. 县级融媒体"江阴模式"的实践路径与价值创新[J]. 传媒观察，2023(S1).

[61] 吴锋. 超越与重塑：国家治理视阈下西部县级融媒体建设的路径再造[J]. 西南民族大学学报（人文社会科学版），2023(5).

[62] 李喆，朱鸿军. 技术、资金、组织镜像：县级融媒体中心技术创新活动对传播力的影响——基于我国县级融媒体中心建设发展调查数据（2018—2020）的分析[J]. 新闻界，2023(8).

[63] 石婧，李婷婷. 基于联盟区块链的新闻生产模式构建[J]. 电视研究，

2021(11).

[64] 李鹏飞. 基于区块链技术的媒体融合路径探索[J]. 新闻战线, 2017(8).

[65] 王泽坤. 走向均衡: 对中国媒体融合政策工具运用的考察[J]. 中国社会科学院研究生院学报, 2020(6).

[66] 杜孝珍, 郑一鸣. 反馈机制如何影响政策变迁——农村养老保障政策变迁过程的政策反馈解释[J]. 中共福建省委党校(福建行政学院)学报, 2023(3).

[67] 李彪. 县级融媒体中心建设: 发展模式、关键环节与路径选择[J]. 编辑之友, 2019(3).

[68] 马亮. 中国农村的"互联网+政务服务": 现状、问题与前景[J]. 电子政务, 2018(5).

[69] 林志鸿. 乡村政务服务数字化转型的现实困境及优化路径[J]. 智慧农业导刊, 2023(8).

[70] 何福安. 纸媒到融媒: 一家县级融媒体的前世今生[M]. 杭州: 浙江工商大学出版社, 2019.